宁波社科规划办阳明心学研究重大招标课题成果
中共宁波市委宣传部资助出版

学 术 顾 问　　陈　来
编委会主任　　王永昌
编委会副主任　　何　俊　　李梦云　　胡季强
编委会成员　　朱建安　　朱海就　　杨轶清
　　　　　　　　刘　艳　　王　磊　　申绪璐
　　　　　　　　洪德取　　陈燕平

宁波文化研究工程·王阳明诞辰550周年专项研究

阳明心学
与企业家精神

王永昌◎主　编
何俊 等◎副主编

李梦云　王磊　申绪璐　洪德取　等◎著

中国社会科学出版社

图书在版编目（CIP）数据

阳明心学与企业家精神/李梦云等著.—北京：中国社会科学出版社，2021.12（2022.9重印）

ISBN 978-7-5203-9379-9

Ⅰ.①阳… Ⅱ.①李… Ⅲ.①王守仁（1472-1528）—心学—研究②企业家—企业精神—研究 Ⅳ.①B248.25②F272.91

中国版本图书馆 CIP 数据核字（2021）第 249034 号

出 版 人	赵剑英
责任编辑	喻　苗
责任校对	胡新芳
责任印制	王　超

出　　版	中国社会科学出版社
社　　址	北京鼓楼西大街甲 158 号
邮　　编	100720
网　　址	http://www.csspw.cn
发 行 部	010-84083685
门 市 部	010-84029450
经　　销	新华书店及其他书店
印　　刷	北京君升印刷有限公司
装　　订	廊坊市广阳区广增装订厂
版　　次	2021 年 12 月第 1 版
印　　次	2022 年 9 月第 2 次印刷
开　　本	710×1000　1/16
印　　张	29
字　　数	396 千字
定　　价	158.00 元

凡购买中国社会科学出版社图书，如有质量问题请与本社营销中心联系调换
电话：010-84083683
版权所有　侵权必究

序　言

谈谈阳明心学对培育企业家精神的现代价值[①]

中华文化源远流长，是中华民族守正创新的不竭精神动力。阳明心学中虽有不少疑谬之处，但它既传承儒家心学精华又能独树一帜，新开师门，博大精深，在中华民族思想文化发展史上具有重要地位。下面，我们就阳明心学对培育现代企业家精神的价值和意义，谈几点感受。

一　中华民族优秀传统文化对培育新时代企业家精神具有不可替代的价值

文以育人，文以成人，文以兴业。文化是人类生产方式和生活方式的产物，是人们实践活动的内在要素和基本样态，也是人的活动及其物化成果中的精神标识。商业等经济活动是人类社会活动的基础和主干，而人类任何活动都以相应的思想文化作为内在的基因并发挥导引作用。任何民族和国家的经济、政治活动，也都离不开本国历史文化传统的土壤。这是传统文化影响今天和未来人们生活的内在机理和历史逻辑。文化是一个民族之根之魂，是人们活动的

---

① 本文由王磊博士根据本课题负责人王永昌在宁波市社科院组织召开的阳明心学研究重大招标课题成果研讨会上的现场演讲录音整理。

精神支撑。国家通过文化建设去引导人、影响人、塑造人、成就人，从而逐步达到以文铸魂、以文育德、以文传道、以文图强的发展目标。

2005年6月20日，习近平同志在《浙江日报》"之江新语"专栏中发表的《不畏艰难向前走》一文中指出："浙商源起于浙江独特的文化基因，源起于对传统计划经济体制的突破，源起于浙江资源环境的约束。从这个意义上说，浙商也代表了浙江广大干部群众的创造精神、创新精神和开放精神。浙江之所以能够由一个陆域资源小省发展成为经济大省，正是由于以浙商为代表的浙江人民走遍千山万水、说尽千言万语、想尽千方百计、吃尽千辛万苦，正是由于浙江省历届党委、政府尊重群众的首创精神，大力支持，放手发展。浙商自草根中来，每一位浙商的成长都伴随着克难攻坚的拼搏，每一位浙商都有一部艰苦的创业史。"[1] 习近平同志肯定了浙商的形成有着"浙江独特的文化基因"，也充分肯定了"四千精神"对浙商成长的巨大作用。可以说，经济发展、社会进步、人类交往的背后，都有着思想文化的内导因素并发挥着能动作用。

随着中华传统文化的日渐复兴和深入推进创新性发展，中华传统文化中许多积极的思想观点与价值观念，比如，格物、致知、诚意、正心、修身、齐家、治国、平天下、致良知、知行合一等思想理念，越来越渗透到中国现代工商业的发展过程之中，对培养现代企业家精神发挥着独特作用。阳明心学作为中华优秀传统文化的一个有典型意义的学派，尽管不可避免地存在着这样那样的历史局限和学术缺憾，但它对五百多年来中国社会的文明进步以及对现代企业家精神的培育，已经并将进一步产生积极的影响，发挥着独特的思想文化的涵养作用。

---

[1] 习近平著：《之江新语》，浙江人民出版社2007年版，第144页。

二 王阳明曲折奋斗人生路对企业家精神的培养具有积极的榜样示范价值

王阳明一心想成就自己、完善自我，要立德、立功、立言，要成为圣贤之人。正因为如此，他也付出了巨大代价，经历了许多人生苦难。

王阳明一生跌宕起伏、波澜壮阔。在科举考试上，他屡败屡战；在政治生涯中，他经历过大起大落；带兵打仗时，他也经历过"万般磨难"。正是在人生的坎坷中，王阳明的心路也经历了亭前格竹、龙场悟道、天泉证道等思想事件，并最终创立了阳明心学。正是在艰难困苦的磨砺中，王阳明信念坚定，意志坚强，不断寻问自己、解救自己、强大自己，用光明之心去照亮自己和世界。可以说，王阳明的一生是坎坷的一生，同时，王阳明的一生也是极富思想创造力的一生。

王阳明的人生经历，对于培育企业家的艰苦奋斗精神、勇于拼搏的精神，养成企业家克服困难的坚强意志，激励企业家提升完善自我，追求卓越的事业和丰满的人生，是具有潜移默化的启示意义的。企业家想要办好企业，不是轻轻松松就能做成的，不是靠敲锣打鼓就能实现的。从王阳明坎坷一生的经历中，企业家们能够学到许多人生智慧，感悟许多处世哲理。企业家在自我成长的过程中，在带领企业发展的奋斗中，能自觉不自觉地将王阳明立功立德立言的"圣贤"人生经历，润物无声地投射到自己身上，进而由此受到激励，受到启迪，受到精神力量的感召，受到自我光明之心的呼唤。

由此观之，王阳明的人生经历，对塑造企业家的高尚人格、培育企业家精神，的确提供了一个极富学习借鉴意义的经典案例。

三 阳明心学高扬的主体性精神对培育新时代企业家精神具有内在的激励价值

市场经济的主体是企业。在市场经济环境下，社会发展的一个基本动力源，就是企业家创造财富的实践活动。所以，企业家精神的培育，企业家品格的塑造，企业发展环境的优化，对经济发展、社会进步、文化昌盛，对推进社会主义现代化建设新征程，实现中华民族的伟大复兴，有着主体性和基础性意义。

长期以来，阳明心学在国内和东亚文化圈的企业界广受关注，甚至企业界还陆续兴起过学习阳明心学的热流。实际上，这与现时代大力倡导企业家精神有关，也与阳明心学本身的思想特质相关，尤其阳明心学所倡导的主体性精神，高扬人的主体力量、人心的力量、思想的力量，更成了企业家们吸吮文化营养、赋能增力的丰润沃土。显然，阳明心学所高扬的人的主体性精神，正是企业家们特别需要具备的拼搏创新的一种精神特质。因而阳明心学倡导的主体性精神和企业家精神有着高度的契合性。

无可置疑，阳明心学所揭示的许多学理是具有普遍适用性的，对我们每个人的素养培育和品格塑造，都能发挥教示和陶冶作用。在激烈的市场竞争风浪中，在当今时代科技、经济、政治形势瞬息万变的发展环境中，企业家不单单依靠资金和技术的实力去竞争拓业，更重要的还要依靠自身的思维、素质、品格、精神，也就是用自身心力的强大去拼搏奋斗，艰难创业。企业家要在市场竞争中站住脚跟、赢得胜利，离不开战胜自我、提升自我和强大自我。高明有作为的企业家，通常会用自我内心的强大这个能自控的确定性，去应对外部世界和未来世界的不确定性及其风险。这就是说，企业家在创业奋斗中，需要有自身能动的主体性精神和坚忍不拔的心力，才能成就事业。

当企业家接触到阳明心学中的一些核心思想，比如心即理、知行合一、致良知、万物一体，以及由此所引发的主体性精神和实践精神后，他们便会深受启迪，切身体悟到似乎王阳明先生正在与他们对话，或者会觉得在激励他们去追求更卓越的事业和更丰满的人生。企业家通过高扬主体性精神和实践精神，在激烈的市场竞争中可以减轻心理压力，持续赋予正能量，从而不断提升驾驭世界、驾驭市场、管理企业的能力。显然，阳明心学所高扬的人的主体性，正是感召企业家、激励企业家、培育企业家的一帖"强心妙药"。

随着改革开放的不断推进，浙江大地上产生了一个蜚声中外的浙商群体。目前，浙商队伍达到了近千万人的规模，其中有近六百万在省外和海外拼搏创业。这么大的一支队伍，特别是浙商所具有的艰苦创新创业精神和经商智慧，在国内外都产生了重大影响。

那么，为什么能在浙江的土地上形成浙商群体呢？正如习近平总书记所指出的，这是同浙江独特的历史文化相联系的。以文化人，文以载道。浙东学派、永嘉学派、金华学派以及整个浙江的历史传统文化，都对浙商群体的兴起产生内在的催化作用。阳明心学作为浙东学派以及中华民族思想文化中的一个极为重要的学派，自然也对浙商群体的形成和企业家精神的塑造具有重要的价值和意义。

四　阳明圣学、心学、实学对培育新时代企业家精神具有独特的内导价值

对王阳明的思想和学说，人们通常归指为心学。这是就阳明思想的主要精义和特性而言的，或者说对"心学"作了比较广义的理解。当然，更重要的原因在于王阳明是以心学集大成者占居中国哲学史上重要地位的。就此而论，将王明学说概括为"心学"是恰当的，也是学界的普遍共识。

当然，如果进一步具体地讲，对阳明先生的思想和学说，分别提炼概括为圣学、心学、实学也是有一定道理的。但这是就其学说中的主要构成内容和特点说的。就此而论，也有不少学者认为，唯有圣学、心学、实学及其"三学"合一，才能更整体地构成阳明学或阳明思想。

王阳明的圣学思想，作为人们追求圣贤之学，显然与企业家追求企业做大做强、实现事业更大价值、追求卓越人生等功德事业圆满的境界相合相通。高素养的企业家也总是从名企名商、儒商圣商的维度去拓展自己的"圣贤"之路的。企业家塑造起积极向上的世界观、人生观、价值观、国家观、法治观、事业观、财富观、企业观，去争做爱国敬业、守法经营、创业创新、回报社会的典范榜样，就是以自己的"圣贤"之心和"圣贤"之举，去提升自己，去滋润企业，去鼓舞他人，进而助力社会的文明进步。这些都可以从阳明的圣贤思想和儒家文化的圣学中源源不绝地得到丰富养料。

企业家根植在市场之中，一切理想和"心即理"，都必须知行合一，付之于实践，切实地行动，才能创造出现实的奇迹，达到心物、人我的一体。企业家时时处在市场的风口浪尖上，唯有勇于进取，奋力搏击，身体力行，才能成就事业。这就是一种务实创新精神，一种企业家的实践哲学。而这也恰好与阳明思想中的实学特性相吻合。企业家在台上看似风光，但在台下所付出的心血和代价，所经历的痛苦和挣扎，则是外人所难以想象的。企业家要取得企业成就，并非易事。实际上，企业家事业做得越大，各方面的压力往往也越大，包括同业竞争压力、资金压力、心理压力、舆论压力、家庭压力等。所以，企业家要靠自己的拼搏精神、创业精神、创新精神、专业精神、进取精神、追求卓越的精神，以及顽强奋斗的实践意志和强大的心力，去战胜困难，成就事业。企业家本质上就是实干家、行动家、实践家。王阳明知行合一的实学思想，是企业家精神和行为特质的生动写照，对企业家具有独特的内在的引领作用。

真正的企业家应该把追求自我事业成功和奉献社会相结合，尽力做到义利并举、义利兼顾、以义为先，拥有强烈的家国情怀和社会责任心。当财富达到一定数量后，高素养的企业家常常会领悟到自己创造的财富本质上也是社会的财富，进而把个人的财富和社会进步贯通起来。极而言之，从世界整体来说，企业家与国家、民族、世间万物都是一体的。个人用广阔的光明之心去透视世界，打通心与外界之门，万事万物无不相连，万物无不浑然一体。这些"天人合一"理念，人们也都可以从王阳明的思想学说中得到智慧的启迪。

总之，企业家的成长和企业的发展，的确离不开企业家主体性精神的培育和心力的塑造。从一定意义上讲，企业的发展力是企业家心力的发展，企业的竞争力是企业家心力的竞争，企业的创新力是企业家心力的创新！

目　录

绪　论 …………………………………………………………（1）
　一　阳明心学简介及其传播概况 ………………………………（1）
　二　本书的选题背景及相关研究现状述评 ……………………（7）
　三　本书的主旨及内容结构 ……………………………………（13）
　四　本书的创新、特点及意义 …………………………………（14）

第一章　王阳明生平事迹述略及人生启悟 ……………………（17）
　第一节　学思历程 ………………………………………………（17）
　　一　王阳明及生活时代背景 …………………………………（18）
　　二　王阳明的家族渊源 ………………………………………（20）
　　三　立志圣贤 …………………………………………………（23）
　　四　不羁少年 …………………………………………………（26）
　　五　学思历程 …………………………………………………（28）
　第二节　为政事略 ………………………………………………（32）
　　一　王阳明政治生涯概述 ……………………………………（32）
　　二　仗义执言，得罪刘瑾 ……………………………………（37）
　　三　讨伐贼乱，教化百姓 ……………………………………（42）
　第三节　传奇事迹 ………………………………………………（48）
　　一　亭前格竹 …………………………………………………（49）
　　二　龙场悟道 …………………………………………………（52）

  三 天泉证道 ………………………………………… (57)
  四 吾心光明 ………………………………………… (61)

第二章 阳明心学的核心思想及现代价值 ………… (65)

第一节 心外无物 ………………………………………… (68)
  一 心即理 …………………………………………… (69)
  二 心外无理 ………………………………………… (75)
  三 心意知物 ………………………………………… (79)

第二节 知行合一 ………………………………………… (84)
  一 知行问题的简溯 ………………………………… (84)
  二 王阳明知行合一论 ……………………………… (87)
  三 知行合一的意义与局限 ………………………… (90)

第三节 致良知 …………………………………………… (91)
  一 心之灵明 ………………………………………… (92)
  二 良知自知 ………………………………………… (93)
  三 千古秘藏 ………………………………………… (98)

第四节 万物一体 ………………………………………… (101)
  一 万物一体思想简溯 ……………………………… (102)
  二 万物一体与亲民 ………………………………… (104)
  三 万物一体与本心 ………………………………… (107)
  四 万物一体与良知 ………………………………… (109)
  五 王阳明晚年万物一体思想的意义 ……………… (112)

第五节 阳明心学的现代价值 …………………………… (114)
  一 满街都是圣人 …………………………………… (115)
  二 阳明四句教 ……………………………………… (121)
  三 天下一家、中国一人 …………………………… (123)
  四 四民异业而同道 ………………………………… (126)

第三章　企业制度演进与企业家精神 …………………………（130）
第一节　产业革命与英国企业家精神 …………………………（132）
一　议会制度、绅士精神与市场秩序的扩展 ……………（132）
二　自由放任、海外扩张与技术巅峰 ……………………（136）
三　全球视野的创业服务和企业家精神 …………………（139）

第二节　工业化与德国企业家精神 ………………………………（142）
一　从手工业者到技术精英 ………………………………（143）
二　模仿策略与德国创新型工业化道路 …………………（145）
三　纳粹德国后的渐进式创新道路 ………………………（148）

第三节　现代企业制度与美国企业家精神 ……………………（149）
一　发挥企业家精神的美国制度环境 ……………………（150）
二　舆论环境、技术中介与创新扩散 ……………………（153）
三　技术创新、组织变革与市场结构 ……………………（154）
四　企业创新与美国联盟式科研体系 ……………………（156）

第四节　近现代中国企业家制度演进与企业家精神
演化 ……………………………………………………（159）
一　中国近代制度环境变迁与企业家精神演化 …………（160）
二　寻找商机的个体户：计划经济末期 …………………（164）
三　规模经济和套利经济：工业化时代 …………………（167）
四　二次创新与企业家精神：互联网的时代 ……………（169）
五　中国企业家精神：从柯兹纳的套利到熊彼特的
创新 …………………………………………………（170）

第四章　阳明心学与企业家精神的契合性 ……………………（174）
第一节　身心关系 …………………………………………………（176）
一　心志要高 ………………………………………………（176）
二　心量要大 ………………………………………………（179）
三　心气要足 ………………………………………………（182）

四　心力要实……………………………………………（184）
　第二节　物我关系……………………………………………（187）
　　一　心—物—事—理…………………………………（188）
　　二　心行关系…………………………………………（190）
　　三　心物关系…………………………………………（195）
　第三节　人己关系……………………………………………（200）
　　一　致良知……………………………………………（200）
　　二　互利共赢…………………………………………（203）
　　三　厚生达人…………………………………………（206）
　第四节　天人关系……………………………………………（209）
　　一　自强不息…………………………………………（210）
　　二　厚德载物…………………………………………（213）
　　三　乘风驭势…………………………………………（216）
　　四　大丈夫精神………………………………………（217）

第五章　阳明心学与工商文明……………………………………（223）
　第一节　人文精神与工商文明………………………………（223）
　　一　作为人文学的阳明心学…………………………（223）
　　二　阳明心学在工商文明中的价值…………………（230）
　第二节　阳明心学与工商文明塑造…………………………（237）
　　一　阳明心学与徽商…………………………………（237）
　　二　阳明心学与甬商…………………………………（243）
　　三　阳明心学与浙商…………………………………（249）
　　四　阳明心学与日本工商文明………………………（260）

第六章　阳明心学在现代企业管理中的应用……………………（273）
　第一节　企业是员工追求天理，实现自我的场所…………（273）
　　一　科斯对企业的认识………………………………（275）

二　西方管理思想中对企业的认识……………………(276)
　　三　企业是"心"的聚合……………………………(278)
　　四　企业是员工自我修炼，追求天理的场所…………(281)
第二节　企业家的"心力"与企业管理……………………(284)
　　一　企业家是企业中最有"心力"的人………………(285)
　　二　用"心力"重构企业内部的层级管理……………(286)
　　三　心学为组织注入"自发成长"的灵魂……………(288)
第三节　企业管理的核心是"实践天理"…………………(290)
　　一　过于简化的"经济人"假设不利于管理学研究…(291)
　　二　阳明心学让"真正的人"回归企业管理…………(293)
　　三　"天理"推动积极向上的企业家行为……………(297)
　　四　有效的管理制度是企业家践行天理的体现………(299)
　　五　阳明心学在管理实践中的应用：以"员工管理"
　　　　为例…………………………………………………(302)
第四节　实践阳明心学的案例分析…………………………(310)
　　一　康恩贝集团…………………………………………(310)
　　二　方太集团……………………………………………(311)
　　三　贝发集团……………………………………………(315)
　　四　舜韵电子有限公司…………………………………(317)
　　五　谷歌公司……………………………………………(318)

第七章　阳明心学与浙商精神……………………………(328)
第一节　浙商群体的形成……………………………………(329)
　　一　浙商群体形成的基本条件…………………………(329)
　　二　历史上的浙商………………………………………(336)
　　三　改革开放中的浙商…………………………………(339)
第二节　浙商群体的基本特性………………………………(342)
　　一　敢闯天下的千军万马………………………………(342)

二　积极进取的商海劲旅 …………………………………… (345)
　　三　勇于创新的精兵强将 …………………………………… (346)
　　四　颇具智慧的商业群体 …………………………………… (348)
　　五　热心公益的仁者之师 …………………………………… (351)
　第三节　浙商精神的演化与发展 ………………………………… (356)
　　一　浙江精神与浙商精神 …………………………………… (356)
　　二　浙商精神的丰富内涵 …………………………………… (358)
　　三　第一代浙商沉淀的"老四千精神" ……………………… (363)
　　四　改革开放新阶段的"新四千精神" ……………………… (364)
　　五　"浙商新精神"的探索 …………………………………… (365)
　　六　新时代的浙商精神 ……………………………………… (367)
　　七　浙商精神的内在本质 …………………………………… (376)
　第四节　用阳明心学涵养浙商精神 ……………………………… (380)
　　一　用"圣贤之道"提升浙商 ………………………………… (380)
　　二　用"心即理"塑造浙商 …………………………………… (385)
　　三　用"致良知"润泽浙商 …………………………………… (387)
　　四　用"知行合一"磨砺浙商 ………………………………… (391)
　　五　用"心力"引领浙商 ……………………………………… (393)

第八章　用阳明心学培育企业家精神的基本路径 ……………… (397)
　第一节　明心——开启涵养企业家精神的心智总开关 …… (398)
　　一　身之主宰便是心，人心的良知与宇宙万物
　　　　相贯通 ……………………………………………………… (398)
　　二　自净其心从心出发，方向正确才可能到达
　　　　企业家精神的彼岸 ………………………………………… (401)
　　三　不断提纯自己的初心，构建以至善为本体的
　　　　商业模式 …………………………………………………… (403)
　第二节　立志——矢志推进真正善的使命和价值观 ……… (405)

一　发心立志生大愿，才可能得到天地众生助缘……………(405)
　　二　立圣贤志，伟大企业家亦由普通人成长而来…………(407)
第三节　改过——改过迁善是涵养企业家精神的
　　　　　根本功夫……………………………………………(411)
　　一　反观自省乃精进之道…………………………………(411)
　　二　改过并不是狭义的改正缺点，而是不断修正
　　　　自我完善自我……………………………………………(413)
　　三　以仁德之行教化人心改造企业………………………(416)
　　四　敬终如始的奋斗和精进，护持企业基业长青………(418)
第四节　赋能——激活自身和组织的企业家精神潜能……(420)
　　一　心智潜能需要触发和激活……………………………(421)
　　二　企业家个人的良知良能转化为团队和组织
　　　　共有…………………………………………………(423)
　　三　心性改变企业——超越国界和文化的力量…………(425)
第五节　实修——在学习实践中体认良知培育企业家
　　　　　精神…………………………………………………(432)
　　一　修己经世，以内圣外王之道在知行中夯实
　　　　本体…………………………………………………(432)
　　二　以实践体认检验企业家心性和精神…………………(436)

参考文献……………………………………………………(440)

后　记………………………………………………………(446)

绪　　论

王阳明出生于 1472 年，逝世于 1529 年，享年 57 岁。短短的 57 个春秋，王阳明创建了中国哲学史上熠熠生辉、经久不衰的阳明心学，由此而成为一位杰出的思想家、教育家、政治家和军事家，被称为中国历史上少有的大儒，至今对国内外后人都有着重大影响。

一　阳明心学简介及其传播概况

阳明心学近接朱陆、远绍孔孟，对中国传统儒学有继承，有批判，更有创新，在中国哲学史上独树一帜，其核心要旨包括心即理、知行合一、致良知等思想，它们分别代表着阳明心学的本体论、认识论和道德论。

首先，心即理这一学说，构成阳明心学的本体论基础。在传统儒学中，天理与人心往往截然二分。在《论语》中，子路曾经以鬼神与生死之事问及孔子，孔子回答道："未能事人，焉能事鬼；未知生，焉知死"[①]。可见孔子将人事与天道截然分开，并教授弟子首先要关注人事。而天道则是人模仿、效法和追求的对象，孔子曾表示"予欲无言"，子贡言："子如不言，则小子何述焉。"孔子回答

[①] 《四书章句集注》，中华书局 2016 年版，第 126 页。

道:"天何言哉?四时行焉,百物生焉,天何言哉?"① 可见,孔子罕言天道,将天道与人事完全分开。孟子言尽心、知性、知天,亦是把人的心性与天道、天理分而为二。程朱理学向外格物穷理,将天理与人心分作两段。而王阳明从庭前格竹的实践中,得出失败的经验,领悟到通过向外格物,并不能真正求得天理。其实,天理就在人的心中,心即理。王阳明言:"心即理也。天下又有心外之事,心外之理乎?"② 可以说,阳明心学的心即理,是对朱熹格物穷理的直接回应。

心即理这一学说,实际上是对中国传统儒学的一个重大创新和超越。王阳明由传统儒学的天理与人心分为两段,转换到将天理收摄到人心上,得出心外无理、心外无物、心外无事。这是对程朱理学的发展与创新,是王阳明在阅读朱子学说过程中,不断思索、体证而得来的。在心即理的思想中,有心外无理、心外无物、心外无事等表述方式,以表述不同的情景。由此,心即理把天理、人心、万物贯通起来,皆收摄到人心上,形成一个形而上的本体。而且,在阳明心学中,形而上的本体与形而下的器物并非截然为二,而是融贯一体的。这也正是中国哲学的形而上学与西方哲学追究物原子的形而上学不同之所在。阳明心学的心即理思想,将天理与人心收摄到心上,将形而上的本体与形而下的器物贯通起来,这样便突出了人的道德主体性与实践主体性。

其次,知行合一这一学说,主要构成着阳明心学的认识论。知行关系在中国哲学史上具有悠久的传统,这是中国哲学对认识与实践关系的表述。中国传统哲学尤其注重"行"这一维度。孔子重视行,在言与行的关系上,孔子认为:"君子欲讷于言而敏于行。"③ 在学与行的关系上,孔子认为:"弟子入则孝,出则弟,谨而信,

---

① 朱熹:《四书章句集注》,第181页。
② 王守仁:《王阳明全集》,上海古籍出版社2014年版,第2页。
③ 《四书章句集注》,第74页。

泛爱众，而亲仁，行有余力，则以学文。"① 总之，孔子认为，行动比认知和言语更加重要。只有在实践行动中，知识和言语才能实现其价值。继孔子之后，儒家始终秉持重"行"的传统。荀子言："不闻不若闻之，闻之不若见之，见之不若知之，知之不若行之。"② 朱熹言："知行常相须，如目无足不行，足无目不见。论先后，知为先；论轻重，行为重。"③

总而言之，在知行关系中，无论是在孔子、荀子对行的重视与强调，还是朱熹认为知行相须、知先行重，同时重视知与行。可以说，在王阳明之前，儒家皆将知行分为两事。王阳明认为知行合一。其言："外心以求理，此知行所以二也。求理于吾心，此圣门知行合一之教。"④ 可见，王阳明的知行合一思想建立在其心即理的本体论基础之上。而且，王阳明多次提出"知行本体，原来如此"⑤。也就是说，王阳明将知行关系由认识论层面，追溯到本体论层面。知行合一下的知行本体，将知与行合二为一，上升到本体论层面，可以称作知行本体、知行之体、知行体段。在这层意义上，知行合一思想并非认识与实践关系中，指导人的认识与实践的方法论，而是人的生命存在的本来之体或者本然之体会。阳明心学知行合一思想表明着中国传统哲学的本体论与认识论不是截然分判的，而是相互贯通的。可以说，知行合一乃是传统心学工夫论的重要法门。

最后，致良知这一学说，主要构成着阳明心学的道德论。"良知"一词首见于《孟子》，孟子曰："人之所不学而能者，其良能也；所不虑而知者，其良知也。孩提之童，无不知爱其亲者；及其长也，

---

① 《四书章句集注》，第49页。
② （清）王先谦：《荀子集释》，中华书局1988年版，第142页。
③ （清）张伯行：《近思录专辑》第五册《续近思录 广近思录》，华东师范大学出版社2015年版，第43页。
④ 王守仁：《王阳明全集》，第48页。
⑤ 王守仁：《王阳明全集》，第5页。

无不知敬其兄也。亲亲,仁也;敬长,义也。无他,达之天下也。"① 不学而能之良能,不虑而知之良知,蕴含着两层含义,一是良知良能乃是人天生所具有,不需要人为因素和外在条件;二是良知良能是道德实践能力,而非理性知识。而且,王阳明进一步将良知与孟子四端之心中的是非之心关联起来,王阳明言:"是非之心,不虑而知,不学而能,所谓良知也。"② 又言:"良知者,孟子所谓'是非之心,人皆有之'者也。是非之心,不待虑而知,不待学而能,是故谓之良知。"③ 是非之心,乃是智之端。在阳明心学的语境中,虽然良知与智是关联的,但是并非西方理性主义下的理性智慧或知识,而是伦理道德意义上的实践智慧,即在政治实践与伦理实践中对是非善恶的判断能力。《大学》言格物致知,《孟子》言良知良能。阳明心学上承孟子传统,在吸取宋明时儒的四书学基础上,对《大学》三纲八目加以改造,构建起阳明心学的核心体系。如陈来教授所言:"阳明哲学在其形成时,就其基本思想方向来说,明显地继承了宋代陆九渊以来的心学传统。这个传统就儒学内部的历史渊源来说,主要根于孟学的传统。"④ 继承孟学传统,阳明心学的良知主要代表人天生所具有的道德实践能力,即人天生具有为善的能力,致良知则将人天生具有的道德实践能力发扬出来,使得人人皆可以充分发挥自己本有的道德良知,也即人人皆可以成圣人。

阳明心学中富有对传统儒学的改造和创新,由程朱理学对天命之性与气质之性的二分,到达心、性、理三者通而为一,并收纳于心。由此,突出了人的主体性和能动性,立足于知行本体,人人皆可以致良知,人人皆可成圣人。由于阳明心学的实践特性和对传统儒学的世俗化改造,王阳明在世的时候,阳明心学就已经广泛传

---

① 《四书章句集注》,第360页。
② 《王阳明全集》,第90页。
③ 《王阳明全集》,第1070页。
④ 陈来:《有无之境——王阳明哲学的精神》,生活·读书·新知三联书店2009年版,第180页。

播，影响深远。跟随王阳明学习的弟子已经遍布浙江、江西、贵州等地，来自学界、政界、商界等领域。这些弟子当中，包含朝廷大臣、学者文人、贩夫走卒等社会各个阶层。杜维明认为："阳明对儒学所作贡献同马丁·路德对基督教所作贡献一样深刻。"① 路德宗教改革，将信仰的权力从教会那里转移到普通人手上。信徒因信称义，基督教得以世俗化。王阳明使儒学的传授由官方性的儒生群体，转移到民间农夫、商人、乡绅等各个阶层。同时也将儒学的修习，由官方儒生知识分子的知识特权，转化成为普通老百姓都能通过儒学来锻造自身心性修养的学问。郭齐勇先生认为："致良知、知行合一等主张，摆脱了长期的文字训练和经典阅读，是一种简单直截、当下即是的工夫，引发了中下层老百姓的极大兴趣，直接推动了儒学平民化运动，构成了对官学也就是朱子学的冲击，起到了解放思想的作用。"②

王阳明去世后，弟子们继续对阳明心学进行传承与解释，并发展成为明朝中后期儒学的主流，进而形成了中国哲学史上一个著名流派——阳明后学。《明史·儒林传》形容阳明心学为"门徒遍天下，流传逾百年"，丝毫无夸张之意。据《明儒学案》所载，阳明后学包含浙中王门十七人、江右王门二十人、南中王门九人、楚中王门二人、北方王门七人、闽粤王门二人、止修学派一人、泰州学派十八人，总共八个流派，七十六人。除正宗流派之外，受到阳明心学影响或由阳明心学中发源而出的学者又有林兆恩、虞淳熙、许孚远、冯从吾、刘宗周、黄宗羲等人③。有清一代，在官方政治统治的规训与学术思想内在的发展趋势的双重作用之下，朴学成为学术的主流，阳明心学的发展几无进展。

---

① 杜维明：《青年王阳明：行动中的儒家思想》，生活·读书·新知三联书店2017年版，第2页。
② 郭齐勇：《阳明心学的当代价值及其意义》，载《人文天下》2018年3月，第7页。
③ 张昭炜、钱明：《阳明后学文献的整理与研究》，载《光明日报》2016年6月27日。

在中国传统哲学现代化的过程中，为应对欧西哲学的挑战，在现代新儒家的思想中，开创出一种新的心学形态，可称之为现代新心学。郭齐勇先生将梁漱溟、熊十力、张君劢、贺麟、唐君毅、牟宗三、杜维明看作现代新儒家中心学一派的代表。郭齐勇言："现代新儒家的开山大师熊十力主张'保任良知，去向事上磨炼'，他自己也说，其哲学体系中的'仁''诚''本心''本体'等范畴就是阳明所讲的良知。牟宗三创立的'道德形上学'特别强调良知本体，直接继承阳明心学的主要内容。唐君毅先生讲生命的真实存在，讲心通九境，也包含着对阳明'心外无物'思想的继承。"[1] 之所以心学成为现代新儒家回应欧西文化的思想资源，原因在于心学本身所具备的能动性、开创性、实践性。借助心学这种开拓性的思想，现代新儒家可以回应西方文化的挑战，使得中华传统文化由花果飘零到灵根自植。在中国传统哲学的流派中，也只有心学的思想资源，能够堪此重任。出于中国所面临的时代问题，现代新心学借助西方哲学的思想资源与范式资源，扬弃并超越了传统心学，创造出了具有心学基因的本体论、政治哲学、道德哲学，为回应西方哲学与文化的挑战，做出了重要贡献。

阳明心学不仅在中国影响深远，还传播至东亚其他国家，对日本、朝鲜等国的思想发展与文化建设产生了重要影响，在一定程度上塑造了日本及朝鲜的文化特性，进而形成了整个东亚文明的某些特性。我们以日本为例，略作说明。据记载，在明朝正德四年，王阳明四十二岁的时候，日本五山大老之一僧人了庵桂悟，曾到浙江拜访王阳明。正是经由了庵桂悟，阳明心学与日本有了第一次接触，由此便拉开了阳明心学在日本传播的序幕。阳明心学在日本的传播与发展，主要经历了日本阳明学始祖中江藤树的阳明学思想，以渊冈山为代表的主内省派及其衍生出的石田心学，以熊泽蕃山为

---

[1] 郭齐勇：《阳明心学的当代价值及其意义》，载《人文天下》2018年3月，第7页。

代表的主事功派及其衍生出的"报德教"①。明治维新之前，梁川星岩、西乡隆盛、吉田松阴等借助阳明心学来团结下层武士和平民，开展倒幕运动。明治二十年后，日本又兴起了阳明学运动，关于阳明心学的著作、刊物层出不穷，阳明心学在日本的发展达到一个新的高峰。由此在日本民众的道德培育和道德建设的过程中，发挥了重要作用。可以说，自传入日本之后，阳明心学与日本各时期的具体国情相结合，逐渐形成了具有日本特色的阳明心学，对日本的政治、经济、文化、民众道德等方面产生了深远的影响。总而言之，阳明心学在东亚文明走向现代化的过程中，作为一种重要的思想资源，发挥了重要作用。

总体来说，阳明心学缘起于中国，逐渐传播并影响至日本、朝鲜等东亚各国，在东亚各国的近现代思想发展史中居于重要地位。而且，在东亚各国走向现代化的过程中，阳明心学作为一种传统思想资源，在政治、经济、文化、道德建设等方面，又发挥了不可替代的传统思想资源价值。

二 本书的选题背景及相关研究现状述评

2014年11月9日，在亚太经合组织工商领导人峰会上，习近平总书记谈道："市场活力来自于人，特别是来自于企业家，来自于企业家精神。"② 之后，习近平总书记又多次谈及企业家精神。2017年1月，中共中央、国务院印发了《关于实施中华优秀传统文化传承发展工程的意见》，提出要深入阐发中华优秀传统文化精髓，并将其贯穿国民教育始终，融入社会生活。在党的十九大报告

---

① 刘金才：《阳明学在日本的传播和对民众道德培育的影响》，载《贵州文史丛刊》2016年第1期。

② 《人民日报》2014年11月10日02版。

中，习近平总书记强调要"推动中华优秀传统文化创造性转化、创新性发展"①，要"深入挖掘中华优秀传统文化蕴含的思想观念、人文精神、道德规范，结合时代要求继承创新，让中华文化展现出永久魅力和时代风采"②。2017年9月，中共中央、国务院发布《关于营造企业家健康成长环境弘扬优秀企业家精神更好发挥企业家作用的意见》，提出要大力弘扬企业家爱国敬业、遵纪守法、艰苦奋斗的精神，弘扬企业家创新发展、专注品质、追求卓越的精神，弘扬企业家履行责任、敢于担当、服务社会的精神。2018年11月1日，习近平总书记在《在民营企业座谈会上的讲话》中指出："今年是改革开放40周年。40年来，我国民营经济从小到大、从弱到强，不断发展壮大。截至2017年年底，我国民营企业数量超过2700万家，个体工商户超过6500万户，注册资本超过165万亿元。概括起来说，民营经济具有'五六七八九'的特征，即贡献了50%以上的税收，60%以上的国内生产总值，70%以上的技术创新成果，80%以上的城镇劳动就业，90%以上的企业数量。在世界500强企业中，我国民营企业由2010年的1家增加到2018年的28家。我国民营经济已经成为推动我国发展不可或缺的力量，成为创业就业的主要领域、技术创新的重要主体、国家税收的重要来源，为我国社会主义市场经济发展、政府职能转变、农村富余劳动力转移、国际市场开拓等发挥了重要作用。长期以来，广大民营企业家以敢为人先的创新意识、锲而不舍的奋斗精神，组织带领千百万劳动者奋发努力、艰苦创业、不断创新。我国经济发展能够创造中国奇迹，民营经济功不可没！"③ 2020年7月21日，习近平在企业家座谈会上，再次强调："改革开放以来，一大批有胆识、勇创新的

---

① 习近平：《决胜全面建成小康社会 夺取新时代中国特色社会主义伟大胜利——在中国共产党第十九次全国代表大会上的报告》，人民出版社2017年版，第23页。

② 习近平：《决胜全面建成小康社会 夺取新时代中国特色社会主义伟大胜利——在中国共产党第十九次全国代表大会上的报告》，第42页。

③ 习近平：《在民营企业座谈会上的讲话》，《人民日报》2018年11月02日02版。

企业家茁壮成长,形成了具有鲜明时代特征、民族特色、世界水准的中国企业家队伍。企业家要带领企业战胜当前的困难,走向更辉煌的未来,就要在爱国、创新、诚信、社会责任和国际视野等方面不断提升自己,努力成为新时代构建新发展格局、建设现代化经济体系、推动高质量发展的生力军。"① 他希望企业家们大力弘扬企业家精神,要有爱国情怀、勇于创新、诚信守法、承担社会责任、拓展国际视野。

在习近平总书记强调弘扬中华优秀传统文化、推动中华优秀传统文化创造性转化、创新性发展和党中央提出弘扬优秀企业家精神的背景下,阳明心学正受到包括企业家在内的社会各界的广泛关注和持续讨论,并在企业经营实践中得到积极运用。近年来,关于阳明心学的学习组织、论坛活动、研讨会议层出不穷;学阳明心学,用阳明心学,也正逐渐成为企业家群体修养品格、提升企业经营管理水平的必修课。本书将阳明心学与企业家精神结合起来进行研究,在相关研究现状的评述上,主要涉及三个方面:一是关于阳明心学的研究,二是关于企业家精神的研究,三是关于将阳明心学与企业家精神相结合的研究。

首先,关于阳明心学的研究。近年来,中国学界关于阳明心学的研究如火如荼。在阳明心学兴盛的时代背景中,阳明学学者对阳明心学展开了多层次、多角度的研究讨论。从学界的研究概况来看,涌现了陈来、陈立胜、董平、郭齐勇、何俊、林安梧、钱明、束景南、吴光、吴震、杨国荣(以姓氏首字母为序)等一批高水平的研究学者,以及系统性的研究成果。总体而言,关于阳明心学的研究,可以分为学理研究与应用研究。阳明心学的学理研究以阳明心学为中心,涉及阳明心学思想关键词的溯源阐释、阳明心学与程朱理学比较研究、阳明心学与佛道思想研究、阳明心学文献整理、

---

① 习近平:《在企业家座谈会上的讲话》,《人民日报》2020 年 07 月 22 日 02 版。

阳明心学与西方哲学研究、阳明心学与地域文化研究、海外阳明心学研究等。阳明心学的应用研究将阳明心学与现实应用结合起来，主要有阳明心学与道德教育、阳明心学与高校思想政治教育、阳明心学与党建、阳明心学与廉政思想、阳明心学与企业管理等。阳明心学的应用研究立足于时代，主要围绕阳明心学与时代现实问题展开多角度的联系与探讨，力图发掘阳明心学的时代价值，从阳明心学中探求时代现实问题的解决方案。阳明心学的应用研究以学理研究为基础，同时开启着阳明心学的实践向度。由于阳明心学内在的实践特性，阳明心学研究正由纯学理研究进一步扩展到应用性研究，将阳明心学与时代问题相结合，以求阳明心学在解决时代问题过程中发挥其重大的文化价值，正成为一种发展趋势。阳明心学与企业家精神的研究，就属于阳明心学的应用研究范畴，而这正是当前阳明心学热的重点领域。这让人欣喜地看到了哲学思想的恒久价值和中国企业家的文化品质。

其次，关于企业家精神的研究。弗兰克·奈特最先提出企业家精神概念，以示企业家的独有特质、能力与才华。后经熊彼特、赫西曼、德鲁克等学者的探讨，企业家精神的核心要素扩展为：创新性、爱冒险、精明与敏锐、强烈的事业心、战略思维、变革等。2017年9月，中共中央、国务院发布了《关于营造企业家健康成长环境弘扬优秀企业家精神更好发挥企业家作用的意见》。《意见》指出，弘扬企业家爱国敬业、遵纪守法、艰苦奋斗的精神，弘扬企业家创新发展、专注品质、追求卓越的精神，弘扬企业家履行责任、敢于担当、服务社会的精神。2017年，浙江省委省政府提出了"新时代浙商精神"：坚忍不拔的创业精神，敢为人先的创新精神，兴业报国的担当精神，开放大气的合作精神，诚信守法的法治精神，追求卓越的奋斗精神。贾亭在《新时代企业家精神重构的内在逻辑》一文中认为，基于新时代中国特色社会主义建设中"国家对建设现代化经济体系高度重视""后工业社会的转型需要""互联网时代个体特征的回归"这三个内在逻辑，将企业家精神重构为重视创新、凸显时代特征、强调法治精神。李国旺在《新时代企业家精神的内涵》一文中，将新时代企业家精神归纳为：时代精神、亲民精神、创新精神、法治精神等。郭守贵在《关于新时代企业家精神的几点思考》一文中，将企业家精神总结为：创新精神、冒险精神、创业精神、执着精神、诚信契约精神。随着时代的演进，企业家精神的内涵不断扩展，企业家精神的来源不断多样化。显然，借鉴阳明心学主要思想来涵养当代中国的企业家精神，是一条极有价值的路径。

最后，关于阳明心学与企业家精神相结合的研究。综合阳明心学的学理研究与应用研究来看，研究阳明心学与企业家精神，主要涉及以下三个方面：一是关于阳明心学的实践特性的研究，二是关于阳明心学与塑造商业文明的研究，三是关于阳明心学与现代企业经营管理的研究。关于阳明心学的实践特性研究，这是阳明心学与时代现实问题相结合而进行应用研究的前提基础，为研究阳明心学与企业家精神提供了逻辑基础。在阳明心学的学理研究中，对阳明心学的实践特性多有论述。阳明心学的实践特性主要体现为知行合一、事上磨炼等思想。钱穆、杜维明、吴光、陈来、杨国荣、钱明、董平、何俊等阳明学者，皆曾对知行合一、事上磨炼做出阐发，主要是从道德德性与道德实践来谈知行合一，从身心修养工夫来谈事上磨炼。而知行合一、事上磨炼所延展出来的阳明心学的实践特性，可将阳明心学推向多领域的应用。关于阳明心学与商业文明之塑造的研究。余英时在《中国近世宗教伦理与商人精神》一书中主张，阳明以良知心学普遍推广到士、农、工、商四业上面，形成"新四民说"，提升了商人的地位和商业的价值。吉田和男在《塑造日本人心性的阳明学》一书中论及石田梅岩的商人之道，石田梅岩在构建商道儒学的过程中，深受阳明心学"去人欲"以及"万物一体之仁"的影响。徐国钊在《阳明心学的世俗化伦理观与明清徽商伦理思想的转换和建构》一文中主张，阳明心学的"良知说""体用一元论""百姓日用即道""理欲观""公私观"及"唯我论"等世俗化伦理观，为明清徽商伦理思想的转换和建构提供了理论和思想资源。陈寿灿在《传统中国文化视域下的浙商传统及其世界意义》一文中主张，阳明心学早已内化为浙江精神、浙商传统的文化基因，知行观、四句教成就了浙商的儒商向度。以上研究主要涉及阳明心学可以参与建构商业伦理、塑造工商文明，这为研究阳明心学与企业家精神提供了一个可行的场域。但这些研究并未深入而全面地分析阳明心学对企业经营活动中的关键性主体人物——企业家精神的多向度影响等问题。关于阳明心学与现代企业经营管理的研究及成果，则为本书研究提供了现实基础。曹岫云《稻盛哲学与阳明心学》一书，将稻盛和夫的经营理念与阳明心学对比分析，为研究阳明心学与企业家精神提供了一个活生生的案例。白立新《阳明心学的管理智慧》一书，将阳明心学在现代企业经营管理上的应用与阳明心学在产业经济、互联网经济上的应用，统称为心物一体经营模式，将阳明心学与商业创新、企业战略、企业文化、企业运营等结合起来，试图构建中国本土化的经营管理模式。思二勋《商业归根：阳明心学的商业智慧》一书，试图以阳明心学回归商业本质，借用"致良知"回归企业存在的价值，借用"心即理"回归企业经营管理的本质。还有林卓君的《王阳明的心学与稻盛和夫的心性经营哲学》、范飞翔的《浅谈王阳明心学思想与德鲁克目标管理》、孙兰的《浅谈王阳明及其心学思想在企业人力资源管理中的应用探索与实践》等论文，皆将阳明心学与企业经营管理结合起来。关于阳明心学与企业经营管理的研究，已涵盖企业经营管理的多个方面，但并未鲜明地将阳明心学与企业家精神相联系。

　　阳明心学具有强烈的实践性和能动性，对培育企业家精神、改善企业经营管理、建构商业文明具有重要价值。阳明心学对现代工商伦理以及企业家精神的培育，其实践活动正在起步展开之中。故而有必要将阳明心学与企业家精神这一课题作深入系统的研究，对阳明心学与企业家精神的契合点进行全面挖掘、整合、构建，逐渐推进阳明心学在培育企业家精神、改善企业经营管理、建构现代工商文明中持续发挥应有的重要作用。

显然，无论就学术思想还是社会作用来说，阳明心学都有自己的历史局限性，我们必须用马克思主义观点去分析研究，采取科学的理性态度，不能盲目崇拜，全盘肯定，更不能神化，评价失当。但是，不管怎么说，都丝毫不影响我们对阳明心学的敬重和评价：阳明心学学术思想的创造性、深邃性和启迪性以及对中国文化的贡献，是令人叹服的，其历史影响和现时代的价值也是显而易见的，阳明心学是中国优秀传统文化中一座熠熠生辉的思想高峰。

三　本书的主旨及内容结构

本书旨在从理论上理清阳明心学与企业家精神的内在关联，并从实践上提出阳明心学培育企业家精神的基本路径。围绕这一主旨，我们具体分为八章展开论述，以期逐步理清阳明心学与企业家精神的内涵、发展、内在关联以及在现代的具体应用。

第一章介绍阳明先生的生平事迹及人生启悟，由此对王阳明心学思想的背景与来源，有一个概括性把握。第二章集中论述阳明心学的核心思想，心外无物、知行合一、致良知、万物一体，并阐明其现代价值，由此为阳明心学与企业家精神的汇通，提供一个思想前提。第三章以中西二分为基本框架，分别理清西方及中国企业制度及其成长由古典至现代的发展，在此基础之上，分别梳理西方及中国企业家精神的演变与内在逻辑。第四章立足于前三章的论述，将阳明心学与企业家精神的内在契合性，通过分析企业家如何处理身心、物我、人己、天人这四对关系而加以理晰。第五章旨在呈现阳明心学与工商文明的内在联系，在普遍意义上探讨阳明心学与人文精神的关联，又在特殊意义上分述阳明心学与徽商、甬商、浙商以及日本工商文明之关联。第六章具体论述阳明心学在现代企业管理中的应用，这可以看作本书的转折点，即：开始由纯粹理论层面对阳明心学与企业家精神的探讨，转入在现实应用层面对阳明心学与企业家精神的探讨。第七章在梳理浙商精神演化与发展的基础之上，阐明阳明心学对塑造浙商精神的价值与应用。第八章将第六章转折以来的现实应用层面对阳明心学与企业家精神的探讨推向极致，全面敞开用阳明心学培育企业家精神的基本路径，这可以提供一个切实可行的实践路径，同时也试图将阳明心学的实践特性发挥到新的境界。

本书围绕阳明心学与企业家精神这一主题展开的论述，可以分为理论层面与实践层面两个维度，第一章至第五章主要关涉理论维度，略及实践；第六章至第八章主要关涉实践维度，略涉理论。我们对阳明心学与企业家精神的研究，本身就是关于阳明心学应用层面的研究，故而，本书一方面提供理论层面的探讨，另一方面紧密结合现实，具有强烈的实践指向性。这是本书的重要特色，也是在新时代研究阳明心学的一个重要路径，更是阳明心学思想的内在要求。

四 本书的创新、特点及意义

阳明心学具备强烈的实践性、创新性、能动性，在打破传统旧有的价值体系、塑造新的价值体系的过程中，可以发挥思想引领的作用。在中国现代化的进程中，阳明心学作为一种传统文化资源，正在日益参与工商业领域中，影响到工商文明的现代建构，参与企业文化建设和企业家精神塑造。我们将阳明心学与企业家精神结合起来进行研究，主要可以体现出三个方面的创新点。

一是本书的研究是一种跨学科的研究。阳明心学是传统儒学的心学一派，在现代学科划分中归属于中国哲学，是一种人文科学。企业家精神则更多地是经济学、管理学的研究对象。所以，将阳明心学与企业家精神结合起来，是人文科学与社会科学的对话和互动，同时也是哲学与经济学、管理学的对话和互动。而人类各个学科发展至今，加强学科之间的对话与交流，正是各个学科在未来要有新的突破和发展所不得不走的道路。这是本书的第一个创新点。

二是本书的研究是理论与实践相结合的研究。基于近年以来企业家群体学习阳明心学、应用阳明心学这一基本的现实活动，从这一时代现象出发，本书从理论层面进行总结、挖掘、研究，理清阳明心学与企业家精神的内在关联，进而有意识、有目的地运用阳明心学来塑造和培育企业家精神。从实践出发进行理论研究，进而进一步指导实践。这是本书的第二个创新点。

三是本书的研究运用了多元化的研究方法。本书出于不同章节的研究需求，采取不同的研究方法，比如，本书运用思想史梳理法介绍并梳理了王阳明的生平事迹及核心思想，运用对比分析法诠释了阳明心学与企业家精神的内在契合性，运用案例调查法对康恩贝集团践行阳明心学进行了调查与分析。这是本书的第三个创新点。

在阳明心学的学理研究渐成显学，而其应用研究正趋翻开新的一页的今天，本书将阳明心学与企业家精神结合起来进行深入研究，具有重要价值，主要体现在以下五个方面。

一、本书将中华优秀传统文化与时代现实问题相结合，有利于弘扬中华优秀传统文化，推动传统文化在现代社会的创造性转化、创新性发展，有利于增强文化自信、提升中华文化影响力，对彰显中国精神、中国力量、中国智慧将展现其重大价值和意义。

二、本书以阳明心学的学理研究为基础，发挥阳明心学的实践特性，将其与企业家精神相结合，展开应用研究，有利于形成阳明心学研究的新视角，进一步扩大阳明心学的影响力。

三、本书将中国哲学与管理学、经济学、伦理学等学科相结合,有利于促进学科对话,形成阳明心学新的思想体系和话语体系,推动阳明心学在现代社会中的新发展。

四、本书将阳明心学作为培育企业家精神的思想资源,有利于在培育企业家精神的过程中从优秀传统文化中汲取智慧,丰富企业家精神的多元化来源,拓展培育现代企业家精神的新视野。

五、本书还对作为浙东学派代表的阳明心学展开了应用研究,有利于传承浙东文化传统,扩大宁波区域文化影响力,挖掘并发挥浙东文化的现代价值,促进浙江文化繁荣,提升宁波和浙江的整体影响力。

第一章

王阳明生平事迹述略及人生启悟

本书以阳明心学与企业家精神为主题展开研究。在对两者的内涵、关系等核心内容进行深入剖析之前，我们有必要对阳明心学的创始人王阳明先生的生平进行简要的介绍。正如著名阳明学者冈田武彦先生所说："我们这些研究东方哲学思想的人，如果不去了解先哲们的生涯，不去体验他们的经验，那么我们就无法深刻理解东方哲学思想区别于西方哲学思想的特点，所做的学问也就无法变成'活学'。"[①] 王阳明所处的历史背景以及家族渊源对他的成长有什么影响？王阳明的一生有哪些遭际促成了阳明心学的创发？王阳明的一生波澜壮阔，谱写了很多传奇的故事，这些故事对于培育企业家精神有何借鉴意义？本章围绕这些问题展开阐述，以期通过对王阳明生平事迹的介绍，揭示这些事迹背后所带来的人生启悟及其对培养企业家精神的有益启示。

第一节　学思历程

王阳明（1472—1529），明代中期著名思想家、军事家，他的思想主要围绕"心"而展开，具体的思想有"心外无物""知行合一"与"致良知"等，他的学问也被称为"心学"。王阳明的一生

---

① ［日］冈田武彦：《王阳明大传（上）》，重庆出版社2015年版，前言第2页。

可谓集立德、立功、立言为一身。他的道德学问感召了一大批学者投入门下，其中有政界的，有学界的，有商界的，包括了社会各个阶层。他一生的经历波澜壮阔，讨伐南赣山贼、平定宸濠之乱与广西思田八寨，立下赫赫战功，对于一个追求圣贤学问的儒者而言，此等军功，实属罕见。他创立的心学足与正统理学分庭抗礼，他也成为近五百年中国思想史划时代意义的人物。他的思想不仅对明代中期以降的思想界与社会产生重要影响，更对日本、韩国等东亚国家产生了深远的影响。然而"不经一番寒彻骨，难得梅花扑鼻香"，伟大的思想家的成就不是一蹴而就的，就王阳明而言，他的思想是千锤百炼得来的。正如他自己所说："某于此良知之说，从百死千难中得来，不得已与人一口说尽。只恐学者得之容易，把作一种光景玩弄，不实落用功，负此知耳。"[①] 本节主要讨论王阳明所处的时代背景、家族渊源、王阳明自身的成长经历及学思历程，以展示阳明学成熟背后的丰富人生经历。

一　王阳明及生活时代背景

王阳明，本名"守仁"，字伯安，因为守仁先生曾经在绍兴城外的山上筑造阳明洞，时人便称他为阳明先生。本书沿用学界的习称，为叙述方便，称先生为王阳明。

关于王阳明的出生，有一段著名的传说。据说他出生前夕，母亲郑氏已经怀胎十四个月。一日，他的祖母岑老夫人梦到了仙人在云中奏乐，并把一个孩子送给她。岑老夫人惊醒，却已听到了婴儿的啼哭声。王阳明的祖父竹轩公感到非常神奇，就给孩子取名为王云。乡里的人都在谈论岑老夫人的梦境，并称王云诞生的地方为"瑞云楼"。但奇怪的是，王云到了五岁都不会说话。一日王云与一群孩子嬉戏，有个僧人经过说："好个孩儿，可惜道破。"[②] 于是竹

---

① 《王阳明全集》，上海古籍出版社2014年版，第1412页。
② 《王阳明全集》，上海古籍出版社2014年版，第1345—1346页。

轩公给孩子改了个名,叫"守仁",这孩子马上就能说话了。

这个故事我们不必去深究其真伪。但是有两点值得我们去关注。

第一,中国古人认为,对于关键的事情要持谨慎的态度。例如王阳明出生的这些奇特的事件,今人虽不必去争论事情的真伪,但是如果将这个事情还原到那个时代背景,这类的事情在古人看来是"天机",要持谨慎的态度,不能大肆宣扬。《周易·系辞传》说:"机事不密则害成",说的即是如此。我们抛开神秘的事件,代之以我们能接受的事情,亦是如此。例如一个企业有重大的决策部署,这个部署尚未成熟,可能会有很大阻力。根据传统中国人的思维模式,这样的事情就属于"机事",除了关键的决策者外,知道的人越多,可能对事情的阻力就会越大。这种观念虽然有些神秘主义的色彩,然而它不仅深刻地影响了传统的中国文化,对今天华人的思维与行为模式依然发挥着巨大的影响。

第二,"守仁"二字寄托了家族对王阳明的殷切期望。虽然史料上并没有直接说明为什么给阳明取名为"守仁",但是王氏家族是个书香世家,取名这种事情不会草率了事。"仁"是儒家思想的核心。如果用一个字概括儒家的精神,恐怕就是"仁"了。近代新儒家的代表人物梁漱溟先生就说:"儒家之学在求仁"。[①] 儒家思想认为,"仁"就是人之所以为人的那个东西。儒家的宗旨就是实践人之所以为人的那个东西,即是仁。但是一般人很难做到时时刻刻在"仁"的状态中。孔子最优秀的学生颜回,只能做到"三月不违仁",其他的学生则是"日月至焉而已矣"(《论语·雍也第六》)。事实上,儒家认为,每个人本来都具有"仁"的品质,圣人则时刻在这种品质中,举手投足都是非常顺畅的,用孔子自己的话讲就是"从心所欲不逾矩"(《论语·为政第二》)。如此看来,

---

① 梁漱溟:《梁漱溟全集》(第四卷),《礼记大学篇伍严两家解说》,山东人民出版社2005年版,第3页。

给王云改名为"守仁",其中寄托了对他深切的厚望。

王阳明出生于 1472 年,这一年是成化八年,他于 1529 年去世,享年 57 岁,这一年是嘉靖八年。王阳明半个多世纪的一生经历了明宪宗朱见深、明孝宗朱祐樘、明武宗朱厚照以及明世宗朱厚熜四朝。这一时期的大明王朝,饱受内忧外患。就内部而言,有三大问题。一是宦官当权,皇帝失德,导致明代中期以后官场党争不断,士大夫争权夺利,士风浸坏。二是藩王作乱,危害一方,例如正德皇帝年间的宁王朱宸濠之乱。三是民族问题,例如广西当地少数民族政权问题。就外部而言,大明王朝一直面临着来自北方蒙古部落的压力。王阳明的一生与当时的历史背景大有关联。他少年时期考察北方边疆,盛年时期力斗宦官,平叛藩王之乱,中晚年致力于解决广西地区军事问题。时势造英雄,大明王朝所经历的历史背景磨炼了这位"三不朽"的传奇英雄。

在思想史上,明代中期以来,"程朱理学制度化后儒学异化、功利之风竞起弊端日益显现"。[①] 在这样的思想史背景下,王阳明以"心即理"的方式,将儒家文化带回到内在的良知之学。但是这个过程是艰辛的,王阳明的心学遭到了上至帝王下至朝臣的排斥。但是,王阳明精妙的心学思想与他刚正不阿的精神也感染了一大批追随者。王阳明的后学们对大明王朝的政治、教育、社会都产生了重要的影响。

二 王阳明的家族渊源

如果我们追溯王阳明的家族史,就会发现王氏家族的历史文化底蕴非常深厚。根据王阳明年谱的记载,王家的始祖可以追溯到西晋的光禄大夫王览。[②] 王览以尊敬兄长闻名于世,是"二十四悌"

[①] 张卫红:《敦于实行:邹东廓的讲学、教化与良知学思想》,上海古籍出版社 2020 年版,第 217 页。

[②] 《王阳明全集》,第 1345 页。

之一。王览的兄长王祥在历史上更有名气。王祥是"卧冰求鲤"的主人公,是"二十四孝"之一,被认为是孝子的典范。但是,根据学界的研究,王家的始祖应该是东晋的王羲之。王羲之是王览的曾孙,但不是正系。① 王羲之对于中国人而言是个家喻户晓的名字,曾作《兰亭序》,被后人尊为"书圣"。他的《兰亭序》受到了历代文人雅士的推崇,唐太宗甚至将《兰亭序》的真迹作为陪葬品和他一起下葬。后世可见的只是《兰亭序》的摹本。

王家的始祖最初居于山东琅琊县(今山东临沂),到了王羲之的时候,迁到浙江会稽山阴县(今浙江绍兴),经过数代,到了王寿的时候,家族后代迁到了余姚县(今浙江余姚)。唐代刘禹锡的诗"旧时王谢堂前燕,飞入寻常百姓家"中的"王"家就是王阳明的始祖,可见王家始祖的社会地位。

王寿之后,又经历了数代,到了王纲。王纲是王寿的五世孙。根据冈田武彦先生的说法,"王纲之后的诸位祖先的品行,都或多或少对王阳明造成了一定的影响"。② 王纲是王阳明的六世祖,他与明代开国功臣刘伯温是好友。当刘伯温还比较贫困的时候,就经常拜访王纲。刘伯温后来辅佐朱元璋平定天下,建立明朝,便向朱元璋推荐了王纲。王纲因而被封为兵部郎中。后来广东地区有百姓起事,王纲被任命为广东参议,赴广东处理此事,不料被海盗所杀。王纲的儿子王彦达痛心父亲之死,躬耕养家,自号"秘湖渔隐",终身不仕。王彦达的儿子王与准是个读书人,擅长《礼》与《经》。王与准生王杰,王杰不愧名人之后,在乡里有很大的名声。当时县学的教谕对人说,王杰好比是当今的黄叔度。③ 王杰著有《槐里杂稿》《易春秋说》和《周礼考证》,被时人称为"当世之第

---

① 《王阳明大传(上)》,第 22 页。
② 《王阳明大传(上)》,第 33 页。
③ 黄叔度指的是东汉的黄宪,十四岁时就有人夸他可以与孔门高足颜回媲美。见《王阳明大传(上)》,第 38 页。

一"。① 王伦是王杰之子，王阳明的祖父。他生性喜欢竹子，世称"竹轩先生"。王伦淡泊名利，德才兼备，二十多岁的时候，浙江各地的大户都争着聘请王伦当家庭教师。

我们尤其要注意的是王华，他是王伦之子，王阳明之父。成化十七年，即公元1481年，王华进士及第第一名，就是通常所说的高中状元。有明一代，获得状元这一殊荣的人不过90人。② 自王彦达以来，王家走向贫困，但是从王华开始，家族开始复兴。他担任过翰林院编修、经筵讲官，官至南京兵部尚书。王华为人至孝，在京为官时，听闻父亲竹轩公的病报，"日忧惧不知所为"，后来听到讣告，"恸绝几丧生"。安葬竹轩公后，在墓边结庐守孝。坟墓原本是虎穴，经常有老虎出现，王华也不畏惧。③ 后来他的母亲岑老夫人生病，他侍奉在前，十分孝顺。当时岑老夫人年近百岁，他自己也已经七十多岁。但是王华经常扮作小孩，逗母开心。

王华对王阳明的影响是十分巨大的。从一个例子便可看出王华对于儿子的重要影响。我们知道，王阳明后来因平定了宁王朱宸濠的造反，三代都被追封新建伯。王阳明本人也获得了极大的荣誉。在这样的情况下，王华却对王阳明语重心长地说了一段话：

> 宁濠之变，皆以汝为死矣而不死，皆以事难平矣而卒平。逸构朋兴，祸机四发，前后二年，岌乎不免矣。天开日月，显忠遂良，穹官高爵，滥冒封赏，父子复相见于一堂，兹非其幸欤！然盛者衰之始，福者祸之基，虽以为幸，又以为惧也。④

王华的话中对儿子的关切之情溢于言表。朱宸濠叛变，都以为

---

① 《王阳明大传（上）》，第39页。
② 李光军编著：《历代状元》，河南大学出版社2005年版，目录第13—16页。
③ 《王阳明全集》，第1536页。
④ 《王阳明全集》，第1416页。

王阳明死了，幸而大难不死。都以为平叛很难，结果王阳明也顺利平叛。但是平叛不久，王阳明就饱受诽谤。即便如此，王阳明还是一一渡过难关。经历种种困难之后，父子相聚，家人团圆。此时，王阳明也加官晋爵，这对家族而言无疑是个很大的荣耀。但是王华是个十分冷静的人，他明白盛极而衰、福祸相依的道理，劝诫王阳明在这种情况下一定要慎重。

王阳明听后，跪在地上说："大人之教，儿所日夜切心者也。"[①]此时的王阳明也已经五十岁了，他曾勇斗刘瑾，遭遇锦衣卫刺杀，被贬贵州龙场，经历龙场大悟，创立阳明心学，风风雨雨走过了半个世纪。但是对于父亲的教诲，依然感到十分受用，可见父亲王华对他的影响。

从上文的讨论中我们可以发现，王阳明的家族历史与家人对他的成长有着重要的影响。特别是王阳明的父亲王华在关键的时刻给予王阳明很大的支持。因此，王阳明的传奇人生与他同样传奇的家族历史是分不开的。虽然王阳明的家族文化与家人对王阳明后来的成长产生了重要的影响，但是王阳明的成才主要还是靠自身的努力以及内心的一股力量。

三 立志圣贤

王阳明十岁的时候，他的父亲王华高中状元。次年，王华迎请父亲王伦到京师赡养。王阳明就与祖父王伦一起出发去北京，那一年王阳明十一岁。这时候的王阳明就已经体现出与众不同的天分。当时，祖父王伦经过江苏金山寺，与几个好友饮酒赋诗，但是可惜久久没能做成诗。在一旁的王阳明见状便赋诗一首[②]：

金山一点大如拳，打破维扬水底天。

[①]《王阳明全集》，第1416页。

[②]《王阳明全集》，第1346页。

醉倚妙高台上月，玉箫吹彻洞龙眠。

此诗文学想象丰富，审美意境高远，很难想象是由一个十岁出头的孩子所写。在座的人都大为惊奇，于是让王阳明再写一首《蔽月山房》诗，王阳明随口就应道①：

山近月远觉月小，便道此山大于月。
若人有眼大如天，还见山小月更阔。

这首诗所体现的不仅仅是王阳明的文学天赋，更是他精妙的哲学思考能力。由于山距离我们近，月亮离我们远，于是我们便认为月亮是小的，山比月亮大。事实上，这只是观察角度的问题。如果有人的眼睛和天一样大，那么看到的就是更为广阔的月亮与相对较小的山了。十岁出头的年纪便有了超越常识来思考的能力，实在是不同寻常。但是历史上所谓的神童很多，王阳明的奇特之处还不止于此。

十二岁的王阳明开始进入私塾读书，接受系统的教育。应该说，他的系统教育之路开始得比较迟。而且，年少的王阳明并不符合我们对于"好学生"的认知。他的性格是"豪迈不羁"的，父亲王华也常常为此感到忧愁。有一天，王阳明与同学在长安街上遇到了一个相士，那个相士对他说："吾为尔相，后须亿吾言：须扶领，其时入圣境；须至上丹台，其时结圣胎；须至下丹田，其时圣果圆。"② 我们不必纠缠于胡须的长度与圣人的境界有什么关系，但是根据史料的记载，这位相士的话对王阳明的内心产生了重要的波动。年少的王阳明开始非常严肃地对待人生的意义这个问题了。这件事情以后，他每次看书都"静坐凝思"。经过一段时间的沉思，

---

① 《王阳明全集》，第 1346 页。
② 《王阳明全集》，第 1346 页。

王阳明心中似乎有了答案,但这个答案又不能十分确定,于是他向老师求证。他问他的老师"何为第一等事"。[①] 他的老师回答说:"惟读书登第耳。"[②] 简单地说,他的老师认为第一等的事情就是读书中进士,乃至中状元。这位老师的回答无可厚非。当代社会很大一批读书人的理想就是考上好大学,找个好工作。在明代,读书人的就业路径比当代要窄很多,读书做公务员几乎是大部分读书人的理想。事实上,在明代读书中进士是具有高难度的一件事。比现在博士入学考试和国家公务员考试还要难。明代是中国历史上一个大一统的朝代,疆域广阔,远迈汉唐。为了巩固这样一个统一的大局面,"就必须通过制度把各地区的人才吸收到官员队伍乃至统治集团中来"。[③] 科举考试在明代官员来源体系中居于核心地位。到了后来,除少数特例外,一般情况下,不是进士就不能成为翰林,不是翰林就不能成为内阁学士以及吏部、礼部的长官。[④] 对于普通读书人而言,读书可以说是进入明代权力中枢最重要的途径。但是王阳明对老师的这个回答显然并不满意,他说:"登第恐未为第一等事,或读书学圣贤耳。"[⑤] 王阳明认为读书中进士不是第一等的事情,读书学圣贤才是。当然我们需要说明的是,王阳明并非排斥读书登第,而是把学圣贤看成第一等重要的事而已。正如对于一位企业家而言,最重要的事情是通过事业的发展使得人类生活的某个方面更加美好,虽然利润对于他而言同样也很重要。"学圣贤"三个字对于十岁出头且童稚未泯的少年而言似乎是一个沉重的话题。但是"学圣贤"的理想从此在他的心中扎根。后来王阳明教人,也十分重视立志。他说:"大抵近世学者无有必为圣人之志,胸中有物,

---

[①]《王阳明全集》,第1346页。
[②]《王阳明全集》,第1346页。
[③] 张希清等:《中国科举制度通史》(明代卷),上海人民出版社2015年版,第1页。
[④] 张希清等:《中国科举制度通史》(明代卷),第11页。
[⑤]《王阳明全集》,第1346—1347页。

未得清脱耳。"① 可见要成就大事，必先立大志。如果不能坚定志向，心中可能有东西牵绊、舍不掉，就不能超脱，终其一生只能成为碌碌无为的俗人。无论想成就什么事业，第一件事情就是要明确目的。而且志向越高远，成就的事业越伟大，成就的人格也越高尚。

四　不羁少年

《传习录》开篇就对王阳明有这样一句评价："先生明睿天授，然和乐坦易，不事边幅。人见其少时豪迈不羁……"② 从"不事边幅"与"豪迈不羁"两个评价可以看出王阳明洒脱与略带叛逆的性格。这从以下两个例子可以进一步看出。

首先，少年王阳明对军事非常感兴趣。但是他的感兴趣与一般人的感兴趣不一样，他从小就表现出"知行合一"的特点。王阳明十几岁的时候，大明王朝饱受内忧外患，内有盗贼与叛乱，外有鞑靼侵犯，加之洪涝干旱等自然灾害，大明王朝可谓危难重重。内忧外患给年少的王阳明埋下了深厚的忧国忧民之情。古人云：殷忧启圣，多难兴邦。十五岁的王阳明已经有了一股"经略四方之志"。但是与一般少年不同的是，他不仅这样去想，而且还付诸实践。据《年谱》载，王阳明出游居庸三关，对边疆少数民族的部落进行实地调研，并细心研究应对少数民族侵犯的对策。一日，王阳明梦见自己拜谒伏波将军庙，并赋诗一首云③：

> 卷甲归来马伏波，早年兵法鬓毛皤。
> 云埋铜柱雷轰折，六字题文尚不磨。

---

① 《王阳明全集》，第 1422 页。
② 《王阳明全集》，第 1 页。
③ 《王阳明全集》，第 1347 页。

伏波将军马援是东汉光武帝时期的名将，他六十余岁时仍然上书皇帝请求亲自带兵出征，一切以社稷为重，不求名利。王阳明做梦梦到这样一种景象，并且以一首诗歌阐发了他对这个梦的认识，体现了他少年时期的一股豪迈之气。当时国内有多处盗贼频发，甚至有人起兵作乱，王阳明多次想上书给朝廷，被其父王伦批评才停止。但是王阳明对军事的兴趣并没有就此止步。他在二十六岁那年开始系统学习兵法。当时边疆频频传来战事，但是朝廷却推举不出优秀的将才。王阳明于是对大明王朝的武举制度进行了深刻的反思，并认为当时的制度仅仅能够选拔出拥有骑射搏击等军事技能的军人，并不能很好地发掘具有统领才能的将帅之才。于是他特别留意军事，凡是兵家的书籍，无不精深地去钻研。当有客人在的时候，他常常拿果核来模拟阵仗。王阳明中年的时候以文人之身平定江西福建一带的匪患，又平定宁王朱宸濠的叛乱，绝非偶然，很多军事原理早已烂熟于心。而且王阳明也并不只是个纸上谈兵的人，这从他出居庸关考察便可发现他是个行动力很强的人。因此我们有理由相信，当王阳明遇到实战的场景时，能发挥出普通读书人所难以望其项背的才能。王阳明的这种性格可以说是他所提倡的"知行合一"最生动的诠释。

其次，王阳明是一个敢于挑战礼教的人。照理来说，传统的书香门第应该非常讲究礼仪。但是王阳明似乎没有把礼仪当成很重要的事情，从这一点可以看出，他比一般的读书人更加洒脱与勇敢。他后来敢于向当时正统的朱子理学发起挑战并最终创立阳明心学，也可以说是这种精神的延续。婚姻是古人生活中十分重要的一环，婚礼更是人的一生所要经历的礼仪中最重要的礼仪之一。然而王阳明在自己的婚礼上却做出了一件非常"出格"的事情。弘治元年的时候，十七岁的王阳明去江西迎娶新婚妻子诸氏。诸氏的父亲诸腾和是江西布政司参议，诸家也可谓是书香门第，官宦人家。但是，就在结婚的当天，王阳明居然还有闲情雅致出外游玩。他来到了当地的一处道观"铁柱宫",遇到一个道士在打坐。因为与道士讨论关于养生的学问,结果忘记了回家。诸府派了很多人出来寻找,最终都未找到,王阳明直到第二天早上才回家。我们从这件小事便可以看出王阳明身上的两个特性。第一,他对于未知的学问充满了好奇心。他的好奇心是如此地强烈,以至于他忘却了世俗中那些被人们认为是很重要的事情。第二,他有一种乐于求证的精神。这种精神与他"亭前格竹"的精神是一脉相承的。只要他认定了一件事情,就一定要将其实践出来。这两种品格对于当代的企业家都有很重要的启示意义。

综合以上两个例子,我们可以发现少年王阳明身上有一种不羁的品质,而这种不羁的品质有时候往往能打破思维的缰绳,创新思路,创造新的局面。

五　学思历程

湛若水是王阳明的好友,他在王阳明去世后,写了一篇《阳明先生墓志铭》,对于王阳明求学的历程有一个简要的概括:"初溺于任侠之习,再溺于骑射之习,三溺于辞章之习,四溺于神仙之习,五溺于佛氏之习。"① 明清之际的思想家黄宗羲在《明儒学案》中对王阳明学问变化历程也有一个概括:

> 先生之学,始泛滥于词章,继而遍读考亭之书,循序格物,顾物理吾心终判为二,无所得入。于是出入于佛、老者久之。及至居夷处困,动心忍性,因念圣人处此更有何道?忽悟格物致知之旨,圣人之道,吾性自足,不假外求。其学凡三变而始得其门。自此以后,尽去枝叶,一意本原……②

---

① 《王阳明全集》,第1538—1539页。
② 黄宗羲:《明儒学案》卷十《姚江学案》,中华书局1985年版,第181页。

结合两者的观点来分析，王阳明在探索心学的路上，主要经历了三个阶段。这三个阶段之后，"尽去枝叶，一意本原"，圣贤学问日益成熟。

　　王阳明从立志做圣贤到开始实践圣学，乃是学思历程的第一个阶段。这个阶段，王阳明意气风发，文武结合。既有出边关考察的壮举，也有练习书法的细致。不过这个阶段，王阳明还没有真正发现实践圣学的方法。除了任侠骑射等方面，王阳明关注点主要在辞章与书法。古人写文章，注重辞章、考据、义理三要素。通俗而言，辞章可以理解为文学手法，即如何将文字表达得更美，偏重文字的艺术性，文学家大体属于此类；考据是研究文献等问题时，根据资料来考核、证实相关问题，偏重文字的科学性，清代的考据学家大体属于此类；义理是指文字背后的内涵，偏重文字的思想性，宋明以来理学家大体属于此类。王阳明这个阶段比较关注辞章之学。另外，王阳明这一时期还特别重视对书法的练习。王阳明练习书法非常勤奋，一段时间内把几箱子的纸都写完了，一时间书法大进。不过他学习书法也经历过思想认识上的重大转变。他刚开始学习书法的时候，只是对着古帖临摹，关注点在于字形。他在练习的时候不轻易落笔，而是凝思静虑，在心中模拟出字形，时间一久便通晓其中的方法。但是，他后来读到了宋代大儒程颢先生论书法的一段话，这段话对王阳明的影响很大。程颢说："吾作字甚敬，非是要字好，只此是学。"[1] 程颢先生写字时非常重视"敬"，目的不在于字好，而是在体认圣贤学问上。那么问题来了，目的不在于字好，这又是什么学问呢？王阳明于是体会到"古人随时随事只在心上学，此心精明，字好亦在其中矣。"[2] 王阳明发现，古人时时刻刻都在心上面用功。例如写字，目的不在写字，而是通过写字等日常事务，来锻炼心性，最终目的是为了成为圣贤。但是在这样的训练

---

[1] 《王阳明全集》，第1347页。
[2] 《王阳明全集》，第1348页。

过程中，字写得好也是自然而然的。根据年谱记载，这一年王阳明才十七岁，对于儒家已经有了比较深刻的认识。但是系统地实践圣学，还是下一个阶段。

第二个阶段，王阳明开始实践圣学。这一时期，王阳明主要关注的是宋代以降的理学。上文提到，王阳明十七岁的时候在江西迎娶诸氏，便在江西住了下来。次年，王阳明十八岁的时候，带着诸氏回余姚。在路上，拜见了名儒娄一谅。两人谈到了宋儒的格物之学。娄一谅提到"圣人必可学而至"，王阳明感到十分受用。年谱记载，"是年先生始慕圣学"。① 虽然王阳明年少便立志成为圣贤，但是对于如何成为圣贤以及是否真的能够成为圣贤还有疑惑。此次拜谒娄一谅，对王阳明产生了重要影响。学成圣贤，似乎不是远在天边的幻想，而是可以脚踏实地去实践的具体目标。这一年，王阳明白天和同族兄弟一起读书，晚上则搜取各种经典、历史以及诸子百家的材料研读，常常到深夜。一起学习的人看他的进步这么大，常常自愧不如。② 王阳明年纪轻轻，便立志学成圣贤，心思不往科举上用，但是文章自然进步。正如一名优秀的企业家，关注点虽然在如何帮助员工更好地成长，如何使企业的产品更好地服务社会，但是利润也自然在其中。这一年，王阳明的性格发生了一些变化。他察觉到自己平日爱开玩笑，于是端坐反省。和他一起学习的人不相信，王阳明便正色对他们说："吾昔放逸，今知过矣。"③ 所谓江山易改，本性难移，十八岁的王阳明能够自觉省察身心的不足并痛改前非，这实在是十分可贵的品质。这一时期，王阳明阅读了大量宋儒朱熹的著作。朱熹的思想核心之一是"格物"。王阳明是个"知行合一"的人，于是他尝试进行"格竹子"，但是没有得到想

---

① 《王阳明全集》，第 1348 页。
② 《王阳明全集》，第 1348 页。
③ 《王阳明全集》，第 1348 页。

要的结果。① 他开始反思辞章等并不足以通道，然而想求一个能指导自己的师友又找不到，于是王阳明非常苦闷。在实践中，他发现了程朱理学的局限性，他认为客观世界的物理与人心终究是两件事情，理学家格物穷理的方法似乎行不通。苦闷一久，连累身体健康，这个时候听闻有道士谈养生，于是开始有抛弃尘世入山隐居的想法。而这一年，王阳明才二十七岁。

第三个阶段，王阳明出入佛老，依旧苦苦追寻。三十岁那一年，王阳明游九华山。九华山是佛教的名山，供奉佛教的地藏王菩萨。三十一岁，王阳明在京的时候反省到一般人学习古文都是在名相中驰骋，对于学圣贤没有直接的关联。因此他感叹道："吾焉能以有限精神为无用之虚文也！"② 于是他请了病假，回到绍兴，在城外的山上铸造了一个阳明洞，练习道家的引导术。上文曾提到过，正因为这个阳明洞，他被人称为阳明先生，今人也习惯称他王阳明。据载，他练习道家的引导术能够产生常人所没有的一些特殊功能。但是他自己反省，这些事情消耗精神，并不是真正的"道"，于是他便放弃了这种练习方法。这个时候，他内心想到了他的祖母岑氏以及父亲龙山公，并发现这种念头生于孩提时候。可以说，这个时候的王阳明，"孝"的念头萌发，并指引着他重新融入社会生活中。于是他第二年便到杭州西湖边养病，重新思考入世的事情。王阳明虽然尝试了很多种学问，试了很多方法，但是苦于没有名师善友的指导，一直是一个人在黑暗中苦苦追寻，不得要领。虽然如此，王阳明凭借自己的勤奋，一直在实践圣学的道路上努力。三十四岁这年，开始有人投入其门下学习。王阳明认为，学人只知道沉溺于辞章记诵等知识层面的学问，不知道有身心之学。于是，他教人的时候，首先教人要立下一定要成为圣人的志向。王阳明是如此教人，他自己也是如此实践。正是少年时期立志成为圣贤的这种志

---

① 关于王阳明"亭前格竹"这一传奇故事的始末，本章第三节将进行详细讨论。
② 《王阳明全集》，第 1351 页。

向,支持着他在漫漫长夜中艰苦探索,等待着光明的到来。

孟子说:"天将降大任于斯人也,必先苦其心志,劳其筋骨,饿其体肤,空乏其身,行拂乱其所为,所以动心忍性,曾益其所不能。"(《孟子·告子下》)王阳明因仗义执言得罪了宦官刘瑾,被庭杖数十下,贬为贵州龙场驿丞。在龙场,王阳明遇到了各种各样的困难。一日,王阳明忽然大悟"格物致知"之旨,圣人之学从此明了。十几年的苦苦追寻终于有了答案。关于龙场悟道的过程,将在本章第三节展开详细介绍。王阳明学思历程对于企业家的启示是:探索方向需要下苦功夫,需要时间,耐心是成就事业的一个重要品质。

第二节　为政事略

王阳明的思想发展与他的政治生涯相互交织。他不畏强权,仗义执言,得罪刘瑾,被贬龙场。然而也正因为如此,才间接促成了他的龙场悟道。他是一个文人,却屡建奇功,先后平定赣南匪患、宁王叛变与广西叛乱。因此,对王阳明的政治生涯作一论述,有助于更加立体地把握王阳明其人与其学问。

一　王阳明政治生涯概述

在正式介绍王阳明的政治生涯之前,我们有必要简要介绍明代的中央机构,有些明代的部门与机构在下文会反复出现。经过历朝历代的发展,明代的中央机构已经比较完备,主要设有内阁、六部(吏部、户部、礼部、兵部、刑部、工部)、都察院、大理寺、六科给事中等部门。其他如太常寺、光禄寺、太仆寺、詹事府、国子监、翰林院、鸿胪寺、尚宝司、钦天监、太医院、上林苑等也属于中央机构。值得一提的是,明成祖朱棣迁都北京后,在南京也保留了一套中央的机构,因此南京也会有兵部、吏部等六部部门。但是提到南京的部门的时候，必须要点出"南京"二字，以别于北京。例如，王阳明后来就由于功勋被封为"南京兵部尚书"。若是"兵部尚书"，则专指北京的兵部尚书。南京各部长官的级别从原则上与北京各部的长官是平级的，但是由于分工不同，管辖范围也不同。在事实上，南京的部门要弱于北京的部门。例如南京的礼部，由于皇帝很少亲自到南京来，因此相较于北京的礼部职权被弱化了。对这些明代行政机构的介绍，有助于我们更好地了解王阳明政治生涯的变化起伏。

宋代以后，儒生中出现了一组矛盾，即圣学与科举的矛盾。[①] 宋代以前，这个问题还不明显。宋代的时候，一些儒生将学习与实践圣人之学当作最重要的事情。例如北宋儒学的代表周敦颐就为了圣人理想而放弃了科举考试。儒生们认为，最重要的事情是做圣贤。圣贤学问的根本是"修身"，一旦踏入仕途，就容易被官场的名利所左右，导致修身困难重重，甚至忘却了"修身"的本来目的。但是儒家主张经世致用与内圣外王，在那个特定的历史背景下，想要建功立业，基本上还是避不开走科举与仕途的道路。不过，在当代社会，市场经济的活力不断提升，很多民营企业家也可以通过自己的企业建功立业，在很大程度上缓解了千百年萦绕在读书人中间的这个问题。但是在当时，这的确是很多读书人所要面临的问题。王阳明对于这个问题也有他自己的思考。他说：

> 士君子有志圣贤之学，而专求之于举业，何啻千里！然中世以是取士，士虽有圣贤之学，尧舜其君之志，不以是进，终不大行于天下。……世徒见夫由科第而进者，类多徇私谋利，无事君之实，而遂归咎于举业。不知方其举业之时，惟欲钓声利，弋身家之腴，以苟一旦之得，而初未尝有其诚也。[②]

[①] 关于这两个问题的论述，可以参见《王阳明大传（上）》，第106—110页。
[②] 《王阳明全集》，第965页。

王阳明认为有志于圣贤之学的人，如果把心放在求功名上面，那真的是南辕北辙，差别千里了。但是，在当时特定的历史背景下，如果不走科举这条路，哪怕是有圣贤的学问，也施展不开。那些通过科举来谋取私利的人，乃是由于他们的初心不在于圣贤的学问，而非科举制度本身有问题。我们可以看到，王阳明对这个问题的看法非常清楚，他的目的就是成为圣贤，科举与仕途只是他实现圣人理想的一个途径与方法而已。做到了这一点，他就不会被仕途的功名利禄所困。同样一个事情，不同的心态会决定这个事情的不同性质。例如对于现代企业家而言，判断一个企业家的道德属性不应该简单地看这个企业家赚不赚钱，而是要看这个企业家为什么赚钱、如何赚钱，以及最终如何支配所取得的财富。

王阳明很好地解决了心中的这个矛盾，因此他在仕途中能够做到"越是艰险越向前"，经历各种风雨而不改初心。不过，他写这篇文章的时候，已是被贬龙场之时，在此之前，他的仕途还是经历了一番波折。与父亲王华高中状元不同，王阳明的科举之路并不顺利。

二十二岁那年，王阳明会试落榜，很多人都来安慰他。朝中重臣李东阳对他开玩笑："汝今岁不第，来科必为状元，试作来科状元赋。"[①] 王阳明立刻就写成。在场的很多人都惊为天才。但是有几个人认为，将来如果王阳明高中，恐怕会看不上他们。于是三年之后，王阳明再次落榜。当时有以名落孙山为耻的人，王阳明却安慰他："世以不得第为耻，吾以不得第动心为耻"。[②]

上天不负苦心人，王阳明在二十八岁的时候中了进士，排名是

---

① 《王阳明全集》，第1349页。
② 《王阳明全集》，第1349页。

二甲第七人。① 我们知道，一甲是状元、榜眼与探花，仅有三人。如此看来，王阳明的科考名次还是很靠前的，他被分配到了工部工作。一踏入仕途，就进中央的部门工作，王阳明的政治起点还算比较高。当然，与他的父亲王华相比，的确存在差距。不过此时的王阳明还没有正式的头衔，中央委任给他的职务是"观政工部"，相当于在中央主管建设的部门实习一段时间。第二年，王阳明二十九岁的时候，才被任命为刑部云南清吏司主事，为正六品的官员，负责云南地区刑事案件等工作。三十三岁，被任命为兵部武选清吏司主事，同样是正六品的官员。但是，由于负责武官的品级、升调、功赏等事，实际上，他的权力很大。

王阳明的仕途似乎一帆风顺，但是真正的考验马上来临。孟子说："天将降大任于斯人也，必先苦其心志，劳其筋骨，饿其体肤，空乏其身，行拂乱其所为，所以动心忍性，曾益其所不能。"(《孟子·告子下》）有的时候，苦难是一笔财富。这场考验发生在王阳明三十五岁的时候，当时明武宗登基不久，宦官刘瑾通过一系列的运作掌握了国家大权，并将给事中戴铣、薄彦徽等人捉拿入狱，王阳明明知局势险峻，依旧上疏为戴铣等人据理力争，结果被庭杖四十，贬为贵州龙场驿驿丞。可以说，王阳明的政治生涯由于此事停滞了好几年。但是，这几年却不仅改变了他的一生，也改变了中国传统文化的走向。在这期间，他经历了"龙场悟道"，开创了阳明心学。三十八岁的时候，他受聘主讲于贵阳书院，开始讲授"知行合一"的理论。这个时候，王阳明在形式上虽然没有太多地从事政治，但是从儒家传统来讲，也是在以另外的方式从事着政治理想。曾有人问孔子："子奚不为政?"孔子说："《书》云：'孝乎惟孝，友于兄弟，施于有政。'是亦为政，奚其为为政?"这一时期的王阳明可以说是孔子这句话的绝妙注脚。

---

① 对于各个部门的职权，可参考陶希圣、沈任远《明清政治制度（上编）明朝政治制度》，台湾商务印书馆股份有限公司1967年版。

正德五年，也就是 1510 年，刘瑾被除。同年，三十九岁的王阳明被任命为庐陵县知县。十年前，二十九岁的王阳明就已经是中央部门正六品的主事，十年后，年近不惑的王阳明开始从基层县令做起，开启了他政治生涯的第二个阶段。据说他主政期间不以刑法为主，而是"以开导人心为本"。① 孔子曰："道之以政，齐之以刑，民免而无耻，道之以德，齐之以礼，有耻且格。"（《论语·为政》）王阳明的政治理念与他读书学圣贤的理想可谓一以贯之。

他在庐陵知县的任上不满一年，就升任为南京刑部四川清吏司主事。四十岁的时候，被任命为吏部验封清吏司主事。吏部是主管人事的部门，位居六部之首。这一年的十月，王阳明升任为文选清吏司员外郎，相当于是这个部门的副司长，为从五品官员。第二年，四十一岁的王阳明升任考功清吏司郎中，是该部门的负责人，为正五品的官员。同年十二月，任南京太仆寺少卿。太仆寺是负责马政的机构。南京太仆寺设有卿一人，为从三品官员，少卿二人，为正四品官员。② 由于地处滁州，远离权力核心的纷扰，同时太仆寺少卿又是一份相对而言比较清闲的差事，于是在此期间，王阳明多与门人遨游讲学，从游的学人也日益增加。四十三岁的时候，王阳明任南京鸿胪寺卿，也是正四品的官员，不过是该机构的主要负责人了。

四十五岁的时候，王阳明的政治生涯又迎来了一次转变。这一年，他被任命为都察院左佥都御史，巡抚南、赣、汀、漳（大致在今日江西、福建一带）等处。当时汀州、漳州等地有非常严重的匪患，时任兵部尚书的王琼举荐王阳明到这一带消除匪患。在此期间，王阳明解决了困扰当地多年的匪患，于四十七岁那年升为都察院右副都御史，荫子锦衣卫，世袭百户。

正德十四年，王阳明四十八岁。这一年的六月，王阳明听闻朱

---

① 《王阳明全集》，第 1356 页。
② 参见《明清政治制度（上编）明朝政治制度》，第 115 页。

宸濠造反，于是召集义军平叛。这在王阳明的人生中又是一次巨大的转折。平定朱宸濠始末，体现了儒者的责任担当精神与内圣外王的品格。本章将于第三节详细论述。

王阳明所处的政治环境比战场上的军事环境更加险恶，所以虽然他平叛成功，同时却惹来了一身的诽谤。可喜的是，王阳明都将这些困难一一化解。王阳明被称为是立德、立言、立功三不朽的传奇人物。在他身上，我们看到的不是一个满口仁义道德的书生，而是一个在实践中经历百死千生而从容不迫的圣贤。五十岁那年，王阳明任南京兵部尚书，封新建伯。

嘉靖六年，五十六岁的王阳明再度受命，去两广解决当地的武装问题。五十七岁，于归途中去世，至此他的一生画上了句号。王阳明曾对人说："人在仕途，比之退处山林时，工夫难十倍……"① 仕途中有太多的牵绊，太多的挑战。但是，对于立志学为圣贤的王阳明来说，仕途正好也是锻炼与检验他圣贤学问的绝佳场所。据说在王阳明八岁的时候，父亲王华给王阳明出了一个上联："百尺竿头进步"。王阳明答道："千层浪里翻身"。这副对联可以说是王阳明政治生涯生动的注脚。

二 仗义执言，得罪刘瑾

王阳明虽然在圣学之道上苦苦追寻，但是就生活而言，在前三十多年的人生中，他从未遇到过特别大的障碍。他的父亲是状元，身居要职。他自己也通过科举进入了中央的部门工作，在事业层面可谓是顺风顺水。然而，就在王阳明三十五岁那年，一个改变他一生命运乃至对中国思想史产生深远影响的事情悄然发生。这就是得罪刘瑾，被贬龙场，并间接促进了"龙场悟道"的发生。

弘治十八年，明孝宗驾崩，朱厚照继位，次年改年号为正德。

---

① 《王阳明全集》，第1439页。

正德皇帝留在历史中的名声并不好，他在父亲去世之后，便宠信以太监刘瑾为首的八名宦官。这八名宦官的权力很大，时人称之为"八虎"。这八名宦官自幼服侍朱厚照，继位后更是想方设法讨皇帝欢心。正德皇帝继位时才十五岁，心智未稳，大学士刘健和谢迁等人看到刘瑾等人的做法，都非常气愤，于是劝诫皇帝远离宦官。刘健和谢迁是托孤重臣，刘瑾等人看到他们的上书之后非常恐惧，主动向皇帝请辞。这时，户部尚书韩文联合各部大臣上书，痛斥"八虎"的罪行。正德皇帝决定第二天颁布旨意，处死"八虎"。刘瑾听闻消息后，连夜召集"八虎"，一起到皇帝面前哭诉。他们诉说平日里自己如何对皇帝忠心耿耿，而其他人等对皇帝不但毫无功劳，反而还要联合起来陷害皇帝身边最亲近的人。于是正德皇帝改变了想法，不仅赦免"八虎"，还命令刘瑾掌管司礼监。

　　说到司礼监，我们要简要介绍一下明代的权力平衡模式。皇权与相权是中国历史上数千年以来不变的一对矛盾。作为皇帝，当然想把尽可能多的权力掌握在自己手里。但是皇帝毕竟精力有限，一个人如何能够将整个国家的事情处理好，于是他必须下放一部分权力，让文官去负责国家的日常运营，而自己掌握住最核心部分的权力。文官的首领是宰相，不同时期的宰相有不同的政治地位。政治地位高的，有时候反而能团结整个文官集团与皇权相抗衡，这也是历代皇帝的一块心病。他们既想牢牢掌握权力，又想有忠心的人为他们处理国家的日常事务。明代对于这种问题主要有两个解决方法。第一，废除宰相。明代初期，朱元璋废除宰相，独揽大权。但是这种方式必须要皇帝拥有极其强大的生命力与事业心，事无巨细，亲力亲为。后世的君王难以为继，于是请了一些秘书为自己办事，他们渐渐演变成了内阁大学士。刚开始的时候，内阁大学士都是由品级不高的人当任，但是越到后来权力越大，到了明代中叶以后，内阁实际行使的就是相权。不过，他们与真正的宰相还存有差别。内阁对于一个问题，只有"票拟"的权力，而没有最终批示的权力。这个批示的权力在皇帝手里。但是，每日要处理的公务太过繁重，皇帝的职责哪怕只是批示，也不一定忙得过来，如果遇到稍微懈怠一点的皇帝，这项工作就更完成不好了。但是皇帝又不想把批示的权力下放给内阁，这样无疑在事实上又恢复了相权。这个时候就要论及明代的第二个解决方法——任用宦官。宦官从小服务于皇室，他们的命运与皇室紧密相连，因此皇帝在心理上更加信任他们。此外，由于宦官的生理缺陷，不存在造反的可能，因此哪怕宦官权力再大，皇帝也感受不到威胁。古代皇权讲究名正言顺，如果宦官夺权，势必会引来天下人的反抗。如此，宦官便成为皇权与相权之间的杠杆。因为明代没有宰相，因此明代的政治格局便成为皇帝、文官集团与宦官集团三者的博弈。刘瑾之所以一个晚上便能说服正德皇帝，其中一个很深层次的原因便在于皇朝背后的权力博弈。而司礼监就是代替皇帝行使批示权的机构，刘瑾掌握了这个机构，便掌握了大权。

一夜之间，"八虎"的命运得到了彻底的改变，他们决定谋划剪除那些与自己意见相左的人。言官戴铣、薄彦徽等人弹劾刘瑾，请求皇帝亲君子、远小人。刘瑾便将他们捉拿入狱。一时间，朝廷内暗流涌动，人人自危。就在此时，王阳明上疏为戴铣等人据理力争。他说：

  君仁臣直。铣等以言为责，其言如善，自宜嘉纳；如其未善，亦宜包容，以开忠谠之路。乃今赫然下令，远事拘囚，在陛下不过少示惩创，非有意怒绝之也。下民无知，妄生疑惧，臣切惜之！自是而后，虽有上关宗社危疑不制之事，陛下孰从而闻之？陛下聪明超绝，苟念及此，宁不寒心？伏愿追收前旨，使铣等仍旧供职，扩大公无我之仁，明改过不吝之勇；圣德昭布，远迩人民胥悦，岂不休哉！①

---

① 《王阳明全集》，第1353页。

王阳明虽然仗义执言，但他却不是一个鲁莽的人。他给皇帝的这段文字非常有水平。首先，他"表扬"皇帝，君王仁爱，臣子才会如此耿直。如果臣子都不敢仗义执言，那么皇帝就是不仁。王阳明把君王的"仁"与"不仁"交给他自己选择。其次，他指出戴铣等人本是言官，言官的工作就是弥补行政程序的不足，起到监督的作用。他们上疏只是在做本职工作，如果说得对，自然应当采纳，即便说得不对，也应该包容才是，这样才能广开言路。如果因为有不同意见而被拘捕，难免百姓不理解。我们从文中可以看到，王阳明对皇帝的直接批评比较少，但是观点又十分明确，立场十分坚定。他提醒皇帝，如果不广开言路，以后就算有关于社稷安危的事情，可能都听不到来自官员的真实想法。

　　王阳明的上疏行为体现了儒家知识分子的坚守。从这个事情中，可以看到王阳明身上有两点品质。第一，坚定的哲学理念。此时的王阳明虽然在实践圣学的道路上苦苦摸索追寻，但是从小立志学圣贤，十数年苦读圣贤书。虽说圣贤的道理一般人也懂，但是王阳明不同，他从小就表现出知行合一的特点。虽然王阳明上疏替戴铣等人求情的时候，已经大致知道得罪刘瑾的后果，但他依然去做了，这便是难能可贵之处。春秋时期，有人评价孔子是"知其不可而为之"的人，而王阳明可以说是这句话的真实写照。第二，理性的政治智慧。从王阳明上疏的措辞来看，王阳明不是海瑞式的莽夫，当然也不是朝廷中的厚黑之辈，在这种情况之下，他依然保持着冷静的头脑，用巧妙的文字阐明自己的观点。既给皇帝保全了形式上的面子，又在更深层次的地方给皇帝提出了尖锐的批评。同时，他的语言中没有正面弹劾刘瑾，而是直接点名问题的根本，让皇帝广开言路。

　　但是即便如此，刘瑾还是大怒，给予王阳明五十廷杖（《年谱》说四十廷杖）的惩罚。王阳明在牢狱中度过了一段艰苦的时光后，被贬谪到贵州龙场做驿丞。值得一提的是，牢狱中的条件非常差，但是王阳明还是心系圣学。他在《别友狱中》一诗中写道①：

  累累囹圄间，讲诵未能辍。
  桎梏敢忘罪？至道良足悦。

  据《年谱》记载，刘瑾怒气未息，派锦衣卫对前往贵州的王阳明进行追杀。阳明先生走到钱塘江旁，假装投入钱塘江中，而实际坐上一艘商船，随大风被刮到了一个地方。王阳明当晚来到一间破庙，在香案上睡了一宿。第二天天亮的时候，有个道士进来将他推醒，说这是虎狼的巢穴，你怎么会没事呢？因此询问王阳明的来历。王阳明将事实全都说给他听。那位道士邀请王阳明去附近一座寺庙，在寺中见到了一个奇人。当年王阳明于新婚之夜出游，来到铁柱宫的时候曾经见过那个人。那人给王阳明写了一首诗②：

  二十年前已识君，今来消息我先闻。
  君将性命轻毫发，谁把纲常重一分。
  寰海已知夸令德，皇天终不丧斯文。
  英雄自古多磨折，好拂青萍建大勋。

  那人鼓励王阳明，自古以来的英雄都遭受过磨砺，上天不想让斯文磨灭，于是派他来担当重任，王阳明应当迎难而上，建功立业。王阳明表达了自己归隐的想法。那人认为，如果王阳明选择归隐，将来可能会引来诛灭全族的祸事。王阳明为了家族，于是决定去往贵州龙场就任。有的时候，逃避很简单，但是面对更需要勇气。一个人苟全自身很简单，但是周全照顾家庭却很不容易。在生死危难的关头，王阳明选择了面对困难、承担家庭责任。他在此时

---

① 《王阳明全集》，第748页。
② 《年谱》载此诗不全，此处转引自《王阳明大传（上）》，第227页。

留下了一首诗①：

>　　险夷原不滞胸中，何异浮云过太空？
>　　夜静海涛三万里，月明飞锡下天风。

从诗中我们可以看到王阳明此时心境超脱豪迈，他打开心结，决定去面对这一困难。当时，他的父亲龙山公在南京任礼部尚书。于是，王阳明前往南京拜见父亲。见罢，经过杭州，赴龙场任职。

三　讨伐贼乱，教化百姓

王阳明的一生波澜壮阔，他主要的政治功绩大部分都表现为军功。王阳明去世后，其门人黄绾上疏，陈述王阳明一生的四大功绩，这四大功绩是对王阳明政治生涯的很好总结。

黄绾，字宗贤，号石龙，浙江黄岩人。他为人中正，王阳明去世后，多次上疏为其师争取名分。② 他认为王阳明的功绩主要有四：第一，平定朱宸濠叛乱；第二，解决南赣一代的匪患；第三，解决田州、思恩等地兵乱；第四，解决八寨问题。③ 以下按照时间顺序，对这四件事情分别进行介绍。

（一）解决南赣一代的匪患

王阳明四十五岁的时候被任命为都察院左佥都御史，巡抚南、赣、汀、漳等处。当时汀州、漳州等地有非常严重的匪患，兵部尚书王琼举荐王阳明到这一带消除匪患。王阳明到任后，便开始分析当前的局势。所谓"知己知彼百战百胜"，王阳明幼年时就研习兵法，到任后就开始思考匪患的本质。王阳明不是一个空谈误国的书生，而是一个可以实际解决问题的人。他通过查阅各种资料发现，

---

① 《王阳明全集》，第 1353—1354 页。
② 张宏敏：《黄绾道学思想研究》，中国社会科学出版社 2017 年版，引言第 1 页。
③ 《王阳明全集》，第 1464—1465 页。

两三年前盗贼的数量是三千多人，他到任的时候已经有数万之众，短短两三年之间多了十倍，这是为什么呢？王阳明陷入了深入的思考。于是他采访各级官员，到群众中去访问父老乡亲，经过反复调研，王阳明终于发现了盗贼昌盛的缘由。他认为："盗贼之日滋，由于招抚之太滥；招抚之太滥，由于兵力之不足；兵力之不足，由于赏罚之不行……"① 王阳明发现，盗贼之所以短时间内急剧增加，原因在于官府招抚的方法用过了头。而一旦有匪患，官府就采用招抚，之所以采用招抚，背后的原因是兵力不足。这就导致了一个恶性循环。因为兵力不足，当地政府不能解决匪患，一旦匪寇闹事，政府就采取安抚的方式。一些平民发现这种方式有利可图，便不惜以身犯险，加入匪寇团体，以谋取利益。而当地士兵的战斗素质可谓惨不忍睹。王阳明说：

> 然而南、赣之兵素不练养，类皆脆弱骄惰，每遇征发，追呼拒摄，旬日而始集；约束赍遗，又旬日而始至；则贼已稇载归巢矣。或犹遇其未退，望贼尘而先奔，不及交锋而已败。以是御寇，犹驱群羊而攻猛虎也，安得不以招抚为事乎？②

当地士兵的整体素质很差，平时不锻炼，没有战斗力可言。一旦遇到战事，拖拖拉拉十天才能集合。等到他们集合完毕，山贼早已满载而归。即便碰到山贼未退，当地的兵马也不敢与之交锋，一见即跑。政府也是没有办法，才用招抚的方法。王阳明认为，这个问题的根本原因在于赏罚不分，导致当地的士兵没有战斗力。第二个原因在于地方官员懒政。如果采用招抚的方法，他们就可以免除坐视不理的失职之罪，也可以不得罪当地势力。他批评这些地方官，刚开始的时候招抚，是不得已而为之，到了后面却不思进取，

---

① 《王阳明全集》，第 342 页。
② 《王阳明全集》，第 343 页。

变成常策，导致盗匪两三年间增加了十倍。王阳明认为第二个问题的根本就在于当地的兵马情况。这些士兵冲锋陷阵而没有赏赐，退败奔逃没有处罚，那么谁愿意勇往直前去卖命呢？他认为"赏不逾时，罚不后事"，赏罚的事情解决了，当地士兵的战斗力问题即可解决，那么匪患问题也可以迎刃而解。

王阳明用了一两年的时间，解决了三省数万匪患的问题。具体的剿匪过程此处不再赘言。值得关注的是王阳明处理问题的方法。他可以透过现象分析事情的本质，并且身体力行，进行广泛调研，而且他深知赏罚对于管理的重要性，这些品质与企业家的精神是高度一致的。

虽然解决了匪患，但是王阳明深知，对百姓进行教化才是解决问题的根本。他认为民风不好是由于教化没有到位。于是，王阳明趁着盗贼的暂时平定，民众得以休养生息的时节，设立社学，以文化的力量教化一方百姓。根据《年谱》记载，时间一久，当地市民开始注重衣着的得体，礼乐与歌声闻于大街小巷，"渐成礼让之俗"。[①]

（二）平定朱宸濠叛乱

兵部尚书王琼举荐王阳明到南赣一代剿匪，还有更深层次的思考。宁王朱宸濠的封地就在江西，王琼已经隐约察觉宁王暗中勾结当地的匪寇，有不臣之心。因此派王阳明到江西一带任职，正是出于有备无患的战略思考，防止宁王造反。剿匪期间，在王琼的帮助下，王阳明获得便宜行事的旗牌。在平定匪患之后，王阳明打算将旗牌交回，但是王琼为了防备朱宸濠的叛乱，以镇压福州叛军为由，让王阳明继续掌管兵权。果然，在赶往福州的路上，王阳明便听闻宁王叛乱的消息。

宁王的叛变最早可以追溯到明代前期。明太祖朱元璋因太子早

[①] 《王阳明全集》，第1381页。

逝，于是传位给皇太孙朱允炆。后来由于各种原因，太祖四子燕王朱棣起兵"靖难"，成为皇帝。太祖有两个儿子十分优秀，据说燕王善战、宁王善谋。这位善谋的宁王协助燕王一起争夺帝位。然而事成之后，两人之间的矛盾还是爆发了，宁王见形势不对，便称病久居于南昌府。朱棣没有办法，于是将宁王封到了南昌府。历代宁王在南方的权力都很大，到了朱宸濠的时候，更是野心毕露。原本藩王无权设立护卫，结果宁王却通过政治运转，数次设立护卫，并以护卫为名招募了大批勇健之士。这些都被王琼看到眼里，他判断宁王必定会反。

由于宁王谋反的举动越来越明显，因此朝廷中人也开始议论此事。最终，正德皇帝的决定是革去宁王的护卫，但是念及同宗之情，不对宁王用兵。宁王通过派出的探子得知了这个消息，于是召集谋士商量，决定在各路官员来参拜的时候用兵威胁。当各路官员齐聚一堂的时候，朱宸濠拟了一个借口，说太后命他出兵讨伐正德皇帝，宁王的叛乱就此开始。

此时，王阳明身边只有百余随从，于是他来到了附近的吉安府。吉安知府伍文定请王阳明主持大局。王阳明一方面向朝廷报告了宁王谋反之事，另一方面积极筹备战事。王阳明运筹帷幄，向两广、福建、南京等地发文，通报上述情况。宁王的战略是攻取南京，而王阳明的战略则是攻击宁王的根据地南昌，这样宁王势必左右为难，应接不暇。果然，王阳明顺利攻克了南昌，朱宸濠于是派兵赶来救援南昌，双方于鄱阳湖展开战斗。据载，王阳明以一万多人的兵力对抗朱宸濠六七万人的大军，在死伤数十人的损失下，取得了鄱阳湖战斗的胜利，生擒朱宸濠。年近半百的王阳明在短短数十日内以寡兵平定叛乱，立下奇功，堪称王阳明政治生涯中的一大传奇。

然而平定朱宸濠一事只是开始，等待王阳明的挑战更在后头。按说王阳明平叛之后，朝廷论功行赏即可，不料正德皇帝封自己为

"威武大将军镇国公",要亲自"讨伐"逆贼。正德皇帝一行给王阳明带来了很多麻烦。王阳明的军功招来了很多小人的嫉恨。这一时期,王阳明与皇帝身边的小人斗智斗勇。先是有锦衣卫来索取贿赂,王阳明只给了"五金",锦衣卫十分生气,没有接受。第二天王阳明对那个锦衣卫说了这样一段话:"我在正德间下锦衣狱甚久,未见轻财重义有如公者。昨薄物出区区意,只求备礼。闻公不纳,令我惶愧。我无他长,止善作文字。他日当为表章,令锦衣知有公也。"① 王阳明这段话很有水平,首先,阐明自己十几年前就蹲过锦衣卫大狱,暗示自己不会被锦衣卫一吓唬便怕了。其次,将锦衣卫中经常索取贿赂的人予以严厉批评。最后,王阳明暗示如果对方咄咄逼人,自己将来可以用舆论与锦衣卫进行抗衡。据《年谱》记载,"其人竟不能出他语而别"。② 这可以说是君子对抗无赖的一个典范。此外,许泰、张忠等奸佞之臣以搜捕余党为由,率领北军驻扎南昌,并且不断挑起事端,意图激怒并趁机陷害王阳明。王阳明却泰然自若,不为所动,而且对北方来的士兵以礼相待。时间一久,北军的很多士兵都被王阳明的人格所折服。许泰、张忠想让王阳明在北军面前出丑,于是提出和王阳明比赛射箭。王阳明答应了他们的请求,三发三中。而且每中一箭,北军即在一旁欢呼。许泰、张忠大惧,发现人心已经偏向于王阳明,于是班师离开南昌。

王阳明平定宁王之乱的整个过程可谓艰险异常。打仗的时候,敌众我寡,在短时间内取得胜利已经颇不容易。无奈胜利之后,还要经受小人暗算,这是更大的考验。然而,王阳明都以他的智慧与勇气成功化解了难题,成为"内圣外王"的一个典范。"内圣外王"是儒家思想史长期以来争辩不休的难题。究竟道德能否开出事功?王阳明以实际行动证明,"内圣外王"道路的可行性。对于一名企业家而言,不仅要经受外部的考验,也要重视内部的考验。在解决

---

① 《王阳明全集》,第 1400 页。
② 《王阳明全集》,第 1400 页。

问题的过程中，一要保持头脑冷静，沉着应对；二要宽以待人，积累群众基础；三要本领过硬，应对各种困难。

（三）出征广西

王阳明的另外两个功绩是解决田州、思恩等地兵乱以及解决八寨的问题。他的军功主要有此四件，一共出征三次，他的军功因此也被称为"三征"。第一征主要是以赣南为主进行的剿匪；第二征于江西平叛朱宸濠之乱。这两点上文都已讨论。第三征即是广西之征，主要是讨伐广西田州、思恩以及八寨、断藤峡的叛贼。

嘉靖六年，朝廷决定由王阳明兼任都察院左都御史，去平定田州与思恩的叛贼。王阳明结束了在故乡讲学的安稳日子，出征广西。其实，田州、思恩之祸的根本还是在于朝廷的不当政策。岑氏一族是广西的土著，在当地势力很大，自明代初期以来就作为土官管理田州与思恩。嘉靖四年，政策发生变化，用流官代替土官。一旦有战况，流官总是让土兵作战，但是军功最后都归于流官。于是岑猛父子不满，起兵造反。朝廷生擒了岑猛父子，但是岑氏部下的头目卢苏、王受再次造反，攻下了田州与思恩。朝廷派四省大军去讨伐，都败退下来，于是命王阳明出征。卢苏、王受得知王阳明前来，又听说朝廷没有必杀之意，于是投降之心愈烈。王阳明到达之后，卢苏、王受率数万人归降。王阳明认为两人拥兵作乱，不惩罚不足以平民愤，于是对二人进行了杖刑的处罚。但是处罚之后，王阳明来到军队对众兵加以安抚，归顺的军队万分感动，表示愿意效忠朝廷。王阳明写了一封《奏报田州思恩平复疏》，分析了此次岑猛父子作乱的缘由，详细提出了解决两广边境问题的方案，具体有十项不能做、十项必须做，称之为"十患""十善"。① 与解决南赣匪患的思路一样，王阳明首先分析问题的起因，再加以妥善解决。不过，与南赣剿匪不同的是，王阳明此次不战而胜，可以说是天

———————
① 《王阳明全集》，第523—526页。

时、地利、人和具足。一方面卢苏等人的确愿意投降，另一方面他们也信任王阳明的人品，各种因素交织在一起，促进了这场不费一兵一卒就取得的胜利。取胜之后，王阳明在当地兴建学校，教化百姓，并从其他地方调动教师来任教。可见，在王阳明心中，教育始终是最根本、最彻底的解决方法。

思恩、田州的问题持续了两年多，王阳明到来后，立即便得到顺利解决。然而，广西中部八寨地区的少数民族又开始叛乱。大藤江两岸即是断藤峡，悬崖峭壁之间便是他们的巢穴。叛贼占尽地势之利，拥兵数万人，勾结周围各省的盗匪，烧杀抢掠，百姓苦不堪言。明朝英宗年间，朝廷曾派兵二十万人讨伐，但是退兵不久，叛贼又从巢穴涌出作乱。后来在明朝宪宗年间，土官岑氏也曾攻入八寨，但是仍旧不敌叛方，退败下来。其后再也没有人攻打这一带的叛贼。但是，王阳明会同刚刚归顺的卢苏部队，仅仅花了两个月的时间，就平定了八寨之乱。关于王阳明用兵之神，我们无需多言。《明史》对王阳明的事功这样评价："终明之世，文臣用兵制胜，未有如守仁者也。"[1] 不过，值得我们注意的是王阳明平定八寨之乱的指导思想。他告诫士兵此次征程的目的是平定叛乱，安抚民心，不是以杀人数量论功，也不能伤及百姓的一草一木。

王阳明的政治生涯经历过大起大落，担任过中央的官员，也曾被贬谪到地方；担任过文臣，也担任过军事统帅。他屡建奇功，拥有一颗仁爱教化之心，这种道德与事功的圆融是对儒家"内圣外王"的最好诠释。

第三节 传奇事迹

王阳明一生充满了传奇色彩，本节从王阳明一生众多具有传奇

---

[1] 转引自《王阳明大传》（下），第230页。

特色的事件入手，探求王阳明的精神世界，以期对现代企业家精神的培养路径有所启发。

一　亭前格竹

"知行合一"是王阳明对中国思想史的一大贡献，同时他的一生也是这一理念的生动体现。

王阳明从小就表现出一种异于常人的行动力。他的内心有一种对真理的渴望，并且把这种探求真理的内心冲动外化为实际行动。我们可以说，王阳明身上有一种乐于求证的精神。一旦他认定了一件事，便会付诸行动，并全身心投入其中。这种精神也是一名企业家所需要的精神。在成功之前，企业家可能会经过漫长的奋斗之路。在奋斗的过程中，除了企业战略层面的规划，更重要的是全身心地投入实践当中，虽然这些实践有成功，也有失败，但是这种乐于求证的精神对于每位企业家而言都非常重要。"亭前格竹"正是王阳明一生中这样一个生动的案例。这个案例的可贵之处还在于，当时的王阳明尚处于人生探索期，他"亭前格竹"的举动更容易引起普通人的共鸣。毕竟，没有多少人可以体验"龙场悟道"。

在对"亭前格竹"进行介绍之前，有必要对这件事情背后的思想史背景作一简单梳理。王阳明"亭前格竹"这一事件实际上包含着中国哲学史上的一大辩论——即：什么是"格物"。《大学》记载："古之欲明明德于天下者，先治其国；欲治其国者，先齐其家；欲齐其家者，先修其身；欲修其身者，先正其心；欲正其心者，先诚其意；欲诚其意者，先致其知；致知在格物。"[1] 南宋大儒朱熹认为："于今可见古人为学次第者，独赖此篇之存，而《论》《孟》次之。学者必由是而学焉，则庶乎其不差矣。"[2]《大学》原本是《礼记》中的一篇，因其独特的价值被后世儒者尤其是宋儒单独列

---

[1]　朱熹：《四书章句集注》，中华书局2011年版，第5页。

[2]　朱熹：《四书章句集注》，第4页。

出来，与《中庸》《论语》《孟子》合称"四书"。这篇文献对宋代已降的中国思想界产生了重大的影响。朱熹认为从《大学》这篇文章中可以看到古人为学的次第，学者通过这篇文献来学习修身，误差不会很大，而在他眼里，《论语》与《孟子》反而在其次。

从《大学》的叙述来看，儒家修身最后的落脚点在于"格物"。因此，对格物的不同解释会引向不同的学问路径。朱熹被认为是理学的集大成者，而王阳明被认为是心学的集大成者，其中很关键的一点便在于对"格物"的不同理解上。朱熹说：

> 所谓致知在格物者，言欲致吾之知，在即物而穷其理也。盖人心之灵莫不有知，而天下之物莫不有理，惟于理有未穷，故其知有不尽也。是以大学始教，必使学者即凡天下之物，莫不因其已知之理而益穷之，以求至乎其极。至于用力之久，而一旦豁然贯通焉，则众物之表里精粗无不到，而吾心之全体大用无不明矣。此谓物格，此谓知之至也。①

朱熹认为人身上的"知"之所以不够，是因为"理"还没有穷尽。"理"是蕴含在天下万事万物中的，因此学者要通过接触天下之物，从"已知之理"渐渐扩充出去，求一个极致。他认为，只要功夫用得久，一旦豁然贯通，则事物中的条理无不穷尽，而心中的全体大用无不明晰。这是朱熹对于格物的理解。从朱熹的解释中我们可以看到，他的"格物"理论含有一定的现代科学精神。

朱熹是宋代理学的集大成者，是中国思想史上有重大影响力的思想家。王阳明在青年时代学习儒家论著时，自然也绕不过朱熹的著作。《年谱》记载，王阳明在年轻的时候曾经"遍求考亭遗书读

---

① 朱熹：《四书章句集注》，第8页。

之"。① 在读书期间,自然就遇到了"格物"的问题。一般的学人恐怕只是脑中过一遍,好学者会去思辨而求取一个答案。王阳明的可贵之处在于他想用亲身的实践去检验真理。后来,王阳明曾对学生们回顾了"格竹子"的经历。他说:"众人只说格物要依晦翁,何曾把他的说去用?我着实曾用来。初年与钱友同论做圣贤要格天下之物,如今安得这等大的力量?因指亭前竹子,令去格看。"② 王阳明首先就对一般人提出了批评。大家都说"格物"要学习朱熹(晦翁),何曾把他说的话拿去实践了?但是,他的做法不同,不仅与好友钱氏一起讨论格物的事情,而且还亲自去"格"官署里的竹子。③ 他们两人早晚去"格"竹子的道理。钱氏"竭其心思",到了第三天便"劳神成疾"了。王阳明认为他是精力不足才会如此,因此他自己仍然坚持去"格竹子"。虽然早晚都在格竹子,但是依然得不到竹子的道理,到了第七天,王阳明也生病了。④ 王阳明"格竹子"的行为失败了,但是,他由此对朱熹的正统理学产生了怀疑,并萌发了自己去探索真理的冲动。

虽然,历史上的学者以及当代的很多学者都在批评王阳明的这一行为,认为王阳明"格竹子"失败的原因是没有真正理解"格竹子"的方法;但是,批评王阳明的这些学人大多是在文字层面推演一个逻辑出来,"何曾把他的说去用"?正如钱穆先生所言:"讲理学最忌的是搬弄几个性理上的字面,作训诂条理的工夫,却全不得其人精神之所在"。⑤ 王阳明"格竹子"的失败当然可以归结到很多原因,但是他做这件事情本身的确非常有意义。第一,他不是

---

① 《王阳明全集》,第 1348—1349 页。
② 《王阳明全集》,第 136 页。
③ 关于王阳明"亭前格竹"时的年龄,学界有不同的看法。《年谱》记载的是 21 岁,但是根据陈来教授的考证,"亭前格竹"应当发生在王阳明 17 岁时。见《王阳明大传(上)》,第 72 页。
④ 《王阳明全集》,第 136 页。
⑤ 钱穆:《阳明学述要》,九州出版社 2011 年版,第 1 页。

一个纸上谈兵的思想家,而是一个"知行合一"的行动者。第二,他是一个敢于怀疑以及挑战固有权威的人。这两种精神无论是在科学界还是在商界,都极其宝贵。后来,王阳明提出他在贵州那三年才真正理解了"格物"。他说:"及在夷中三年,颇见得此意思,乃知天下之物本无可格者。其格物之功,只在身心上做,决然以圣人为人人可到,便自有担当了。这里意思,却要说与诸公知道。"①在贵州,他体会到了"格物"的对象不是天下的事物,而是人的身心本身。关于这一点,我们将在下文"龙场悟道"一节加以进一步讨论。

"亭前格竹"的意义并不在于王阳明借此找到了真理,而是通过此事,王阳明向世人展现了追求真理的方法。他一方面学习已有的知识,另一方面全身心地投入实践,一旦实践失败,便立刻去反思总结,甚至敢于怀疑千百年来的"真理",从而开创属于他自己的人生新格局。事实上,西方思想界的柏拉图、苏格拉底、亚里士多德、牛顿、爱因斯坦同样具有这种精神,不同的是,他们所关注的对象是客观的物理世界,于是西方文化的高峰产生了科学。王阳明的用功对象是人本身,因此产生了心学。我们发现,优秀的企业家身上往往也有这些品质。他们善于学习行业已有的经验,并有着一股强大的生命力去将所学理论付诸实践,而且这种实践通常表现出全心全意、废寝忘食的特点。在实践的过程中,可能有成功,也可能有失败。企业家会及时调整自己,分析总结原因,及时寻找出路,有时候甚至要打破行业旧有的局限,开创一个新的行业格局。

二 龙场悟道

上文提到,由于受到刘瑾的迫害,王阳明被贬到贵州的龙场当驿丞。但是,正如法国思想家、文学家罗曼·罗兰所说:"伟大的

---

① 《王阳明全集》,第 136 页。

背后都是苦难"。用这句话来形容王阳明"龙场悟道"的过程，也十分契合。

王阳明在龙场可谓是困难重重。据载，龙场位于贵州的大山中，这里荆棘密布，有各种毒蛇虫蚁出没，而且该地有一种瘴气，对人的健康有很大影响。王阳明是浙江人，与贵州当地少数民族语言不通，而懂当地语言的随从在半路上不幸去世。当时苦闷的景象可想而知，艰苦的外在环境加上语言不通，王阳明名义上虽然是来"当官"，赴任龙场驿丞，然而，事实上条件之艰苦与发配边疆无异。而且，他由中央兵部负责武官的品级、升调、功赏的正六品官员，一夜之间贬为龙场邮政管理局兼招待所负责人。"屋漏偏逢连夜雨"，王阳明来到龙场时，连居住的地方都没有。一般人处在这种情况下很容易自暴自弃，但是王阳明不是，他在困难中依旧保持着清醒的头脑。据载，当时王阳明"自计得失荣辱皆能超脱"，只有生死的问题还没能解决。一般人处在这种情况下，最抛不开的恐怕就是荣辱的问题，而王阳明能够从中超脱，进而思考人生的终极问题，这非常难得。王阳明于是"日夜端居澄默，以求静一"。[①]这时候王阳明思考一个问题，如果圣人处在这种境况下，有什么办法呢？《年谱》记载："忽中夜大悟格物致知之旨，寤寐中若有人语之者，不觉呼跃，从者皆惊。始知圣人之道，吾性自足，向之求理于事物者误也。"[②] 王阳明一天夜里突然"大悟格物致知之旨"，而且心情十分激动，"不觉呼跃"，这就是中国思想史上著名的"龙场悟道"。钱穆先生对于王阳明的"龙场悟道"有一段十分精彩的描述："龙场驿一幕，摧抑束缚，极风霜之严凝，虽还保存得他那种喷薄郁勃的活气，却不得不转换方向，使它敛藏闭蓄，反归自心；那时的他，才深刻而真切地认识了他自己的心与心之力。"[③]

[①] 《王阳明全集》，第1354页。

[②] 《王阳明全集》，第1354页。

[③] 《阳明学述要》，第50页。

那么，紧接着一个重要的问题就是，王阳明在龙场悟到了什么道呢？上述引文已经提到，王阳明所悟到的是"格物致知"的道理，就是从他当年"亭前格竹"开始就苦苦探索的道理，也是儒家修身的落脚点。他所悟到的道理究竟是什么呢？《年谱》记载："始知圣人之道，吾性自足，向之求理于事物者误也。"① 换言之，人性中本来就含有"圣人之道"，常人与圣人在人性的本质上是一样的。圣人之所以是圣人，并不是从外在的客观世界学到的，而是从内在的精神世界开发出来的。因此，有志于圣贤的人，要关注内在的精神世界的开发，亦即后来王阳明所强调的"致良知"。

王阳明后来系统地阐释了他对于"格物"的看法，并被门人黄以方记录了下来。王阳明认为，以前的儒者把"格物"理解为"格天下之物"，这种想法是不正确的。② 他认为对于先儒的解释，有两个问题要解决。第一，如果假设一草一木都有它们的道理在，如何去格呢？第二，如果能够格出草木等物理世界的道理，如何反过来"诚意"？王阳明四句经典名言传世："无善无恶心之体，有善有恶意之动，知善知恶是良知，为善去恶是格物。"他认为"格物"十分简洁明了，就是"为善去恶"。《大学》说："自天子以至于庶人，一是皆以修身为本"。同时，《大学》指出修身的路径是"格物—致知—正心—诚意—修身"。那么，王阳明是如何理解这个过程的呢？

王阳明认为，《大学》中所提到的"身"，包括耳、目、口、鼻、四肢等部分。修身就是要做到眼睛非礼勿视，耳朵非礼勿听，嘴巴非礼勿言，四肢非礼勿动。《论语》记载了这么一篇对话：

> 颜渊问仁。子曰："克己复礼为仁。一日克己复礼，天下归仁焉。为仁由己，而由人乎哉？"

---

① 《王阳明全集》，第 1354 页。
② 《王阳明全集》，第 135 页。

颜渊曰："请问其目。"

子曰："非礼勿视，非礼勿听，非礼勿言，非礼勿动。"

颜渊曰："回虽不敏，请事斯语矣。"（《论语·颜渊第十二》）

儒家的根本在于求"仁"，孔子对"仁"的回答之一，即是：非礼勿视，非礼勿听，非礼勿言，非礼勿动。王阳明的解释可以说是直接上承孔子。那么，如何在"身"上用功呢？王阳明说：

> 心者身之主宰，目虽视而所以视者心也，耳虽听而所以听者心也，口与四肢虽言动而所以言动者心也。故欲修身在于体当自家心体，常令廓然大公，无有些子不正处。主宰一正，则发窍于目，自无非礼之视；发窍于耳，自无非礼之听；发窍于口与四肢，自无非礼之言动：此便是修身在正其心。[①]

王阳明的观点很明确，他认为"心"是"身"的主宰。身体的各个部分虽然都有各种感觉功能，但是最终统领这些感觉的是"心"。因此，修身的根本在于修"心"。王阳明认为应当时常体察自己的内心，让"心"没有不正的地方。"心"这个主宰一旦正了，那么，用在视觉上，便没有非礼的视觉。用在耳朵、嘴巴、四肢上也是一样。因此修身的根本在于正心。

但是，问题又来了，"心"的本体是至善的，那么"正心"要如何用功呢？王阳明认为，要在"心"的发动处才能着力。"心"的发动处就是"意"，因此真正有着落的地方是"诚意"。例如，一念发动在于喜欢好的，那便去落实喜欢好的这一念头。如有一念发动在于讨厌不好的，那便去落实讨厌不好的这一念头。如果"意"都是"诚"的，那么"心"哪还有不正的？

[①] 《王阳明全集》，第135页。

讲到"诚意",王阳明认为诚意的根本在于"致知"。他说:"所谓'人虽不知,而已所独知'者,此正是吾心良知处"。① 这里,王阳明讲到了他思想体系中十分重要的一个概念——"良知"。按照王阳明的理解,人人都是知道自己的良知的。别人不知道而自己知道的那个地方正是良知。但是人有一个很顽固的问题。知道好的,却不肯依照良知去做,知道不好的,却不肯依照良知去不做,这种情况就是良知被遮蔽了,也就是不能"致知"。因此,"致知"又是"诚意"之本。人人都可以发现自己的良知,问题在于肯不肯把良知扩充到底。

但是,王阳明认为,"致知"不是悬空的,而是要在实事上做。如果"意"在于为善,那么,就在这件事情上实践去为善;如果"意"在于去恶,那么,就在这件事情上实践去除恶。"如此,则吾心良知无私欲蔽了,得以致其极,而意之所发,好善去恶,无有不诚矣!"② "为善去恶"就是良知,因此王阳明认为诚意功夫的最终落脚点就在于"格物"。如果这样去格物,人人都可以成为尧舜那样的圣人。王阳明认为,这种格物方法,"虽卖柴人亦是做得,虽公卿大夫以至天子,皆是如此做。"③ 王阳明这一理论的可贵之处在于,无论居于何种身份,人人都能去实践,在修身这条道路上,人没有贵贱之别。

王阳明"龙场悟道"所悟到的道理似乎很简单,事实上也的确是很简单。但是,从另一面讲,人的良知被遮蔽得太严重了,道理看上去很简单,但是始终就是做不到。正如王阳明自己所说:"良知自知,原是容易的。只是不能致那良知,便是'知之匪艰,行之惟艰'"。④ 在他看来,人都能知道自己的良知,修身原本是一件容

---

① 《王阳明全集》,第 135 页。
② 《王阳明全集》,第 136 页。
③ 《王阳明全集》,第 137 页。
④ 《王阳明全集》,第 137 页。

易的事情。但是，难就难在不能致那良知。这就好比人起床时的那一念，继续倒下睡觉相比而言更省力，挣扎起床似乎更费力。但是，一旦起床了，获得的能量却是巨大的。

如果我们仔细观察企业家身上的优秀品质，往往也会发现这些品质都是十分常见的。而差别在于，企业家往往具有高度自律的品质，会将自己认可的品质落在实处。而一般人可能就在头脑上过一下，所犯的错正是如王阳明所说的，"悬空"了，没有在实事上去"格"。

三　天泉证道

嘉靖六年，即公元 1527 年，王阳明以都察院左都御史的身份出征广西思恩、田州二地。出发之前，与弟子钱德洪、王畿论学，史称"天泉证道"。

钱德洪，浙江余姚人，又称钱绪山，是王阳明最得力的弟子之一，被人称为"王学教授师"，《王阳明先生年谱》正是由他编纂。王畿，浙江绍兴人，字汝中，号龙溪，也是王阳明最得力的弟子之一，与钱德洪齐名。王阳明出征广西前，两人正在讨论一个重要问题。

王畿说："先生说知善知恶是良知，为善去恶是格物，此恐未是究竟话头。"[①] 他认为，心体是无善无恶的，"意"也是无善无恶的，"物"也是无善无恶的。如果说"意"是有善有恶的，那么"心"就不能说是无善无恶的了。钱德洪认为，心体原本的确是无善无恶的，但是习染久了，心体上便觉得有善恶在，为善去恶，就是要恢复那本体的功夫。两人认为，阳明先生第二天将要出征，今天晚上可以去请教这个问题。

当天晚上接近半夜的时候，宾客渐渐散去，王阳明也准备进房

---

① 《王阳明全集》，第 1442 页。

去休息，发现钱德洪与王畿还在庭中等候，便出来一起到天泉桥上。钱德洪便把白天与王畿讨论的内容告诉了王阳明并向其请教。王阳明一听，非常高兴，说：

> 正要二君有此一问！我今将行，朋友中更无有论证及此者，二君之见正好相取，不可相病。汝中须用德洪功夫，德洪须透汝中本体。二君相取为益，吾学更无遗念矣。[1]

从这段话中可以看出王阳明对两位得意门生的欣慰之情。他认为两位学生很了不得，其他学生中没有能够讨论到这个地步的。虽然两位学生在最后的观点上有所疑惑，但好在能够及时提问，如此我王阳明也可以安心出征了。两位得意门生如此一问，王阳明或许有些传道有望的喜悦。王阳明指出，两位学生要互相取长补短。王畿对于本体的体认比较深刻，钱德洪应该向其学习；钱德洪对于为善去恶的功夫体认比较深刻，王畿同样也要学习。两位学生应当互相取益，那么王阳明的学问就传之有人、了无遗憾了。王阳明的这句话很值得重视，它暗示着"天泉证道"中所谈及的内容就是王阳明一生思想学问的总结。

王阳明进一步阐释：

> 我这里接人原有此二种：利根之人，直从本源上悟入。人心本体原是明莹无滞的，原是个未发之中。利根之人一悟本体，即是功夫，人己内外，一齐俱透了。其次不免有习心在，本体受蔽，故且教在意念上实落为善去恶。功夫熟后，渣滓去得尽时，本体亦明尽了。汝中之见，是我这里接利根人的；德洪之见，是我这里为其次立法的。二君相取为用，则中人上下

---

[1] 《王阳明全集》，第1442页。

皆可引入于道。若各执一边，眼前便有失人，便于道体各有未尽。①

王阳明认为，两位学生说得都对，但是都不全面。王阳明认为，人有根基差别，但是，无论是什么根基都可以悟入本体。第一种是利根，这种人可以直接从本源的地方悟入，马上可以体会到本体就是功夫。第二种人的本体因人的习气而受到遮蔽，因此要在意念上去落实为善去恶。功夫熟后，遮蔽渐渐少了，本体也就明亮了。他认为，王畿的观点适合接引利根的学者；钱德洪的观点适合接引一般学人。两位学生如果能够取长补短，那么王门就可以接引各种根基的学人了。如果各自执着一边，就有缺失。思想史上很容易出现这么一种现象，在伟大的思想家去世之后，他的后学们常常会互不服气，乃至互相攻击，以求证明自己的道统地位。朱熹的后学如此，阳明的后学也是如此。从王阳明对两位学生的阐述中可以看到，其中既有传道之喜，又隐隐约约担心学脉分割对立。

王阳明说到此处，显然还不是很放心，又补充了两点看法。第一，世上利根的人不容易遇到。这类人虽然对于本体功夫一悟便能尽透，但是世所罕见。哪怕是颜回、程明道都不敢承当。因此不能轻易指望人直接用这种本体功夫。人心有积习，要引导他在良知上使用为善去恶的功夫，如果只是空想个本体，不过养成一个虚寂。"此个病痛不是小小，不可不早说破"。② 第二，向两位学生说明，今后讲学，一定要依照他的四句宗旨："无善无恶是心之体，有善有恶是意之动，知善知恶是良知，为善去恶是格物"。③ 这四句话就是著名的"四句教"，可以说是王阳明对其一生思想学问的总结。在本体层面，王阳明相信"心"是无善无恶的。但是因为人有积

---

① 《王阳明全集》，第133页。
② 《王阳明全集》，第134页。
③ 《王阳明全集》，第1443页。

习，因此意念发动的时候是有善有恶的。幸而人的良知是可以察觉这种善恶的，所要去做的就是为善去恶。他对两位学生说，按照这四句话去修身，可以"直跻圣位"，与圣人为伍。如果用此四句话来教别人，那就更不会有错了。无论是初学者还是圣人，用功的方法都是这个。初学者用这个方法循序渐进而进入这门学问。直到成为尧舜那样的圣人了，功夫也是如此。他又嘱咐，两位学生今后千万不能再更改这四句宗旨。这四句话对于任何根基的学人都能接引。不料，王畿全集中的《天泉证道记》将人分为上根之人与下根之人，用两种方法解释功夫与本体，在明代末年的思想界引来了重大争论。①

天泉证道的第二日，王阳明从故乡出发，往广西进发，踏上了他最后的征程。钱德洪与王畿两位学生也随军为王阳明送行，一直送到了浙江省严滩（今属浙江桐庐县）。此处是汉代严子陵垂钓处，王阳明突发感慨，留下了一首诗②：

> 忆昔过钓台，驱驰正军旅。
> 十年今始来，复以兵戈起。
> 空山烟雾深，往迹如梦里。
> 微雨林径滑，肺病双足胝。
> 仰瞻台上云，俯濯台下水。
> 人生何碌碌？高尚当如此。
> 疮痍念同胞，至人匪为己。
> 过门不遑入，忧劳岂得已！
> 滔滔良自伤，果哉末难矣！

王阳明回忆正德年间平定叛乱献俘虏，经过此处而没机会登

---

① 《王阳明大传（下）》，第237页。
② 《王阳明全集》，第874—875页。

台。现在重新经过这里，却又是行军打战，兼有肺病足疮，不免有些感慨。

四 吾心光明

本章第二节已经提到，王阳明到达广西后，顺利解决了思恩、田州问题，当地动乱首领也主动投降。王阳明的好友湛甘泉在后来的《王阳明先生墓志铭》中赞叹阳明为"武文兼资，仁义并行，神武不杀，是称天兵"。[1] 解决了动乱问题之后，王阳明兴建学校，教化百姓。虽然比较好地处理了广西的战乱，但是王阳明的病情日益恶化，已经接近病危状态。于是，王阳明向朝廷说明情况，奏请回乡。然而朝廷圣旨迟迟不下，加上王阳明病情加重，在万不得已的情况下，王阳明离开广西，朝故乡进发。行舟途中经过了伏波庙，于是王阳明便登岸拜谒伏波将军马援的祠堂。四十年前，当王阳明还是个少年的时候，就曾经梦过自己拜谒伏波将军庙。当时的王阳明有经略四方之志并研习兵法。当王阳明叩拜伏波将军雕像的时候，想起了四十年前的梦，于是赋诗两首。其一为[2]：

> 四十年前梦里诗，此行天定岂人为？
> 徂征敢倚风云阵，所过须同时雨师。
> 尚喜远人知向望，却惭无术救疮痍。
> 从来胜算归廊庙，耻说兵戈定四夷。

想起四十年前的情境，王阳明觉得"宛如梦中"，他不禁感慨，此次广西之行更像是天意。

王阳明来到了广州，并在此休养了大约两个月的时间。在此期间，他拜谒了六世祖王纲的祠堂。王纲是王阳明的六世祖，刘伯温

---

[1] 《王阳明全集》，第 1543 页。
[2] 《王阳明全集》，第 1460 页。

辅佐朱元璋平定天下后，推荐王纲为兵部郎中。后来广东地区有百姓起事，王纲被任命为广东参议，不料被海盗所杀。在王纲殉职的增城县，当地人民建立了王纲父子的祠堂。王阳明写了一篇《祭六世祖广东参议性常府君文》，以表达哀思之情。

王阳明也拜访了湛甘泉的故居。湛甘泉是他的好友，两人曾经在京师共同致力于复兴圣学。王阳明当年在京师遇到湛甘泉后，曾向人称赞道，数十年未见这样的人。湛甘泉亦向他人说道，放眼望去，也没有见过王阳明这样的人。于是两人相交讲学。此时湛甘泉并不在广州，但是王阳明追忆其二人复兴圣学的情境，不禁感慨万千，写下《题甘泉居》与《书泉翁壁》两首诗。《题甘泉居》的最后一句是"行看罗浮云，此心聊复足"。① 可见，王阳明此时的内心是安定而自足的。《书泉翁壁》最后两句写道："落落千百载，人生几知音。道通看行迹，期无负初心"。② 人生难得一知己，此时王阳明内心感慨但不感伤。

王阳明的病情日益加重，此时他的身体因咳嗽与腹泻极度衰弱，并且遍身皆发肿毒。虽然王阳明坐立不安，但是他仍然十分憧憬回乡后与门人一起讲学的日子。他在绝笔信《答何廷仁》中提道："果有山阴之兴，即须早鼓钱塘之舵，得与德洪、汝中辈一会聚，彼此当必有益。"③

病重期间，王阳明仍然不忘记教育后学。他给钱德洪、王畿写了很多封信，询问家乡后学的教育情况。并且，在此期间，他还给学生聂豹写了一封论学长信。从这些事情都可以看出，王阳明最关心的还是圣学的传播与人民的教化。

王阳明在广州再次上疏请求回乡养病，但是迟迟未得到朝廷的批复。于是，他从广州出发，北上江西。1528年11月25日，王阳

---

① 《王阳明全集》，第879页。
② 《王阳明全集》，第880页。
③ 《王阳明全集》，第250—251页。

明一行来到了江西的南安府（今属江西赣州），当时任职于南安府的门人周积来看望。王阳明坐起来，但是咳嗽不已。他问周积近来在学问方面怎么样了？周积一一应答并问老师身体如何。王阳明说，病情已经十分危险，所幸元气尚在，因此才没死。周积立刻去请医生抓药。28日晚上，王阳明问这是哪个地方？侍者回答，此处是"青龙铺"。第二天，王阳明找来周积，过一会儿，睁开眼睛和他说："吾去矣！"① 周积泣不成声，问王阳明有何遗言。《年谱》记载王阳明微微一笑说："此心光明，亦复何言？"② 不一会儿，王阳明就瞑目而逝，享年57岁。阳明先生晚年有诗《中秋》一首，内容正好与临终遗言互相辉映。诗云③：

去年中秋阴复晴，今年中秋阴复阴。
百年好景不多遇，况乃白发相侵寻！
吾心自有光明月，千古团圆永无缺。
山河大地拥清辉，赏心何必中秋节！

这位被称为三不朽的传奇人物就此离开了人世。他留下来的这句话是他一生最好的写照。他一生最大的贡献不在于军功，而在于心学。在生命的尽头，他的内心也因心学而安定。

王阳明去世之后，江西人哭声震地，如丧考妣。门人钱德洪、王畿原本在去北京参加殿试的路上，听到先生去世的噩耗，立刻放弃了殿试。第二年11月，王阳明葬于绍兴城外约三十里的洪溪。据载，当时参加葬礼的门人有千余人。四方来观丧礼的人莫不哀哭。

王阳明的一生，传奇而伟大。他立德、立功、立言，被称为是

---

① 《王阳明全集》，第1463页。
② 《王阳明全集》，第1463页。
③ 《王阳明全集》，第873页。

真三不朽的人物。今人学习王阳明，不能将他神化，更不能将他丑化。他是一个人，他有感慨，他会生病，甚至57岁盛年早逝。他与普通人一样，都有生老病死。但他和普通人又不一样。当他的老师想着读书登第的时候，十几岁的王阳明想到的是读书作圣贤。当一般人都在袖手谈心性的时候，王阳明却全身心地去"格竹子"。当一般人将婚礼视为世俗中神圣的典礼的时候，他却因和道士静坐谈养生而忘了参加自己的婚礼。当一般人畏惧宦官刘瑾的时候，他仗义执言，"明知不可而为之"，被贬龙场。当一般人自暴自弃的时候，他却在艰难中悟出"格物致知"之理。王阳明顺境不染著，逆境不消沉，安住在良知中，最后光明而去。王阳明的学问很简单又深邃，没有长篇大论，直指人的本心，无论何种社会身份，都能去实践。有学者指出："良知学不仅开辟了直指本心的心性修养路径，更借此明体达用，直指实践理想的经世向度。"[①] 但是他的学问又很难，不是难在学问本身，而是难在"明明白白一条路，万万千千不肯修"。

王阳明的传奇的一生对于当代的企业家有着重要的启示意义。企业家奋斗一生，最终追求的是什么？这是哲学的一个终极问题，不仅仅是企业家，每个人都会遇到这个问题。王阳明的选择是安住在良知上。良知知善知恶，王阳明的视听言动依良知而行，最终也是伴随着这颗光明的内心安详而去。无论追求什么，必须要超脱于名利恭敬，才可能得到安定。如果内心是依靠名利恭敬建立起来的，那么一旦外在的条件发生了变化，内心也会跟着波动不安。王阳明之所以安然度过各种大风大浪，是由于他的良知；最后光明而去，也是由于他的良知。他留给后人最宝贵的财富，也可以说就是良知。

[①] 张卫红：《敦于实行：邹东廓的讲学、教化与良知学思想》，上海古籍出版社2020年版，第218—219页。

第二章

阳明心学的核心思想及现代价值

前一章的论述，我们了解了王阳明传奇的一生。王阳明去世之后，其思想遍及浙江、江西、江苏、安徽、湖北甚至广东各地，上至朝廷首辅，下至农工百姓，在整个社会掀起了一股阳明学的讲学风潮。阳明学何以具有如此强烈的感染力呢？除了王阳明本人传奇经历以外，关键在于其所宣扬的阳明学思想本身具有巨大的魅力，本章就专门讲解王阳明的思想和哲学内涵。首先我们简单回顾一下王阳明之前，中国儒家思想的发展。

先秦的思想家孟子曾言"心之官则思"，认为"心"是用来思考的。孟子已经提出"心"并非心脏的"心"，而是类似于大脑的概念。孟子赋予了"心"一种自觉的认识，确立起"心"的主体地位，开辟了中国思想文化中注重精神层面的传统。明代中叶的王阳明，其思想和孟子一脉相承，其学说不仅在传统士大夫的精英阶层中影响深远，而且在家、工、商的中下层中也产生了广泛的影响，对于明代的思想建设、社会民智的开发等方面都发挥了重要的作用。除了在中国学术思想史上产生巨大影响外，阳明心学还对东亚文明的发展产生了重要的作用。要理解王阳明的思想，必须了解一下王阳明的批判对象，即宋代思想家朱熹。

朱熹是宋明理学的标志性人物，他在中国思想史和文化史上的地位可与孔子相媲美。孔子继承上古中华文明的成果，并加以创造性转换，开辟了轴心时代的文明，也正因此，中华民族才能在整个世界文明史中，独树一帜、自成系统。可是，文明从来不是一成不变的，它就像是长江、黄河一样，由涓涓细流汇合而成，它在奔腾的过程中，不断地转弯，不断地吸纳，不断地调整自己，形成了不同的样态。汉代以后，中国经历了巨大的思想文化的转变，主要表现为佛教的传入，由此而使得孔子以来的思想文化有了新的演变进程。在佛教的刺激之下，中国文化的内部也发生了一些调整和整合。

除了思想层面上的样态变化，汉代以后，华夏民族的族群也进行了多次的民族融合，历史上著名的匈奴、鲜卑、羯、氐、羌等民族融汇到了汉族中。而且，中国的社会结构也发生了巨大变化，唐以前的中国社会，主要由大户人家主持，平民依附于大户人家。唐代以后，大户人家慢慢解体，小户人家逐渐崛起。但大户人家能做的事，小户人家却无法完成。以祭祖为例，大户人家祭祖时会有家庙，排场也较大，这些礼仪，小户人家是难以做到的。所以，无论是在思想文化、族群血统上，还是在社会结构、生活方式上，汉代以后的中国发生了巨大变化。到了宋代，面对此种多样性的世界，人们迫切需要重建一种秩序，宋儒承担起了这项伟大工作，朱熹乃是其中的集大成者。他创造性地继承了孔子以来的儒家文化，创造性地转化了汉代以来的文化，开创了中国文化的新格局。朱熹强调"格物穷理""格物致知"，中国民间有这样的俗语："有理走遍天下""凡事要讲一个道理"，这个"理""道理"，虽非朱熹首倡，但他对此进行了系统化的梳理和阐发。简而言之，朱熹最伟大的成就就在于为中国文化注入了可以与当代思想媲美的理性主义光辉。

儒学的理想是成为君子乃到圣人，如何实现？这就是宋明理学的工夫论思想。朱熹的工夫论思想可以用一句话概括，就是"涵养须用敬，进学在致知"。强调何时何地都应当保持内心诚敬的状态，专心致志。在敬的状态下，根本的为学工夫就是"格物致知"。格物、致知来自儒学经典《大学》的八条目，即格物、致知、诚意、正心、修身、齐家、治国、平天下这八项。朱熹对最初两条"格物致知"赋予了新的含义，朱熹认为万事万物都含有理，理又可以分作"所以然之故"和"所当然之则"。简单来说，所以然之故就是事物背后的道理，所当然之则就是我们应当遵守的行为准则。学者为学的关键就是认识这样的道理，具体方法就是"格物致知"，认认真真地掌握每件事物的道理。当然天下事物没有穷尽，朱熹强调当我们掌握足够多的道理时，自然能够触类旁通，即当代哲学所说量变到质变的飞跃。可见在这样的为学修身过程中，没有其他思想中启示、开悟等神秘因素，完全遵循理性主义的原则。

怎样来理解这个理性主义的光辉呢？在中国传统的原始文化中，宗教的气息、信仰的气息占很大部分，神话、传说、迷信都混杂在一起。孔子的贡献在于完成了一个世俗性的转换，使得上古的充满想象的虚妄的历史观念转化为世俗的人文观念，奠定了我国以世俗文化为底色的传统。中国文化最基本的精神就是人文传统，是以人为主的世俗生活的传统。但是，世俗生活的传统是感性的，若只是感性的，当然是活泼却不深刻的。朱熹的工作就是在人文传统的基础上，进一步地提升了理性的传统。

现代化源起于西方，现代性中最重要、最基本的要素之一是理性。世俗和理性在西方现代化的过程中是一并展开的。中华民族虽然较早地从宗教信仰中转到了世俗的人文主义，但它的理性是分阶段的。孔子的时代更多地停留在经验理性，到了朱熹的时代则有了明显的提升，思辨性的理性强化了。晚清之后，多样的西方文化相继涌入中国，人们选择与欢迎德先生与赛先生，其根源在于我们自身的思想文化中包含着民主与科学的因素。在接受科学的方面，朱熹的格物穷理显然是提供了一种思想基础。

了解朱熹的思想和历史地位之后，我们再回到王阳明。王阳明生活的时代，朱子学不仅是科举考试的标准，同时也成为当时的学者普遍接受的思想观念。在本章的论述中即可看出，王阳明弟子的质疑就是源于朱子学的思想，王阳明在回答的过程中提出了自己的思想。王阳明的思想大致由三部分组成。第一，心外无物。这在哲学上属于本体论，构成了他对整个世界的基本看法，即世界观。第二，知行合一。在有了心外无物的世界观之后，王阳明就需要依照其世界观来建立起自己的价值观和人生观，也就是说，要转向实践和行动。在此基础上，他进一步提出了知行合一说，这改变了此前思想家们把知与行进行分割、区别的做法。他认为知行本为一体，相互包含。更为重要的是，王阳明将知与行由简单的人的行为的两个部分，合一上升到一个本体概念。也就是说，知行合一的本原不是手段性的东西，而是人的生命存在的本来样态和应然样态，这使得儒家的生命哲学在心的层面上得以展开。第三，致良知。知行合一强调知行是生命的本体，但并没有说清楚知什么、行什么的问题。所以，王阳明在晚年明确提出知行的本体就是致良知。这使得知行合一的生命本体有了明确的内涵与方向。

本章将从"心外无物""知行合一""致良知""万物一体"等方面阐述阳明学的核心思想。

第一节　心外无物

阳明学一般又称作阳明心学，由此名称可见，"心"在王阳明的思想中具有核心的地位。在中国的思想脉络中，"心"字的使用非常普遍，如孔子提到自己"七十而从心所欲，不逾距。"（《论语·为政》）作为修身的工夫，《大学》有诚意、正心的工夫要旨。儒学思想以外，佛教同样重视心，如《维摩经》所说"心净则国土净"，更不用说短小精炼的《心经》在中国文化中的影响。宋代朱熹以"虚灵明觉"形容心，认为人心包含天理，但是被人欲遮蔽。因而人们需要以格物致知的工夫不断地去除人欲，通过格物致知的工夫，重新认识和恢复本心的天理。在中国文化的各家各派中，作为意识主宰的"心"无不具有重要的地位。那么与以往的思想相比，王阳明对于心的解释有何不同呢？

"心"是理解王阳明思想的基础，在王阳明关于"心"的论述中，最富争议的莫过"心外无物"的提法。《传习录》中非常著名的"南镇观花"的记载如下：

> 先生游南镇，一友指岩中花树问曰："天下无心外之物，如此花树，在深山中自开自落，于我心亦何相关？"
> 先生曰："你未看此花时，此花与汝心同归于寂。你来看此花时，此花颜色一时明白起来。便知此花不在你的心外。"①

南镇位于现今绍兴城南的会稽山景区。阳明的友人问他，你对人讲"心外无物"，难道可以说你没看见郊外的花树，它就不存在吗？显然这是我们每个人自然产生的疑问。阳明回答友人，未看花之时，"此花与汝心同归于寂"，看花之时，"此花颜色一时明白起来"。似乎我们也有这样的经历，到达风景区游览之时，美丽的风景突然展现在眼前，顿感心情愉悦。不过，在心学思想上理解"心外无物"，其含义远不止于此。下面我们依循《传习录》的文本，逐步解答。

一　心即理

什么是心？王阳明非常明确地指出，心绝非生理学中所说的，作为人体血液中枢的心脏。

---

① 《王阳明全集》，第 122 页。

> 心不是一块血肉，凡知觉处便是心，如耳目之知视听，手足之知痛痒，此知觉便是心也。①

> 所谓汝心，亦不专是那一团血肉。若是那一团血肉，如今已死的人，那一团血肉还在，缘何不能视听言动？所谓汝心，却是那能视听言动的，这个便是性，便是天理。②

王阳明的说明非常清楚，哲学上心的概念不是造血器官的心，而是人思维意识的中枢，是孟子所说"心之官则思"。阳明进而强调，"知觉处便是心"，能够对外物的感知做出反应，"能视听言动的"，这称作心。不仅传统思想中，心被认作承担思维情感的作用，甚至在当代文化中，心也往往作为情感表达的符号而使用，比如我们说"爱心""同情心""真心""良心""尽心尽力"等等。王阳明认为，在思想上重视心，是因为心具有对人身体行为的主宰、命令功能。

> 心者身之主宰，目虽视，而所以视者心也；耳虽听，而所以听者心也；口与四肢虽言动，而所以言动者心也。③

在王阳明看来，控制我们一言一行，发出命令的就是心，同样对于我们所有行为负责任的也是心。比如我们评价一个人的善恶，往往直接说其心之好坏。王阳明的思路非常清晰，儒家的目标是造就善良的人，为此归根结底就是正人心，使人人都具有善良的心。有善良的心，那么一言一行都自然向善。

确切而言，以上是整个宋明理学思想的普遍观点。南宋的朱熹反复要求学者要踏踏实实地"格物致知"，以至"诚意正心"，也

---

① 《王阳明全集》，第138页。
② 《王阳明全集》，第41页。
③ 《王阳明全集》，第135页。

是希望通过这"格物"的工夫，逐渐地去除人的私欲杂念，以正人心。阳明早年学习朱熹的思想，即是按照这样的工夫，每日刻苦格物，也留下了阳明"格竹七日"的故事。但是阳明遇到苦恼，无论自己如何用功，甚至求诸佛教、道教的思想，却始终感觉"物理吾心终若判而为二也"，心与外物之理始终不能吻合。此时的阳明相信朱熹所说，通过自己不断地努力，终究会有一天内心豁然贯通，完全地去除私欲杂念，像孔子一样"从心所欲，不踰距"。但是阳明在现实的努力过程中，感到的却是不断的挫折，自己的私欲不停地出现，心与理合一的理想境界似乎遥不可及。这可以说是龙场悟道之前，王阳明挥之不去的烦恼。

不仅王阳明，对于所有的朱子学者来说，心之所向与理不合，这也是一个必须纠治的问题。一方面，朱熹假设所有人都有成圣之可能，而且提出了格物致知、居敬穷理的方法。但是在现实中，孔子本人尚且"六十而耳顺""七十而从心所欲，不踰距"，那么对于普通人而言，可能终其一身连"耳顺"的境界都无法达到。另一方面，儒家的思想体系中没有来世的预设，如果所有人在现实中永远要受私欲困扰，不断地陷入自我怀疑，终其一生也无法达到圣人境界，实现心与理一的话，那么学习和坚守儒家的思想还有何意义呢？扭转这样的理论困境，正是阳明学要解决的重要问题。

对此问题的解决就是王阳明在贵州龙场悟道之后，终身坚守的理念"心即理"，"圣人之道，吾性自足，向之求理于事物者误也"。王阳明反复地向弟子们提出：

> 这心之本体，原只是个天理，原无非礼，这个便是汝之真己。这个真己是躯壳的主宰。若无真己，便无躯壳。真是有之即生，无之即死。①

---

① 《王阳明全集》，第41页。

龙场悟道之后，王阳明在不同的场合反复强调"心之本体即是天理"这一观点。王阳明指出，心之本体是天理，是"真己"，是人视听言动的主宰者。如人们日常所说"失去灵魂的肉体"不过是行尸走肉，王阳明也强调"真己"的重要性，"有之即生，无之即死"，其所要表达的观点同样在此，天理良知是人之为人的根本。

在王阳明之前，朱熹"性即理"的观点已被学者普遍接受。每个人的本性等同于天理，具有成圣的可能性。但是，朱熹绝不会接受"心即理"的说法，即现实的、时刻变化的心等同于天理。显而易见，现实之人总是被各种各样的欲望所干扰，人心所想总会存在各种各样的杂念。虽然朱熹预设人心有完全不受欲望干扰的理想状态，但是在现实中有可能实现吗？饥食渴饮，人作为现实生命的存在，不可能摆脱外在的物质需求。按照朱熹设定的"格物致知"功夫，在现实中最终达到豁然贯通、"纵心所欲，不踰距"，这似乎是永远无法实现的理想。从王阳明的生命历程来看，一方面，王阳明面对宦官势力，不顾性命安危，直言敢谏；另一方面，王阳明深感"物理吾心终若判而为二也"，常常为自己无法摆脱现实焦虑、达到超然的圣人境界而苦恼，这是"龙场悟道"的伏笔。

"龙场悟道"之后，王阳明将朱熹"性即理"的观念改作"心即理"，看似一字之差，哲学上蕴含着天翻地覆的思想差异。朱熹看到人心不断地被私欲杂念困扰，因此其所发用不可能完全等同于天理。成圣的依据不能依靠纷杂的内心，而应从外物的客观之理入手，循序渐进规范自身的言行。但是阳明以自己几十年的功夫实践意识到，如果我们按照朱熹所说承认驳杂之心的话，必然出现的结果是，我们始终对自己的心保持怀疑，从而陷入不断地自我犹豫、自我否定的困境，甚至有可能自我放弃。原因在哪里呢？显然就是人们自我怀疑，不能自信其心。由此，阳明强调本心就是真己，如果我们对于"真己"都是在不断地怀疑，那么，个人成圣还有什么可以依靠的呢？仅仅只能依赖外在规定而自我束缚、自我限制，不敢越雷池一步吗？

针对以上的困惑，王阳明终于在龙场意识到，要摆脱每个人不断地陷入自我怀疑的困境，关键就在于我们重拾对于"本心""真己"的信任。王阳明不断地向弟子们说"心即理"，其目的就在于此，让大家重拾对于本心的自信。只有本心才是真己，如果我们对于本心都不能相信的话，那还有什么是值得完全相信的呢？阳明坚持认为纵然"人心惟危"，经常会做错事，但是"道心惟微"，隐微的道心仍然是人们唯一值得依赖的。

> 至善是心之本体。①
> 心之本体即是性，性即是理。②
> 心之本体即是天理。③
> 夫心之本体，即天理也。天理之昭明灵觉，所谓良知也。④

类似的观点，王阳明在不同的场合反复强调，王阳明不惜以这些前人不敢发之话语树立学者对于本心、对于真己的自信。朱子学避免"心即理"的观念，就在于现实的人心并不完美。如果强调"心即理"的话，那么是不是说现实人的一切行为都是合理的呢？显然对于一般学者而言，这是无法接受的。即使有这样的顾虑，王阳明仍然强调"心即理"，希望学者重拾信心，不是依靠外力，而是信赖自身，自己做自己的主宰。

王阳明为何能够对本心抱以如此之大的信任呢？除了要树立学者的自信以外，这就与王阳明对天理的思考密切相关。有学者将朱熹和王阳明对于天理的不同理解区分为"活理"和"死理"，王阳

---

① 《王阳明全集》，第2页。
② 《王阳明全集》，第28页。
③ 《王阳明全集》，第30页。
④ 《王阳明全集》，第212页。

明主张的是活理。在朱熹的思想中，天理是万事万物的"所以然之故"和"所当然之则"，即事物背后的道理和人们行为的准则，这都是确定的。由此，朱熹认为学者为学的目标就是认识本然的天理，具体的工夫就是应当从格物致知入手，积少成多以达到对事物的道理和行为的准则豁然通达。可见，朱子学所说之理是固定不变的，学者称其为"死理"。

由于理只是客观的存在，现实的人心为私欲所扰又不可靠，因而朱熹提出的解决办法就是通过人心的认知能力，即格物致知，由此以克服人的外在欲望。青年时代的王阳明同样相信这样的思想并且做了30余年的努力，然而外在的私欲仍然不断涌现，始终无法断除，到底何时才能达到朱熹所说"豁然贯通"的境界呢？王阳明在朱熹的思想中始终没有看到希望。直到龙场悟道之时，王阳明才终于觉察到朱熹没有强调的关键一点，即天理自明。

  天理只是一个，更有何可思虑得？天理原自寂然不动，原自感而遂通。①

  盖良知只是一个天理自然明觉发见处，只是一个真诚恻怛，便是他本体。②

  夫心之本体，即天理也。天理之昭明灵觉，所谓良知也。③

在以上几条语录中，王阳明反复强调天理的一个重要特征，即"自然明觉发见""昭明灵觉"。面对具体的事物和情景，天理会自然而然地"感而遂通"，作为具体的规则、判断而向人具体地呈现。比如我们从小就知道红灯停绿灯行，之后在无意识中无论何时何地遇见红灯，本能地就要停下来。王阳明指出这是一个必然出现的过

---

① 《王阳明全集》，第65页。
② 《王阳明全集》，第95页。
③ 《王阳明全集》，第212页。

程，不需要人的任何干预，也不需要任何如"格物致知"的工夫作基础。这种无意识的规则显现是必然，而且对于所有人都是一样的。将天理看作自然发现、能动的理，学者将其称作"活理"。后来，王阳明直接以"良知"指代天理的明觉发现。

知是心之本体，心自然会知。①
（良知）是乃天命之性，吾心之本体，自然灵昭明觉者也。②

天理的自然呈现是王阳明思想的一个重要标志。具体而言，天理在何处呈现呢？就在人的思维中枢"心"中呈现，具体表现为我们的一个意识。天理对于具体事物的感而遂通，自然明觉发现就表现为"心自然会知"，即人心的知是知非，见到红灯就自然要停下来。在王阳明的思想中，心不再是始终被私欲杂念所困扰，需要时时提防的，而是天理不断地向我们明觉发现之处，是可以信赖的心。不仅如此，王阳明指出自然发现的道理，人们就会自觉地去遵守，甚至是无意识的，这就是后文将要讨论的"知行合一"。这些内容都是王阳明对在其之前的朱子学思想的根本颠覆。

二　心外无理

王阳明不断强调"心即理"，使人们重拾对于个体本心的信心。但是，由此命题，王阳明进一步延伸提出"心外无理"的观念，即只要依靠自己内心之理的判断就一定能做出正确的行为，这样的说法显然不能被一般学者所接受，甚至以我们的常识也不会同意。王阳明早年的弟子徐爱就不停地对此追问。

---

① 《王阳明全集》，第7页。
② 《王阳明全集》，第1070页。

爱（徐爱）问："至善只求诸心，恐于天下事理有不能尽。"先生曰："心即理也。天下又有心外之事，心外之理乎？"

爱曰："如事父之孝，事君之忠，交友之信，治民之仁，其间有许多理在，恐亦不可不察。"先生叹曰："此说之蔽久矣，岂一语所能悟！今姑就所问者言之。且如事父，不成去父上求个孝的理；事君，不成去君上求个忠的理；交友治民，不成去友上、民上求个信与仁的理。都只在此心，心即理也此心无私欲之蔽，即是天理，不须外面添一分。以此纯乎天理之心，发之事父。便是孝，发之事君便是忠，发之交友治民便是信与仁。只在此心'去人欲、存天理'上用功便是。"

爱曰："闻先生如此说，爱已觉有省悟处。但旧说缠于胸中，尚有未脱然者。如事父一事，其间温凊定省之类有许多节目，不知亦须讲求否？"先生曰："如何不讲求？只是有个头脑，只是就此心去人欲、存天理上讲求。就如讲求冬温，也只是要尽此心之孝，恐怕有一毫人欲间杂；讲求夏凊，也只是要尽此心之孝，恐怕有一毫人欲间杂。只是讲求得此心。此心若无人欲，纯是天理，是个诚于孝亲的心，冬时自然思量父母的寒，便自要去求个温的道理；夏时自然思量父母的热，便自要去求个凊的道理。这都是那诚孝的心发出来的条件。却是须有这诚孝的心，然后有这条件发出来。譬之树木，这诚孝的心便是根，许多条件便是枝叶。须先有根，然后有枝叶，不是先寻了枝叶，然后去种根。《礼记》言：'孝子之有深爱者，必有和气；有和气者必有愉色；有愉色者，必有婉容。'须是有个深爱做根，便自然如此。"①

王阳明弟子徐爱的问题非常直接，"心即理"的观念或许我们

---

① 《王阳明全集》，第2页。

可以接受，但是"心外无理"的说法显然就违背一般人的常识。朱熹强调万事万物中都存在"所以然"和"所当然"的天理，那么王阳明提出"至善只求诸心""心外无理"，是不是要否定外在的客观事物之理呢？万事万物皆有其道理，不能说离开某个人，事物就不存在、道理就不存在，这是大家都认可的常识。如果不了解事父、治民之类的具体道理，掌握正确的方法，徒有至善之心可能也无法收到满意的效果。

王阳明非常清楚，徐爱提问的思路正是基于朱熹格物致知的观念。王阳明反问，"且如事父，不成去父上求个孝的理"。对待父母要孝，这是普遍的道德原则。但是，人的行为是否符合孝道，其关键在于子女如何做，而非父母。那么，在此意义上，关键还是回归自己，回到自己的本心。"只在此心去人欲、存天理上用功"，自然能够符合孝道。王阳明的问题直接点中朱熹格物说的困境，道德行为的根据最终源于行为的主体，这是无论认知外在事物到何种程度，都不可替代的。

徐爱表示，王阳明的观点可以接受，但是由此能够完全否定朱熹格物的向外求知之说吗？即我们如何能够避免好心做错事的困境呢？比如对待年老的父母，房间肯定不能夏天太热或冬天太冷，但是，由此就一味地让房间中夏天非常冷、冬天非常热可以吗？根据医学护理的知识，这对于年长之人也是非常危险的。徐爱质疑，难道在我们对待父母之时，只任由自己的意愿去做，这些外在的情况都不考虑吗？王阳明回答，心外无理并不意味忽视这些事情，甚至道德行为的最后完成也离不开这些外在知识的辅助。然而王阳明反复强调的重点是道德善恶的根本在哪里？有此根本，自然会考虑探究细枝末节的相关事情。失去根本，没有道德的动力，掌握再多的知识技能也没有道德意义。

在与友人顾东桥的书信中，王阳明再次指出这一问题。

夫物理不外于吾心，外吾心而求物理，无物理矣；遗物理而求吾心，吾心又何物邪？心之体，性也；性即理也。故有孝亲之心，即有孝之理，无孝亲之心，即无孝之理矣。有忠君之心，即有忠之理，无忠君之心，即无忠之理矣。理岂外于吾心邪？晦庵（朱熹）谓："人之所以为学者，心与理而已。心虽主乎一身，而实管乎天下之理，理虽散在万事，而实不外乎一人之心。"是其一分一合之间，而未免已启学者心理为二之弊。此后世所以有专求本心，遂遗物理之患，正由不知心即理耳。夫外心以求物理，是以有暗而不达之处；此告子"义外"之说，孟子所以谓之不知义也。心，一而已。以其全体恻怛而言谓之仁，以其得宜而言谓之义，以其条理而言谓之理；不可外心以求仁，不可外心以求义，独可外心以求理乎？外心以求理，此知行之所以二也。求理于吾心，此圣门知行合一之教，吾子又何疑乎？[1]

心即理、心外无理，由此自然导出不能"外吾心而求物理"。心即理，理即心。既不能外心以求理，也不能遗理以求心，否则都是求无可求。王阳明强调"孝亲之心，即有孝之理，无孝亲之心，即无孝之理矣"，心是一切道德行为的根源与依据。对于朱熹所说"人之所以为学者，心与理而已"，王阳明认为此说具有"启学者心理为二之弊"。尽管朱熹认为人心"管乎天下之理"，但这是心向外求理之后的效果。受其影响的学者只能求外物之理，"外心以求理"，而不敢大胆发挥内心之理。另外，也有学者反向而行，虽然"专求本心"，但却不知去求内心之理，即"遗理以求心"，因为他们同样认为求理只能向外。王阳明进一步指出，受"心理为二之弊"的影响，还会导致知行为二之弊。要解决这样的弊病，只能

---

[1] 《王阳明全集》，第48页。

通过"求理于吾心"。

王阳明认为心是道德行为的根据，当代人同样持有这样的观点，我们经常说人要有好心、善心。德国古典哲学家康德也强调，只有人心的"善良意志"所发的行为，才是善的。王阳明说"物理不外于吾心"，虽然在哲学意义上可以解释，但如果我们持此观点的话，难道一切现代的自然科学都是错误的吗？对此问题，一方面，我们可以解释，王阳明虽然使用"物理"一词，但真正表达的意思是道德之理，因而这一命题是说明道德行为的来源，与当代自然科学无关；另一方面，更重要的方面则是阳明对于"物"的理解。在王阳明思想中，"物"并不只是外界客观的事物，与人无关的存在。接下来，我们将对此问题予以分析。

三 心意知物

通过王阳明的诠释，心成为完全值得依赖的道德实体，但是我们如何面对客观世界的现实环境呢？就朱熹而言，本然之心也是纯粹至善的。但是在现实世界中，本然、纯粹之心的假设并没有实际的意义，因为现实的人心已经受到外物的影响，不可能纯粹至善。换言之，现实的人心受到外物的影响，不可避免地夹杂人欲，成为不得不克治的对象。那么，在王阳明那里，这样的影响如何化解呢？这里的关键就在于"物"，王阳明有着和朱熹完全不同的理解。

问："身之主为心，心之灵明是知，知之发动是意，意之所着为物，是如此否？"先生曰："亦是。"[1]

在这一段中，学生的提问完全是基于王阳明观点的论述，同样也受到了王阳明的肯定。身体的主宰是心，人的一言一行都由心发

---

[1] 《王阳明全集》，第27页。

动。心之灵明源于本然良知，在心接触外物之时，本体的良知被触动而出现具体的反应，这即可称为意。至此的论述，即使朱熹也不会完全反对。但是，对于物的看法，却出现了根本性的反差。朱熹认为物就是客观的存在，虽然本身蕴含客观之理，但往往会对人造成影响，导致人心失去了先天的纯粹至善。然而，王阳明认为，一方面，客观的存在会对人产生影响；但是另一方面，"物"绝不仅仅是客观的存在，人同样也对物产生作用，即"意之所着为物"。客观的存在固然不能否认，但是其本身并没有任何意义，如王阳明所说"此花与汝心同归于寂"。只有人的意识作用于客观存在之后，变成"人化的自然"，成为了人类世界的一部分之后，才有了真正的"物"。"此花颜色一时明白起来"，客观存在的花才成为真正的"花"，对人来说才是有意义的。

在与顾东桥的书信中，王阳明阐释得更加详细。

> 心者身之主也，而心之虚灵明觉，即所谓本然之良知也。其虚灵明觉之良知，应感而动者谓之意。有知而后有意，无知亦无意矣。知非意之体乎？意之所用，必有其物，物即事也。如意用于事亲，即事亲为一物；意用于治民，即治民为一物；意用于读书，即读书为一物；意用于听讼，即听讼为一物。凡意之所用，无有无物者。有是意，即有是物；无是意，即无是物矣。物非意之用乎？[①]

在这封书信中，王阳明更加充分地阐释了自己的思想。人心的虚灵明觉，即对客观存在的反应源于本然的良知，具体的思维反应又可称为意。意源于良知，是本然之良知对于具体存在的具体反应。接着王阳明指出"物即事也"，在中国古代的文献中，物和事

[①] 《王阳明全集》，第53页。

的含义虽有不同，但是确实可以互相替换使用。王阳明强调"意之所用，必有其物"，"如意用于事亲，即事亲为一物"。事亲之物能否成立，关键在于是否有意的参与。我们以王阳明所说"意用于读书，即读书为一物"为例，所谓"读书"是不是将一本书放在眼前就可以呢？显然不完全是这样的。比如有人坐在书桌前，也打开了一本书，但是心里完全想着其他的事情，所谓"心不在焉"，那我们能称其正在读书吗？"事亲""治民""听讼"都是这样，"无是意，即无是物矣"，没有意，没有人心的参与，事物都不能真正地成立。现代语言中经常说做事情要"用心"，其意义就在于此。

《传习录卷下》，阳明进一步提出"心在物为理"的说法。

> 又问心即理之说，"程子云'在物为理'，如何谓心即理？"先生曰："在物为理，'在'字上当添一'心'字，此心在物则为理。如此心在事父则为孝，在事君则为忠之类。"①

这里的发问是针对前一小节讨论的"心即理"，王阳明弟子举出程颐据说"在物为理"，即理是就具体事物而言，朱熹亦以此为据论证事事物物皆有客观之理。王阳明对此予以转换，认为应当说"心在物则为理"。如果没有心所发用之意，那么"物"不过是与人无关的自然存在。只有人心作用之后，物之理才得以完备、朗现，物之为物才得以确立。如对待父母，王阳明认为只有真正用心，这样的行为才能称为"孝"。养老院中尽职尽责的护士，对待老人同样非常尽心，而且具有专业的老年护理知识和长期经验，但我们可以称他们的行为是"孝"吗？显然不行，我们可以说他们尽职尽责，但不能说是尽孝。与亲人相比，其行为的出发点在于职业伦理，而非家族情感。同样在王阳明的理解中，客观的存在，比如

----

① 《王阳明全集》，第137页。

一本书放在人面前，不一定是真正的"物"或"事"（读书）。只有人心作用于书，与书中的内容进行交互，这才是所谓的读书。再比如教室里的学生一起朗读，有些同学仅仅是跟着其他人张嘴，心不在焉，我们能说这些同学是在朗读吗？在对"物"的理解上，王阳明与朱熹完全不同。王阳明认为物之重要性不在于其如何影响人，而是人如何作用于客观事物。

由于王阳明对"物"有不同的诠释，因此对于《大学》的"格物"工夫，王阳明亦有着完全不同于朱熹的理解。

"格物"如孟子"大人格君心"之"格"。是去其心之不正，以全其本体之正。但意念所在，即要去其不正，以全其正。即无时无处不是存天理，即是穷理。[①]

朱熹认为格物穷理就是在具体的事物上，踏踏实实地寻求一事一物背后的道理，最终以达到豁然贯通的境界。这样的道理易于接受，与我们的日常想法也非常契合。王阳明早年也持有这样的观点，如著名的格竹七日之事，就是基于这样的理论。同样，王阳明思想转变就在于其对心、对物的重新认识。如前所述，王阳明认为"物"不是单纯的客观存在，而是综合人所赋予的价值和意义之后，具备"物理"的存在。那么我们再从这样的"物"上求理的话，不正是本末倒置吗？不仅如此，王阳明认为：

朱子所谓"格物"云者，在"即物而穷其理"也。即物穷理，是就事事物物上求其所谓"定理"者也。是以吾心而求理于事事物物之中，析心与理而为二矣。[②]

[①] 《王阳明全集》，第7页。
[②] 《王阳明全集》，第50页。

朱熹之所以要在事事物物上求定理，原因还是如上所述，朱熹对于现实的人心始终抱有警惕。与在人心上求理相比，朱熹认为在物上求理，这样的路径更加安稳。然而，在王阳明看来，这样的做法在根本上是"析心与理而为二"。本来人心已经蕴含理，但是朱熹却强制性地将其割裂，把这一求理的路径弃而不用。在朱熹看来，普通人之心，因受外物的影响不可能纯粹至善，所以只有人心的认知功能才值得保留。王阳明批评朱熹"析心与理而为二"，就在于朱熹将人心中最宝贵的天理良知一面给隔离了，只知使用认知能力以向外寻找而不敢向内求理。

王阳明对于"格物"的重新解释，就是要扭转这样的工夫方向。王阳明认为，"格物"不是在具体的事物上求理，而是努力做正确的事情，即"正物"。物由心生，正物变换为正心，"去其心之不正，以全其本体之正"，这是阳明学的基本观念，即只有心正才能做出正确的事情。这样的思想后来表述为"致良知"，就是强调发挥内心之理的重要性。

当然有人会问，仅仅正心就能保证一定做出正确的事情吗？这样的问题，在《传习录》中也被反复地提问。简而言之，王阳明并不否定外在的知识和技能，但是王阳明更加强调的则是正确的、符合规范的事一定要有道德的基础，否则即使戏子亦能表现得如孝子一样。

我们通过以上的诠释，对王阳明的"心即理""心外无理"以及"格物"等概念都作了一定的说明。接下来，我们再回到本节开头"南镇观花"的问题，按照王阳明对"物"的理解，只有人心所发之意作用于客观存在的"花"之上，作为具有观赏价值、审美价值的"花"才得以成立。王阳明所谓"此花颜色一时明白起来"，一方面指人审美过程中的愉悦，另一方面则是人之意识作用于客观存在之后，"物理"朗现，花之为花从而确立的过程。那么，我们再追问，作为客观存在之花的植物构造、自然功用，即自然科学的客观知识，都可以忽略不顾吗？科学探索固然是一个外在知识的问题，但是王阳明更加关心的则是在此过程中，无论观察、实验还是学习，如果没有用心地从事，这些行为可以成立吗？朱熹的格物说仅仅强调观察、实验和学习的重要性，而王阳明则指出无论观察、实验还是学习，其得以成立的依据都源于人之主宰的本心良知。一切事物的成立都源于心所赋之理，阳明心学的整个理论体系就是建立于此。

第二节　知行合一

知行合一，如今我们依然将其作为个人品行评价的重要标准，通常所说"说到做到""言而有信"都表示这样的意思。但是在我们学习王阳明思想时，特别需要注意王阳明对于"知行合一"的特殊观点。王阳明从哲学的角度认为我们每个人本然都能做到知行合一，而不是像一般所说将其看作后天努力的结果。王阳明的观点源于上节讨论的"心即理"的思想基础，进而还引申出阳明学"致良知"的重要命题。阳明学的实践本质，就是贯彻"知行合一""致良知"。从历史来看，正是阳明学的这一思想，鼓舞了无数的仁人志士投身实践自己的理想。

由心即理、知行合一和致良知三个部分构成的王阳明思想中，知行合一是阳明心学成己成物的基本指南，为存在论哲学构筑了具体路径，又使阳明心学充满了鲜明的实践本位特征。下面，我们主要围绕知行合一来论述。为了更好地阐述王阳明知行合一的内涵与意义，首先我们简略回顾一下中国思想史上有关知行问题的讨论。

一　知行问题的简溯

知行问题，自古以来都十分重要。其中一个论辩不休的问题即是，知易行难？知难行易？

这虽然是个哲学问题，但也切实存在于每个普通人的日常生活之中。例如，叩齿是养生良方，但鲜有人能每天坚持，总会三天打鱼，两天晒网，这就是知易行难。商朝贤臣傅说曾对商王武丁说："非知之艰，行之惟艰。"在傅说看来，知道一个东西并不难，行动才难，即知易行难。这就较早地提出了知行关系的问题。但实际上，认知也并非十分容易。爱因斯坦提出相对论时，全球仅有几人能听懂；弗洛伊德早年在柏林大学讲述自己的代表作《梦的解析》时，也只有两人听课。可见，理解并接受一种新的道理或知识也实非易事，人很容易被既有的知识所捆绑。在这一方面，我国的改革开放也是很好的例证。改革开放从解放思想开始，解放思想的实质就是要冲破已有思想、知识、观念对人的束缚，认清世界潮流，认清人民的真正需要。

首先，我们回溯到儒家的开创者孔子这里，来看一下孔子对知行问题有何看法？《论语》以"学而时习之"开篇，这其实就包含了知与行两个方面，学就是知，习就是行。所以，知行问题是孔子学说中的重要问题。他把"知"的过程分成了学与思两部分，子曰："学而不思则罔，思而不学则殆。"若一个人只学不思，就容易迷茫。可是，若只重视思而不重视学，同样也是很危险的。以上均表明孔子对"知"已有深刻分析。

在知与行的轻重问题上，孔子突显了行的重要性，认为行重于知，主张敏行。子曰："君子欲讷于言而敏于行。"子曰："吾有知乎哉？无知也。有鄙夫问于我，空空如也，我叩其两端而竭焉。"子曰："由，诲汝知之乎？知之为知之，不知为不知，是知也。"子曰："弟子入则孝，出则弟，谨而信，泛爱众，而亲仁，行有余力，则以学文。"换言之，知是前提，行是终端。若没有行，知仍是空的。

可见，知与行是孔子思想体系中的一对重要范畴。知行问题在儒家思想中自始就占据着重要地位，因此，王阳明提出知行合一并非无源之水、无本之木。

在孔子之后,儒家关于知行问题仍有进一步展开。《中庸》对知行相关问题就有不少的描述。例如《中庸》中叙述:"道之不行也,我知之矣:知者过之;愚者不及也。道之不明也,我知之矣:贤者过之;不肖者不及也。""或生而知之;或学而知之;或困而知之;及其知之,一也。或安而行之;或利而行之;或勉强而行之;及其成功,一也。""好学近乎知。力行近乎仁。知耻近乎勇。"

相传《中庸》是子思的作品,但是,其中仍然大量记录着孔子的言语,如上文所引,这些仍然可以看成是孔子的观点。当然,子思的言论也很清楚,如"君子尊德性而道问学,致广大而尽精微,极高明而道中庸。温故而知新,敦厚以崇礼"。从这些话中,我们可以看到,知与行在子思这里基本是并重的。

在孔孟之后,不少人对知行问题发表了自己的看法。我们举荀子与朱熹两个例子。

荀子——知明而行无过,知之不若行之。荀子非常重视知与行的问题,一方面,他强调知,"故木受绳则直,金就砺则利,君子博学而日参省乎己,则知明而行无过矣"。另一方面,他强调行比知更重要,认为"知之不若行之"。在荀子那里,"知"本身又有很多细化。"不闻不若闻之,闻之不若见之,见之不若知之。"也就是说,荀子把"知"区分为"闻""见""知"三个层面,听到、看到和知道是三个不同的概念。《论语》已提到学与思的区分,荀子实际上又把"学"的过程进行了细化,分成了"见闻之知"和在见闻之上的最后把握,即一个是感性认识,一个是理性认识。

朱熹——知行相须,知先行重。王阳明的心学是直接针对朱熹理学而提出的,我们来看看朱熹对知与行的论述。在知与行的关系问题上,朱熹强调"知行相须""知先行重"。"知行常相须,如目无足不行,足无目不见。论先后,知为先;论轻重,行为重。"这句话鲜明反映了朱熹在知行问题上的看法。朱熹认为知与行不能分离，像人走路一样，仅仅眼睛看而不动脚，不可能移动。而仅仅动脚而不看，也不能走在正确的道路上。就像眼睛和双足一样，知与行缺一不可。知行二者之间，朱熹认为知在先，只有先认清道路才能迈步前进，所以朱熹强调"知为先"。但要说二者的重要性，行具有决定性。俗语所言"光说不练"，永远不可能实现目标，所以朱熹强调"行为重"。以上朱熹所说的知行观，莫说古人，直到如今我们依然赞同。但是王阳明却认为朱熹的知行观是错误的，下面就来分析王阳明如何反对朱熹的知行观并提出自己的"知行合一"论。

二 王阳明知行合一论

外缘时弊，因病与药。朱熹强调理性，十分重视"知"的问题，强调知识和读书的重要性。他强调读书，强调做学问，是要让人在学知识的过程中，训练、培养和确立自身的理性精神，进而成为圣贤。但这也导致了天下的读书人均以读书为敲门砖，拿做学问去猎取功名利禄，追求荣华富贵。可以说，这是朱熹重"知"的副作用。

正是针对这样的时弊，王阳明提出了知行合一说，强调"知"最后要落实到实践中去，"知"的目的不是猎取功名，而是要让自身成为真正的仁者，成为圣贤。所以，王阳明的思想是因病下药，是针对朱子学的弊端提出的。当然，这个弊端并不是朱子学本身的弊端，而是朱子学的社会化运用所带来的问题。

内在理路，本然如是。王阳明提出知行合一也有自己的内在理路。在王阳明看来，如果理性是通过知识的探求、学问的追求而获得的，那么，人的精神就容易被吸引到外在的世界中去，从而使自我主体性丧失。所以，王阳明思想的根本意义就在于其在理性的基础上确立起人的主体性，这也是王阳明思想的核心。

朱熹赋予人以理性的力量，但这个理性很可能被湮没在对外在事物的认知上。再者，当大家都比较蒙昧时，凸显理性是十分必要的。可是，当理性的力量十分强大时，就可能对精神层面造成很大的遮蔽和扼杀，因为人不完全是理性的动物。更直接引导人类生活、思考和工作的可能是情感。理性想要驾驭情感，就需要另外一种精神力量——意志的帮助。所以，知、情、意这三者在整个生命精神中是非常复杂的，很难分辨到底是意志部分，还是情感部分，抑或是理性部分为主，也很难说哪个部分多了就有利。例如，医生对病危病人说，回家准备后事吧。从理性的标准讲，这并没有错，可是这很伤情。也许，病人原本可以活六个月，把实情告知后，他很快就死掉了。所以，人不仅是理性的动物，同时也是情感的动物。王阳明赋予了人一个丰满的主体——精神主体，在此基础上，他又进一步提出知行合一说。所以，知行合一的提出是王阳明本身思想的自然延伸："某今说个知行合一，正是对病的药，又不是某凿空杜撰，知行本体原是如此。"

总体来说，知行合一的内涵应该包括知行一体、真知真行、知行功夫、知行本体四个方面。

第一，知行一体。我们前面提到，在阳明之前，学者们是把知和行分开来说的，知是知，行是行。而王阳明则认为，知中就有行，行中就有知。"知行工夫本不可离，只为后世学者分作两截用功，失却知行本体，故有合一并进之说。""某尝说知是行的主意。行是知的功夫。知是行之始。行是知之成。若会得时，只说一个知，已自有行在。只说一个行，已自有知在。""知者行之始。行者知之成。圣学只一个功夫。知行不可分作两事。"实际上，知和行是融在一起的，每个人关注的东西和每个人的兴奋点、喜好是连在一起的，这不完全是知的问题，这包含了每个人自身的感受偏向在里面。所以，知里面就有行，行就包含了知。平时做工作时，越是熟悉的工作，就越喜欢做。越是不熟悉的工作，就越不愿意做，甚至害怕去做，也是这个道理。简言之，一个人的行动当中包含着他本身的知识，知行是一体的。

第二，真知真行。知是行的主意，行是知的功夫。这里面有一个真知与假知、真行与假行的问题。知行合一、知行一体指的都是真知真行。"大学指个真知行与人看，如好好色，如恶恶臭。见好色属知，好好色属行，只见那好色时已自好了，不是见了后又立个心去好；闻恶臭属知，恶恶臭属行，不是闻了后别立个心去恶。""知之真切笃实处即是行，行之明觉精察处即是知。"王阳明的弟子王龙溪曾阐发王阳明的思想，他讲："天下只有个知，不行不足谓之知。知行有本体有工夫，如眼见得是知，然已是见了，即是行。耳闻得是知，然已是闻了，即是行。要之只此一个知，已自尽了。本体原是合一，先师因后儒分为两事，不得已说个合一。知非见解之谓，行非履蹈之谓，只从一念上取证，知之真切笃实处即是行，行之明觉精察处即是知。知、行二字，皆指工夫而言，亦原是合一的，非故为立说以强人之信也。"常人可能认为，想对父母孝，就要了解到底什么时候要让父母暖和一点，什么时候让父母凉快一点，这都是知识，都需要学习。而王阳明则认为，若一个人真的想孝，并不需要专门学习，在实践的过程中，自然会学会。所以，这里面存在一个真知真行的问题。

第三，知行功夫。阳明主张凡事不能仅仅停留在语言上，一定要有生命的感受。知识是外在的、零散的、碎片化的，可最后落实在生活中是整合为一体的。也就是说，每个人都要把外在的知识，经过自身生命的整合、认可，展现出来，这个生命的整合和统一的过程就是一个功夫的过程。例如，想要讲好阳明学，仅有一份课件是不够的，还需要读王阳明、孔子、孟子、朱熹的书，进而形成自己的认知。这个过程就是知行的功夫。日常生活也会遇到这样的问题，可能有人在衣食住行等方面都为我们安排好了，但我们还是总感觉此人不诚，这个不诚可能就表现在某种言谈中、某种态度上。在整个过程中，那个做事情的人的精神的呈现就是知行的功夫，这个知行的功夫是在生命中经过整体性的熔铸后表达出来的。

第四，知行本体。王阳明通过功夫把知行上升为生命的本体。在王阳明之前，知与行只是人的思考和行为的两个行为方式。但是，在王阳明这里，通过知行合一就变成了本体。这个本体就是生命存在的方式。这个存在的方式中，理性的部分、情感的部分、践行的部分融通为一体，以心、以精神表达出来。往往感动人的不是行动，而是心。人的能力有大小，但是心到不到是关键。俗语云："精诚所至，金石为开。"这就是要上升到那个本体。"圣贤教人知行，正是要复那本体。""又如知痛，必已自痛了，方知痛。知寒，必已自寒了。知饥，必已自饥了。知行如何分得开？此便是知行的本体，不曾有私意隔断的。"本体就是心本体，就是精神本体。这个精神是来统辖人的所思、所想、所行、所言的。人和动物的区别就在于人有精神，有心，有知行本体，而动物则没有。王阳明把知行合一上升到本体，实际上是对生命的高度礼赞，赋予了人的生命以主体性。

三　知行合一的意义与局限

王阳明知行合一思想的意义主要表现在以下几个方面。第一，重新阐明了"知"与"行"的内涵。第二，为"致良知"学说提供功夫路径。在王阳明看来，人之所以异于其他动物，就在于人有良知。朱熹强调天理，故而有了"有理走遍天下""凡事要讲一个道理"之说，但民间也有"做事要对得起自己的良心"的说法，这就等于是在天理之后又有了良心。所以，直到今天，人们在日常生活之中，在对人、对事的过程中，都秉承着天理良心。做人要讲天理，做人要讲良心，这个良心的观念就是由王阳明强化了的。第三，重筑儒家修身传统中的力行特色。儒家并不主张空谈，孔子曾言："我欲载之空言，不如见之行事之深切著明也。"王阳明继承并重筑了儒家修身传统中的力行特色。总之，王阳明思想所散发的光辉,既在理论的方面,又在实践的方面。

当然,王阳明的知行合一也有一定的局限性,这主要表现在其严判良知与知识之别,强调良知为重,对知识层面关注不足。也就是说,王阳明过分地把良知和一般的知识做了区分,并以良知代替了知识,从而使得朱熹所追求的理性、道理、格物穷理未能得到进一步彰显。

众所周知,欧洲理性主义的传统大约从17世纪开始走向现代化,朱熹的思想原本早于欧洲五百年,王阳明所处的时代正是大航海时代的前夜,王阳明之后没多久,西方天主教的传教士就来到了中国,同时这就意味着大航海开始了。正是在这样的时代里,王阳明把人们的视野从格物穷理的外部世界探索,又拉回到人的生命。这本来是无可厚非的,因为无论科学如何昌明,最后都应以人的丰满和完善为最终目标。只是,人的完满状态虽是终极目标,但在历史过程中,这需要通过具体目标来实现。在具体的历史阶段中,西方走向了科学昌明的时代,而我国则不然。这虽然不完全是王阳明的问题,但王阳明思想本身确实存在着对知识追求的某种遮蔽。

第三节　致良知

阳明学中最为人熟知的口号可以说就是"致良知"。与王阳明龙场悟道之后就提出的心即理、知行合一命题不同,致良知的口号要到阳明近50岁时才正式提出。这一口号源于《大学》和《孟子》两部经典,作为个人修身立业的"八条目"之一,《大学》有"致知"一说。《孟子》也提出人不学而知、不虑而能的"良知""良能"。王阳明将"致知"与"良知"两个概念合在一起,提出了"致良知"的口号。王阳明强调心即理,人人本有良知。内在的良知必然要转化为外在行动,除了知行合一以外,致良知更能体现阳明学思想中,对于良知转化为行动的关注,也充分体现了阳明学的实践特质。下面本节将从心之灵明、良知自知和千古秘藏三个方面予以讨论。

一　心之灵明

致良知是阳明心学中最重要的内容，王阳明本人也反复强调"致良知"是自己的"立言宗旨"，是儒学的"正法眼藏""究竟话头"。对于自己的良知之学，王阳明非常看重，"吾良知二字，自龙场以后，便已不出此意，只是点此二字不出。""某于良知之说，从千死百难中得来，非是容易见得到此。"王阳明强调良知是人人本有，绝对真实的存在。当代新儒家熊十力先生就明确指出："良知是真真实实的，而且是个呈现，这须要当下自觉，当下肯定。"其所说的就是良知是随时随地，必然展现，必然会被我们意识到的。为何人会有这种心理活动呢？王阳明认为这是由于人心本来灵明。

> 盖良知只是一个天理自然明觉发见处，只是一个真诚恻怛，便是他本体。(《传习录》中《答聂文蔚·二》，第189条)

在给聂文蔚的书信中，王阳明明确提出良知就是"天理自然明觉发见处"，这一定义非常关键。首先，王阳明认为作为世间万事万物准则的"天理"是能够自发呈现的，无论我们是否愿意、是否有意识，天理一定会自动地向我们展现出来，这一观点与朱熹有着根本的不同。虽然王阳明与朱熹都将天理看作绝对的标准，但是，在朱熹看来，人们需要通过格物致知，然后自觉地遵守规范才能将天理在外部世界中展现出来。显然，在此过程中，个人有意识地作用是至关重要的。相比之下，王阳明的观点截然相反，他认为天理能够自然发现，而且往往是在无意识的状态之下。在这一过程中，天理的准则是必然呈现的，无须人的意识的参与。这里我们还能再引发出来一个判断，在朱熹的思想中，天理的呈现需要人有意识地作用，人的修养禀赋各不相同，因而很难说所有人都能够践行天理。但是，在阳明的思想中，天理的呈现不再需要人有意识地作用，因而对于所有人来说，都是一定具备此种能力的，在此意义上不存在圣愚之分。由此王阳明提出"盖良知之在人心，亘万古，塞宇宙，而无不同。"（《传习录》中《答欧阳崇一》，第171条）"自圣人以至于愚人，自一人之心以达于四海之远，自千古之前以至于万代之后，无有不同。"《王阳明全集》卷八《书朱守乾卷·乙酉》）良知的存在和显现不需要任何人为的作用和干涉，自然容易推出良知无所不在的结论，这样的观点成为王阳明晚年极其重要的万物一体思想。

二 良知自知

前面提到由于心之灵明，天理自然会呈现。进一步而言，这样的现象具体表现为良知的是非善恶判断。《传习录》中第一次出现"良知"概念，即是王阳明对其早年弟子徐爱的教诲：

> 知是心之本体，心自然会知。见父自然知孝，见兄自然知弟，见孺子入井自然知恻隐。此便是良知，不假外求。（《传习录》上，第8条）

天理灵明的自然呈现体现为"心自然会知"。人们见父自然有孝之情，见兄自然有悌之情，见到小孩子快要掉到井里时自然会因同情而有希望搭救之心。王阳明强调这是每个人都本然具有的，不依赖其他外在的条件以及个人的内在能力，心之良知的是非善恶判断都必然会呈现的。

上文提到，"良知"一词最先源于孟子，在孟子的思想中，良知有两个重要的特点，首先是"不虑而知，不学而能"；其次是"是非之心，人皆有之"。第一点说明良知存在的普遍性，即不需要人为的因素和外在的条件，良知都是必然呈现的，本章第一节已讨论过此论点。第二点就是良知具体表现出来的"是非之心"，即对于现实状况的是非善恶判断。伦理的具体准则同样是人人本有，这一点更加具有现实意义。

以下两条材料中，王阳明明确提出，良知就是人人本有的"是非之心"。

> 是非之心，不虑而知，不学而能，所谓良知也。（《传习录》中《答聂文蔚书》，第179条）
>
> 良知者，孟子所谓"是非之心，人皆有之"者也。是非之心，不待虑而知，不待学而能，是故谓之良知。（《全集》卷二十六《大学问》）

如此说来，似乎王阳明只是在重复孟子已有的观点，但是王阳明重新提出这样的观点，对于当时被朱子学思想所束缚的学者具有重要意义，他再次告诉人们注意已经被遗忘的良知本有的思想。不过王阳明的理解还不止于此，他认为良知的判断不仅仅是伦理的是非，同时也包含情感的倾向。

> 良知只是个是非之心，是非只是个好恶。只好恶，就尽了是非；只是非，就尽了万事万变。又曰："'是非'两字是个大规矩，巧处则存乎其人。"（《传习录》下，第288条）

严格来说，"是非"的逻辑判断和"好恶"的情感倾向并不相同，但在王阳明看来，二者是相通的。王阳明认为，人们生而具有对"是"的喜好和对"非"的憎恶，这样的情感倾向与是非的判断具有一致性，即人们天然地喜欢正确的事情而厌恶错误的事情。这样的转变非常重要，现实中人们乐于做自己喜好的事情而拒绝厌恶的事情，这是重要的行为动力。因此，当天理在人心呈现是非判断之后，同时也表现为情感的喜好，从而推动人们自觉地去做正确的事情，排斥错误的事情。良知不仅仅是是非正确的判断准则，同时也是道德行为的情感动力。在王阳明看来，每一个人只要依据自己本然、不受外物干扰的喜好去做，就是正确的，对于日用常行的万物而言，无不如此。

王阳明强调良知是天理在个人心中的呈现，同时良知的一个重要特征就是个人"自知""独知"，良知是在一个一个具体的个人心中呈现的。

> 良知发用之思，自然明白简易，良知亦自能知得。若是私意安排之思，自是纷纭劳扰，良知亦自会分别得。盖思之是非邪正，良知无有不自知者。所以认贼作子，正为致知之学不明，不知在良知上体认之耳。（《传习录》中《答欧阳崇一》，第169条）

此段材料中，关键之处即是王阳明提出"思之是非邪正，良知无有不自知者"。对于任何人的任何思虑而言，个人的内心都有一个自我的判断，王阳明坚信这样的一个判断就是天理的呈现，是绝对正确的。天理、良知的呈现具有必然性，因而对于人心所产生的每一个意识活动，同时会出现与其相应的是非判断。这样的内心活动是其他人无法觉察的，因而称其为"独知"。这样的活动同时是"自知"，自我内心必然出现、必然觉察的道德判断，是一切个体道德行为的源泉。

> （良知）是乃天命之性，吾心之本体，自然灵昭明觉者也。凡意念之发，吾心之良知无有不自知者。其善欤，惟吾心之良知自知之；其不善欤，亦惟吾心良知自知之。是皆无所与于他

人者也。(《全集》卷二十六《大学问》)

这段材料的说明非常明确,良知是天所赋予、人人本有的心之本体,是天理"自然灵昭明觉"的呈现。这样的呈现表现为良知对自我意识的检查判断,任何意念的发动,良知都会对其进行判断,"吾心之良知无有不自知者"。无论这样的判断是善是恶,心之良知皆能"自知",而且这样的能力不是他人所能给予或者拿走的。这里"自知"的"自",不仅有自然而然的意思,亦有自我独立判断的含义。这样的自然而然、自我独立都是随时随地、人人本有的。良知的检视作用,亦会表现为对人之情感的省察。

> 七情顺其自然之流行,皆是良知之用,不可分别善恶,但不可有所着。七情有着,俱谓之欲,俱为良知之蔽。然才有着时,良知亦自会觉。觉即蔽去,复其体矣。此处能勘得破,方是简易透彻功夫。(《传习录》下,第290条)

"七情"一词源于《礼记·礼运》所说的"喜、怒、哀、惧、爱、恶、欲",一般泛指人的各种情感。人们在日常生活中往往有这样的经验,例如愤怒情感的冲动导致做出错误的事情,由于溺爱而适得其反。但是王阳明认为,七情亦是人心所发,人心本善,那么"七情顺其自然之流行,皆是良知之用,不可分别善恶"。以七情中的怒、恶为例,我们一般认为与喜、爱不同,怒、恶具有负面作用。但是,我们针对恶人恶事发出愤怒,却是非常正确、应当的。情感会导致负面的事情,王阳明指出这由于"七情有着",为外物限制影响,所以情感才会出现不好的结果。不仅怒、恶,甚至喜、爱也往往会过度,导致过分的狂喜和溺爱。过犹不及,亦可称之为外在之欲,这使良知的呈现在现实世界受到了遮蔽。但是,王阳明指出即使在此时,情感被外物所影响,"良知亦自会觉"。良知对于一切意识活动自觉地省察检视，对于人而言是极其重要的。人以此出发，去除情感的外物之蔽，恢复良知的本然面目。

如上所述，良知自知的"自"有两重含义，一是自然，二是自己。后者的自我省察的含义，王阳明又常用"独知"来表示。以下三首咏良知诗，在当时流传甚广。

良知即是独知时，此知之外更无知。
谁人不有良知在，知得良知却是谁？

知得良知却是谁，自家痛痒自家知。
若将痛痒从人问，痛痒何须更问为！

无声无臭独知时，此是乾坤万有基。
抛却自家无尽藏，沿门持钵效贫儿。

三首诗中提到了"独知""自家知"，儒家思想中独的观念源于《中庸》，"是故君子戒慎乎其所不睹，恐惧乎其所不闻。莫见乎隐，莫显乎微，故君子慎其独也。"此语强调与他人无关、独自约束、反省的重要性。王阳明则进一步强调良知的"独知"具有"此知之外更无知"，以此强调良知的根本性，如果没有良知，那么其他一切的见闻知识都没有意义。王阳明强调"无事时固是独知，有事时亦是独知"（《传习录》上，第120条），良知独知呈现于生命活动的一切过程，无时无刻不具有根本性意义。但是，王阳明也感叹"知得良知却是谁？"现实中却很少有人真正自觉地意识到自己的良知，在生活中践行良知。

第二首诗中，王阳明再次强调"自家痛痒自家知"，强调这样的道德之知只有自己才能觉察意识到。佛教提出"如人饮水，冷暖自知"，王阳明以此比喻强调无论身体痛痒还是其他各种状况，自己先觉察到而且不告诉他人或者没有任何外在表现的话,其他人亦无从觉察。王阳明以此强调,道德的良知具有自我认知的独立意义,既不需要依赖他人,而且也无法依赖他人。

第三首诗,王阳明强调良知、独知的根本性,"无声无臭独知时,此是乾坤万有基。"但是现实中,人们往往受外物遮蔽,反而无法认识到人之为人的天然良知。由此遗忘根本,反而向外寻求。

由上可见,王阳明强调的"独知"可以引申出三层含义,其一是根本之知,因为天理具有根本性,因而其所呈现的良知同样具有此种意义。其二是自我之知,这样的道德意识就像人之痛痒一样,首先是自我察觉而且其他人无从得知的。其三是独立之知,这样的知无声无臭,不依赖任何外在的条件,不需要他人的帮助,而且是人人本有,自我心中能够必然呈现的。

王阳明在强调良知自知的同时,认为自然而然、自我独立是良知的基本特性,同时还依据儒家经典强调独知,进一步加强了个人的道德主体意义。因为良知的道德判断是个人知晓,别人无法觉察的,因而道德的责任同样在于个人,个人为自我的行为负责。王阳明的良知说不仅强调道德行为的自我主体性,同时也强化了个人行为的道德责任,自我要为自我的行为负责。

三 千古秘藏

前文无论是关于心之灵明还是关于良知自知的讨论,都是王阳明在本体论层面的思考,他希望人们对于自己的本心能够有新的认识,重建主体的道德自信。心不仅仅具有认识的功能,同时内心还是天理明觉发现之处,人心不需要依赖任何外在的人或物,随时随地都会做出道德的判断。王阳明希望人们重拾对于内心的自信,而不是像随时会犯错误的贼一样始终提防自己的心。但另外,王阳明也非常清楚,这仅仅是本体论层面的讨论,现实之人往往不能按照良知的要求来做。如何将内在良知的判断转化为外在实际的行动呢?"致良知"的口号具有更加迫切的现实意义。王阳明晚年在起征思田的路上,还在书信中语重心长地对长子说道"吾平生讲学,只是'致良知'三字。"(《全集》卷二十六《寄正宪男手墨二卷》)对于致良知的重要性,王阳明强调:

> 区区所论"致知"二字,乃是孔门正法眼藏。(《全集》卷五《与杨仕鸣·辛巳》)
> 致知二字是千古圣学之秘。(《全集》卷五《与薛尚谦·癸未》)

在王阳明的思想中,致良知往往省略为"致知",阳明将致良知看作"孔门正法眼藏""千古圣学之秘"。致良知,将内心自发的良知判断转化为外在的实际行动,这是一切伦理思想的最终指向。注重人们的道德实践,也是儒学自古以来的显著特色。

> 尔那一点良知,是尔自家底准则。尔意念着处,他是便知是,非便知非,更瞒他一点不得。尔只不要欺他,实实落落依着他做去,善便存,恶便去。他这里何等稳当快乐!(《传习录》下,第206条)

致良知就是针对"意念着处"的具体事物,依据内心天理呈现的准则,切实地践行,存善去恶。但是,道理虽然简单,人们却很难做到。王阳明感叹:

> 孟子云:"是非之心,知也。""是非之心,人皆有之。"即所谓良知也。孰无是良知乎?但不能致之耳。(《全集》卷五《与陆原静·二·壬午》)

夫良知者，即所谓"是非之心，人皆有之"，不待学而有，不待虑而得者也。人孰无是良知乎？独有不能致之耳。(《全集》卷八《书朱守乾卷·乙酉》)

良知即是非之心，人人本有，但是由于外物的牵扰，人们很难在生活中完全地践行。即使熟知王阳明思想的学者，亦非人人能够做到。王阳明指出：

今时同志中，虽皆知得良知无所不在，一涉应酬，便又将人情物理与良知看作两事，此诚不可以不察也。(《王阳明全集》卷六《答魏师说·丁亥》)

致良知之外，无学矣。自孔孟既没，此学失传几千百年。赖天之灵，偶复有见，诚千古之一快！(《全集》卷八《书魏师孟卷·乙酉》)

王阳明门下学者已经熟知他的良知学说，"知得良知无所不在"，但是同样无法在日常生活中完全地践行良知，每时每刻以良知的判断为标准。因而，致良知，通过人的实际行动将天理展现出来，这是每个学者必须认真面对的事情。由此，王阳明提出"致良知之外，无学矣"，学者一切行为的目标都是致良知。

知是心之本体，心自然会知。见父自然知孝，见兄自然知弟，见孺子入井自然知恻隐，此便是良知，不假外求。若良知之发，更无私意障碍，即所谓"充其恻隐之心，而仁不可胜用矣。"然在常人不能无私意障碍，所以须用致知格物之功，胜私复理，即心之良知更无障碍，得以充塞流行，便是致其知，知致则意诚。(《传习录》上，第8条)

从这一则材料可以看出，如何克服常人的"私意障碍"，王阳明提出的亦不过是"胜私复理"，这一点不仅与朱熹相同，甚至整个宋明理学的思想中都不会反对这样的基本观念。但需要注意的是，虽然朱熹、王阳明都主张"胜私复理"、存天理去人欲，但是朱熹思想中的天理固然也是本然的存在，不过需要通过人们格物的工夫去致知穷理，这样的天理才具有意义。而在王阳明的思想中，只要人去除私欲，"心之良知更无障碍"，天理能够自我呈现出来，"充塞流行"。可见，虽然在去私欲这一点上，朱熹与王阳明没有差别，但是去除私欲之后，王阳明就能够对自我之心予以充分的信任，而在朱熹看来此时仍然要对心保持警惕，不可轻易放过，格物致知的穷理工夫仍然不可或缺。

如王阳明所说，其平生讲学只是"致良知"三字，无论王阳明如何在本体论层面强调"心即理""知行合一"，最终仍不得不落实于实际生活中践行道德，这就是如何将内在的良知转化为外在的行为。现实之人不可能摆脱外在的牵扰，因而只要去除干扰，就能使内在的良知得以展现。王阳明强调，理解了其心学思想，只是树立道德主体的自信，然而勇于在实践中落实良知的判断，这正是"致良知"对人们提出的要求和目标。

第四节　万物一体[①]

明正德十六年至嘉靖六年，王阳明居住在越城绍兴生活、讲学。在这六年中，没有任官的行政事务，没有平定叛乱的戎马征战，是王阳明一生中最为难得的一段从容学问的时期，他的思想也在这一时期得到了进一步的发展。特别是，由于这一时期的"万物同体"思想成为其中心思想，不仅引起了"良知"观念内涵的变

[①] 本节为清华大学国学院教授、中国哲学史学会会长陈来先生撰写。

化，也明确引导了致良知实践方向的变化，成为王阳明晚年思想发展的重要部分。与王阳明早年在会稽山修道相比，晚年的这段时期可以称之为王阳明"越城明道"。

一　万物一体思想简溯

据王阳明年谱，他晚年居越城讲学，着重讲的是"万物同体"的思想。万物同体，也就是万物一体。在中国哲学史上，万物一体的思想观念，起源甚早，当然有不同的类型。比如我们熟知的《庄子·齐物论》中所提出的"天地与我并生，万物与我为一"。这种万物一体的思想主要是在相对主义的哲学基础上，泯除事物的差别性后所得到的一种结果。万物一体思想在先秦其他的学派里也有论及，如名家的惠施也讲过："泛爱万物，天地一体也"（《庄子·天下篇》）。特别需要注意的是，他的天地万物一体的思想，不是从认识论上来讲的，而是联系到泛爱万物。当然他的这个命题比较简约，没有做阐发，我们不能够详细而具体地了解他的思路。不过若从"泛爱万物"来讲"天地一体"，墨子的兼爱思想也未尝不可以作为天地一体思想的来源之一。事实上，如果我们看宋明理学，可以说在宋明理学的发展中，已经看不到在先秦儒墨思想对话中，那种尖锐的对立。就是说，兼爱思想和差等原则的那种尖锐对立，我们在宋明理学当中已经很难看到了，也就是说在相当程度上它已经化解了。化解的原因，就是因为在北宋时代已经明确提出了万物一体的思想。所以，后来北宋学者杨时向其师程颐讨教说：既然已经这样讲了，那儒家跟墨家的区别应该就不存在了吧？程颐当时是用"理一分殊"来回答的。

宋代以后，关于万物一体的思想有两种说法：一种是"一体"，一种是"同体"。意思是一样的，都是来源于程颢的话。程颢有两段话，是宋明理学里包括王阳明万物一体思想的来源。第一段话是这么讲的："仁者以天地万物为一体，莫非己也。认得为己，何所不至？若不有诸己，自不与己相干。如手足不仁，气已不贯，皆不属己。"①那么，什么叫作"有诸己"？你要把一个东西认得是你自己或者你自己的一部分，这叫"有诸己"。你如果不把它看成你自己的一部分，那就跟你不相干。他举了一个例子，说"手足不仁"，就是手足麻痹，这时身体"气已不贯"，身体的整体气已不贯通了，这个时候就觉得身体不是自己的了，因为感觉不到它、感受不到它。他这段话最后一句说"故博施济众，乃圣人之功用"。他这一段话是讲"一体"，但是"一体"落实的地方是"博施济众"。

第二段话："仁者浑然与物同体，义礼知信皆仁也。识得此理，以诚敬存之而已。不须防检，不须穷索。此道与物无对，大不足以名之，天地之用，皆我之用。"② 这两段话其实表达了有所不同的两种万物一体的思想。第一段话讲的是一体，第二段话讲的是仁者浑然与物同体。第一段话实际上是要把仁者与天地万物合为一体，作为博施济众的人道主义关怀的一个内在的基础。换句话说，他是要落实到社会的关怀、民生的忧患，这是它的指向。第二段话是儒学精神哲学的一个表达，它是要培养追求一种内心的精神境界。所以，我们可以说：程明道万物一体的思想，其实有双重的含义。从南宋以后特别是明代的思想发展来看，真正占主导地位的这种一体思想或者同体思想，是第二种，就是追求那种内心生活的高远的精神境界、那种精神哲学、那种宇宙体验。特别在王阳明所开创的阳明学派中，他的直传弟子、再传弟子，这样的追求相当多见。

在程明道活着的时候，他说儒家讲的这一境界在《孟子》里面就已经开其端。孟子一方面讲"仁民爱物""博施济众"，这是与天地万物为一体的一种博爱情怀，另一方面就是孟子讲的"万物皆备于我矣。反身而诚，乐莫大焉"（《孟子·尽心上》）。这是与物同体的第二种体验、境界。明道先生还指出，如果看宋代本身，张

---

① 程颢、程颐：《二程集·遗书卷第二上》，中华书局2004年版，第15页。
② 《二程集·遗书卷第二上》，同上，第16—17页。

载的心性论思想,对这一传统也有贡献。这就是张载的《大心篇》里面讲的"大其心则能体天下之物"(《正蒙·大心》)。"体天下之物"就是程明道讲的"莫为己也,认得为己"。就是从一个小我的感受性出发,达到大我的境界。这是我们所讨论的第一个问题,王阳明天地万物一体思想的来源和特质。

二 万物一体与亲民

一般认为,王阳明是在49岁到50岁,在江西南赣时期明确提出"致良知"思想的。"致良知"就是王阳明思想体系的晚年定论。但是,如果仅就49岁到50岁这个时候王阳明所讲的"致良知"来看,应该还不是他的"致良知"思想体系的全部。他最后在晚年所讲的那个"致良知"里面,至少包含了两个新的要素。第一个就是大家熟知的天泉桥上四句教言第一句:"无善无恶心之体",这在江西时期"致良知"思想中是没有包括的。第二个就是万物一体的思想在王阳明晚年良知学体系里面,所引起的一种变化,或者说对王阳明晚年思想体系的完善所发生的一个作用,这也是居越以前所没有的。

据《年谱》记载,他晚年居越讲学,(这个"越"是个小的"越",不是大"越",这个越专指越城,就是绍兴。)"环座而听者常三百人,先生临之,只发《大学》万物同体之旨,使人各求本性,致极良知"。[①]"只发《大学》万物同体之旨",这说明他单一地只讲一个思想,这个单一的不是别的东西,也不是单一地讲良知,他是专讲《大学》的万物同体这个思想、宗旨,来让大家去求本性、致良知。本性当然就是本心。换句话说,他中年时期讲的本心思想,后期讲致良知的思想,到了晚年,都要通过"发《大学》万物同体之旨"来说明。也就是说,在我们熟知的、一般所知道的

---

① 《阳明年谱三》,《王阳明全集》卷三十五,上海古籍出版社2011年版,第1424页。

致良知之外，他晚年很强调的一个讲学内容，就是万物同体。万物同体就是万物一体，因为程明道讲了两句话，一句话讲"一体"，一句话讲"同体"。当然"只发"可能有些绝对，事实上也并非如此，但主要讲万物同体，这点应该是没问题的。由此可见，王阳明晚年的"越城明道"，与他早年的"稽山修道""龙场悟道"、中年的"两京论道""江西倡道"，具有同样重要的意义（如果不是更重要的话）。

《大学》的文本中并没有讲"同体"或者"一体"，但是我们也知道大学三纲领"明明德，亲民，止于至善"，其中"亲民"二字在朱子学解释中是"新民"。王阳明坚持"新"字应该做"亲"字。他不仅要把《大学》里面的"新"字做"亲"字来解释，而且还用"万物同体"即万物一体的思想来解释《大学》三纲里面的"亲民"纲领。"只发《大学》万物同体之旨"，表示他在晚年特别注重讲这个思想。当然，他讲的时候，也把"万物同体"与"本心""良知"的学说加以结合。

在王阳明《大学古本旁注》中，亲民的解释是："亲，爱也。明明德亲民，犹言修己安百姓。"[1] 所以很清楚，亲民就是爱民，就是安百姓。所以《大学古本序》说："以言乎己，谓之明德；以言乎人，谓之亲民。"[2]

在王阳明晚年口授的《大学问》中，对"亲民"的说明如下：

> 明明德者，立其天地万物一体之体也。亲民者，达其天地万物一体之用也。故明明德必在于亲民，而亲民乃所以明其明德也。是故亲吾之父，以及人之父，以及天下人之父，而后吾之仁实与吾之父、人之父与天下人之父而为一体矣；实与之为一体，而后孝之明德始明矣！亲吾之兄，以及人之兄，以及天

---

[1] 王守仁：《大学古本旁注》，《函海》本。
[2] 王守仁：《大学古本序》，《王阳明全集》卷七，第270页。

下人之兄，而后吾之仁实与吾之兄、人之兄与天下人之兄而为一体矣；实与之为一体，而后弟之明德始明矣！君臣也，夫妇也，朋友也，以至于山川鬼神鸟兽草木也，莫不实有以亲之，以达吾一体之仁，然后吾之明德始无不明，而真能以天地万物为一体矣。夫是之谓明明德于天下，是之谓家齐国治而天下平，是之谓尽性。①

他主张，所谓亲民，就是对天下人之父母兄弟，无不实有以亲爱之，实与之为一体。很显然，这是用万物一体的思想解说"亲民"的意义。当然，我们也可以说，王阳明晚年居越，与中年时期不同，是以万物一体的思想来贯穿他对《大学》的整个理解。

在另一处，他还把亲民和善治联结在一起：

> 赵仲立之判辰也，问政于阳明子。阳明子曰："郡县之职，以亲民也。亲民之学不明，而天下无善治矣。""敢问亲民。"曰："明其明德以亲民也。""敢问明明德。"曰："亲民以明其明德也。"曰："明德亲民一乎？君子之言治也，如斯而已乎？"曰："亲吾之父，以及人之父，而孝之德明矣；亲吾之子，以明其明德以亲民也，故能以一身为天下；亲民以明其明德也，故能以天下为一身。夫以天下为一身也，则八荒四表，皆吾肢体，而况一郡之治，心腹之间乎？"②

我们从《年谱》里面的"先生只发《大学》万物同体之旨"这句话可以看到，王阳明讲的万物同体的思想，最突出的，不是程明道讲的那个特别高远的宇宙意识体验境界；他直接关注的是

---

① 王守仁：《大学问》，《王阳明全集》卷二十六，第1067页。
② 王守仁：《书赵孟立卷》，《王阳明全集》卷二十八，第1128页。

指向博施济众、仁民爱物、"亲民"的这个社会实践,也就是程明道先生讲的"莫非己也"。如前文所言,南宋以后特别是明代诸子,在讲万物一体思想的时候,重点都放在那种宇宙意识的体验当中,但是王阳明对这个问题的发明、阐发,强调的重点是亲民仁民的社会实践。这可以说是王阳明对宋明理学所强调的万物一体说具有重要意义的一种阐明。在这一点上,他的几个弟子,包括再传弟子,都没有完全传承他的万物一体思想。第二代阳明学的传人,还是主要追求那种最高的宇宙体验境界。这当然也需要,但我们要说明,王阳明本身思想的重点是在这里。如果从整个宋明理学来看,不能不承认,王阳明在这一点上提出的重点的转移,其实是有重要意义的。遑论其他,这一点对王阳明思想本身也是有重大意义的。

三 万物一体与本心

王阳明论万物一体思想,第一个值得注意的材料,就是嘉靖三年的《答顾东桥书》的最后一段《拔本塞源论》。王阳明"痛悼末学支离,深忧世风败乱",要"力陈万物一体之旨"。这是较早论万物一体的文献记载。一般情况下,大家非常关注《答顾东桥书》前面关于格物的长段讨论。但是,王阳明在此答书最后讲:我前面讲的都比较浅,不是根本;我现在才跟你讲最根本的思想,就是"拔本塞源"。在拔本塞源论中,他力陈万物一体的思想,话是这样说的:求圣人之心,我们做学问要了解圣人之心,那什么是圣人之心?圣人之心的内涵是什么?圣人之心的内涵就是以天地万物为一体。我们在前面的"只发《大学》万物同体之旨,使人各求本性,致极良知"这句话中,就可以了解他实际上在讲万物同体的思想的时候,他也是用万物同体的思想,贯穿到对本性本心和良知的一种理解。这个在居越以前是没有的,这个思想首见于《拔本塞源论》。

"圣人之心以天地万物为一体"，① "天下之人心，其始亦非有异于圣人也"。② 天下人在一开始的时候，他的本心都是和圣人一样的，后来因为"间于有我之私，隔于物欲之蔽"。他强调，本来人的感受性是可以通向所有的宇宙万物的，但是现在被塞住了。所以他说："圣人忧之，是以推其天地万物一体之仁以教天下，使之皆有以克其私、去其蔽，以复其心体之同然。"③ 圣人通过教化、教育，解除隔蔽，再启发大家回到你的本心。那个本心就是你的心体。"心体之同然"就是以天地万物为一体。他是从这个方面来解释什么是心体，什么是本心。王阳明在《拔本塞源论》这篇文章中，已经把程明道先生开创的同然、同体的思想，跟他的心学思想结合在了一起。万物一体不仅是圣人之心，而且是一切人的心体之同然。这样就重新从另外一个角度来界定什么是本心，什么是本性。这是他运用万物一体的观念，对心学做的进一步的阐发。以前是讲"心即理""心外无理"。这个理到底是什么？现在他把它集中表达出来，就是：以天地万物为一体。这也为用万物一体界定良知奠定了基础。

在文章的最后，他说如果现在有人听到我现在的拔本塞源之论，"必有恻然而悲，戚然而痛，忿然而起，沛然若决江河而有所不可御者矣。非夫豪杰之士，无所待而兴起者，吾谁与望乎！"④ 他说：我讲的这些，应该是很能感动人的，听了之后，你的感动理应是一种"恻然而悲，戚然而痛"的状态，如果你本身有豪杰的资质，正有待于兴起，这时你听了我这个话，那你就肯定会成长为豪

---

① 王守仁：《答顾东桥书》，《传习录》中，《王阳明全集》卷二，上海古籍出版社2011年版，第61页。
② 王守仁：《答顾东桥书》，《传习录》中，《王阳明全集》卷二，上海古籍出版社2011年版，第61页。
③ 王守仁：《答顾东桥书》，《传习录》中，《王阳明全集》卷二，上海古籍出版社2011年版，第61页。
④ 王守仁：《答顾东桥书》，《传习录》中，《王阳明全集》卷二，上海古籍出版社2011年版，第64页。

杰。这是对你的期望。在这里"恻然、戚然"这两个词,不是随便用的,实际上反映了王阳明在写《拔本塞源论》的时候那种精神状态,要表达的那种情感。所以才能够感动大家,使大家必有"恻然、戚然"这样的体悟情绪,不可阻挡地鼓动你的胸怀,要当一个豪杰之士。

四 万物一体与良知

第二个值得注意的材料,就是两年以后,在嘉靖五年王阳明给他的学生聂文蔚写的信(《传习录》中卷)里面,把上面所说的那一点证明得很清楚。上面说的"恻然而悲,戚然而痛"的那种心情,他不只是要表达万物一体的义理,他更要表达的是这种情怀、这种感情。如果说在《答顾东桥书》的《拔本塞源论》里还不是那么特别清楚的话,那么到了《答聂文蔚书》第一书是最清楚的。在《年谱》里面也记载了钱德洪的话:"是情也,莫详于答聂文蔚之第一书"。[①] 什么情?"是情",就是"诚爱恻怛之情"。这种情感使他在讲万物一体思想的时候,自己身心贯穿了一种强烈的感情,而且对于别人、对读此书的人也能够产生强烈的震撼。钱德洪还讲:"平生冒天下之非诋推陷,万死一生,遑遑然不忘讲学。惟恐吾人不闻斯道,流于功利机智,日堕于禽兽夷狄而不觉,其一体同物之心,譊终身,至于毙而后已:此孔、孟已来贤圣苦心,虽门人子弟未足以慰其情也。"[②] 说明这种感情就是诚爱恻怛、万物一体的感情。

不仅他自己身心充满了这种诚爱恻怛的情感,他也是用这种情感联系万物一体来界定良知。《答聂文蔚书》第一书这封信很长,其中说"夫人者,天地之心,天地万物本吾一体者也。生民之困苦

[①] 王守仁:《传习录》中,《王阳明全集》卷二,上海古籍出版社2011年版,第45页。
[②] 王守仁:《传习录》中,《王阳明全集》卷二,上海古籍出版社2011年版,第45页。

荼毒，孰非疾痛之切于吾身者乎？"① 就我的身体感受来讲，什么是最痛苦的？就是面对生民遭受的痛苦。如果你不知道这一点，"不知吾身之疾痛，无是非之心者也。是非之心，不虑而知，不学而能，所谓良知也。"② 我们都知道，王阳明在江西开始讲良知是非之心，但这封书信里边讲的是非之心，是直接针对人面对生民的痛苦荼毒，你能不能有一种痛切的感受？这种感受就好像自己身体的一部分受到了刀子的切割一样。你若没有这种感觉感受，便是无是非之心。（当然没有是非之心不能说就没有良知，但是良知被蒙蔽了，没有显现出来。）"良知之在人心，无间于圣愚，天下古今之所同也。世人君子，惟务致其良知，则自然公是非，同好恶，视人犹己，视国犹家，而以天地万物为一体，求天下无治不可得矣。古之人所以能见善不啻若己出，见恶不啻若己入，视民之饥溺犹己之饥溺，而一夫不获若己推而纳诸沟中者，"③ 然后王阳明言道，我"赖天之灵，偶见于良知之学，以为必由此而后天下可得而治。是以每念斯民之陷溺，则为之戚然痛心，忘其身之不肖，而思以此救之。"④ 他从"生民之痛苦荼毒"讲起，最后还是"每念斯民之陷溺，为之戚然痛心"。我们可以看到，在这段话里他所讲的这个良知也是以万物一体作为内涵，如同前面讲的本心、心体之同然也是以万物一体作为内涵的。"盖其天地万物一体之仁疾痛迫切，虽欲已之而自有所不容已"。⑤ 这一思想，在王阳明晚期的思想里，有一个转折的意义。其意义在于扩大了是非之心概念的意义。我们以前讲的是非之心，从孟子来讲，"是非之心，智之端也"。在"四心"里面，是非之心是专管明辨是非的。王阳明在49岁到50岁之间就讲："是"你就知道它是"是"，"非"你就知道它是"非"，这是

---

① 王守仁：《答聂文蔚书》一，《传习录》中，《王阳明全集》卷二，第89—90页。
② 王守仁：《答聂文蔚书》一，《传习录》中，《王阳明全集》卷二，第89—90页。
③ 王守仁：《答聂文蔚书》一，《传习录》中，《王阳明全集》卷二，第89—90页。
④ 王守仁：《答聂文蔚书》一，《传习录》中，《王阳明全集》卷二，第89—90页。
⑤ 王守仁：《答聂文蔚书》一，《传习录》中，《王阳明全集》卷二，第91页。

良知以前的意义。但是，我们看到现在把"恻然而悲，戚然而痛"，把生民的"痛苦荼毒，孰非疾痛于吾身，每念斯民"的这种状况，为之心痛，戚然痛心，叫作是非之心。其实这里讲得更多的是诚爱恻怛之心、恻隐之心，而不是跟恻隐之心相分立的、单独的是非之心。所以在《答聂文蔚书》里他说"良知只是个真诚恻怛"。如果在49岁到50岁时，王阳明讲的良知，是以狭义的是非之心为主，自从他提出万物一体的思想，这个是非之心的内涵改变了。如前面所讲，其实这个良知，就它的具体意义来讲，更多的是怵惕恻隐之心，并不是直接地像孟子意义上讲的是非之心。在这里，如果说他仍然还用"是非之心"概念，这个含义已经扩大了，扩大到恻隐之心，他的重点已转移在恻隐之心，怵惕诚爱恻怛。所以王阳明的是非之心和他的良知的内涵，在这个时候，有所变化。很明显，这个万物一体的思想，若要指向"亲民"的话，当然它最直接关联到的就是恻隐之心。所以恻隐之心在他晚年的良知观念中，已经占有重要的地位，这显然是万物一体思想提出来以后，在良知学本身的结构中造成的变化。他从程明道先生所讲的开始，以对吾身疾痛的感知和感受性作为基础，若"不知吾身之疾痛，无是非之心也"，你如果不能感知你自己一身的疾痛，那你就是没有是非之心。所以，在此前他的良知是用是非之心来规定的；现在是用万物一体的这种感受性来规定良知。我们看他在这里具体解说的时候，这种感受性其实是属于"仁""一体之仁"，所以更多的其实是"恻隐之心，仁之端"，而不是"是非之心，智之端也"。从德性论来说，这个转变就是由智归仁。所以万物一体思想产生以后，他对良知，对是非之心的界定、理解，在说明上有了重要的变化。他在与其子正宪信中强调"吾平生讲学，只是致良知三字，无诚爱恻怛之心，亦无良知可致矣"[①]。所以，后来阳明门人弟子也非常重视这一"诚爱

[①] 王守仁：《寄正宪男手墨二卷》，《王阳明全集》卷二十六，第1091页。

恻怛"的思想。如邹守益强调王阳明此说"良知之诚爱恻怛处,便是仁,无诚爱恻怛,亦无良知可致"是饱含了对后人的期望。① 陈九川亦重视此说:"至致良知三字,乃先师平素教人不倦者。云'诚爱恻怛之心即是致良知',此晚年所以告门人者,仅见一二于全集中,至为紧要。"② 他们都重视并继承了王阳明晚年的这一思想。如果从价值观来说,在阳明心学的世界观、功夫论以外,这个天地万物一体、与物同体的思想,还突出表达了阳明学的价值观,这种价值观就是他对生民苦难疾痛的一种迫切的悲悯情怀,拯救苦难的人民已经成为他内心的一种终极关怀。

五 王阳明晚年万物一体思想的意义

王阳明在居越以前的思想,还是以《大学》的格致诚正为功夫框架,一方面突出了心意知物的哲学解释,另一方面他的功夫指向,归结为内圣一路。根据湛甘泉对他的格物思想的解释,格物就是正念头。所以这个思想体系,包括他的功夫,主要是指向一个内在的道德修养、主体修养。晚年出现的万物一体的思想,在格致诚正的功夫论以外,更强调面向宇宙、面向社会。

现代法国哲学家福柯晚年很关注自我技艺、自我修养。另外跟他同时的有一个人,叫皮埃尔·阿多,其实福柯思想受到阿多思想影响很大,而阿多对福柯有所批评。阿多认为,福柯的思想里面,自我意识和自我关怀是最重要的。而他认为自我意识和自我关怀,只是单向度的参与者。在这个意义上,如果你只讲自我意识和自我关怀,他认为你还忽略了最根本的境界,就是自我与社会、自然、宇宙万物的统一性关系。福柯只是把自我作为起点和终点,而阿多认为起点可以是自我,但是终点应该是自我和宇宙和自然整体融合

---

① 王守仁:《寄正宪男手墨二卷》,《王阳明全集》卷二十六,第1092页。
② 王守仁:《寄正宪男手墨二卷》,《王阳明全集》卷二十六,第1094页。

为一。① 在这个意义上我们可以参照阿多对福柯的这个看法,来加深对阳明思想的理解。

因此,我们说王阳明先生晚年对万物一体的这种强调,有其重要意义,一方面,使得他的思想体系从中年时期特别强调自我意识和自我关怀,走向了晚年由一体论代表的自我和宇宙的统一,使他的哲学能够摆脱仅仅集中在自我意识自我关怀的那个单项度上,而走向了更高的精神境界。

另一方面,自我和宇宙的一体境界,毕竟还是个人的精神境界,不能展现在社会实践,从实践哲学的角度看,还是有限制的,还是属于理学家个人精神内在追求的方面;而阳明的万物一体,在关注自我与宇宙同一的同时,同时强调外在的亲民实践。我们可以说这个亲民、救民、爱民思想的突出强调,对他中期关于心外无理、心外无物的那种过分内在化倾向,构成了一种平衡。从过于偏于内向,变成内外合一。可见,王阳明晚年思想发展出了一些新的说法,这些说法代表了他的思想的新的发展、新的倾向的变化。这些说法不一定是对旧有说法的否定或替代,而是对已有体系的补充和发展。但其中倾向性的变化,确实是值得注意的。

王阳明的这种思想,在他的弟子钱德洪的《年谱》里面,受到特别强调。又在《答聂文蔚书》里面表达了那种重要性,对民生的关怀,以及民生遭受痛苦的那种忧患。那么这个思想跟"致良知"发生怎样的关联?当然首先是对良知本身的解释和影响,那么对致良知的实践,有什么样的影响?我们说在万物一体思想提出以后,这个万物一体成为他晚年良知说的一个内容,如他说本心、良知是万物一体,这成为良知说的一个转换。同时,万物一体说也明确地引导了致良知实践方向的一个变化。那就是说,他要强调万物一体的思想,他要通过以良知为基础,来达到天地万物为一体,实现社

---

① 参见[法]皮埃尔·阿多《作为生活方式的哲学》,姜丹丹译,上海译文出版社2014年版,第116—117页。

会的大治。这样一来，就像我们刚才讲的，由于他的万物一体思想的实践指向，是亲民的社会实践，所以良知和致良知的重点，从现在开始，就加强了一个外向的维度。我们以前讲"心外无理""心外无物"，这代表阳明学比较注重内在的功夫，更多地关注完善主体内在修养。但是晚年的良知学的新的讲法，朝向"内圣外王"，而不仅仅是内在的修养。这使他非常关注外王的面向，也就使得阳明学的体系，包括致良知，到现在开始变成一个内外合一之道。他在中年时更多强调内在的主体修养，到晚年我们看出，他强调"博施济众"和"亲民"的社会实践。

王阳明晚年强调的万物一体思想，更注重亲民的实践，转向了对程明道先生提出的"博施济众"的那种人道关怀和社会实践，扩大了良知的公共性，使个人的境界能够社会化、实践化，成为一种社会思想，具有推动社会实践的意义，从今天的角度来看，这恐怕具有更重要的意义。

最后希望提出的是，我们应当怎么发挥对于万物一体的那种关注。现在一般都很重视王阳明的知行合一，其实他的万物一体的思想也很重要。所以，阳明先生所讲的万物一体思想，不仅仅是关注良知主体，而且与人民、社会、世界、自然都能联系起来，与我们今天人们所讲的很多的东西，比如以人民为中心，生态文明的建设，有关于人类命运共同体的观念等，都可以联系起来，其意义值得我们进一步去发掘。

第五节　阳明心学的现代价值

以上介绍了阳明心学的核心观点：心即理、知行合一、致良知，以及王阳明晚年提倡的万物一体的济世思想。日本京都大学岛田虔次教授著有《中国近代思维的挫折》一书，其书的基本观点是认为中国的中晚明时期曾出现一股思想解放运动，但是由于各种历史原因，这股思潮未能得以延续。直到 300 多年之后由于近代西方的冲击，中国社会的知识群体才不得不向西方学习以转变思想，因而岛田教授将中晚明时期未能发展下去的思想运动称作"中国近代思维的挫折"。岛田教授认为，能够开启这种思想运动的原因，就是由于阳明学的出现和流行，这是一个关键因素，阳明思想本身就已经具备近现代思想的萌芽。本节将从满街都是圣人，阳明四句教和天下一家、中国一人等方面，说明这一问题。

一 满街都是圣人

阳明学中最具争议，同时又能给人以极大鼓舞的，莫过于"满街都是圣人"一句。

> 先生锻炼人处，一言之下，感人最深。一日，王汝止出游归，先生问曰："游何见？"对曰："见满街人都是圣人。"先生曰："你看满街人是圣人，满街人到看你是圣人在。"又一日，董萝石出游而归，见先生曰："今日见一异事。"先生曰："何异？"对曰："见满街人都是圣人。"先生曰："此亦常事耳，何足为异！"（《传习录》下，第313条）

王艮（王汝止）、董沄（董萝石）两位王阳明门下的重要弟子，不约而同地发出"满街都是圣人"的感慨，可见这是王阳明思想引申出的一个必然命题。先就引文而言，王艮与董沄在市井街道上，感叹大街上都是圣人。如所周知，圣人是儒家思想中最高的理想人格，学者终身为学就是为了实现成为圣人的理想。与其相对，一般的市井之人不要说圣人，甚至称其为君子都是很困难的。针对这样的反差，王艮与董沄却都提出，市井之人竟然都是连王阳明本人都不敢自称的圣人，这样的提法确实具有很大的震撼力。但是王阳明非但没有批评，甚至肯定地说道"此亦常事"。

与上则材料相似，《传习录》中还有一条材料，强调"满街都是圣人"。

在虔与于中、谦之同侍，先生曰："人胸中各有个圣人。只自信不及，都自埋倒了。"因顾于中曰："尔胸中原是圣人。"于中起，不敢当。先生曰："此是尔自家有的，如何要推？"于中又曰："不敢。"先生曰："众人皆有之，况在于中？却何故谦起来？谦亦不得。"于中乃笑受。又论："良知在人，随你如何，不能泯灭。虽盗贼，亦自知不当为盗，唤他做贼，他还忸怩。"于中曰："只是物欲遮蔽，良心在内，自不会失；如云自蔽日，日何尝失了！"先生曰："于中如此聪明，他人见不及此。"（《传习录》下，第207条）

王阳明对弟子提出"人胸中各有个圣人""尔胸中原是圣人。"尤其王阳明对弟子直接指出"尔胸中原是圣人"，显然很难为弟子所接受。从逻辑来看，"人胸中各有个圣人"自然可以推出"尔胸中原是圣人"，但是按儒家的一般观点，能达到君子的标准就已经非常不易，圣人显然更加遥不可及。王阳明又从反面说明，"良知在人，随你如何，不能泯灭。虽盗贼，亦自知不当为盗，唤他做贼，他还忸怩。"不仅普通人心中有良知，即使是盗贼亦有良知，其证明就是盗贼"亦自知不当为盗"。人们当面叫他贼时，"他还忸怩"。盗贼的忸怩，恰恰是其心中良知发用的一个表现。盗贼亦有良知，何况是大街上的普通人。"人胸中各有个圣人""满街都是圣人"这些命题在阳明学的思想脉络中都是不难推出的。在王阳明看来，人成为圣人还要发扬心中的良知。

良知良能，愚夫愚妇与圣人同。但惟圣人能致其良知，而愚夫愚妇不能致，此圣愚之所由分也。（《传习录》中《答顾

东桥书》，第 139 条）

　　自己良知原与圣人一般，若体认得自己良知明白，即圣人气象不在圣人，而在我矣。(《传习录》中《启周道通书》，第 146 条）

　　良知之在人心，无间于圣愚，天下古今之所同也。(《传习录》中《答聂文蔚书》，第 179 条）

　　或问异端，先生曰："与愚夫愚妇同的，是谓同德；与愚夫愚妇异的，是谓异端。"(《传习录》下，第 271 条）

　　以上 4 条材料，王阳明反复强调的就是圣人之良知良能与愚夫愚妇同，无论后天掌握的知识、修养与能力如何，先天的良知都是相同的。从前文的分析已能看出，王阳明对于良知的基本观点就是良知的存在与呈现不依赖任何外在的条件，因而无论圣人还是普通人在良知呈现这一方面是没有区别的。王阳明甚至强调，只有"与愚夫愚妇同的"才是天理表现的"同德"，这进一步强调普通人的地位。当然为什么王阳明的说法与人们一般的看法不同，愚夫愚妇绝非圣人呢？王阳明指出关键就在于"愚夫愚妇不能致（良知）"，虽然普通人亦有良知的判断，却不能在每日生活的行为中完全落实。如此一来又引来新的问题，既然王阳明承认普通人不能在具体行为中致良知，那为何又强调"满街都是圣人"的观念呢？

　　再回到王艮、董沄提出"满街都是圣人"的体验，何以二人都会出现这样普通人都认为不可能的体验呢？每个人都不可能保证一天时时刻刻不犯任何错误，没有任何一点不好的想法，在这一点上，王阳明本人也很难做到。与立志做圣人的儒者相比，大街上的普通人犯的错误可能会更多一些。但是，与错误的行为相比，人们更多时候都是无意识地依据天理而行事，甚至已经成为习惯，在不自觉地状态中按照天理的准则行事。比如说，人们为了安全过马路时会自觉地遵守红绿灯，市场经商之人为了有回头客，长期经营下去也不会缺斤短两。公允而说，人们这样无意识的、符合道德准则的行为占了绝大部分，违背道德的事情反而是小部分。在王艮、董沄接受了王阳明的良知学说之后，再观察大街上的普通人，他们发现人们的行为绝大部分都是依照天理而行，在此方面，圣人与普通人没有分别。甚至王阳明在盗贼身上都发现，当我们当面称其为贼之时，"他还忸怩"，这一点同样是内心天理良知的呈现。

由上可见，阳明学中"满街都是圣人"并非说大街上的普通人已经成为圣人，或者说所有人无时无刻都是圣人，而是强调人人心中都有成为圣人的根据——良知。人们会做错误的事情，但是仍然有大部分的时间是按照良知的准则行动，甚至是无意识的。至少在人们做正确事情的时候，与良知的准则相同，与圣人的行为亦没有差异，因而我们可以这样说"满街都是圣人"。不过王阳明也清醒地指出，普通人乃至学者仍然会有"物欲遮蔽"的时刻，依然不可能时时刻刻成为圣人。一切人，即使修养很好的学者，也需要时刻注意自己的行为是否违背了内心之良知。人们总会面对新的事物，新的环境，应对的方法也不会完全相同，时时刻刻致良知，以良知为判断准绳，这是阳明学的根本指向。阳明学强调"满街都是圣人"，就是要指出人人心中都有良知，都有成圣的种子。肯定这一点对于阳明学而言，是至关重要的。

为了强调人人心中本有良知，阳明另外一个有名的说法就是真金之喻。

> 希渊问："圣人可学而至，然伯夷、伊尹于孔子才力终不同，其同谓之圣者安在？"先生曰："圣人之所以为圣，只是其心纯乎天理，而无人欲之杂。犹精金之所以为精，但以其成色足而无铜铅之杂也。人到纯乎天理方是圣，金到足色方是精。然圣人之才力，亦是大小不同，犹金之分两有轻重。尧、舜犹万镒，文王、孔子犹九千镒，禹、汤、武王犹七八千镒，伯

夷、伊尹犹四五千镒。才力不同而纯乎天理则同，皆可谓之圣人。犹分两虽不同，而足色则同，皆可谓之精金。以五千镒者而入于万镒之中，其足色同也；以夷、尹而侧之尧、孔之间，其纯乎天理同也。盖所以为精金者，在足色而不在分两；所以为圣者，在纯乎天理而不在才力也。故虽凡人，而肯为学，使此心纯乎天理，则亦可为圣人。犹一两之金比之万镒，分两虽悬绝，而其到足色处，可以无愧。故曰'人皆可以为尧舜'者以此。学者学圣人，不过是去人欲而存天理耳，犹炼金而求其足色。金之成色所争不多，则锻炼之工省而功易成，成色愈下则锻炼愈难；人之气质清浊粹驳，有中人以上，中人以下，其于道有生知安行，学知利行，其下者必须人一己百，人十己千，及其成功则一。后世不知作圣之本是纯乎天理，却专去知识才能上求圣人。以为圣人无所不知，无所不能。我须是将圣人许多知识才能逐一理会始得，故不务去天理上着工夫，徒弊精竭力，从册子上钻研，名物上考索，形迹上比拟，知识愈广而人欲愈滋，才力愈多而天理愈蔽。正如见人有万镒精金，不务锻炼成色，求无愧于彼之精纯，而乃妄希分两，务同彼之万镒，锡铅铜铁杂然而投，分两愈增而成色愈下，既其梢末，无复有金矣。"时曰仁在傍，曰："先生此喻足以破世儒支离之惑，大有功于后学。"先生又曰："吾辈用功只求日减，不求日增。减得一分人欲，便是复得一分天理；何等轻快脱洒！何等简易！"（《传习录》上，第99条）

这一段材料比较长，其中王阳明以精金比喻圣人这一点，这在阳明学中非常重要。王阳明弟子提问，在儒家思想中，伯夷、伊尹与孔子乃至尧、舜都称作圣人，但是显然各人的事迹有所不同，成就的功业也不一样，如何理解这样的区别呢？是否我们每个人只有成就了尧、舜或者孔子的功业才能成为圣人呢？平心而言，虽然这可以说是每个儒者应当怀有这样的志向和目标，但在现实中显然绝大多数人是无法实现的。《大学》提出的治国、平天下，儒家认为每个人都应当具有这样的抱负，但现实中绝非每个人都有机会从事这等事业。如何解决这样的矛盾呢？

对此，王阳明强调"圣人之所以为圣，只是其心纯乎天理，而无人欲之杂。犹精金之所以为精，但以其成色足而无铜铅之杂也。人到纯乎天理方是圣，金到足色方是精。"圣人之所以为圣，关键不在于其外在成就的功业，而在于其内心纯乎天理的状态。王阳明提出精金之喻，圣人就好像无铜铅之杂的纯金一样，其关键在于金之纯度而非外在的分量。否则依靠铜铅以增加重量，重量越大反而金之纯度越低。这里精金即指天理良知，铜铅之杂即外在的事物。圣之为圣的关键，不是外在的扩充而是内在纯于天理的状态。因而王阳明指出"盖所以为精金者，在足色而不在分两；所以为圣者，在纯乎天理而不在才力也。"圣人的关键是内心时时刻刻纯于天理的状态，而非仅仅依靠外在的技巧、工具虚张声势。可见对于圣人的观念，王阳明赋予了新的定义和审察视角。

在以上材料中，圣人之间有没有差别呢？王阳明举出"尧、舜犹万镒，文王、孔子犹九千镒，禹、汤、武王犹七八千镒，伯夷、伊尹犹四五千镒。才力不同而纯乎天理则同，皆可谓之圣人"。人之才力的不同就好像精金重量的不同，因而尧舜、孔子等人成就的事业确实有所不同。但是外在的不同并非关键，王阳明强调的关键是以上所说之圣人无论在何时何地，做任何事情都必然"纯乎天理"，以此称为圣人。同样，王阳明借此批评一般的学者希高慕大，"后世不知作圣之本是纯乎天理，却专去知识才能上求圣人。以为圣人无所不知，无所不能。我须是将圣人许多知识才能逐一理会始得，故不务去天理上着工夫，徒弊精竭力，从册子上钻研，名物上考索，形迹上比拟，知识愈广而人欲愈滋，才力愈多而天理愈蔽。"一般之学者不顾金之成色，只求在分量上像圣人一样，这样的话分量越大，虚张声势，反而弊病越多。知识越广，人欲愈滋，才力愈多，天理愈蔽。

需要注意的是，是否可以以此认为王阳明反对人们知识、才能的扩充呢？绝非这样。王阳明反对的是"专去知识才能上求圣人"，一味希高慕大的态度。可以说，自朱熹以来，一般都认为人的认知能力是与善恶无关的，朱熹希望通过不断地格物致知，由知识能力的增加以帮助人们克除私欲杂念，增强道德自觉。王阳明意识到，知识能力的增加有其积极一面，但是其负面作用亦不可忽视。要增强人们的道德自觉，根本上还在于人人内在本有的良知。这里并非否认知识的作用，而是在人们的道德实践中，只有内在良知才是根本，具有决定意义的。

排除技巧、才能的干扰，王阳明提出"故虽凡人，而肯为学，使此心纯乎天理，则亦可为圣人。犹一两之金比之万镒，分两虽悬绝，而其到足色处，可以无愧。"市井的普通之人，每天所做之事极其普通，"犹一两之金"，即使如此只要"此心纯乎天理，则亦可为圣人"。如之前王艮、董沄所见都是普通之人所做极普通之事，但是他们在这些事上纯乎天理、无愧于心，在王阳明看来在此时此刻自然都能称为圣人。王阳明的这一思想最为重要的就是每一个人，只要专注做好身边的事情，同于良知，问心无愧，即可称作圣人。王阳明以这样的方式提升人们的道德自信、道德自觉，在面对复杂的事情时，更要重视自我内在良知的判断，时时警省，努力排除物欲的干扰。

二 阳明四句教

王阳明的核心思想都可以用其晚年的"四句教"来总括，这是在其晚年即将出征之时，与大弟子钱德洪、王龙溪重点谈论的内容。阳明四句教为：

> 无善无恶心之体，
> 有善有恶意之动。
> 知善知恶是良知，
> 为善去恶是格物。

首先我们分析前两句"无善无恶心之体，有善有恶意之动"。第二句"有善有恶意之动"容易理解，当我们面对具体事物的时候，最终会做出一个意念判断。日常经验也能得知，这个意念不一定是好的，可能会出于各种原因自己做出一件不正确的事情，或者面对正确的事情而没有去做。因而，王阳明强调"有善有恶意之动"，善恶一定是针对具体事情做出的一个判断，王阳明以此警醒我们面对具体的事情，一定要时刻注意自我省察。由此反推第一句"无善无恶心之体"，在内心没有接触具体事物之时，也不会有任何具体的判断，因而可以说"无善无恶"，此时心之本身没有任何是非善恶的具体表现。另外，"无善无恶"的说法可以引申出另外一层意思，我们不能带有任何主观好坏的偏见，只有在具体的某件事情上才有好坏善恶的判断。事先带有偏见的话，反而会妨碍之后的道德判断。

我们再看后两句"知善知恶是良知，为善去恶是格物。"当我们已经形成一个意念判断之时，是善是恶，是对是错，我们心中必然还会出现一个对此意念的判断，这就是良知自知自明的展现。如前文所分析良知自知、良知独知的属性，这是不依赖任何外在条件，随时随地都必然呈现的。但是在日常生活中，往往有我们知道是正确的事情却没有做到，知道是错误的事情却不能停止。对此，王阳明也非常清楚，虽然良知的是非判断是人人本有，而且是必然呈现的，但是并非每一个人都能真正地践行良知，勇于做正确的事情而避免错误。因而王阳明强调，真正关键的就在于"格物"，格的意思是正，格物就是即正物事、致良知，将内心的良知判断在实践中落实。知道是正确的就努力践行，知道是错误的就坚决拒绝。格物、致良知，将内心之天理在实践中落实，这才是阳明良知心学最终的实现和完成。

三 天下一家、中国一人

如第四节陈来教授所述，王阳明晚年最关注的就是"万物一体"思想。王阳明不仅希望个人通过致良知将内在的天理转化为现实的行动，同时希望整个社会亦能实现"天下一家、中国一人"的理想，在此我们就这部分的内容再次予以分析。

> 夫人者，天地之心。天地万物，本吾一体者也。生民之困苦荼毒，孰非疾痛之切于吾身者乎？不知吾身之疾痛，无是非之心者也。是非之心，不虑而知、不学而能，所谓良知也。
> 良知之在人心，无间于圣愚，天下古今之所同也。世之君子惟务致其良知，则自能公是非，同好恶，视人犹己，视国犹家，而以天地万物为一体，求天下无治，不可得矣。（《传习录》中《答聂文蔚书》，第179条）

在整篇回答聂豹（聂文蔚）的书信中，以上部分最为震动人心，即使在500多年之后的今天，读来仍然心情激荡。《礼记·礼运篇》提出"人者，天地之心。"第一节心外无物的部分已经讨论，世界万物的意义和价值都有待人赋予，以此王阳明突出人在世间的地位。由人是天地之心的命题，自然引出"天地万物，本吾一体者"，世间的一切存在无不与自己相关，"本吾一体"。那么百姓的"困苦荼毒"，亦与自己相关。只要人们了解了其他人的遭遇，自然会发出恻隐、同情之心。与良知的属性一样，这样的恻隐之心不需要任何外在的辅助条件，也与个体的能力差异无关，良知都是必然呈现的。这样的心理活动，不仅是儒者最应当珍视的，同样也是社会中一切存在个体都必然具有的。这就是人人本有的是非之心、恻隐之心，也是人之为人的根本。

王阳明特别强调，良知的存在没有圣愚之分、古今之别，自古以来、不分地域都是相同的。对于儒者、君子而言，尤其应从自身出发致良知。如果君子能率先致良知，"公是非，同好恶，视人犹己，视国犹家"，那么实现万物一体的和谐社会，自然是水到渠成之事。综上可见，致良知不仅关乎个体的道德实践，同时也是整个社会实现安定和谐的基础。儒家的最终目标是实现理想的和谐社会，即《礼记》中所说的"大同"。在具体的实践中，儒家主张从个体的道德出发，将能够自觉践行道德的君子作为核心，通过个体、家族的道德实践，不断扩大，进而影响整个社会和国家。王阳明的思想同样如此，王阳明以良知学为基础，期望儒家君子能以万物一体之心致良知，进而影响整个社会，人人致良知，那么理想的大同社会自然能够出现。

或许有人认为，王阳明的设想是否过于简单，面对现实生活的复杂性，仅仅一句"致良知"就可以全部解决吗？其实在《传习录》中，这样的问题表现为道德良知和外在知识的关系，有关讨论多次出现。简言之，一个善良的人就能够处理好各种复杂的问题吗？从王阳明的生平来看，经历龙场的艰苦生活，有过宁王叛乱的直面生死，更在平定叛乱之后，感受到政治社会的复杂。在经历各种生活的磨炼之后，王阳明仍然强调"致良知"才是其学问的归宿。一方面，良知是根本，没有良知的指引任何外在的知识、技巧都不具备道德的意义，这些知识、技能既可以造福人类，同样也可以带来巨大的破坏，这样的例子在近代历史上反复出现；另一方面，人们能够穷尽外在的知识吗？社会的具体环境、外在的特殊情况不断地发生变化，希望在知识上穷尽所有的问题，显然是不可能的。这也是王阳明坚决反对的朱子学格物致知方法的原因。如果永远不能穷尽知识，永远不能实现豁然贯通，人们就没有可能做成为一名君子吗？王阳明坚信，只要我们能够确立良知方向，在面对具体问题时努力寻找解决的办法，就已经可以称作君子乃至圣人。换言之，王阳明绝非否定现实生活的复杂性，而是要从纷繁的现实中找到最为根本的、永恒不变的途径，那就是"致良知"。只有"致良知"才是亘古不变，实现理想社会的首要之道，这也可以说是王阳明终生的理想和信念。

对于当代中国人而言，儒学仍然是活在每个人血液之中的精神核心。儒家的君子人格、孝道文化、仁爱精神已经内化于人们的意识深处。就儒学的宋明理学而言，我们日常所说的天理、良心，其理论根基无不由其筑造。宋明理学的开创者、北宋学者周敦颐的《太极图说》中提出"万物生生而变化无穷焉，惟人也得其秀而最灵"，强调人性的高贵，在理论上肯定人皆可以为尧舜的希望。国内外学者早已形成共识，以周敦颐等人为代表的北宋道学家标志着在思想上中国提早欧洲400余年进入世界历史的近世社会，开启了中国的文艺复兴。

朱熹是宋代道学思想的集大成者，并以科举考试的形式主宰着近世社会的意识形态。明代中叶的阳明心学，其可以说是宋明思想史上自程朱理学以来的第二次思想解放。朱熹强调人人心中具备本然的天理，王阳明进而指出人心天理具有虚明灵觉的属性，时时刻刻不断地向我们展现。天理的呈现又可称作良知，只要我们排除物欲的干扰，内心的良知会必然地表现为具体的行动，知行合一。即使现实之人不可避免地受到各种物欲干扰，但阳明始终坚信每个人内心知是知非的良知永远不会泯灭，只要人人能够切实地致良知，满大街都是圣人的理想并非遥不可及。王阳明思想的根本意义就在于其在理性的基础上确立起人的主体性，这也是王阳明思想的根本。

具体而言，阳明学对于当代人有哪些精神意义呢？首先是重拾信心，人们不仅可以相信自己，而且应该相信周围的每个人都具有良知，良知是时时刻刻向每个人不断地呈现的。只要不受物欲干扰，身处适当的环境，每个人都会自觉地做出正确的行为。其次是知行合一，王阳明在哲学上表明内在的意识会必然地落实于具体的行动。如果知行不一，那么必然是有物欲的间隔。只要排除这些纷扰，我们自己以及周围的所有人都能够必然地做到知行合一。最后就是万物一体，王阳明晚年反复强调良知的判断表现在对周围世界和他人的感通上。对于外部环境和他人处境，我们的内心良知已然有所判断，这样的判断就是人类最珍贵的恻隐、同情之心。万物一体、天下大同的实现本身也有赖于每个人的恻隐、同情之心，有赖于每个人遵从良知，奉行良知。

晚清以降，中国逐渐走上了一条以反思传统为前提的现代化道路。也许在那个时代，这是一种必要手段，但经过一百多年的发展，当今中国已成为世界第二大经济体，此时的中华民族比历史上任何一个时期都接近于伟大复兴的目标。因此，在中华文化中孕育成长的每一个人也更有责任在现代化的过程中，从自身的文化中为世界文明提供思考。这不仅是对自我身份认知的反思，同时也是对世界文明的贡献。在这样的背景下，体会学习阳明心学尤为显得迫切而必要。

四 四民异业而同道

上文讨论了王艮和董沄都向王阳明提到"见满街人都是圣人"的精神体验，王阳明完全赞同这样的观点，强调"此亦常事耳，何足为异！"（《传习录》下，第313条）王阳明"万物一体""天下一家、中国一人"的口号提出之后，肯定所有人都具备成圣的可能。王阳明进而提出"四民异业而同道""士以修治，农以具养，工以利器，商以通货，各就其资之所近，力之所及者而业焉，以求尽其心。其归要在于有益于生人之道，则一而已。"① 有学者提出这是"新儒学伦理史上的一件大事"，践行儒家的圣人之道不再局限于读书的士大夫，农、工、商也被看作践行圣人之道的成员。清代学者焦循指出泰州学派的讲学对象是"盐丁、樵夫、窑匠、卖油佣、网巾匠、戍卒、农夫、商贾、胥吏"等等，这些"一介细民，不读书者"都能够成为儒家道统的承担者。可见，"四民异业而同道"口号的提出，石破天惊。

阳明后学中，彻底地践行这一心学精神的就是泰州学派。与浙中王门、江右王门的学者不同，泰州学派的成员多为下层官员，甚至是平民，然而对于普通民众的教化活动充满热情。泰州学派的创始人王艮本身是盐丁出身，学习孔孟之道完全出于个人的特殊经历，其问学王阳明也是38岁的事情。在阳明门下学习多年之后，王艮返回家乡泰州安丰场，向下层的农工商贩讲学。黄宗羲称王艮之学"遂非复名教之所能羁络矣"，陈来先生指出此处"名教是士大夫儒学的思想、行为方式"，② 王艮的讲学摆脱了传统儒家士大夫的身份限制，儒家圣人伦理渗透到社会的每一个角落。王艮不仅提出"百姓日用即是道"，将普通人的日常行为予以神圣化。而且提出社会震惊的"淮南格物""明哲保身"的思想。普通人爱护、保养自己的身体就是践行儒家之道，"把爱护人的感性生命置于珍重道德原则相等的地位"。这显然有别于传统士大夫的精神支柱"舍生取义、杀身成仁"，对于贩夫走卒而言爱护感性生命同样具有道德意义，"明哲保身"的口号消除了儒家理想与普通民众的距离。

向一般民众讲学，最为著名的就是王艮的《乐学歌》。

> 人心本自乐，自将私欲缚。私欲一萌时，良知还自觉。一觉便消除，人心依旧乐。

---

① 吴光等编校：《王阳明全集》卷二十五《节庵方公墓表·乙酉》，第1036页。
② 陈来：《泰州学派的当代价值》，《江海学刊》2020年第1期。

> 乐是乐此学，学是学此乐。不乐不是学，不学不是乐。乐便然后学，学便然后乐。
>
> 乐是学，学是乐。于乎！天下之乐何如此学，天下之学何如此乐！

王艮以非常易于理解的语言形式，号召众人乐学，将阳明学依靠良知之觉，消除私欲的重要思想传达给一般民众。

泰州学派向民众讲学的内容，也没有士大夫讨论的形上形下等深奥道理，就是"孝悌慈"的基本伦理。王阳明早在《南赣乡约》中就要求"孝尔父母、敬尔兄长、教训尔子孙，和顺尔乡里，死丧相助，患难相恤，善相劝勉，恶相告戒，息讼罢争，讲信修睦。"以孝悌罢争劝诫民众。王艮提出，"盖孝者，人之性也，天之命也，国家之元气也"。将民众之孝看作"国家之元气"。家庭和睦不止是亲人内部的关系，也是整个国家社会安定的根本。王艮的再传弟子罗汝芳提出"孝、弟、慈三事，是古今第一件大道、第一件善缘、第一件大功德，在吾身可以报答天地父母生育之恩，在天下可以救活万物万民万事之命"。罗汝芳甚至使用"善缘""大功德"等带有佛教色彩的词语，就是要使民众易于接受儒家的伦理观念。罗汝芳的老师颜钧也专门写了《劝忠歌》《劝孝歌》《勉世诗》《歌修省》《歌修齐》《歌安业》《歌乐学》等民众易于接受的歌谣，激发民众良知，教导民众"耕读正好作人""作人先要孝悌""起俗急修诱善"。

> 孝顺父母好到老，孝顺父母神鬼保。
> 孝顺父母寿命长，孝顺父母穷也好。
> 父母贫穷莫怨嗟，儿孙命好自成家。
> 勤求不遂大家命，孝顺父母福禄加。

若以严格的儒家伦理思想来看，上述歌谣所说"好到老""神鬼保""寿命长""福禄加"的用语，与历来倡导的"言义不言利"相悖。但是泰州学派正是通过这些浅显易懂，民众乐于接受的话语普及儒家的伦理观念。

相较于阳明后学的其他弟子，泰州学派的成员不是高高在上地向民众说教，而是以更加平等的姿态向普通民众传道，劝人为善。或许泰州学派缺乏义理思辨和理论构造，但是泰州学派最为彻底地践行王阳明"四民异业而同道""满街都是圣人"的心学精神。陈来教授称赞"泰州学派的实际作用和意义，在于自觉地把社会主流价值和思想民间化、生活化、大众化、普及化、通俗化，在教化和传播主流价值方面取得了明显的成功。"

第三章

企业制度演进与企业家精神

马克思主义政治经济学与被其批判的"庸俗经济学"有着长达百年的争论,客观上促进了经济学更准确地说是"西方经济学"修正和发展,企业家才能进入经济学分析框架。但即便如此,"企业家才能"的提法并不能充分展示企业家行为背后所蕴含的丰富信息,只是将之等同于组织或者管理,与其他生产要素几乎同等重要。在很长一段时间内,很少有学者重视企业家蕴藏的企业家精神,除了熊彼特(1912)在那个时代提出生产技术的革新与生产方式的变革对经济发展至高无上的作用[1],如此惊世骇俗的观点为熊彼特在经济思想史上奠定了重要地位。百余年后,我们仍然要讨论企业家应该从事的是熊彼特的创新经济,而非柯兹纳意义上的套利经济。很多时候,创新甚至和企业家精神相等同。鲍莫尔(1968)将企业家的努力分解为生产性的企业家精神和非生产性的企业家精神[2],这对中国企业家来说一样重要。也许,我们要重点关注当代企业家在追求效率的同时,会不会转向获得"捕鼠器"特权的寻租型非生产行为。初看上去,中国在四十余年的时间里走完西方发达国家数百年的工业化道路,如此高浓度的企业家精神支撑了中国经

---

[1] [美] 熊彼特:《经济发展理论》,中国社会科学出版社2009年版。
[2] Baumol W. J. ," Entrepreneurship in Economic Theory", *American Economic Review*, 1968, 58 (2), pp. 64 – 71.

济成就，但是其精神内核能否继续支持"中国梦"的实现？英国、德国和美国经济史为我们提供了研究这种精神内核以及制度变迁如何支持企业家精神的又一个视角。

不少学者用制度来解释为什么有的经济体实现了增长而其他经济体做不到。① 近些年，经济学界对制度、文化等以前被称为情境因素的认识有了重大转变，那些早先被称为不可测的制度，已经成为解释经济成就的重要因素。② 进一步的问题就是，为什么有的制度和文化能够催生经济增长。如果说增长源泉聚焦于企业家精神，为什么有的制度环境生发了企业家精神的供给，而另外的制度却是限制企业家精神。企业家精神不再是外生的，而是对激励和机遇的回应。制度是一系列规则、程序与伦理道德行为规范，通过约束人的行为构建经济秩序中的合作与竞争关系。制度是游戏规则，每个人在成本与收益的考量下做出激励反应。制度事关资源配置的效率和长期经济增长。③ 宪法、法律与规章等构成了正式制度，而习俗、道德、传统和行为标准，以及格雷夫所分析的信念模式、福山所分析的信任关系，以"嵌入"的方式影响社会生活，营造出正式制度的氛围和社会背景。正式制度与非正式制度共同发挥作用降低了社会的不确定性和交易成本。④ 制度赋予众多利益相关者合法地实施互相影响的权利。人类的一切社会制度可以放在产权（或权利）的分析框架里予以分析。⑤

---

① Daron Acemoglu, Simon Johnson, "Unbundling Institutions", *Journal of Political Economy*, 2005, 113 (5), pp. 949-995.

② Greif A. "Commitment, Coercion, and Markets: The Nature and Dynamics of Institutions Supporting Exchange", *Handbook of New Institutional Economics*, ed. Menard C., Shirley M. M. Springer, Boston, MA. 2005.

③ ［美］道格拉斯·C. 诺思：《经济史中的结构与变迁》，陈郁、罗华平等译，上海三联书店、上海人民出版社1994年版。

④ Williamson, Oliver, *The Economic Institutions of Capitalism: Firms, Markets, Relational Contracting*, New York: Free Press, 1985.

⑤ ［美］巴泽尔：《产权的经济分析》，上海人民出版社1997年版。

制度变迁改变了权利的配置，重塑经济体中每个人的成本和收益。有利于企业家精神的制度环境引导最具有创造力和创新性的聪明大脑，将自己的智慧和努力用于使自己获得最高回报的地方。而寻租型社会的企业家，热衷于操纵政治机器获得特权和补贴，即便获得财富的最终结果与创新型的差别不大，但是获取特权的再分配模式，需浪费大量的资源去从事不产生物质财富的游说活动。在他们身上，虽然创新和创业的企业家精神并不必然更少，但因为花费努力在资源的再分配而不是新增资源，其实与掠夺性的剥削和暴力抢劫并无多大差别，其长期后果是既得利益集团对创新的抵制，降低了高风险的创新行为带来的预期收益，将创业型的企业家逐出市场，出现劣币驱逐良币的后果。而这里就有个"心"的问题。

下文我们将分别分析东西方社会企业家精神的形成、演化与相应的制度文化背景。

第一节　产业革命与英国企业家精神

从18世纪60年代开始的产业革命，是英国政治、经济、技术发展到一定阶段后的结果，不仅重塑了英国社会结构和社会关系，也带给其他国家一个全新的世界。经常说，海外贸易、殖民掠夺、圈地运动为英国积累了资本，工厂获得了廉价劳动力。毛纺、造船、钢铁、煤炭、玻璃等行业率先得到发展。其实早在中世纪末期，来自欧洲其他国家，如法国、荷兰因为宗教迫害而流亡的手工业者大量地涌入英国，对于改良和革新英国当地的手工业技术已经发挥了重要作用。产业革命前的英国手工工场，就已经领先于欧洲其他国家的家庭手工作坊，分工更加细致，工具广泛采用，更为紧迫地期待能够连接各种工具、节省人工、提升效率的机器。

一　议会制度、绅士精神与市场秩序的扩展

我们谈英国产业革命，往往会提及那一批技术创新者。改良蒸

汽机的发明者瓦特在中国几乎家喻户晓。工匠与发明家，前者拥有精湛技艺，后者拥有了不起的创意，不断打磨将构想转变为具体实物。不过，对社会经济生活带来巨大变革，只有发明家和工匠尚不足够，他们需要与具备商业头脑的人进行合作。商业人士不仅有渠道帮助发明和创意声名鹊起，而且能够在对某项技术创新能否商业化尚不确定的情况下投入资金和管理才能。正是这些具有商业头脑人士的加入，工场便已经不只是家庭式的手工作坊。

另外，创业是极具风险的经济活动，成功概率之低堪比买彩票。不过，跟彩票不同，创业活动的成功概率并非外生，而是弗兰克·奈特意义上的一种不确定性。这种不确定性因人不同，也因各自创业行为而异。总体而言，企业家是乐观的人，甚至可以说是过于乐观的人。他们系统性地高估回报和低估风险。在全社会的角度看，创业家群体提升了各种生产要素的回报。但就自己而言，创业者企业家精神的回报率可能是负数。像瓦特这样的大发明家对商业经营一无所知，不擅长与合作伙伴就合同细节讨价还价，其个人财务状况并不好。高压蒸汽机的发明者理查德·特里维西克（Richard Trevithick），在人类历史上首创了专门行驶在固定轨道上的蒸汽机车，但他对"火车"并没有进行深入的商业化和专利保护，再加上个人性格原因，穷困潦倒，去世时身无分文。即便是美国20世纪后半叶的发明家，那些熊彼特意义上的技术创新者，也只能够获得发明剩余的2.2%。绝大多数的创新收益是广大消费者获得[①]。创业者与发明家个人潦倒，但拥有较高的正外部性，推动了技术变革和经济发展。英国政府先后给予了纺纱机、织布机、造纸机等发明家或其家属一定的政府补助。表明了社会对这些发明家贡献的肯

---

① Nordhaus W. D., "Schumpeterian Profits and the Alchemist Fallacy Revised", *Working Papers*, 2005.

定,也暗示了当时这些发明家日子过得并不宽裕①。

拥有才智和勇气的人各国各地各朝各代都有,为什么英国的制度能够提供激励让这批人不断地涌现去成为企业家?既然正式制度与非正式制度共同作用形成企业家精神的情境因素,那么可以反推出这样一个观点,即:18世纪60年代产业革命在英国的率先兴起和成功,意味着英国当时的正式制度和非正式制度相得益彰,能够支持创新型的企业家精神,而不是鼓励再分配式的非生产性企业家精神。当时的英国确实是这样吗?

其实,因为制度的巨大惯性,英国的制度变迁也是极为缓慢的,短期内的制度只能是局部变化,具有演化的特征。在众多细节性的制度之上,有一种称为元制度的存在,被称为根本上的制度。它就是英国议会能够抗衡皇权的较大权力,能持续地、以非暴力的方式逐步让国民接受理念:那些政府干预会损害自由市场和经济福利。这个"元制度"影响力之大,能够让那些利益受损的一方也要接受根据这个制度确定的决议。这个元制度以及在此基础上的系列制度安排,赋予了企业家追求经济成功和提升社会地位的权利,为企业家的不断涌现提供了制度环境。这种制度吸引力,不仅让一代代国民相信通过技术创新改变社会也能改善自身处境,还吸引了其他欧洲国家技术变革引领者来到英国落地生根。

英国抗衡皇权的制度,源于国王和国民的利益交易。战争让国王不堪重负,只能寻求金融支持,以此交换提供给贷款人足够的自由和财产保护。那些贷款人包括国王以外的贵族,还包括有钱财能够买国债的国民,这些有钱人往往还是参与经济活动最为活跃的一批人。

通过议会抗衡皇权是由政治交易来实现的。为了不让信奉天主教的詹姆士二世将皇位交给儿子,部分英国人士邀请在荷兰的、信

---

① [美]戴维·兰德斯、乔尔·莫克、威廉·鲍莫尔:《历史上的企业家精神》,中信出版社2015年版。

奉新教的詹姆士二世的女儿玛丽和女婿威廉回英国保护"宗教、自由和财产",实则助其抢夺王位,也就是后来的威廉三世。作为交换,议会上、下院向威廉和玛丽提出权利宣言,国王未经议会同意不能废除法律,不能征税,向国王请愿乃基本权利,国会内的演说自由,等等。1689年的这十三条以及1701年议会通过的《王位继承法》,确定了议会的至上原则。限制国王的权力,意味着产权保护,是非生产性企业家活动向生产性企业家活动转变的重要条件。专利制度、反垄断政策、司法保护、金融体系都围绕着产权保护的内核展开。英国就是这种制度变迁下推动企业家精神的典型案例。

非正式制度能支持和补充正式制度的规范作用。中国学者对非正式制度尤为关切,可能是跟中国文化中的非正式制度特别发达有关。更重要的是,因为这些不成文、无意识的非正式制度的存在,决定了不能简单引进其他国家看似成功的正式制度。道德观念、文化习俗、伦理守则的变革要比正式制度更为缓慢。

在17世纪的英国,人们之间的交易能够突破人格化的窠臼,在互不熟悉的两个人之间进行商业往来,使市场范围进一步扩大,分工更加有效率,企业家精神的回报大大增加。惩罚机会主义者的法律和规范,降低了人们之间的履约成本。当然,从制度环境看,没有一个社会能够让机会主义行为降为零,但是唯有降低到一定程度之后,才能够与企业家用人、识人能力互相补充,构成一种商业文明。

构建非人格化交易所需的制度环境还包括道德约束等非正式制度,市场交易者内心能够自我控制。在英国,绅士文化被认为在某种程度上支持创业活动。绅士资本主义与钱德勒意义上的个人资本主义有明显区别。学术界多从钱德勒所提的个人资本主义的负面效果做分析,而对绅士资本主义却是从积极影响做讨论。每个人都有自己对绅士的理解,差别可能还不小。但在约定俗成的绅士准则中,一般都包含诚信(言行一致)、履责(履行自己应尽的义务)

等基本要件，还要有一定的利他行为，从而拥有某种令人尊敬的品行。18世纪产业革命时期的企业家，虽不敢说有绅士的风范，但至少不能失去信誉和声望，就像绅士一样对名声非常重视。企业家如有绅士的口碑，就获得了某种身份的信号，谈吐与行为诠释出个人信用。两个人之间的合作不仅双方获利，而且向第三人释放了向外部拓展合作范围的可能性。就像"囚徒困境"下，一次博弈变为无限重复博弈之后，人们选择合作而非加害对方。这种成本收益的权衡使得人们自我约束，即使外界没有强大的法律惩罚体系作为第三方去强制履约。绅士般的教养和行为，就像守法的光环帮助企业家获得商业上的成功。绅士与克制，也让企业家远离贪得无厌的负面形象，得到利益相关者的尊重，降低交易成本。绅士精神帮助企业家构建社会网络获得社会资本，交易不断扩大形成全国性的市场体系。与此同时，这个时代的企业家为降低风险采用资产的多元化策略，精英团体利用社会网络进行集体性的多元化经营，既从事工业制造，也参与银行、保险和基础设施建设等投资项目，分散化各种创新带来的风险。

随着产业革命的深入，重要的挑战开始了。因为城市的扩张和市场范围的扩大，个人流动性空前上升，名誉与口碑的口口相传速度已经跟不上生意发展的需要。以绅士精神为核心的道德约束无法支撑产业扩张。道德衍生的"秩序"最终还是需要"法律"的发展去配合和互补。即便出现了法律不足情况下适应性的企业家行为，但也不能认为法律的改善没有意义。不得不说，企业家不仅仅是受利益驱动，创造的乐趣、解决问题的成就感和满足感也会内在地激励他们。一个崭新的世界在企业家手里开创。发明家和技术创新者可以通过商业化实现财富梦想，也因为改变了世界获得了更大的心理价值感。

二　自由放任、海外扩张与技术巅峰

英国的工业革命开创了一个时代，维多利亚时代的英国还通过铁路与航海将工业革命溢出到全世界。当时，英国经济占全球比重超过了70%，是世界贸易的中心，是世界之巅。1837年，维多利亚女王以大不列颠与爱尔兰联合王国女王和印度女皇的名号开始领导"日不落帝国"。正如前文所述，英国君主地位就被限制才孕育了产业革命；产业革命之后，这位维多利亚女王也恪守君主立宪的本分，没有轰轰烈烈的壮举，在政治领域乏善可陈。她将皇权对经济和政治的干预降到了最低，为后世哥达王朝、温莎王朝的君主继承人做了榜样。

1830年，英国正式启用第一条商业化的铁路。1932年，《改革法案》扩大下议院选民基础，一改保守派独占的状态让更多中产阶级有了席位。由于工业兴衰和人口流动，不少衰败的市镇不再拥有下议院市镇代议人士，取而代之的是增加了因产业革命兴起的利物浦、曼彻斯特等大城市商人的参政机会，也开启了日后各个议会改革法案的先河。维多利亚时代的英国相对繁荣稳定，中产阶级群体更加富有、受到尊敬而且对未来充满了期待。英国的蒸汽机车与蒸汽船为本国制造型企业构建了广阔的出口市场，使得英制产品到达世界各地成为可能。按照亚当·斯密的基本逻辑，统一的市场不仅在国内形成而且进入全球化，进一步促进了分工与技术创新。从这个角度看，斯密所谓的政府不干预，或者说是无为之手，前提是已经形成了统一的国内市场。

《谷物法》在1846年被废除，是另一项反对政府干预推动自由放任的重要改革，对那些支持对进口谷物征收关税的土地所有者及其背后的地主阶级来说，是重大的失败。随着产业革命的兴起，英国人口开始增加，肉产品价格更快地上涨，越来越多的耕地转向畜牧业，生产谷物的耕地减少，谷物价格上升。由于英法战争，英国农产品进口困难，起到了类似的进口关税效果，英国国内的谷物价格上涨让地主们的收入急剧上升，而这些地主是拥有上议院、下议院投票权的勋爵、男爵和地方乡绅，他们越来越多地进行了奢侈性的消费。另外，较高的农产品价格，让企业主必须提高工人工资，在工业品价格不能提升的情况下，增加用工成本让企业主难以维持，最终也连锁反馈到工人处境的恶化。随着英法战争的结束，进口开始变得容易，英国本土农产品价格急剧回落，地主们不愿意放弃过往的奢侈性消费，要求佃户继续支付高额地租。看来，只能是通过维持谷物高价格才能实现。1815年，第一个谷物法规定，当谷价低于一定价格时禁止粮食进口。不久，英国对谷物法进行了修订，引入调节税机制，只要英国粮价开始上升，那么进口粮食的税率开始对应下降，而国内粮价下降时，进口粮食的税率对应上升。理论设计很完美，但是实际操作达不到理想状态。引入调节税后，粮价仍然不断下降，在高租金不变的情况下，佃户难以为继。另外，即便粮价在缓慢下滑，但工人和企业主仍然觉得粮食价格太高。最终曼彻斯特的工厂主建立了反谷物法协会，后来工人和佃户也参与组成了反谷物法联盟，下院中地主的席位不断减少，声势浩大的反对声最终让内阁废除了谷物法，意味着地主和乡绅们组成的土地贵族被时代抛弃，资产阶级的自由放任得到了彻底的胜利。

1851年被认为是英国技术领导地位的顶峰，也是开始衰落的转折点。在这一年伦敦举办的世博会上，获奖的英国企业家人数空前地多，但从此之后德国和美国的企业家获奖人数逐步上升[1]。美国和德国的技工型企业家逐步向机械化工厂型企业家转型，而英国的创业精神走向了另一条道路，那就是从国内经济向殖民地扩张的重要转变，不仅仅是工程师和技术人员出走英国，而且伦敦的金融业也开始重点支持海外的工程项目。绅士资本主义扩张了社会资本网络，适应了海外贸易的拓展。

熊彼特曾经对英国的工厂制和铁路建设高度评价，认为英国19世纪后半叶在基础设施、公用事业投入企业家精神仍有可圈可点之

---

[1] ［美］戴维·兰德斯、乔尔·莫克、威廉·鲍莫尔：《历史上的企业家精神》，中信出版社2015年版。

处,但钱德勒不这么认为。他的商业史数据支撑其负面的观点,他认为英国不再对销售、专业化管理和有组织的研发进行广泛的投资,继续依赖于企业控制的家族制,最终英国在19世纪晚期已经无法跟德国和美国竞争了(钱德勒,2006)。当然,钱德勒未免苛刻,职业化和规模经济需要广袤的土地和丰裕的劳动人口,英国局限在狭小的岛国是很难办到的。劳动者渴望成为具有技能的工程师,大量参与海外项目,受雇于比钱德勒的科层制企业更为灵活便利的独立企业。这些总部在英国、业务在殖民地的企业,不像后来的跨国公司那样有海外事业部制度,但是较小的总部让股东对企业了解清晰,财务透明让企业的股东而不是职业经理人决定企业的未来。其实,钱德勒认为家族制意味着创业精神的衰退也值得商榷。家族化不能与"封闭""落后"和创业精神衰退画等号,家族企业的领导者陷入琐碎的日常事务而不能自拔的判断太过武断[①]。钱德勒讲述的是一个聚焦于美国的故事,而不是欧洲或者在亚洲。像中国民营企业家是理性的,不可能像钱德勒所说的那样,是主动采取了所谓过渡式的、低效率的家族制度而仍然拥有持续竞争力。

三 全球视野的创业服务和企业家精神

在19世纪后半叶,整个社会对快速工业化以及财富积累带来的负面结果开始反思。反思首先在创业者的后裔中展开。英国有些技工型企业家和家族企业小业主不再像父辈、祖辈们那样对名誉和财富向往和追求,有的开始从事宗教甚至困难重重的海外传教来体现个人价值和意义,对家族来说这是人力资源损失。对社会来说,这是追求多维价值和意义的社会运动。从维多利亚时代开始一直到20世纪上半叶,英国不断地输出商业、产品、原材料的国际化体系,为殖民地建立基础设施,客观上扮演着为世界范围内的创业提

---

① 陈凌:《超越钱德勒命题——重新评价〈看得见的手〉》,载《管理世界》2005年第5期。

供服务的角色。英国的企业家虽然不是将新技术、新发明实现商业化的代表，但因为将知识密集型项目的管理技术带到了全世界，从而推动了全球化进程。他们当中的一批具有创新精神的企业家，将专业技能、制度框架、金融服务通过殖民体系介绍给了全世界，这无疑发挥了创业科普的作用，实现全球视野下的商业服务。可惜，当时英国企业家关注的是海外机会，而不是在化工、电气、汽车等在20世纪能够挑起大梁的新兴产业。这种路径上的依赖，让20世纪的英国失去了早先的辉煌。

英国维多利亚时代之所以占据世界经济的顶峰，源于企业家们致力于创建更大型的纺织企业、工程公司、铁路与航运网络。当时的英国在制造业领域一直作为表面上的领袖，但是基本属于完善产品设计的渐进式创新，而激进性创新不如自己前一个时代的创举，而且殖民地扩大了帝国人口和市场需求，整个英国还自豪地将君主立宪式的分权管理模式向外做了输出，铁路与海运源源不断地将打上商标的英国制造业商品送到全球各个角落[1]。

公司法的变革助力在英国的创业。看起来，一位拥有财力的投资者加上一位具备创业能力的技工，很容易合作创办一家企业。随着英国公司法的不断变革，股东承担有限责任的公司制企业开始盛行。为了便于股票流通，降低风险投资者和企业创始人的风险，股份制企业也越来越多，企业规模继续扩张。不过，基于法制的公司治理成本还是很高。不得不说，企业大部分股权仍属于家族，家族成员之间的血缘和亲缘纽带降低了利益相关者之间合作的成本。这也是为何被批评"封闭"的企业制度但是家族企业仍然是全球最普遍的商业组织类型的原因所在。

凭借自己技术的小企业主，并不是英国维多利亚时代的典型企业家，毕竟已经时过境迁。对当时英国经济有重要影响的是风险投

---

[1] [美]戴维·兰德斯、乔尔·莫克、威廉·鲍莫尔：《历史上的企业家精神》，中信出版社2015年版。

资者与专业人士深入合作之上的大型基础设施企业。这些企业需要工程师、律师、会计师发挥专业技能。创立或者扩张企业需要资本，那些具有良好的判断力的企业家承担投资决策的高风险。合作模式一旦在英国被成功验证，铁路、航运、水利等方面的融资模式、技术技能、管理方式以及企业家精神，随着海外殖民扩张而不断输出。有意思的是，伴随这些企业家精神的，甚至还有一整套对应的法律和制度框架在殖民地得到落地。19世纪下半叶的英国工程师离开本国，绝大多数都没有再回英国发展而是留在了殖民地[①]。随着德国和美国工业化的兴起，英国自然让渡出了世界经济的领导权。

维多利亚时代是英国企业家精神衰败的时代。那时候的英国企业家抓住的是殖民地和国际市场扩大的大好时机，虽然赚得盆满钵满，但是没有看中重工业化和规模经济带来的潜在巨大利益，而且也没有看到从实验室开始的技术创新对现代工业的商业价值，相比之下，电学应用在美国兴盛，化学和制药在德国兴起。英国由于煤炭价格较低，工程师注重蒸汽机的改善而完全忽视了内燃机的巨大潜力。当然，对于岛国英国来说，这也许是更为苛责的要求，英国当时利用比较优势，侧重于知识经济，立国于知识密集型服务业的出口之上，本身也不错。至于20世纪，整个国际地缘政治发生重大变化，维多利亚时代的殖民体系以及在此基础上的国际贸易在两次大战后迅速瓦解。不进则退，英国自然步入了衰退。

衰退的直接动因是两次惨烈的世界大战，让英国商业知识快速贬值。二战后，英国殖民地纷纷独立，依托于全球化和殖民地的商业制度环境发生根本性变化，全球政治和制度发生重构，英国企业家网络逐渐失去价值。中国的改革开放很大程度上给香港这个重要自由港更大的机会，间接拉动了英国。英式国际化商业模式也借此

---

① [美] 戴维·兰德斯、乔尔·莫克、威廉·鲍莫尔：《历史上的企业家精神》，中信出版社2015年版。

有所复苏，对外投资再度兴起，成为全球新兴产业的推动力量。近几年，印度经济增长速度加快，英国企业家似乎又有了用武之地。当然，此时与20世纪初已经不可同日而语。不仅是国外创业环境变迁，英国国内的创业环境也在恶化：自由放任起家的英国国内强化了保护主义，垄断组织增多，工会力量大大加强。面对全球社会主义思潮和工人运动，特别是整个欧洲大陆的同行做法，英国政府也做出妥协，明确表示保护就业和工人工资，默许非竞争性行为，比如1932年通过的《进口关税法案》。该方案是英国为了缓解1929—1933年全球资本主义危机各国竞相采用贸易壁垒的一种方式，但是作为自由放任思想的发源地，规定除小麦、肉类和英国不生产或短缺的原材料外，对所有的进口商品都要征收进口税，有的甚至高达100%，不得不说英国放弃了支撑经济的根基。该法案的出台，标志着英国正式放弃了自由贸易的原则。损害了消费者也伤害了创业活动，削减了长期竞争力。创新创业型的企业家宁愿离开英国本土，去欧洲大陆、北美和澳洲。直到撒切尔夫人的自由化改革，废除保护主义才让英国企业家精神有所复苏。

第二节　工业化与德国企业家精神

创新只有在稳定的经济环境并且有一定平稳增长的国度才有较多建树。德国在19和20世纪给自己和邻国带来了多次灾难，也导致企业家精神的多次终结。初看起来，德国不具备良好的创业环境。不过，即便有多次中断，但是一战之前的德国经济发展史以及二战之后西德的经济发展仍然举世瞩目。一战前的德意志帝国，已经与英国很接近；二战后的德国，很多领域与美国相媲美。德国企业家精神的发展与工业领域的创业活动值得后进的中国学习。已经有学者提出要一改过去的英美为师，改为与德日为伍。

从1806年德意志民族神圣罗马帝国屈服拿破仑的压力解除了

帝国皇冠开始，德国的版图始终围绕着大德意志还是小德意志不断地变化，直到1990年以民主德国加入联邦德国为标志，统一还是民主这个所谓的"德国问题"最终得到了解决。在此期间的184年时间里，历史在不断地尝试人民如何分享政治权力的各种模式。非常有意思的是，尽管德国疆土屡屡变动，宪法和政体不断更迭，但是从德国19世纪工业化开始，似乎一直有一股持续的力量在推动德国经济和国力。德国企业、德国工匠、德国技术让德国产品品质——"德国制造"响彻世界。如果说英国的企业家精神蕴藏于资本积累和技术发明之中，那么德国的企业家精神则是依赖于技术精英和技术应用。

一　从手工业者到技术精英

手工业者是德国19世纪工业化过程中极具价值的资产，当时由学徒期满升任并能够在手工业者协会注册的手工艺人，在所有企业受雇员工中的比例一直处于下降状态。但是，下降的只是比例或者说是份额，手工艺人的绝对数量仍然在上升。到了20世纪初，手工艺人的比重再次增加。在1895年，由谷底的27.3%上升到1939年的33.6%[1]。工业化过程中，手工业部门的重大贡献是为工业部门提供技能。虽然德国学徒制工场数量没有明显增加，但是在工业化过程中，工人的技能却能够从小型工场中获得提升，工人往往接受过三年甚至更长时间的多面手式培训。根据1895年的职业状况统计调查，在职的近80万名学徒中，40万人是在雇工人数小于6人的企业中获得训练，17万人在6—20人的企业中培训，在规模更大的企业中培训的不到三分之一[2]。小企业的这些学徒为将来

---

[1] ［美］波斯坦：《剑桥欧洲经济史》（第七卷上册），王春法译，经济科学出版社2004年版，第565页。

[2] 福格特：《关于1895年以来德国手工业的最新统计成果总览》，载《施莫勒学术年刊》，1897年，21卷，第238页。

的大企业雇工积累了人力资本。19世纪，学徒以及期满才能注册的行会制度，看似阻止了自由主义经济，但培训了劳动者诚实的商业态度，行会能够根据时代要求逐步提升劳动者的技能，鼓励会员参与更多的市场交易。行会成员仍然能够对工业化进程进行调整和适应。不得不说，行会培养并储备了高技能的劳动力，但又有不良后果，那就是德国机械化以及资本密集型产业发展的必要性降低。

先期英国工业化的领先，让德国政界和商界感到亟待强化教育来实现技术的模仿、替代和赶超。与法国拿破仑的军事交锋，更是让德国政府积极通过教育改善处境。1835年，普鲁士有80%的孩子进入了小学学习。到1850年，除了东部部分偏远山区，文盲现象在这个国度消除了[1]。对待强制性教育并且要花费自家钱财上学，部分非熟练工人或者来自农村的工人开始有过抵制，但是很快有所改变。因为从那些接受过教育和培训的熟练工人身上已经发现了教育的价值，即便低收入者也普遍流露出对知识的渴望。行会们积极发声推进免费的儿童教育和继续教育。一些工厂主还推动周日学校，支持甚至直接资助雇员学习语言、算数以及制图等实践性课程。手工艺师父以及所在的行会知道，若要与现代工厂竞争，学徒阶段就要接受更多的教育。许多手工艺师父直接担任了一些继续教育学校课程的教师，个人绩效较高的员工成为工厂的领班和监工[2]。

与欧美国家不同，旨在更高水平上提升与造就技术精英的理工或技术高等学校和培养商业人才的商务学校在19世纪先后开办，虽然当时还不是"大学"。像柏林职业技术学院，是彼得·博伊特在1821年创办的，学校坚信普鲁士工业化的障碍在于技能的缺乏而不是资本的不足，学校坚持讲授从国外引进的替代性技能，赶上英国等工业化的先驱。大量迅速发展的重要技能在这里传授。该校

---

[1] 里特尔：《工业化早期阶段政府的作用》（柏林，1961），第18—21页。
[2] ［美］波斯坦：《剑桥欧洲经济史》（第七卷上册），王春法译，经济科学出版社2004年版，第568页。

后来成为高等学院（institute），1866 年升格为学术院校（academy），并自称开展的教育水准超过任何英格兰同类机构，它已经从传授替代性技能升级，到能够引领技术与人才时代潮流。1902 年，该校与柏林建筑学院两校合并，成为柏林技术大学。在这些技术院校，高工资足以将工业领域顶尖技术专家或者商业人才聘为老师，培养出优秀的学生。

与专业技术人员需要大量从英、法、荷等国引进不同，专业的商务人才则是国内供应。19 世纪早期，商务职员因其较高的文化教育水平享受社会地位和他人尊敬，但之后的教育普及降低了商务职员的稀缺性和商业价值，从而形成供给相对过剩以及商务人才的买方市场。唯有较高职业技能的商业人士才能获得不一般的待遇。伴随着技术高等学院（大学）的兴起，商务高等学院（大学）也受到了社会的欢迎。在 19 世纪，与技工培养不同，商科院校还从事对商务过程的学术研究，具有明显的超前性特质。到了 20 世纪初，德国已经建立了世界第一流的综合性研究型大学，还建成了独步天下的技术和商务教育体系[①]。工业革命过程当中，在理工学校、技术学院、商务学院接受过学术培训的工程师和只受过实践性训练的工人确实不同，他们有更多的工作职位供其选择，甚至可以获得博士学位，与综合性大学的学生平起平坐。对于很多职业院校出来的年轻人而言，继续获得学术资格是在帝制社会等级观念盛行情况下，提升个人地位的一个显性阶梯。

二 模仿策略与德国创新型工业化道路

有了手工业的铺垫和技术工程师的大量培养，作为后进者的德国目标明确，那就是追随着英国的步伐，他们从学习和模仿开始而且进展很快。德国依托工业研究和工业技术方面的人力资源优势，

---

① ［美］波斯坦：《剑桥欧洲经济史》（第七卷上册），王春法译，经济科学出版社 2004 年版。

走出了一条独特的创新型工业化道路。德国没有英国那样广泛的殖民地，也没有发达的国际贸易体系，不能像英国那样很容易找到原材料和自然资源。不过，这种不利处境下发展的德国工业反而"因祸得福"，一批在有机化学领域最具创新精神的企业家让德国基于焦油衍生品——碳氢化合物发展出染料、合成材料和药物，产品谱系包括炸药、麻醉剂、人造塑胶以及合成染料及中间产品①。虽然合成染料企业肇始于英法两国，但是能够提升为严谨科学并实现工业化的却是德国。德国的产业化以及研究套路基本相近，不仅有科研院所，还有企业研发部门，从煤化工业的焦油衍生品中萃取物质。德国专利法规注重保护生产工艺而非所萃取的物质本身，因此各重要企业脱颖而出能够不断地研发新工艺降低成本。全世界从煤炭工业转向石化行业，从化学工业到生物技术，像巴斯夫、拜耳、赫斯特等著名德国企业一直保持领先位置，即便是两次几乎摧毁世界的大战仍然没有颠覆德国化工领域的地位。化工领域有趣之处，在于在研究某种物质时经常会有意想不到的副产品，"无心插柳柳成荫"似地发现一些化学家之前没有重点发现的物质。因此研究人员只要找到那些偶然之物的特性和萃取工艺就行。拜耳公司在第一次世界大战前就发明了上万种合成染料，并将其中的两千多种进行了产业化。而在研发染料的副产品中，还包括一些药物成分和合成材料。时至今日，拜耳公司的产品种类超过10000种。高分子、医药保健、化工以及农业是公司的四大支柱产业，这四大产业看似不同行业但是有内在渊源。

德国的电子行业就是依托理工院校所培养出的优秀人才实现产业快速发展的，并且在全球长期有一席之地。这个行业的先驱性领袖包括两位企业家，一位是维尔纳·西门子，另一位是埃米尔·拉特劳。这两位各自都极为成功，而且还有过很长时间的商业合作。

---

① [美]戴维·兰德斯、乔尔·莫克、威廉·鲍莫尔：《历史上的企业家精神》，中信出版社2015年版。

从美国引进电力和电器技术方面，德国通用电力公司（AEG）的创始人拉特劳是典型的技术引进型企业家。他多次前往美国，将那里的技术带回德国。第一次带回来自动化车床，第二次带回了贝尔电话机，第三次带回来爱迪生电灯①。1888年，AEG公司进入电力机车制造领域，首先是轨道矿井机车，然后是城市有轨电车，在当时的欧洲属于独一无二的技术，而且很快有显著的经济效益。1891年，AEG公司为法兰克福国际电力博览会建设远距离高压交流电输电系统，实现低损耗的远距离传输。二战后的AEG公司在西德的生产线在废墟中很快重建。如今，从厨房炉具到洗衣机，成为德国人日常生活不可或缺的电器制造商。

西门子是AEG之外寡头式的大块头。创始人维尔纳·西门子本身就是物理学家和发明家。他在柏林联合炮兵学院的学习热衷的是数学、物理和化学，在军火实验中甚至损失了部分听力。他的第一项工业发明是用电流技术镀金、镀银，凭借这个技术入股他人企业，分享红利。第二项发明是改良印刷机，也给他带来不小的经济回报。他甚至在被监禁的监牢建立了实验室，利用电解实验的成果起草专利申请。出狱后，参观法国工业博览会让他的发明有了更高层次的腾飞，他很快发表科学论文并将兴趣转向电报，这是他名垂青史的重要技术发明。1847年与工程师哈尔斯克合作创办企业，西门子提出设想，哈尔斯克做出产品，连续获得多个铺设电报线的政府项目，并尝试开始在电子和电气领域进行多元化。西门子先是研发了直流发电机，之后是为柏林街道安装路灯，再然后是电梯和有轨电车。西门子和埃米尔·拉特劳将美国贝尔电话机进行改良在德国商业化。技术研发和改良别人的产品，是西门子的强项，也是其商业的主要模式，既绕开专利法的约束，又能给消费者更好的产品。德国人的严谨性格，将技术还原为数学标准，完成对现有英美

---

① ［美］戴维·兰德斯、乔尔·莫克、威廉·鲍莫尔：《历史上的企业家精神》，中信出版社2015年版。

技术的升级和标准化改造，这种规范体系的建立不仅让德国有了统一的标准，还溢出到整个欧洲，成为行业规范。维尔纳·西门子的两个弟弟，威廉·西门子以及卡尔·西门子也先后进入公司，分别在英国和俄罗斯开设分公司开展业务，早期主要是制造特殊电缆、承接政府委托的铺设海底电缆项目。在获得成功后，在欧洲市场甚至美国都建立了西门子的分公司，国际化是西门子的重要战略。有了家族制的合作经营，维尔纳更多的精力还是在研究，成为后来全德国所尊称的"电子电气之父"，西门子公司历经一百多年，成为国际著名的跨国企业。

欧洲众多小国的基础设施依赖于欧洲的大企业。德国通用电气公司、西门子这样的大块头企业，对于欧洲很多城市来说具有价值。因为很多地方的市政当局没有实力建造发电厂、有轨电车等基础设施，又对私人全资拥有当地城市的基础社会保持警惕，因此往往邀请大块头跨国企业来建造，承诺在一定的年限内交给他们运营，期满收归市政当局所有。这些大块头企业从欧洲富国获得资金为欧洲众多城市项目融资，解决基础设施可能需要的巨额资金问题。

三　纳粹德国后的渐进式创新道路

20世纪，德国悍然发动两次世界性的大战。战争期间，德国自然面临原材料进口的封锁和出口的禁运。这个时期虽然仍有不少创新，但是在闭关锁国式的模式里，聪明才智花在克服原材料短缺的技术中，创新在很大程度上是一个死胡同。短期虽仍有不少成就，但是长期来看与全球脱节。煤氢化技术出现于二战时期，是因为能够在煤炭中提取汽油与合成橡胶，以应对盟军的封锁，这是当时应对外部形势自给自足的合理技术。真正带来灾难的是纳粹德国对犹太人的屠杀、战争经济管制以及对民间德国创新体系的抛弃，直接导致了企业家、科学家和技术人才的大量流失和死亡。

二战后，无论是西德还是东德，都改变了闭关锁国的策略。整个化工行业从原来的煤化工转向石油化工，集中在作为主要能源和基本物质的碳氢原材料。出口也主要集中于汽车、化工等技术含量并不算最高的产品上，谈不上先进的技术创新，只有现有技术的完善。巨大的重建机会给了德国弯道超车的机会，并在各个领域延续渐进式创新套路。战后德国技术主要来自美国，大众公司的重建基本是依托美国福特的工程师。德国化工与医药行业的巨头赫斯特，就是不断通过购买技术、购买企业获得领先地位。该公司在全球化工领域仅排在杜邦之后，1981年收购美国马萨诸塞州综合医院的研究成果，1995年70亿美元收购美国MMD制药公司，1996年30亿美元收购法国鲁塞尔—于克拉夫制药公司。2018年6月7日，拜耳公司收购美国生物技术公司孟山都也是如此。

虽说有德国技术和德国制造的良好声誉，但是德国并不擅长那些最高端的技术密集型产品。生物技术、电信、互联网科技等方面不如美国，甚至不如弹丸小国瑞士。作为跟随者，德国已经认清楚不可能像一战前那样掌握全球技术创新的最前沿，而是做精明的学习者、管理者和出口商，并且不是主要的大类领域，而是选择在分支领域、细分市场做到极致。虽然没有比尔·盖茨、乔布斯、马斯克、扎克伯格等英雄式原创性创新企业家，但是渐进式创新战略、应用型人才战略和对市场与科技的密切关注，使得德国通过模仿、收购与合理化获得自己的独到优势。德国这一百年是紧盯先行者，并且成为第一批产业化的实践者和受益者。

第三节　现代企业制度与美国企业家精神

美国为何如此富含企业家精神？移民身上的创新创业精神是很容易被人们所关注的。现代的移民本是经济全球化背景下，在商品流动、资本流动之外更重要的人才流动。资源流动本身是一种套利,帮助填补价值洼地,此即所谓"水往低处流、人往高处走"。历史上,美国人向西迁徙,俄国人向东,中国人则是向南。中国北方人因躲避战乱从黄河流域向南方迁徙,导致南方无力承担更多人口。福建、广东一带有冒险精神的一批人率先远渡重洋"讨生活",从18世纪中叶到20世纪30年代,东南亚殖民地的种植园和矿区吸引了一大批华人;美国西部开发也吸引了中国人前往"淘金",诸如加州的金矿开采,以及后来横贯北美大陆的铁路工程,均吸引了数以十万计的华工。那时,人们甚至是将性命拴在裤腰带上以偷渡方法实现移民。

不能小看新移民。"新美国经济伙伴"组织2012年8月发表名为《商业开放:移民如何推动美国的小企业创建》的报告,其中显示:在2011年,美国28%的新公司都是由移民创建的,尽管他们只占到美国人口的12.9%。要在他乡出人头地从而不断拼搏,是天然具备冒险精神的新移民者创业和成功的动力。

我们当然不否认移民人群积极改变自身的迫切愿望,但更要问美国的制度为何吸引移民,美国的制度环境如何滋生企业家精神。宪政联邦体制、专利制度、基础设施以及因此产生的广阔市场是重要的催化剂。

一　发挥企业家精神的美国制度环境

美国1789年生效的宪法是世界上第一部成文宪法,相对于之前美国的《邦联和永久联盟条例》,重要变化是要对各州主权加以限制,将必要的权力授予联邦政府,比如禁止各州发行货币,废除各州限制州际通商的条款。美国强调司法独立,因为美国人民相信司法能适当限制官僚机构。正如上文所述,产业革命时期英国的绅士精神支持了合约的执行,但是美国一开始就强调要建立独立且有效的司法。正式制度能够催生发达信贷市场,具有保护企业拉动经济发展的重要作用。限制国家"掠夺之手"保护了财产权利,一个全国性的市场让创业活动获得足够的回报。

在宪法生效后的第二年，美国第一部专利法出台，明确发明者对发明的排他性权利期限。早先的专利申请是由政府有关部门的官员进行审核，事实上专业要求很高，审核的压力很大，出现专利申请的大量积压。很快，专利从申请改为注册制，但制度变化并非两全其美，注册制导致了发明家与使用者之间的冲突和诉讼[①]。1836年的《专利法》规定，由领域内的技术专家负责审核发明申请人的新颖性和专利价值，以期实现鼓励发明和传播新思想之间的微妙平衡。保护技术专利充满了矛盾。专利制度要求技术使用者给予发明家一笔补偿。但是专利申请成功，可能成为一种壁垒限制竞争，用专利技术建立护城河，甚至造成了垄断格局。如果创意因为这个专利的门槛而被保密没有得到扩散，也将是损害社会利益。有人买断专利并索取高额许可费，对那些不愿意支付但想用该技术的企业进行类似于商业敲诈的威胁。因此有人认为，鼓励创新的专利技术，最后事实上也导致了创新制度的终结。专利技术是新思想商业化的前提。美国专利当局采取了系列措施鼓励技术扩散。常见的有，将那些专利技术刊印介绍，以较低成本向潜在读者介绍技术创新和商业价值。企业家、投资人、发明技术专家、律师、行业专家的互动和交流，给大家带来了关于某项技术有用的经济预测信息，为潜在的购买方、技术投资者提供发明鉴定服务。他们在供给与需求之间作匹配工作，发挥独特优势，降低技术转让的交易成本。

美国总体上奉行亚当·斯密自由放任的古典经济理论，认为国家的责任就是鼓励企业家自由发挥其才能。美国公司法的变迁历程，就是不断地帮助创业者更有效地筹集资本、发挥企业家的才能。保护股东利益的本质就是降低融资成本，刺激创业活动。美国政府并非"掠夺之手"，也不是完全放手，而是典型的"有为之

[①] [美]戴维·兰德斯、乔尔·莫克、威廉·鲍莫尔：《历史上的企业家精神》，中信出版社2015年版。

手"。公路、铁路、航运等大型基础设施，由于资金壁垒和外部性，单独由私人企业无法筹建；但如果由政府以公共产品的方式予以提供，又面临效率的难题。美国政府则是以提供补贴和信用担保干预企业经营行为，当然也蕴含着设租寻租的空间。1872 年爆发动产信贷公司（Credit Mobilier Company）丑闻案，这家隶属于联合太平洋铁路公司的铁路建设子公司，通过给国会议员赠送本公司股票的方式去贿赂议员期待获得支持。这种行为在学术界还产生了争议。多数学者认为，贿赂政府官员让政府慷慨买单是典型的非生产线企业活动，属于破坏企业家精神的寻租行为，政府应远离企业经营活动。而另一种观点认为，没有政府官员的背书、授权、担保，企业无法筹集足够的资金用于大型基础设施建设。最终，贿赂丑闻让政府缩手缩脚，很多政府扶持项目也是草草收场。有为政府的另一个例子是国会在 1862 年通过的《宅地法》，居民只要住满一定的时间，可以近乎免费地获取西部土地。为此，联邦和州政府不断发起新农作物与栽培技术的研究，为农业技术开发和推广提供资金。这一年，美国国会通过《莫雷尔法案》，规定各州凡有国会议员一名，拨付联邦土地 3 万英亩，土地收益资助至少一所学院，这就是赠地学院制度。这些学院主要开设农业和机械方面的专业，培养农业人才。到了 19 世纪末，赠地学院发展到 69 所，后来多半发展为州立大学，为经济腾飞作出重要贡献。总体而言，在 19 世纪的美国，政府为建成强大而又广阔的国内市场也是煞费苦心[①]。

建国之初到内战，美国没有产生很多能够影响欧洲的企业家，而且不是所有的企业家都是威廉·鲍莫尔所说的生产性企业家。有不少美其名曰模仿但其实是违反专利的侵权性企业家，为此那些原创性的创业型企业家需要花费大量的时间和精力用于"打假"，通过诉讼保护自己的权利。对于模仿者而言，前人那些专利技术其实

---

① ［美］戴维·兰德斯、乔尔·莫克、威廉·鲍莫尔：《历史上的企业家精神》，中信出版社 2015 年版。

是如此简单，看懂技术以后的模仿很容易，以至于专利体系在保护专利权人方面经常力所不逮。还有些企业家，即便是成功的创业型企业家，仍不忘用寻租、政治游说甚至是贿赂的方式同政府打交道，拿到更大的政府订单，或者是希望政府给予补贴。比如塞缪尔·摩尔斯，大名鼎鼎的电报和摩尔斯码方面的科学家。早年他是有一定影响力的成功画家，因为偶然的原因了解到电磁感应和航船对远距离信息传播的需求，开始研究电与电磁。他开创性地用点、横线和空白的各种组合承担起发报机的信息传递任务即摩尔斯码，然后成功研制电报机，并游说国会获得大额资助，架设华盛顿和巴尔的摩之间的电报线路。他就是依靠政府的资助以及研究成功后转让发明特许权为生。

二 舆论环境、技术中介与创新扩散

正如前文介绍英国从世界之巅走下坡路时所述，1851 年伦敦世博会上是英国的顶峰，之后就看到越来越多的美国企业家开始登上国际舞台。这一年，有五位美国企业家凭借技术发明和产业化得到该届世博会的最高奖——理事会奖（Council Medals）。这些企业家出生背景不同，教育经历不同，较多地受益于学徒制的工程师体系，边干边学，这个时期被认为是美国企业家精神的成熟期。创业机会不断涌现，有利的基础设施以及广泛的市场，让那时总体属于农业国的美国不断尝试工业化道路。

1865 年，美国内战结束，从此美国经济进入快速增长期。西部广阔的土地开始得到利用，资源得到开发，很多区位开始了具有特色的经济增长模式，大企业也开始涌现。专业技术持有人带着各种专利文件进入钢铁、化工、电力以及后来成为支柱的汽车行业，不过当时的汽车业应属于新兴产业。这个时期的技术加上创业，是发明家和企业家的黄金时期。19 世纪末的美国，上上下下对企业家充满了崇敬。民众热衷于传播英雄式企业家的创富故事，也欣赏为获取财富投入大量的创业辛劳。虽然，多数能够获得成功的企业家还是具有特殊家庭背景，往往是中产以上家庭出生。他们并非真正意义上的白手起家，但是众人仍然相信通过开创事业，自己仍然有可能跻身上流社会。这是美国信仰自由竞争的时代，达尔文进化论大行其道，坚信自己能够适者生存。这与我国改革开放四十多年来的情况有很大的相似性。"老板"从原来资本家意义上的代表着剥削的称呼，变为日常生活中有些陌生人之间的打招呼方式。创富者得到了空前的认可和社会膜拜。当然，创业成功极为不易，创业失败意味着背上一大堆债务，成为没有信誉的人。

在内战后的经济黄金期，美国各州陆续出台了便利公司登记的制度，从申报条件到申报费用互相竞争，只为打造更有利的创业环境。从治理的角度看，由于内部人控制，那些由创业者担任的大股东获得了超过其持股比例的控制地位，其他投资者，尽管都是有钱有势的富人但毕竟是中小股东，由于缺乏中小股东的保护机制，不能对大股东的关联交易、堑壕行为进行干预。看似不理想的治理结构，但在客观上极大地提升了大股东、创业企业家的创业激励。

三　技术创新、组织变革与市场结构

围绕技术发明的创业活动，对企业组织带来影响。从 19 世纪 50 年代开始，大企业，主要是美国的大企业开始登堂入室，吸引全世界的眼球。铁路企业是美国最早的大型企业。建造横贯美国大陆东西海岸的铁路，既刺激了金融机构又刺激了金融工具，整体上改变了金融业态。随着铁路里程的快速上升，既要提升安全性还要增强盈利能力，是当时铁路企业内部进行管理变革的方向。科层制管理岗位得到进一步成文化和清晰化，统计图表和工作手册被大量使用，计算业务单元绩效的管理会计得以发展和应用。随着管理者群体与技术专业人士的融合，那些工程师的技术创造力被放大，他们因为直接与自己的薪酬和职位挂钩而获得巨大的激励。与此同

时，铁路大发展还刺激了很多行业的纵向一体化。一位名叫古斯塔夫·斯威夫特的芝加哥屠户意识到铁路大发展后，可以用冷藏车将提前屠宰的牛肉运往东部市场销售，一改过去需要将活牛从西部运往东部在销售端屠宰的做法，既省了路途中活牛死亡、喂食等方面的损耗，还避免了活的活牛身上很多不可食用部分的运输成本。单单是后者，不可食用部分的重量可能占到一头牲畜的一半，这也意味着降低了一半的物流成本。这个了不起的屠户建立了自己的冷藏库、配送系统以及终端销售网络，完成了纵向一体化。最后，唯一能够跟他相竞争的只有其他几家由资金堆出来的，也是建立冷藏、冷库和销售网络的厂商，众多小企业、小屠宰场纷纷歇业关门，形成寡头市场格局①。

  铁道与航运扩大了美国国内市场，使企业的规模经济效益显现。规模越大越有利于降低成本提升竞争能力。创新和模仿此起彼伏，同质化严重，19世纪下半叶美国商业竞争加剧，铁路、钢铁、石油、化工等资本密集型的行业兼并开始增加，目的是超越卡特尔式的松散联盟，直接通过合并来限制恶性降价。随着周期性的经济大萧条的到来，这种合并尤其是大企业之间的合并更加明显。一方面，合并后并不见得都能够起到明显的降低成本、提升技术水平实现优势互补的作用，并购后企业绩效出现下滑更为多见；另一方面，合并后试图提价的做法，吸引了一大批竞争者进入市场，市场份额下降。制造进入壁垒，需要企业通过前向整合分销来实现，而不是横向合并，消费者对品牌的认知才是构建护城河的基础。

  竞争加剧和兼并之风，形成了寡头甚至近乎垄断型的大企业，逐渐引起民众和政府的警惕。如今，这些大企业更有激励去"俘获"政府监管者，他们对国会立法和行政执法产生影响。传媒记者林肯·斯蒂芬斯、厄普顿·辛克莱等人专门揭发大企业与政客的勾

---

① ［美］小艾尔弗雷德·D. 钱德勒：《看得见的手：美国企业的管理革命》，商务印书馆1987年版。

结。很多企业"大亨"贿赂和操纵政府和立法机构徇私舞弊,不少新闻机构卖身投靠。近2000篇揭露美国商界的文章构成了美国历史上的"扒粪运动",削弱了民众对企业家的敬重,开始动摇"成功即美德"的价值观念。新闻媒体对黑幕的揭露推动了政府的改革。1890年,美国通过《谢尔曼反托拉斯法》,1914年颁布《克莱顿反托拉斯法》《联邦贸易委员会法》,目标只有一个就是禁止垄断,反对贸易限制[①]。

这些反对兼并和垄断的立法对企业家精神有什么样的影响,还存在争议。一种观点认为,"大树底下不长草",大企业必须受到限制,否则其他中小企业没有优势,无法与之竞争。大企业限制了竞争,阻碍了企业家精神。另一种观点认为,限制大企业,本质也是政府之手人为干预企业,破坏市场机制。而市场机制是企业家精神的土壤。以反垄断为名限制大企业,不利于发明创新,企业不敢收购发明家的技术,那些独立发明家的处境更困难。这个争议持续到现在。

四　企业创新与美国联盟式科研体系

无论是德国还是美国,大企业内部是否要建立强大的科研团队,投入大量资金建立自己的实验室?两个后进的工业化国家都有过一段徘徊和犹豫期。按照传统的做法,企业可以随时关注外部发明家的最新成果。内部实验室只是派出专家对拟外购技术进行评估而已。眼看19世纪末德国企业开创的研发实验室产生巨大效益,美国企业也坐不住了,研发模式开始调整。其实,德国研发实验室的成功,跟德国不少企业家自己就是发明家有关。实验室能够进行材料测试和帮助各个部门解决技术难题,即便是购买外部技术,也需要内部实验室对技术进行改进和衔接,产生众多"小专利",最

---

① [美]戴维·兰德斯、乔尔·莫克、威廉·鲍莫尔:《历史上的企业家精神》,中信出版社2015年版。

终证明这些小专利也可以构成企业的护城河。当然，如何确保公司研发人员的成果不会随着员工离职而成为自己的竞争对手，给不少企业带来苦恼。另外，企业内部的研发很容易陷入增量的、适应性研发中去，颠覆性的技术创新有时候即便在实验室产生也因为公司的重资产而束之高阁。典型案例是科达公司，他们在20世纪70年代就在数码相机上有很深的研究，但是和自己主营的胶卷有内在的冲突，因此试图阻碍数码技术的发展来保护胶卷主业，最后被时代所淘汰。从这个角度看，中小企业或者专业的发明家才是新技术的主要诞生地。新技术、新商业模式对公司可能产生颠覆性的影响。行业的领先者应对破坏性的技术有所预见，但是公司资源倾向于分配在以现有利润最大化为导向的部门，公司也一直关注于被证明了的现有顾客群体，比如高端的、高利润的市场。一旦颠覆性创新出现，新进入者先是锁定领导型企业不关注的低端消费群体，站稳脚跟后直接与领导者竞争，具有极强的杀伤性甚至取而代之。入侵者掌握的无非更简单、更方便、更便宜、更值得信赖的技术。在位者针对高端客户，为维持原有的高利润进行的创新，往往是渐进的工艺改进，属于维持性创新。那些破坏性创新一开始仅仅是对低端客户群体有吸引力，而这些顾客并不会入在位者的法眼，因此他们并没有重视入侵者，也就缺乏动力去直面挑战[1]。

两次世界大战使美国政府和民众都认为科技是赢得战争的关键作用，战时的科研体系在战后很长时间得以沿用。政府部门、科研院所以及大企业的科研实验室构成的大科学架构，共同服务于政府指定的研究方向，比如军事用途。整个国家的工业科研能力只有少数部分面向民用需求，美国国防部才是科学领域的最重要决定者，也是将国家资金分配到科研学术界并选择性支持企业的"看得见的手"。高科技是各国创新和活力的源泉。美国高科技公司从政府获

---

[1] [美] 克莱顿·克里斯坦森：《颠覆性创新》，崔传刚译，中信出版社2019年版。

得不少的业务，简单的成本加成方法，承担较小的风险，在计算机、通信及其相关技术方面积累了向民用渗透的能力。甚至一些披着所谓"高科技"黄马甲的企业浑水摸鱼，也能吸引不少的风险投资资金。

近些年来，美国创新型企业的计算机大型数据处理能力以及自动化控制技术，推动了产业发展。国家实验室、研究型大学以及围绕军工的大公司研究所一起聚焦基础科学，将无线电发展升级成为电子元器件，高速公路系统、航空与航天技术、计算机与控制、通信、核能的发展都与国防有密切关系。在很多来自政府机构、属于官僚体系的技术型官员身上看到了政府企业家精神，（他们或者积极推动立法或者改变行政实践程序，在官僚体系中突破阻力实现必要的改革。）同时，还出现了学院型企业家，他们是那些根据科研项目创建新企业同时仍然保留教职的学者。

在公司内部，事业部之间、竞争性项目之间都存在经费以及奖金池的竞争。有些部门出于部门利益，超越了公司战略，影响企业的资源配置，最终破坏了公司内的再创业。不少公司尤其是大型企业，往往可以通过售出专利许可的方式获得收益，那些规模较小的新创企业没有这个能力。大公司实验室提供给科研工作者较高薪水、配备实验设备，但是仍然有不少勇担风险的研发人员选择了自我创业，他们不会在安逸的岗位里磨灭理想。他们离开公司，带走了技术、研发，还带走了创业的激情。

以美国为主导的信息革命在 20 世纪 70 年代就露出端倪。当时，美国人引以为豪的汽车、电子、消费品等行业都受到德、日的阻击，同时中东石油危机导致国内连续出现的"滞胀"让美国的企业缺乏生气，美国家庭消费水平停滞不前。80 年代开始，英美相继开启经济自由化改革，冷战也逐步进入尾声，军方主导的科技创新开始转向民用，由此开始涌现大量诱人的创业机会。大企业的公司内创业不再流行，而硅谷的电子信息小企业开始如火如荼，斯坦福大学、美国军方都跟这些创业项目有一定的渊源。很多实验室抽屉里锁着的技术，开始向雄心勃勃的创业人士招手。婴儿潮成长起来的叛逆一代，不喜欢千篇一律式的产品和科层官僚体制，他们关注社会公益，热衷对公共卫生、环保、安全的社会监管，因为喜欢低价产品而反对行业管制，追求产品的多样化和新颖性，小众化产品才能体现个人特殊气质。在信息技术领域，IBM、AT&T 等大型公司主打大型电子设备、计算机硬件和服务器，而软件和外围设备则成了新创企业进入的最佳领域，有的还将外包业务合同给了印度和中国，带动了外国相关领域的创业。信息革命让人力资本和社会资本的重要性领先于金融和物质资本，科层制转向到网络，开放标准和技术生态成为主要模式，企业研发部门、小科技创业公司以及大学研究机构形成了联盟式的关系网络。其中，风险投资发挥了重要的作用，它们不仅仅是给创业项目提供了金融资本，更是社会资本与专利网络的重要联结者，改善了创业公司的治理结构。

第四节　近现代中国企业家制度演进与企业家精神演化

中华人民共和国成立已经有 70 多年，但是民营企业的历史最多只有 40 余年，也就是在以 1978 年作为分水岭的改革开放之后才形成的。四十年后，整个中国社会焕发光彩，源于一个以前所没有的、能在各种不确定性中实现生产要素新组合的创富企业家群体。2011 年 3 月，英国 The Economist 杂志总结撬动中国经济腾飞的力量，将其总结为"竹林资本主义"（Bamboo Capitalism）。改变中国的不是国有企业，而是那些平均投资回报率高于国有企业 10 个百分点的民营企业。得益于逐步放松管制的经济政策，创业活动如雨后春笋一般蓬勃而出。当然，创业活动在中国并非均衡。从沿海到内陆，从南方到北方，民营企业活跃程度总体上呈梯次递减，中国也相应地拥有了东、中、西部这样的经济结构,或者东南沿海与西部内陆的分水岭。

在英文里,企业家精神与创业是同一个词语：Entrepreneurship,创业活动离不开企业家精神,企业家精神与创业精神混同。狭义的创业就是创建一家新企业,而广义的定义则是开创新事业。企业家面对的是各种不确定性,生产要素价格不确定、产品售价不确定,未来难以计划和预测,就连谁是客户、客户认为什么是价值都是未知数,唯有创造性破坏,实现新的生产要素组合才能有机会得以生存。因此,创业者的核心特征不在于是否要素禀赋绝对值上的"白手起家",而是在于各种资源相对稀缺、充满不确定的情况下识别机会、利用机会、开发机会开展创造性的商业活动,给客户创造价值,也就是创业精神或者企业家精神。我们当然要充分评价改革开放后的企业家精神,但是从文化延续的角度看,仍然不能忽视近代制度变迁中的企业家精神演化。

一 中国近代制度环境变迁与企业家精神演化

数千年的农耕文明不重视商业又离不开商业,唐宋盛世诸多繁华都市商业已经十分发达。亚当·斯密曾经对于中国的黄河、长江以及人工开凿的京杭运河提供的商业机会以及由此形成的巨大国内市场羡慕有加。丝绸之路更将商业拓展到西亚与欧洲。不过,皇权对待商业的宽容程度也是起起伏伏,宋元之后总体表现为对内重农抑商,对外闭关锁国。就拿海岸通商为例,明太祖朱元璋就期待利用海禁来巩固海防,寸板不许下海。属于昙花一现的是明代永乐、宣德年间的郑和海上远航活动,称得上近代唯一可刊入史册的重要远洋,而其本质也是宣扬国威而非商业活动。由于疆域广阔,各地状况不同,虽然是中央集权,但地方仍然有一定的自由度。这是中国民间商业没有完全断绝的制度原因,但皇权统治下的民间商业也从来没有能够登堂入室。富可敌国的商业巨贾势必威胁皇族,商业利益依附于国家政治和帝王将相无法独立。上千年来，农业社会的超稳定结构来源于村落的自给自足、自我维系和自我治理，商业活动也是局限于地方而较少实现跨区域往来。

明朝中后期开始，江浙鱼米之乡将丝绸和纺织作为耕种的副业应对人口爆发式增长所引起的生存需求，以家庭为单位融入市场分工体系。药材、棉花、茶叶、蚕茧、木材、烟草出现了跨地区的贸易，以家庭为单位的初加工促进了专业化生产和手工业发展，也就是家庭作坊。不少农民不再从事耕种，而成为正式的手工业者。在长江以南的一些中心城市和乡镇，商业化水平已经较高，行会、会馆帮助编制商业网络，实现人才、信息、信任和资金的流通。清政府因为江南是税收重地而采取了自由放任的态度，地方官还要充当合约裁决者的角色。在农业社会土地碎片化无法支撑大量人口情况下，"谋生"一词自然而然就增加了"经商"的含义[①]。

清末中国民族资本家的企业家精神主要来自同西方的接触。商业理念、商业技能以及企业管理等的新知识，最早是那些在洋行为洋人打工的中国"帮办"们率先学到手的。雇员、经商和留学期间，中国人学习西方法律规范和管理制度，用于国内自己的创业活动。历史总是以押韵的方式在重复。改革开放后的创业者，也有很大一部分来自外资企业、合资企业，他们经历了商业文明的启蒙，重新续写了那个时代的企业家精神，能够用"中国的深度"来应对"国际化的广度"，在家电、纺织、机电等诸多领域还能够打倒来自西方的"师傅"，将产品卖到西方去。

构成中国企业家精神的重要因子是企业家身上的政府官员特质以及所具备的如何应付外部政府官员干扰的能力。在19世纪60年代，清政府开始了轰轰烈烈的洋务运动。政府官员主导创办了企业。这些官僚参与企业管理，使得当时的企业家身上有着明显的官

---

① 陈锦江：《帝制晚期以来的中国企业家精神》，载《历史上的企业家精神》，中信出版社2015年版。

员特质，有的官僚即便是离开企业只剩下官员身份，仍然能够通过其影响力保持对企业的控制权。在清末最后的"MBO"盛宴中，他们有能力将企业转变为私人企业，将政府和其他商人投入的资本转化为个人资本。这也意味着，那些被侵占的所谓其他商人要时刻保持着对官僚资本的警惕。特权的土壤、司法制度的落后导致产权得不到保护。中华民国时期，卢作孚旗下的民生轮船公司是中国内河航运的最大民营企业。抗战之初，他坐镇宜昌，在敌机的狂轰滥炸中完成了100万吨战略物资以及150万人向后方的转移，完成了史称"东方敦刻尔克大撤退"的壮举。这家民营企业穿梭在长江之上为中国抗战事业做出重要贡献，卢作孚个人也被蒋介石聘为国民政府交通部次长。即便有了"顶戴"，又有功绩，民生公司还是受到了更大官僚资本家孔祥熙、宋子文的垂涎。他们要投资入股民生公司，还以干预商业银行不得向卢作孚贷款的方式，逼其就范接受他们的入股和掌控。作为企业家，直到抗战胜利。

　　虽然政府对商人、企业家的产权保护并没有做好，但是总体而言有所改善，因为客观看待商人逐利行为、尊重企业家创新创业精神的土壤在慢慢形成。宋明理学极大提升了义与利的兼容性。人们可以将儒家伦理作为修身养性的内心规则，也不是只有统治精英和士大夫才能克己复礼施行仁义，士、农、工、商这"四民"都是合乎体统之业，都能以善心、善行得到尊重。王阳明强调四民异业而同道，"士"与"商"不再泾渭分明。理学家陆象山就是商人家庭出生。富商家族后代选择职业时也有分工，有的考取功名有的传承商业，互相得益。康乾盛世清政府与江浙富商、盐商就有官商合作关系，南方富庶之地的税收系统、漕运系统支撑北方皇权的开疆辟土。皇帝本人南巡之时也有入住商人私邸表现较好的私人关系，商人也可以得到额外的寻租性赚钱机会。商人虽仍属四民中的末业，不时被生杀予夺成为政治斗争的牺牲品，比如徽商胡雪岩。但是，皇权之下，"四民"中哪一类人不可以成为牺牲品？放水养鱼实现商业繁华，最终国富民安是统治者的目标。特别是清末洋务运动，更是将"士"与"商"融为一体。不少地方官员个人出资投资于企业，为了保护自己的权益，推动了1904年公司法的颁布。商人有了"实业家"的美誉，实业报国成了部分有识之士力挽狂澜于大厦将倾之时的人生策略。

从"四民"中的末业到官商合作，虽然商人地位不断提升，但是还是要看官员脸色。在不高的社会地位下，企业家们难有长期导向的战略，不敢轻易从事研发、多元化、跨地域经商等具有较高风险性的决策。依附型角色定位还在，中国能否培养出熊彼特式的创新型企业家，还是局限在柯兹纳式的套利型企业家？首先，套利型企业家的风险更小，其次官员也能够成为中国商人强关系、强网络社会里的重要一环，助力商人获得更多套利机会，形成稳固的官商联盟。这些历史和文化特点极大地影响了企业组织形式。政商关系作为企业发展重要的资源具有人格化特征，雇员和雇主之间也是个人关系，其中又以血缘关系和类血缘关系如地缘、学缘关系为主，信任半径较为有限，家族制企业更为普遍①。为应对国家对财富的收没和官员的掠夺之手，中小企业不显山不露水而容易得以保存。

对企业家活动产生重要潜移默化影响的是那些包括宗教、法制和习俗在内的制度文化。制度赋予众多利益相关者合法地实施互相影响的权利。制度变迁改变了权利的配置，重塑每个人的成本和收益，尤其是那些对制度极为敏感的企业家群体。他们是能够敏锐抓住商业机会，从事经济活动增加财富、权力和声望的人。如果按照这个比较宽泛的概念，企业家还可以包括那些学者型企业家、政治官员型企业家。前者是那些根据科研项目创建新企业但是仍然保留大学教职的学者，这在美国并不少见；后者更像是在晚清洋务运动或者当前中国国有企业的领导人。企业家可以是在空白市场上提供

---

① 弗郎西斯·福山：《信任：社会美德与创造经济繁荣》，彭志华译，广西师范大学出版社2016年版。

其他市场已有产品的复制型企业家，也可以是引入新产品、新工艺、新市场和新组织形式的创新型企业家。企业家可以是促进增长的生产型企业家，还可以是损害增长的非生产型企业家，比如寻租、犯罪和掠夺，切一块属于自己更大的蛋糕而没有将整个社会的蛋糕做大。中世纪体现了破坏性的企业家精神，以各种看似创新的方式向周边城邦掠夺财富，并且还被当时的人民大众普遍认可。战争让国王不堪重负，只能寻求金融支持，以此交换提供给贷款人足够的自由和财产保护。贷款人包括了贵族，还包括有钱财能够买国债的国人，这些有钱人往往是经济参与度活跃的一批人。产权保护是非生产性企业家活动向生产性企业家活动转变的重要条件。专利制度、反垄断政策、司法保护、金融体系都围绕着产权保护的内核展开。英国就是这种政治、经济、技术多维度制度变迁下推动企业家精神的案例。可惜，中国的制度环境并非如此。

二 寻找商机的个体户：计划经济末期

改革开放前，我国长期推行高度集中的管理体制，积弊甚深。在哈耶克看来，信息尤其是消费者的需求信息分散在每个人那里，根据这些特定的个人性质进行的决策只能是每个个体自己做出，或者积极参与做出，信息也才能被利用，从这个角度看计划经济是一种自负[①]。计划经济对此类信息不对称无能为力，另外也不能提供有效激励。

中国经济的活力首先从恢复经济中的"静脉"功能开始。人体有动脉和静脉，要输送养分支持每个细胞必须通过毛细血管来完成。在计划经济的很长时间里，人们并没有认识到国有企业在实现养分输送功能中的不足。国企在生产什么、如何生产、为谁生产这一系列问题上并没有很好地满足每个原子式的家庭需要。地方没有

---

① [英]哈耶克：《致命的自负》，冯克利等译，中国社会科学出版社2000年版。

积极性，企业没有积极性，个人没有积极性。中国允许民间创业就是从允许他们做"毛细血管"开始的。1980年8月，国务院颁布了《关于城镇非农业个体经济若干政策性规定》，大大放宽了个体经营范围。比如各种修理服务行业、服装加工业、家庭手工业、个体客户运输、房屋修缮、饮食业、小商品、日用杂品、干鲜果品以及鲜活商品的贩运等，竞相"无中生有"，使巨大的市场供应能力喷涌而出。这也是随后民营经济大崛起、大发展的前奏曲或预演。

关于个体经济的这个文件，让20世纪80年代初的个体工商户首先以毛细血管的方式，将国有企业的很多产品卖到市场中。因为在计划经济，从大型机械到针头线脑，均由国家计划定价，企业没有自主权。个体工商户就是这样的源头活水。在国有经济不足的温州，有一位叫叶建华的农民，他只是将温州国有企业积压产品制作了若干本产品目录，由温州十数万个供销员将之送到全国各企业的采购科，半年内解决了国有企业的积压产品，被当地人称"目录大王"。他的个人财富快速积累，回乡盖楼房，买了摩托车，带动了一批又一批的亲友做个体户。政府的管制松动有反复，决策层也有争议。1982年，温州市个体户五金大王胡金林、矿灯大王程步青、螺丝大王刘大源、合同大王李方平、旧货大王王迈仟、目录大王叶建华、线圈大王郑祥青以及电器大王郑元忠等八人被冠以"投机倒把"罪被逮捕，这就是改革开放历史上的八大王事件。一年后，该案被平反，八人出狱后，多数重操旧业。尽管政策管制的反复曾经吓阻了创富的梦想，但是商品经济的启蒙已经开始。假以时日，只要政策稍稍默许，私营经济仍然阳光灿烂。经过这次制度环境的反复，温州很多个体经营者适应性地通过挂靠国有经济"红帽子"的方式，缴纳一定的管理费用获得国企子公司的身份，继续独立经营企业。

在创业研究领域，创业与制度环境之间存在孰因孰果的争论。创业活动是制度的产物，还是创业推动制度变迁？中国经济转型的案例显示，邓小平发起的改革开放是创新创业的重要制度环境，对个体工商户的默许，让最初的创业者将创业机会变成创业项目填补市场空白，制度先行提供了政策红利[1]。但是，同样是自上而下的俄罗斯市场化改革，远不如中国成功。中国经济奇迹应该是自上而下与自下而上双重推动。邓小平启动变革设置了一个新的初始值，中国民间创业一发不可收拾，从此自下而上影响政策的力量就没有停止。为了解决温饱，安徽小岗村18户农民私下里的土地承包产生示范效应，得到政府全国范围内的推广。包产到户产权明晰让农民积极性空前提高，有了更多的农闲时间进入乡镇企业发展，政府也不得不给予乡镇企业较高的容忍度。在20世纪80年代，上下共同塑造了乡镇集体企业这种非公非私、中间过渡形态的经济组织形式，既有合法制度的张力又有效率的激励。这就是Alvarez和Barney（2010）提到的集体性意义构建过程（Process of Collective Sensemaking）[2]。这个时代的商人们调动资源，破除一些制度上的束缚去满足客户需求，本质是制度创业行为。制度企业家精神在转型经济体的中国大有作为。即便是制度相对成熟的美国仍然有不少企业家推动反垄断的制度变革。美国MCI（Micro Communication Inc.）总裁麦高文（Bill McGowan）曾经说过改变管制规则就有横财可发，他起诉AT&T、起诉贝尔系统，他的锲而不舍使美国在全世界率先形成长途电话市场的竞争。这种改变制度的企业家精神，在当时的乡镇企业经常能够看到。到了21世纪，中国的快递、通信、网络支付、网约车等还有很多场景。正如马云所言：中国的银行不改变，那么我就要改变银行。

20世纪80年代的个体工商户有创富的梦想，多数也是从事低

---

[1] 斯晓夫、王颂、傅颖：《创业机会从何而来：发现，构建还是发现+构建？——创业机会的理论前沿研究》，载《管理世界》2016年第3期。

[2] Alvarez S. A. & Barney J. B., "Entrepreneurship and Epistemology: the Philosophical Underpinnings of the Study of Entrepreneurial Opportunities", *The Academy of Management Annals*, 2010, 4 (1), pp. 557–583.

买高卖、简单装配、学习模仿替代进口，甚至是将体制内的产品拿到体制外去卖，俗称"倒爷"，是柯兹纳意义上的套利经济，很难称得上具有商业创新精神的企业家。不过，放在计划经济体制条条框框约束的时代，那些"泥腿子上岸者"能够去迎接不确定性的政策因素、市场因素，在社会阶层的评价体系中顶着个体户的偏负面称谓，主观地逐利，而客观上起到了普及商业文明和市场规则的作用，完成了资本积累，并作为表率从政府那里赢取合法性和尊重，作为一个群体涌立改革开放的时代潮头。

三 规模经济和套利经济：工业化时代

20世纪80年代的中后期，乡镇企业在全国异军突起，有着红帽子的集体经济合法性，从销售端积累创始资金以后，正式进入制造端，采用了企业的生产模式，进入了以销售为导向的能人经济时代，以更低成本抢占市场，尤其是抢占国有企业市场份额。此时，他们已经不再生存于国有企业的夹缝中，而是以更低的管理成本、社会保险成本、税费成本、环保成本以"低质低价"进入市场，直接与国有企业竞争。这些企业的技术研发投入极少，更多的是从国有企业或者海外欧美日的企业中以模仿的方式获取技术。在对知识产权和技术创新并不充分重视的年代，每个企业的创新超额利润都是暂时的，因为很快被其他企业模仿。

在这个阶段，民营企业往往采用基于家庭资源的创业模式，从事柯兹纳式的套利经济，利用模仿、降低环保要求、规模经济等获取低成本的竞争优势，以区域间和体制间的套利赚取暂时的利润。一位原本从事经编业务的浙江企业家，20世纪80年代末在上海访友期间了解到一国有企业利用澳洲进口机械生产石棉瓦供不应求。他看到其中的商机，说服国有企业负责人允许其模仿制造两台新的机械，承诺将自己石棉瓦销售利润的30%给国企。随后，他回到浙江将企业迅速转型生产石棉瓦，并如约与上海国企分成。这位浙商对赚钱的渴望没有停止，他很快将主业从生产石棉瓦变成生产石棉瓦的制造机器。他既然能够复制两台机器，意味着能够复制更多机器。他将这些机器源源不断卖给其他省市，赚得盆满钵满。上海那家国企一下子多了许多竞争对手，亏损连连，最终被这家浙江乡镇企业收购。看上去，该浙商企业从经编到石棉瓦，实现第一次转型，又从石棉瓦生产到机械制造实现第二次转型，但每次转型的本质还是投机和套利，缺乏专利与合约意识，不能获得长期的竞争能力。面对乡镇企业的竞争，国有企业每况愈下。90年代中期国有企业改制，只要不涉及"国计民生"，绝大多数中小规模的国有企业要么破产，要么进行了产权清晰的民营化。

改革开放四十余年，是给予个人以更多的选择权，最大限度地解放和发展了社会生产力。支持"星期日工程师"利用业余时间扶持民营企业的技术创新实现技术溢出，允许政府公职人员依法买卖股票盘活存量资产，支持高校科研工作者创办企业实现技术转化，鼓励公立医院的医生到私人诊所执业等。原来国有体制内的人才、技术，因为价值没有得到充分体现，源源不断地"逃逸"到市场化的体制外，就像连通器的两端，直到液面相平为止。

给个人以更大的选择权并非一帆风顺，中间有过波折。直到1992年1月到2月，改革开放的总设计师邓小平先后赴武昌、深圳、珠海和上海视察，沿途发表了重要谈话，提出市场和计划都是资源配置方式，社会主义中国同样可以搞市场经济。小平同志不再拘泥于意识形态，在姓"资"、姓"社"问题上一锤定音，加速了对内开放、对民企开放的步伐。民营企业的发展展现出了更加广阔的前景。小平同志南方谈话之后，中国企业家精神已经没有制度与文化上的有形阻力。虽有21世纪初郎咸平挑起"国有资产是否流失"的争议，但是总体上民营企业因为解决市场信息不对称，具有更高的激励机制，效率方面更胜一筹已经成为共识。

四 二次创新与企业家精神：互联网的时代

在 21 世纪初，正式加入世界贸易组织之后，中国这个"世界工厂"抓住了经济全球化给予中国的重要机会，依靠具有强大号召力和资源整合能力的企业家，对资源、技术、市场进行全球范围重新组合，迸发出巨大的能量。

可以非常自豪地说，改革开放 40 多年，中国完整经历了人类社会三次技术革命的浪潮。改革开放之初，我国总体上还属于农业文明；改革开放之后，迅速利用工业化，实现资源和市场的国际化配置，也具备了弯道超车的能力。中国直接正面迎接了托夫勒所谓的信息技术第三次浪潮，移动互联网时代的到来使得很多家庭直接从有线电话跳过电脑直接进入智能互联的时代。这个时代，知识和技术比资本显得重要，风险资本对技术和人才趋之若鹜，也让越来越多的年轻人能够绕过资本的壁垒实现"互联网+"的创业，企业家精神具有更高的密度。这个时代经过真正原创性、革命性的创新仍然在。

以创新和创业为核心的企业家精神，随着国际市场需求的变化以及海内外最新技术的模仿，进行二次创新，工业化进程加快。这就是资源配置方式的市场化与微观主体的民营化推动资源行业间转移的工业化和资源在空间聚集的城市化，史晋川等（2002）称之为"两化"推"两化"[①]。从 0 到 1 的创新固然好，但是高成本、高风险，作为后发国家，常见的是先"引进来"后"走出去"，华为、阿里、吉利等都取得了成功，而更多的只有"复制"和"山寨"的企业最终失败，差别在引进消化吸收后能否二次创新，创新与引进并存（吴晓波，2018）。相较而言，中国汽车、飞机等行业在很长时间里陷入"引进—落后—再引进—再落后"的怪圈。创新能力

---

① 史晋川等：《制度变迁与经济发展：温州模式研究》，浙江大学出版社 2002 年版。

需要不断积累进化。日韩往往根据欧美技术进行消化吸收，根据欧美市场需求进行改进创新；而中国因为国内的巨大市场，在对欧美技术的消化吸收后进行根据中国需要的创新研发，积累了能力和优势。在这个过程中，并不依赖成熟成套的外方技术，而是适时动态研发新兴技术引入实验室技术，拥有技术领域的话语权和控制权，创新空间更加广阔。百度搜索引擎内核借鉴了美国谷歌公司，但是在中文处理能力的二次创新比谷歌更了解中国客户需要。目前，中国企业即便是领军企业，也还多处于工程科学的创新层面，很少有基础理论研究驱动的原始创新。整个创新水平，正在经历从"赶超"到"超越赶超"的重要阶段，尤其是美国2018年发起的贸易摩擦，使中国企业更加有了紧迫感。领军企业建立"超越追赶"的创新体系责无旁贷。

五　中国企业家精神：从柯兹纳的套利到熊彼特的创新

股东依据所有权获得分红，管理者依据管理能力获得薪酬和奖金，企业家或者说创业者是两者兼有，但更要致力于创新活动。创新需要想象力和洞察力，还有将思想商业化的组织能力。他们获得尊重是因为企业家精神是一种稀缺资源，创新能力是一种稀缺能力，少数人才具备的英雄式气概，这种能力能够帮助企业获得远高于平均水平的利润。这是理论化的严格条件，很多"老板"并不是企业主，他们只是低买高卖，资源重新组合的能力有限，谈不上什么超额利润。企业家必须要有创新上的贡献吗？柯兹纳（2012）提出了企业家的警觉与发现能力，因为市场经常处于非均衡的状态，各种低买高卖的机会存在，企业家可以从事低买高卖式跨区域套利，也可以是跨时期套利，当然也不排除能够低价购买资源、高价销售那些利用这些资源以创新的方式制造出来的、拥有价值增值的产品。仅仅是改变物理形态，买进资源，卖出资源，同样也是套利差价。纯粹的企业家，其实只是做两件事：买与卖[①]。

企业家精神，不应该仅仅是创业者的特殊技能，而是人类总体上都具有的对之前未知商业机会的敏感。柯兹纳认为，完全竞争理论模型的真正缺陷在于企业家精神被排除了。竞争与企业家精神是不可分离的，如同一个硬币的两面一样。垄断被经济学家批评，但是不能忘记的是企业家精神的重要作用是不断地试图摆脱完全竞争的格局，突破平均利润，避免重复的低水平仿制式竞争，因为企业家精神可能是走向垄断的前奏。这里看上去就产生了一种矛盾，垄断是要被批评的，但是企业家精神却被赞颂，而这种被广泛表扬的企业家精神可能走向垄断。竞争迫使市场上的供给者必须对竞争机会的觉醒，有比同行更具吸引力的机会。但凡有一些哪怕只是一点点的有吸引力的机会，都让他能够于竞争中胜出。竞争者被迫提供更能取悦市场需求的机会，如此循环导致了市场交易的持续改善。竞争是市场过程本身不可分割的部分，竞争性市场过程的本质就是企业家精神的不断涌现。企业家精神的重要成分是对新机会的警觉，从市场交易行为中获得比竞争对手更多的回报。企业家总是试图给交易对象提供比竞争对手更加有吸引力的机会，短期看到能够攫取"人无我有，人有我特"的垄断租金，长期看是竞争性企业家精神的应得回报。更有吸引力的机会，通常就是以更低的价格向客户提供更为可人的产品，构成所谓的"不同"。

熊彼特对企业家精神的定义非常宽泛。只要他将生产要素重新组合或者转换成产品就行。虽然，创业活动与普通的管理活动并没有明显的界限，但是创业者的创造性活动与普通管理者的适应性活动还是存在一些我们可以感知的差别。在他看来，企业家与商业性的创新者是同义词。这个时候，工业、商业、金融还是从事农业，行业不是局限企业家创新的因素。

---

① ［美］伊斯雷尔·柯兹纳：《市场过程的含义》，冯兴元等译，中国社会科学出版社2012年版。

市场的非均衡意味着眼下市场存在他人没有发现的套利时机。如果说熊彼特提出创新打破均衡，而柯兹纳则是利用企业家精神去实现均衡。当然，柯兹纳不排除熊彼特意义上的创新，只是认为创新并不是唯一的企业家实现盈利的条件，除此之外企业家进行资源的套利，满足未来消费者也具有意义。企业家不一定非要达到熊彼特所提到的能够创造消费者需求的高度才能成功。柯兹纳降低了企业家的标准，几乎所有人都能成为企业家。从更宏观的角度看，逐利性企业家之间的相互竞争，促使了信息传播和知识利用，市场之动态演化产生出不断扩展的市场秩序。正是因为企业家，才让市场不断接近均衡价格。不少经济学家发现基于完全竞争的新古典理论不如企业家竞争促进实现的市场过程理论更有解释能力，尤其对于不少转型国家而言，唯有发挥企业家精神才有市场经济的可能。

熊彼特提出从创新到均衡的过程，柯兹纳则是提出减少套利空间到均衡的实现过程。熊彼特认为，创新使企业家获得经济利润，一种超过正常利润的企业家价值，但竞争模型显示，吸引很多模仿者进入，比如柯兹纳意义上的企业家，这种竞争使得经济利润只能维持在较短的时间。其实，熊彼特式的创新企业家，与柯兹纳式的套利型企业家并不是那么容易区分。首先，对于广大消费者而言，仿品和原创产品很难区别，甚至看上去粗糙的产品反而才是原创产品，消费者就因此更喜欢仿品。因此，对于企业家而言仅有创新的产品设计还不够，还需要足够快速的市场营销、品牌塑造、质量保证和规模生产，否则只会看到别人的爆款而自己与市场失之交臂。其次，生产仿制品的企业家并非简单地仿制，也是有不少的改进和二次创新，从早先他人创意中受益良多。再者，也许几位企业家几乎同时提出了颠覆性创新理念，也就很难区分谁是原创者。尤其是商业模式的创新，没有所谓的技术专利护城河。

熊彼特意义上的创新也可能是下一步创新的障碍。不少企业家的例子表明，他们往往沉迷于自己的技术，所谓的求变也只是增量和适应性的，而非自己当年对整个市场的颠覆性。一旦行业内有这样的庞然大物，保守会阻碍整个创新步伐。比如爱迪生这样的发明家也难逃规律，他的直流电提供了电子照明系统，敌视昔日的门徒特斯拉的交流电系统，甚至不惜制造舆论攻击交流电的危险性，直到被汤姆森—休斯顿电气公司收购，也就是现在的 GE 公司。大企业的研发体制和研发分工是创新惯例化、微观化，在位大企业本质上也是规避破坏性创新，直到克里斯滕森意义上的颠覆性创新者入侵。

熊彼特提出了间歇性的打破均衡的重大创新，甚至解释了长期的经济波动。而柯兹纳则是重点解释了连续性的逐利行为。熊彼特很好地解释了工业革命的工厂制以及维多利亚时代的铁路发展，而柯兹纳则是说明了小企业主跟随性的逐利性创业活动。无论是熊彼特还是柯兹纳，都离不开奈特（1921）意义上的风险承担。一般性的企业家与成功企业家的区别，在于鉴别了风险、比竞争者做得更好而获得了成功，并非做出完美无瑕的预判并做对了每一步。竞争性的创业活动和企业家市场，会鉴别出每个企业家的成色，那些业绩糟糕失去声誉的企业家被更优秀者取而代之，要么由股东直接罢免他，要么由股东将企业出售给价格、更能产生价值的企业家。

中国的企业家尤其要认清自己属于柯兹纳意义上的套利型企业家还是熊彼特意义上的创新型企业家。市场套利的机会稍纵即逝，政府行政许可蕴含的套利机会尚存。之所以认为要正视企业家精神衰退，是因为很多企业家只盯住政府手中的套利机会，与个别权力官员勾肩搭背、设租寻租，形成人格化的市场交易模式。这种套利模式遇到十八大后的一系列反腐措施，企业家的投机机会急剧下降。中国有为的政府更应该关注企业家精神的升级，从套利经济转型到熊彼特的创新经济。创新不是简单进入新的行业，从不怎么赚钱的业务脱身找到赚钱的业务。重要的是创新的精神，不断有新思想进行商业运用。有创新精神才能给予企业长期复利。

第四章

阳明心学与企业家精神的契合性

从人类实践活动的维度来看，阳明心学与企业家精神的关联，关涉人类思想活动与人类商业活动的关系。从现代学科划分维度来看，阳明心学与企业家精神的关联，乃是哲学与企业管理学之间的关系。具体而言，是中国哲学中的心学一派与管理学中人文精神塑造之间的关系。阳明心学与企业家精神在心与精神的层面，构成一个观念世界中的联系。而且，我们需要注意，这一观念世界中的联系，并不是离开实际发生的生活世界的。在实际发生的生活世界中，企业家从事商业活动，要随时应对各种关系，并且要恰当处理各种关系。阳明心学的一个核心思想，在于以心来应对万物。其中必然是涉及自己之心与外在之物的关系。由此，我们可以在企业家与周围世界的各种关系中，寻求阳明心学与企业家精神的契合之处。由此，我们便可以将阳明心学与企业家精神，在处理各种关系上契合起来。故而，若要寻求阳明心学与企业家精神之间的契合性，至关重要的一点在于探求阳明心学在塑造企业家精神的过程中，是在哪几种关系之中展开的。接下来，我们首先要确定这几种关系。

中国传统哲学核心宗旨，乃是追求内圣外王。内圣外王之宗旨，在中国传统儒学中体现得淋漓尽致。故而，中国传统儒学一般被视作可以通向内圣外王的学问。阳明心学的内圣外王之特质，尤其明显。具体来论，内圣之学，是关乎个体之人心性修养的心性学，旨在处理自己与自己的关系；外王之学则是由内而外，由个体到群体，由心性到政治，处理自己与外界的关系。自己与外界的关系，详细划分，又可分为自己与外物的关系、自己与他人的关系、自己与世界的关系。在种种关系、种种关联中，企业家要凸显出某种应对种种关联的精神，也即是企业家精神。阳明心学亦是教人如何以心来应对万物，以天地万物为一体，而且最终归结到自己心上。我们在本章中，立基于阳明心学，结合阳明心学之核心要义和现代企业家精神的内在层级，将阳明心学与企业家精神的契合性纳入四种关系的框架之中，由内而外、由近及远地详细铺陈开来。我们将这四种关系，采用中国古典话语方式，由近及远，将其表述出来，分别为：身心关系，物我关系，人己关系，天人关系。

第一，身心关系，以我心来应对我身，即是企业家处理自己与自己的关系。可以分为两个维度：时间维度与本体维度。从时间维度来看，身乃是未来之心不断地落到当下的现实的自己，心乃是当下之身始终朝向未来的理想的自己。如何让自己朝向未来，立足当下？从本体维度来看，自己的心是自己的本体，是最大、最高、最纯净的自己，自己的身则是受到现实染污的自己，受到欲望、利益等的障蔽，故而心中"有贼"。心学，首先就是处理作为心之本体的自己与心中"有贼"的自己的关系。

第二，物我关系，以我心来应对外物，即是企业家处理自己与外物的关系。在中国传统哲学中，物有二义：一是事，二是物。基于此，在企业经营管理活动中，企业家处理物我关系，表现为两个层面：我与事、我与物。具体表现为三点：一是在企业经营管理中的事上磨炼；二是将物集结起来，提供好的产品和服务；三是合理地看待和使用财富。

第三，人己关系，以我心应对他人，即是企业家处理自己与他人的关系。在企业经营管理活动中，企业家面对的他人，主要有二：一是员工，二是客户。企业家与员工的关系，涉及一个企业在企业家的主导之下，塑造何种企业文化以及采取何种人力资源管理方式。企业家与客户的关系，涉及企业家以自身盈利为目的以及利益客户为目的的双赢经营方式。企业家推己及人，营造良好的企业伦理，利益一切有缘人，为顾客服务。

第四，天人关系，以我心应对世界，即是企业家处理自己与周围世界的关系。具体来论，包含企业家如何面对时空宇宙中的磨砺与事务，如何把握并利用商业活动的客观规律。即是自己与宇宙自然、商业规律的关系。企业家在经营活动中，面对外在世界，自当取法乾道之自强不息，取法坤道之厚德载物，遵循商业规律，乘风驭势，苦练内功，锻造自身的大丈夫精神。

第一节　身心关系

身心关系，即是企业家处理自己与自己的关系，可以分为两个维度：时间的维度与心之本体的维度。一者，从时间维度来看，企业家处理自己与自己的关系，前一个自己是当下现身的自己，后一个自己则是未来理想的自己。这即是要处理当下的自己与未来的自己的关系，当下的自己表现为当下之身，未来的自己表现为理想之心。仰望星空的同时，也要脚踏实地。二者，从心之本体的维度来看，企业家的现身状态，往往心中有贼。而只有回归心之本体，才能破心中贼。综合时间维度与本体维度的双重维度的身心关系，阳明心学在塑造企业家精神的过程中，可以通过"四心"[①] 表述出来。

一　心志要高

何谓心志？《说文解字》言："志，意也。从心业。"朱熹言："志者，心之所之之谓。"[②] 由此来论，心志可有两意。一者是心所

[①] 四心，乃是笔者多年以来跟随林安梧先生学习阳明心学所得。
[②] 《四书章句集注》，第94页。

朝向和到达的地方，二者是心所引领的供人行走于其上的道路。一方面意味着行事的总目标，另一方面意味着行事的途径和道路。二者一体两面，一静一动，目标决定着走何种道路，走何种道路决定着到达什么目标。这是企业家带领一个企业，走向何种高度，达到何种标准的第一位的因素。

在阳明心学中，立志居于非常重要的位置。《传习录》中，陆澄问立志。先生曰："只念念要存天理，即是立志。能不忘乎此，久则自然心中凝聚，犹道家所谓结圣胎也。此天理之念常存，驯至于美大圣神，亦只从此一念存养扩充去耳。"[1] 王阳明在此处将存天理理解作立志，也就是将心之所之，定位在存天理处。若能念兹在兹，常存天理，则心志即立，由此扩充至事事物物上。

阳明言立志，有两个特征，一是以存天理为志之所立处，如此便将心之所之，定位了一个极高的标的。企业家立志，亦当立在较高的境界。《中共中央国务院关于营造企业家健康成长环境弘扬优秀企业家精神更好发挥企业家作用的意见》（以下简称《意见》）中指出："引导企业家树立崇高理想信念。加强对企业家特别是年轻一代民营企业家的理想信念教育和社会主义核心价值观教育，开展优良革命传统、形势政策、守法诚信教育培训，培养企业家国家使命感和民族自豪感，引导企业家正确处理国家利益、企业利益、员工利益和个人利益的关系，把个人理想融入民族复兴的伟大实践。"该文中所指出的"引导企业家树立崇高理想信念"，即是企业家立志的层面。子曰："放于利而行，多怨。"[2] 企业家所立之志，不应当仅仅是个人私利，而是应当将国家、企业、员工、个人的利益结合起来，谋求更广泛的利益，实现自身更崇高的价值。

阳明言立志的第二个特征，是心志合一，不可将志作为心中的另一物。《传习录》中，薛侃问："持志如心痛。一心在痛上，安

---

[1] 《王阳明全集》，第13页。
[2] 《四书章句集注》，第72页。

有工夫说闲语,管闲事?"先生曰:"初学工夫如此用亦好。但要使知'出入无时,莫知其乡'。心之神明,原是如此,工夫方有着落。若只死死守着,恐于工夫上又发病。"① 薛侃立志,一心在志上,心与志仍然分而为二。王阳明教导说,一开始立志,可以心志分为二,有意持志,时间既久,应当心志合一,自然而然,融为一体。如此,志向才可长久。企业家立志,亦应当发自内心地立下高远志向,利益一切有缘人。而不应该刻意立下某一个高远志向,而自己一心仍然只是在谋求个人利益。如此,则志向终不能长久。

王阳明被贬至贵州龙场之时,仍旧讲学不辍,书《教条示龙场诸生》,开篇即言:"诸生相从于此,甚盛。恐无能为助也,以四事相规,聊以答诸生之意。一曰立志,二曰勤学,三曰改过,四曰责善。其慎听毋忽!"②

其中,摆在第一位的即是立志。立志,处于王阳明所提出的立志、勤学、改过、责善四个规定的首要位置。可见,立志是心学一派的首要观点。王阳明进一步详细论述道,"志不立,天下无可成之事。虽百工技艺,未有不本于志者。今学者旷废隳惰,玩岁愒时,而百无所成,皆由于志之未立耳。故立志而圣,则圣矣;立志而贤,则贤矣;志不立,如无舵之舟,无衔之马,漂荡奔逸,终亦何所底乎?昔人有言:'使为善而父母怒之,兄弟怨之,宗族乡党贱恶之,如此而不为善,可也。为善则父母爱之,兄弟悦之,宗族乡党敬信之,何苦而不为善、为君子?使为恶而父母爱之,兄弟悦之,宗族乡党敬信之,如此而为恶,可也。为恶则父母怒之,兄弟怨之,宗族乡党贱恶之,何苦必为恶、为小人?'诸生念此,亦可以知所立志矣。"③

可见,王阳明认为立志是成事的第一步。做成任何事情,首先

---

① 《王阳明全集》,第 30 页。
② 《王阳明全集》,第 1072 页。
③ 《王阳明全集》,第 1073 页。

得立志。如果不立志，天下就没有能做成的事情。世间三百六十行，百工技艺，没有一行不是本于立志。又言："夫学，莫先于立志。志之不立，犹不种其根而徒事培拥灌溉，劳苦无成矣。世之所以因循苟且，随俗习非，而卒归于污下者，凡以志之弗立也。"① 又言："夫志，气之帅也，人之命也，木之根也，水之源也。源不浚则流息，根不植则木枯，命不续则人死，志不立则气昏。"②

在心学一派，由王阳明到熊十力，再到马一浮，皆谈立志之重要。马一浮《复性书院讲录》中即谈过立志。读书，应该读到自己心上，要切己。这即是立志。心学一派重立志，因为志乃是心之所之，也就是心朝向的地方，把心放在上面，念兹在兹，时时提醒自己不忘记，不离开，时间久了，形成一种习惯。做一切事情，皆是如此，心安于其上，先立志在上面，十分重要。用现代语言来讲，就是一种反思意识、反省意识。一要立志在一件事，二要系统用心在一件事，三要持续专心在一件事。

企业家立志，范围很广，企业家自身的格局、使命、价值观，即是立志的表现。企业家立志应高，而且立志应发自内心地立志，而非喊口号，不能落到实处，则不能长久。立志，即是立下心志所之，由此，才可以安心、放心、上心、专心、用心。

二　心量要大

心量要大，我们可以尝试从王阳明心外无理、心外无物、心外无事探查之。《传习录·徐爱录》中，徐爱问："至善只求诸心，恐于天下事理，有不能尽。"徐爱认为仅仅在心上求理，恐怕不能穷尽天下之理，"如事父之孝，事君之忠，交友之信，治民之仁，其间有许多理在。恐亦不可不察。"王阳明回答曰："心即理也。天下又有心外之事，心外之理乎？"王阳明认为，心外无理，心中养存

---

① 《王阳明全集》，第289页。
② 《王阳明全集》，第290页

这一天理,"以此纯乎天理之心,发之事父便是孝。发之事君便是忠。发之交友治民便是信与仁。只在此心去人欲存天理上用功便是。"① 在阳明心学的语境中,主要是在伦理实践与政教实践中的言理,诸如孝、忠、信、仁,这些具体事务中的理,皆可溯源于心。心容万理、心容万事、心容万物。

在阳明心学的语境中,心外无物,物多就事上说。王阳明言:"心外无物。如吾心发一念孝亲,即孝亲便是物。"② 这一点,在徐爱与王阳明的一次问答中,论述较为详细。

> 爱曰:"昨闻先生之教。亦影影见得功夫须是如此。今闻此说,益无可疑。爱昨晓思,格物的'物'字,即是'事'字。皆从心上说。"
>
> 先生曰:"然。身之主宰便是心,心之所发便是意,意之本体便是知,意之所在便是物。如意在于事亲,即事亲便是一物。意在于事君,即事君便是一物。意在于仁民爱物,即仁民爱物便是一物。意在于视听言动,即视听言动便是一物。所以某说无心外之理,无心外之物。《中庸》言'不诚无物',《大学》'明明德'之功,只是个诚意。诚意之功只是个格物③。"④

王阳明认为,格物即是格事,而物与事又都在心上。物与事在

---

① 《王阳明全集》,第2—3页。
② 《王阳明全集》,第28页。
③ 朱熹言:"物格者,物理之极处无不到也。知至者,吾心之所知无不尽也。"朱熹言:"格,至也。物,犹事也。穷推至事物之理,欲其极处无不到也。"朱熹言:"所谓致知在格物者,言欲致吾之知,在即物而穷其理也。盖人心之灵,莫不有知,而天下之物,莫不有理。惟于理有未穷,故其知有未尽。是以《大学》始教,必使学者即凡天下之物,莫不因其已知之理而益穷之,以求至乎其极。至于用力之久,一旦豁然贯通,则众物之表里精粗无不到,吾心之全体大用无不明矣。此谓物格,此谓知之至也。""故致知之道,在乎即事观理,以格夫物。格者,极至之谓。如'格于文祖'之格,言穷之而至其极也。"(《四书章句集注》,第7页。)
④ 《王阳明全集》,第6页。

心上，是通过意来实现的。王阳明言："身之主宰便是心，心之所发便是意，意之本体便是知，意之所在便是物。"格物，即是格意，意为心音，格意即是格心。由此而言，格物终归在于格心。格物，做事，是对心的修行。故而王阳明言："《中庸》言'不诚无物'，《大学》'明明德'之功，只是个诚意。诚意之功只是个格物。"正由于此，王阳明亭前格竹之所以注定要失败，乃是因为王阳明彼时理解的格物是格于外，向外求。而实际上格物是格于内，格意，格心。心外无物，天下万事万物，皆应纳诸心上。

企业家在商业实践活动中，心量要大，要做到心外无理、心外无物、心外无事。具体而言，在实际的企业经营管理中，心量要大，心量大，才能容物，即容人、事、物。由此，企业家心量要大，应该做到三点要求：一曰容人，二曰容事，三曰容物。

一者企业家要容人，做到选贤任能，各尽其职。王阳明身经百战，战无不胜，其要点之一即是善于用人。企业家在企业经营管理中，要做到合理地进行人力资源的规划与招聘。然后进行合理的配置，做到充分授权，使专业之人各行其事，独立负责。稻盛和夫所创建的阿米巴经营模式，每个阿米巴小组独立核算、自负盈亏，可以看作这一要求的典型应用。

二者企业家要容事，做到事上磨炼，将经营管理之规律纳于心中。李安言："事上磨，就是多做事情，在每一件事情里感悟不同类型的理。事上磨，就是用心做事，在每件事里感悟此理的本来道理。事上磨，就是勇敢地面对困难和难堪。"[1] 企业家经营管理水平的提升，是通过无数次的商业实战而获得的。只要通过事上磨炼，才能做到静亦定、动亦定，达到心之本体的安定。《大学》言："知止而后有定，定而后能静，静而后能安，安而后能虑，虑而后能得。"[2] 企业家应该从事上磨炼，务本于实践，本立而道生，由此

---

[1] 李安：《灵魂徒步：阳明心学的管理智慧》，北京大学出版社2018年版，第166页。
[2] 朱熹：《四书章句集注》，中华书局2016年版，第3页。

获得对商业经营规律的切身把握。

三者企业家要容物,养成合理的财富观。在阳明心学伦理实践与政治实践的语境中,物就是事,格物即是格事,即是事上磨炼。而在现代商业实践的语境中,我们把物与事区分开来,企业家个人主体所面对的物,主要是财富。一是求财富的途径,二是面对财富的态度。求财富的途径,孔子言:"不义而富且贵,于我如浮云。"(《论语·述而》)李明镜言:"大商靠德。作为一名商人要想成功,首先要在做人上成功。斤斤计较一些蝇头小利,而且对身边的人苛刻严厉不能包容,……时间长了,也会因为人心涣散,财富随之流失。稻盛成功的哲学正是看到了德行和财富的关系,而且追求财富的过程中善待每一个人,始终保持一颗谦卑之心,德行高尚的人才会汇聚人气、赢得人心。人心齐聚才能获得财富。"[1] 面对财富,企业家应养成一种泰然处之的态度。马云言,财富非其个人所有,而是社会财富,是社会委托其保管而已。面对财富,企业家应该做到不耽于物质享受,而保持一种社会责任感。

心志与心量二者是相互促成的。心量大了,才能心志高。心志高了,才能心量大。可以说,心志与心量,是企业家之心的顶层设计的层面。心量大了,心态自然就乐,达到吾心光明的状态。

三 心气要足

《孟子》有集义、养气之说,《传习录》于《孟子》多有论及,阳明心学中也包含着气这一维度[2]。《传习录·陆澄录》中,王阳明言:"夜气是就常人说,学者能用功,则日间有事无事,皆是此气翕聚发生处。圣人则不消说夜气。"[3] 对普通人而言,日间损耗生

---

[1] 李明镜:《管理要学王阳明》,陕西人民出版社2014年版,第10页。
[2] 可参考代玉民、陆永胜《承载、遮蔽与呈现:论气在阳明心学中的效用与价值》,载《贵阳学院学报》(社会科学版)2014年第1期。该文分意气、气质、气象,分述气在阳明心学中的效用与价值。
[3] 《王阳明全集》,第20页。

气,夜间则存养此生气,故而有夜气之说。而圣人则可以打通日夜,有事无事,皆可以存养生气,保有良知善念。由阳明心学的气这一维度,推广到现代商业实践的应用层面,在企业家精神的维度来说,则是心气要足。

陆澄问志至气次。王阳明答曰:"'志之所至,气亦至焉'之谓,非极至次贰之谓。'持其志',则养气在其中。'无暴其气',则亦持其志矣。孟子救告子之偏,故如此夹持说。"① 志至气次,乃是孟子之说。《孟子·公孙丑上》:"夫志,气之帅也;气,体之充也。夫志,至焉;气,次焉。故曰:'持其志,无暴其气。'"② 在这个语境中,孟子将志作为气的统领,将气作为体的充满。如此则志至气次,志先气后。王阳明对孟子此言的诠释,将志与气打通,志气一体不二,能够持守其志,则自然在养气;能够养其气,则自然在持志。在企业家精神的维度来说,做到心志高自然就心气足,做到心气足自然就心志高。心志高是纵向的贯通,心志足是横向的遍布。陆澄问仙家元气、元精、元神。王阳明答曰:"只是一件。流行为气,凝聚为精,妙用为神。"③ 王阳明将道家三元解释为一物,只是这一物在不同的状态下有不同的呈现形态。其中,元气是一气之大化流行、贯通万物。

企业家做到心气足,方能克服经营中的困难险阻。心气足要以致良知为前提。正如王阳明言:"诸君只要常常怀个'遁世无闷,不见是而无闷'之心,依此良知,忍耐做去,不管人非笑,不管人毁谤,不管人共辱,任他功夫有进有退,我只是这致良知的主宰不息,久久自然有得力处。"④

企业家心气足,才能用功,才能砥砺前行。王阳明言:"人若

---

① 《王阳明全集》,第 25 页。
② 《王阳明全集》,第 231 页。
③ 《王阳明全集》,第 22 页。
④ 《王阳明全集》,第 115 页。

着实用功，随人毁谤，随人欺慢，处处得益，处处是进德之资。若不用功，只是魔也，终被累倒。"① 企业家做到心气足，方可克服内心的种种问题，扫荡心中之寇。管理心中的不明和私欲，一点一点去掉。稻盛和夫以八十岁高龄，重新出山，再次造就商业的成功，关键的一点，即是心气足。一方面，以无私的目的、本着重振日本经济的目的，另一方面，稻盛和夫能够真正着实用功。

心气足，则能仁厚，仁厚则能生生，带来生生之意。企业家从事商业实践活动，又称作做生意，就是做出一番生生之意。企业家做生意，要从三个层次来理解。一是通过经营企业来寻求生活的意义，二是通过经营企业来寻求商业活动的意义，三是通过经营企业来寻求生命本身的意义。贯通个体、家庭、企业、社会、生命本身几个维度，最终归向生命本身的意义。这一气之流行，贯通员工、产品、客户各种关系。这一气之流行，贯通研发、生产、销售、售后各个环节。这一气之流行，贯通企业、政府、社会各种主体。企业家做生意，以企业为核心，打造一股流通的活水，养成一番生生之意。这一气，落实到企业家精神维度，即是心气要足。

四　心力要实

1917 年，毛泽东写了一篇文章，名为《心之力》。"在《心之力》中，毛泽东正是把'阳明心学'与进化论的思想结合起来，从而针对社会达尔文主义，针锋相对地提出了'创造进化论'的观点。"② 在当时的中国，西学广泛流行，势力日渐增大。同时，中国古老的文化传统，虽摇摇欲坠，但仍然根深蒂固。毛泽东认为，必须创建新学，以替代旧学及西学。西学崇尚物之力，毛泽东主张用心之力取代物之力。《心之力》开篇即言："宇宙即我心，我心即宇宙。细微至发梢，宏大至天地。世界、宇宙乃至万物皆为思维心

---

① 《王阳明全集》，第 115 页。
② 《毛泽东 23 岁时写的哪篇文章曾经震惊全校?》，载《北京日报》2015 年 10 月 26 日。

力所驱使。博古观今，尤知人类之所以为世间万物之灵长，实为天地间心力最致力于进化者也。"毛泽东力主用心之力开辟出一个新的文明、新的时代。时至今日，中国特色社会主义进入新时代，高扬道路自信、理论自信、制度自信、文化自信，这堪称中华民族以心之力，立足中华传统，借鉴外来文化，再造了一个文明。这一新文明之发端，在毛泽东《心之力》中已可觅得端倪。

心之力，乃是具有开创性的动源。工商业实践活动作为需要开拓力、创造力的活动，离不开心之力的参与。在企业家精神的维度，心之力，乃是一个重要组成部分。《传习录》中多次提到用力处。力，即是做功夫，即是心力。王阳明言：

> 为学须有本原，须从本原上用力，渐渐盈科而进。仙家说婴儿亦善。譬婴儿在母腹中，只是纯气，有何知识？出胎后，方始能啼，既而后能笑，又既而后能认识其父母兄弟，又既而后能立、能行、能持、能负。卒乃天下之事，无不可能。皆是精气日足，则筋力日强，聪明日开，不是出胎日便讲求推寻得来，故须有个本原。圣人到位天地，育万物，也只从喜怒哀乐未发之中上养来。后儒不明格物之说。见圣人无不知，无不能。便欲于初下手时讲求得尽。岂有此理？①

王阳明强调要在本原上用力，正如婴儿的逐步生长一样，天下之事之所以能够做成，也应该在本原上用力，并且要依循事情的发展规律，时时用力培植。企业家在经营企业的过程中，根本处和用力处，即是产品。企业家在产品上做扎实、落实，要秉持着精益求精的工匠精神，提供好的产品。在管理的各个环节上，应该优化管理，科学协调人与物的配置。王阳明讲道为学知行应该有所本。根

---

① 《王阳明全集》，第16页。

本立了，才能生长，本立而道生。企业家经营企业，亦要寻求企业之根本，打造自身核心竞争力，立足于自己的专长，才能有生生之意。这也体现为一种工商业实践活动中的实践智慧。

心力要实，即是在根本处用功，立志则是企业家精神的第一要素。王阳明言："立志用功，如种树然。方其根芽，犹未有干。及其有干，尚未有枝。枝而后叶。叶而后花实。初种根时，只管栽培灌溉。勿作枝想，勿作叶想，勿作花想，勿作实想。悬想何益？但不忘栽培之功，怕没有枝叶花实？"① 心量之大，心气之足，心力之实，皆应该从心志之根上发源出来。立志，则是先立下一个根本。所以，阳明心学处理身心关系，在企业家精神的维度，首要是立志。此外，心力要实，意味着在企业经营管理的过程中，在每一阶段，都应该切实地落实下来，要持续在一件事上下功夫，不可用力过猛，亦不可间断，因为，过犹不及，因此要勿忘勿助长。

《意见》指出："鼓励企业家保持艰苦奋斗精神风貌。激励企业家自强不息、勤俭节约，反对享乐主义，力戒奢靡之风，保持健康向上的生活情趣。企业发展遇到困难，要坚定信心、迎接挑战、奋发图强。企业经营成功，要居安思危、不忘初心、谦虚谨慎。树立不进则退、慢进亦退的竞争意识。"在现代企业经营管理的过程中，面对瞬息万变的商业势态，企业家心力要实，要艰苦奋斗、自强不息、奋发图强，在复杂的竞争环境中，谋求自身的位置。华为面对复杂的国际局面，在中美贸易战的环境中，遭受美国不公正对待。在这种情势之下，华为能走出困境，离不开任正非所彰显出的企业家精神。

阳明心学在塑造企业家精神的过程中，第一要义就是要企业家直面自己的内心，处理自己与自己的心的关系，如何与自己相处，慎独，这是企业家在商业经营活动中，首先要面对的第一种关系。

---

① 《王阳明全集》，第16页。

企业家只有处理好自己与自己的关系，处理好自己的身心关系，破心中贼，才能进入物我关系、人己关系、天人关系。所以身心关系是核心，是根本的用力处。处理身心关系，可分为四心，也即企业家处理自己身心关系的四个要点：心志要高，心量要大，心气要足，心力要实。身心关系所展开的四心，收摄着物我关系、人己关系、天人关系。其他三种关系的根本处，则在于处理身心关系，这是处理其他关系的前提，都得收摄到自己的内心上。其他关系，收摄入四心之中，由四心之中生发出来。身心关系的四心内在包含着物我关系、人己关系、天人关系。由此，阳明心学与企业家精神的契合性，即围绕着四心和四关系而展开。

第二节 物我关系

阳明心学与企业家精神的契合性，以身心关系为本，扩充至物我关系、人己关系、天人关系。企业家由身心关系向外扩展，第一步即是要面对物我关系，也即是自己与外在事物的关系。我们论物我关系之我，指企业家自身，即企业家的我心；物我关系之物，有二义，一者是事情，二者是存在物。宋明理学言《大学》格物之物，主要指格事，即追寻一事之理。在具体的行事与实践活动中，阳明心学一者主张知行合一，二者主张事上磨炼。与此相应，在企业家精神的维度，一方面要求企业家将商业发展规律与企业经营的实际活动融贯为一体，另一方面要求企业家在企业经营管理实践中，磨炼自身心性，习得企业经营管理之道。这是企业家处理物我关系的第一维度，即我心与外事的关系，即心行关系。在企业家精神的维度，存在物具体包含着有形的存在物与无形的存在物。有形的存在物，如企业的产品等；无形的存在物，如企业所提供的服务等。另外，还包含企业经营活动所获得的物质财富。这是企业家处理物我关系的第二维度，即我心与外物的关系，即心物关系。

一　心—物—事—理

物我关系，在企业家精神的维度，即是要企业家处理自我与外物的关系，自我主要是我心，外物则包含着外在的事与物。而外在事物莫不有理，朱熹认为"事事物物皆有定理"，人通过格物致知，即物而穷其理，通过对外在事与物的体察，以穷尽外在事物之理。如此，朱熹便将我心与事、物、理分为二端，以我心来格外在事物，以穷其理。由此而到达天理，止于至善。在朱熹这里，事、物、理、至善，皆是外在于我心。人需要向外求，才能穷尽事物之理，止于至善。

与朱熹不同，王阳明认为，至善不能从外在事物上求得，应该从自我本心上求得。人心的本来样子，就是至善。王阳明言："于事事物物上求至善，却是义外也。至善是心之本体。只是明明德到至精至一处便是。然亦未尝离却事物。"[1] 至善是心之本体，又分布在事事物物之中，表现为事物之理。如，心中有孝，体现在事物中，即是事父之理。所以，王阳明言："心即理也。天下又有心外之事，心外之理乎？"[2] 事父之孝、事君之忠、交友之信、治民之仁，推广开来，一切事物之理，皆在此心。进而，王阳明言："身之主宰便是心，心之所发便是意，意之本体便是知，意之所在便是物。如意在于事亲，即事亲便是一物。意在于事君，即事君便是一物。意在于仁民爱物，即仁民爱物便是一物。意在于视听言动，即视听言动便是一物。所以某说无心外之理，无心外之物。"[3] 在阳明心学的语境中，心即理，无心外之理，无心外之物，无心外之事，我心即可含藏外界之万事万物。

---

[1] 《王阳明全集》，第2页。
[2] 《王阳明全集》，第2页。
[3] 《王阳明全集》，第6页。

如此一来，阳明心学在处理物我关系时，赋予了人心以主体性与能动性。阳明心学强调心即理，理并不是外在的超越的形式性的天理，而就是人内在的主体性之心。阳明心学之心，重在内在的主体性，秉持心作为内在主体的能动性原则，突出我作为主体的能动性，强调由我到世界的开拓性。相较之下，朱熹理学，此理不在人心内，而是外在于人心的天理。天理重在超越的形式性，是外在实体的形式性原则，突出世界作为实体的控制性，强调我对世界的依从性。朱子发明了绝对的形式原则，为帝皇专制、父权高压、男性中心张本。相比之下，从王阳明到刘蕺山，再到黄宗羲，所一脉相承而延续下来的即心即理的心学传统，则立足于内在的主体原则，强调一种自下而上的主动的进取。这与企业家精神的进取性有着天然的契合。这就是为何阳明心学在现代受到企业家群体如此追捧的内在机理之一。

我们需要注意区分朱熹理学超越的形式性与阳明心学内在的主体性。在超越的形式性与内在的主体性的区别之下，朱熹理学与阳明心学的传播和应用，也呈现出不同的路径。朱熹理学兴起之后，历来为官方所推崇。而阳明心学自创始之日起，就在民间广为流行，为民间奉为圭臬。这是因为阳明心学凸显内在的主体性、主观性、能动性，放到整个中国哲学史上，这是非常现代的。正如西方近代以来，理性主义、科学主义兴起，主客关系哲学凸显。中国哲学也有一个到心学时主体性哲学的兴起。正因为此，其具有强烈的主体性、实践性，为工商从业阶层所接受。在现代企业家精神中，阳明心学以心为核心的个体能动性、主体创造力，与企业家创业驱动力、开创精神、创业精神、创新精神，处在同一层面。企业家的创业活动，本身就是由无到有地开创，由少到多地开拓。其所需要的创发力、创造力，在中国传统哲学的思想资源中，阳明心学能够最大程度地提供出来。

二　心行关系

（一）知行合一

《传习录·徐爱录》记载，徐爱因为未曾领会阳明知行合一之训，再次问学于王阳明：

> 徐爱问："如今人尽有知得父当孝、兄当弟者，却不能孝，不能弟。便是知与行分明是两件。"
>
> 王阳明回答曰："此已被私欲隔断，不是知行的本体了。未有知而不行者。知而不行，只是未知。圣贤教人知行，正是要复那本体。……就如称某人知孝，某人知弟。必是其人已曾行孝行弟，方可称他知孝知弟。不成只是晓得说些孝弟的话，便可称为知孝弟……"徐爱又问："古人说知行做两个，亦是要人见个分晓。一行做知的功夫，一行做行的功夫，即功夫始有下落。"
>
> 王阳明继续答曰："此却失了古人宗旨也。某常说知是行的主意，行是知的功夫，知是行之始，行是知之成。若会得时，只说一个知，已自有行在。只说一个行，已自有知在。古人所以既说一个知，又说一个行者，只为世间有一种人，懵懵懂懂的任意去做，全不解思维省察。也只是个冥行妄作。所以必说一个知，方才行得是。又有一种人，茫茫荡荡，悬空去思索，全不肯着实躬行，也只是个揣摸影响。所以必说一个行，方才知得真。此是古人不得已，补偏救弊的说话……"[1]

徐爱未能完全领会阳明知行合一的内涵，认为知与行是两件事，比如有人知道应当孝敬父母、尊敬兄长，却不能做到孝敬父

---

[1] 《王阳明全集》，第 4 页。

母、尊敬兄长。由此，徐爱认为，知与行，即知道与做到，是两件事。王阳明回应说，如果仅仅知道孝敬父母、尊敬兄长的道理，却不能做到孝敬父母、尊敬兄长，这还算不上知道，只有真正做到了，才算知道。而且，知与行是一回事，古人之所以分作知与行为二，目的是为了提醒知而不行的人注意到行的层面，提醒行而不知的人注意到知的层面。分为二讲，古人也是不得已，实际上，知行原本一体。王阳明言："知者行之始。行者知之成。圣学只一个功夫。知行不可分作两事。"①

在企业经营管理的过程中，对企业家精神的要求，也要推行知行合一之训。稻盛和夫在《干法》中曾经说道，回顾他自己70余年的人生，他可以向大家断言，以积极的"思维方式"满怀"激情"，付出不亚于任何人的努力把自己的"能力"发挥到最大，做到这些，你的人生一定会硕果累累、幸福满满。稻盛和夫此言，从个体生命实现的角度，比较典型地体现商业实践活动者对知行合一的贯彻。由此便有了稻盛和夫人生成功方程式：人生和事业成功 = 能力×热情×思维方式。李明镜认为："在这个方程式中，体现了三个方面的内容。三者之间存在着联系，同时又具有各自的特点。其深刻内涵可以通过王阳明先生'知行合一'的理论来进行解读。"② 思维方式偏向于知的维度，热情与能力偏向于行的维度。实际上，三者又是融贯一体的。企业家某一思维方式之形成，离不开其充分发挥自身热情与能力所进行的商业实践活动。企业家之热情与能力的实际发挥，也离不开思维方式的作用。

在中国古典思想的语境中，阳明心学知行合一，主要指的是人的心性修养工夫，是处在德行层面的知行合一。由心性修养之内圣，推向践履事功之外王。阳明心学是内圣外王合一之学。详细来

---

① 《王阳明全集》，第15页。
② 李明镜的《稻盛和夫：管理要学王阳明》（陕西人民出版社2014年版，第247—253页）对此方程式做了详细解读。

论，在阳明心学的语境中，知主要指伦理道德之知，行主要是伦理实践与政治实践。知孝与知弟的衡定标准，不是知识上的熟悉、认知、了解，而是行动上的履行、实践、落实。孝、弟、忠、信、仁等伦理与政治上的知与行，皆是一体，不可分为二事。

由古代伦理实践与政治实践，推行到现代工商业实践，在现代工商业实践活动中，知行合一有着一种现代转换，由单纯的道德之知行，转向包含着道德之知行与理性之知行的双重维度。现代工商业实践活动，需要掌握现代科学管理系统，需要认知商业活动的规律，需要熟悉各类经济、法律与社会规则。所以，在企业家精神维度谈知行合一，不能仅仅局限在德行层面之知行合一，而是包含着理性层面的知行合一。故而，企业家精神之知行合一，包含着伦理道德之知行、商业规律之知行、经营管理之知行、法律规则之知行等多个维度，总体而言包含道德之知与理性之知。这是阳明心学与企业家精神需要进一步疏通之处。企业家对知行合一的贯彻，需要将《意见》对弘扬优秀企业家精神提出的36字要求——爱国敬业、遵纪守法、艰苦奋斗、创新发展、专注品质、追求卓越、履行责任、敢于担当、服务社会，切实认知并熟悉，进而实践并履行。

（二）事上磨炼[①]

知行合一，突出了行动和践行的一面。阳明心学所追求之内圣，即是在生命历程中，通过实际的行动和践行，不断改变和打造自己。以阳明心学的话语表述之，即是事上磨炼。事上磨炼，乃是阳明心学之家法。事上磨炼，最终要达到的目标在于致良知，其中存在一个开展心性修养功夫的进路。

《传习录·陆澄录》中记载，陆澄问："静时亦觉意思好。才遇事，便不同。如何？"先生曰："是徒知养静，而不用克己功夫也。如此临事便要倾倒。人须在事上磨，方立得住，方能静亦定，

---

① 参见《王阳明全集·传习录》第23条、第147条、第204条、第262条。

动亦定。"① 陆原静喜欢在静中做工夫，遇事常常失了分寸。王阳明教导他要在事上磨炼，在动中做工夫，无论身处动之境遇，抑或静之境遇，皆应该做到定。要达到此般境界，就得在事上磨。通过在事上磨，所达到的定，才是真正的定。这里的定，指的是心之本体的定。这是事上磨炼的第一步，即无论动静，无论有事无事，皆应心定。事上磨炼的第二步，是在心定的前提下，对所遇之事，采取最适当的应对方式。第三步，需要在事上反复磨炼，也即将第一步与第二步反复操练，形成心应对外事的心理反射习惯。这就达到致良知的效果。事上磨炼，应对每一件事，有每一件事的最恰当处理方式，这就是心对这件事的良知。总的来说，又有一个大的天理良知。

　　事上磨炼，具体而言，是指人在应对一件具体事情时，做到心定，在心定的前提下，选择应对该事的最恰当方式。如此，便是致良知于该事。由此通过事上磨炼而致良知。通过事上磨炼，心能达到一种中和状态，事情能够得到合宜的应对，这其中蕴含着知行合一之要求。作为一种应事的总原则，追求在动中做到心定，由此心定而致良知于事事物物，达到处事的最合适方式及内心的中和状态。这整个过程是一个实践过程。致良知，即是追求一种实践智慧。朱熹理学的大学八目次序为，格物、致知、诚意、正心、修身、齐家、治国、平天下。阳明心学的要领在于格物、致知，诚意、正心、修身、齐家、治国、平天下是纳入格物致知的框架里的。格物致知，即是知行合一，即是经由事上磨炼，而致良知于事事物物。这也是为何《传习录》开端处，就谈格物致知，因为阳明心学之核心思想，都可以在格物致知下来解释。

　　王阳明所倡导的心性修养工夫，通过事上磨炼而致良知，知行浑源一体，做事的方式与做事本身自然融贯一起。事上磨炼，以达

---

① 《王阳明全集》，第14页。

到有事无事，皆能心定，由此而致良知。良知在每件事情上的体现不同。《传习录·陆澄录》记载陆澄在鸿胪寺仓居。忽家信至，言儿病危。澄心甚忧闷不能堪。先生曰：

> 此时正宜用功。若此时放过，闲时讲学何用？人正要在此时磨炼。父之爱子，自是至情。然天理亦自有个中和处，过即是私意。人于此处多认做天理当忧，则一向忧苦，不知已，是"有所忧患，不得其正"。大抵七情所感，多只是过，少不及者。才过便非心之本体，必须调停适中始得。就如父母之丧，人子岂不欲一哭便死，方快于心？然却曰"毁不灭性"。非圣人强制之也，天理本体，自有分限，不可过也。人但要识得心体，自然增减分毫不得。①

事上磨炼的是心体，即心之本体。使心之本体达到无过无不及。在陆澄遇子病危之际，良知体现为不能过度忧闷，即忧闷之发，要中节，使自己心性达到中和状态。因此，澄子病危，王阳明教导他不要忧闷过度，应该达到中和的状态。这是应对这一事，应对其他事情，也是如此。

对企业家精神来说，事上磨炼的要素：一是修养心性，遇事能心定。二是，心定之后，选择应对事情的恰当方式，这是一种实践智慧。实践智慧之获得，需要通过反复的事上磨炼，总结失败的教训与成功的经验，才能获得。遇事心定，并不意味着不动，而是动而中节，无过无不及。孔子推崇"临事而惧、好谋而成"②。如子路好勇，近乎鲁莽之勇，孔子并不推崇。孔子主张临事而惧，临渊履冰，戒慎恐惧。这里的惧，不是惧怕而退缩，而是一心在事上。

---

① 《王阳明全集》，第19页。
② 《论语·述而》中，子曰："暴虎冯河，死而无悔者，吾不与也。必也临事而惧，好谋而成者也。"详见《四书章句集注》，第95页。

在这种惧之下,反而能达到心定。对企业家来说,遭逢困厄之际,鲁莽之勇和无知状态下的定和静,是虚假的,不是真正的定和静。只有临事而惧,惧而不乱,这时的定和静,才是真正的定与静。任正非在受到美国的打压之际,恰恰做到了这一点。惧要有一个节制,不能过,也不能不惧。惧作为七情之一,其能够发而皆中节,体现在心上,即是心定。对企业家来说,临事而惧,达到心定,这是第一步。第二步,即是要选择应对这一困厄的最恰当方式,由此好谋而成。好谋能成,基于过往的无数事情中总结出经验。这就要求事上磨炼,做到凡事则预,要有远虑,以防废事。

三 心物关系

企业家对心物关系的处理,在企业家四心秘诀中,归属于心量要大这一层面。企业家心量大了,才能容人、容物、容事。在企业家容物这一角度,可以生发出企业家的创新精神与工匠精神。

(一)创新精神

习近平总书记曾经指出,创新是一个民族进步的灵魂,是一个国家兴旺发达的不竭动力,也是中华民族最深沉的民族禀赋。汤之盘铭曰:"苟日新,日日新,又日新。"《诗》曰:"周虽旧邦,其命维新。"[①] 无论对于一个民族、一个国家来说,还是对于一个企业、一个单个的人来说,创新都是必不可少的精神特质。企业家的创新精神乃是支撑一个企业持久发展的根本动力之源。《意见》中详细论述了企业家的创新精神:"支持企业家创新发展。激发企业家创新活力和创造潜能,依法保护企业家拓展创新空间,持续推进产品创新、技术创新、商业模式创新、管理创新、制度创新,将创新创业作为终身追求,增强创新自信。提升企业家科学素养,发挥企业家在推动科技成果转化中的重要作用。吸收更多企业家参与科

[①] 《四书章句集注》,第5页。

技创新政策、规划、计划、标准制定和立项评估等工作,向企业开放专利信息资源和科研基地。引导金融机构为企业家创新创业提供资金支持,探索建立创业保险、担保和风险分担制度。"在一个企业之中,诸如产品创新、技术创新、商业模式创新、管理创新、制度创新等所有层面的创新,皆根植于企业家的创新精神。企业家秉持着创新精神,才能将自身的创新活力和创造潜能有效激发出来。

就阳明心学的思想特质来看,阳明心学是富有创新精神的新儒学,创新与变革乃是阳明心学重要的思想特质。从王阳明与朱熹的诸点争议中,可以充分证实这一点。由于阳明心学对传统儒学的创新和突破,杜维明认为:"阳明对儒学所作贡献同马丁·路德对基督教所作贡献一样深刻。"① 路德宗教改革,将信仰的权力从教会那里,转移到普通人手上。信徒因信称义,基督教得以世俗化。王阳明使儒学的传授,由官方性的儒生群体,转移到农夫、商人、乡绅等民间各个阶层。儒学由儒生知识分子的心性修养工夫的特权,成为普通老百姓都能通过阳明心学来锻造自身的心性修养的学问。在这整个过程中,王阳明试图重构传统儒学体系。阳明心学中富有对传统儒学的改造和创新。此种说法,不无道理。阳明心学的思想特质即是寻求对旧有体系的突破。这在学问特质上,就可以为企业家精神的创新精神提供一种典范。就阳明心学的核心观点来看,心即理、心外无物等思想观点,特别突出人的内在主体的能动性。其特点在于强调人以心来创发一切,突出内心的发动。杜维明认为,孙中山的行动学说、熊十力的心灵哲学、毛泽东的实践论……都多少受到了阳明思想方式的影响②。刘小枫将近代中国革命精神的来源诉诸古典,将阳明心学作为一个重要来源。这些都说明,阳明心学

---

① 杜维明:《青年王阳明:行动中的儒家思想》,生活·读书·新知三联书店 2017 年版,第 2 页。

② 杜维明:《青年王阳明:行动中的儒家思想》,生活·读书·新知三联书店 2017 年版,第 1 页。

所凸显的人的内在的主体性，在促进人的发动力与创造力上，都具有重要的作用。

彼得·德鲁克言："企业家从事创新，而创新是展现企业家精神的特殊手段。创新活动赋予资源一种新的能力，使它能创造财富。事实上，创新活动本身就创造了资源。"[①] 彼得·德鲁克试图从需求和供给两个角度来理解创新[②]，一是借取萨伊的观点——"创新就是改变资源的产出"，二是依循现代经济学家的惯常理解——"创新就是通过改变产品和服务，为客户提供价值和满意度"。从需求角度理解的创新和从供给角度理解的创新，二者可以相互协同、共同促进，二者皆意味着在既定基础上的突破，以有效的资源，提供最大的价值。如上所述，阳明心学的学问特质与核心观点，皆散发着创新精神，皆是对既定秩序的变革和突破。企业家在学习阳明心学的历程中，自然会受到此种精神的影响，进而对企业家精神中的创新精神有着重要的塑造作用。企业家在学习阳明心学的过程中，很重要的一点，即是汲取阳明心学中所蕴含的变革与创新精神。只有在心中植入创新之动源，企业家才能秉持创新精神，发掘创新潜能，散发创新活力，进而在现代企业经营管理中，立于不败之地。

（二）工匠精神

企业家精神中的工匠精神与创新精神紧密关联，如上一节所言，从供给的角度来理解创新精神，即是对产品和服务的创新。而且，创新只是第一步，关键在于将创新落实下来，在产品创新与服务创新的基础上，长久提供高质量的产品与服务，为客户带来最大

---

① ［美］彼得·德鲁克：《创新与企业家精神》，蔡文燕译，机械工业出版社2019年版，第36页。在该书中，作者还详细分析了有目的的创新和创新机遇的七个来源：意外事件、不协调事件、程序需要、产业和市场结构、人口统计数据、认知的变化、新知识，详细参考第25—170页。

② ［美］彼得·德鲁克：《创新与企业家精神》，蔡文燕译，机械工业出版社2019年版，第40页。

程度的价值。以创新为始点，到持续产出高质量产品，这一过程离不开企业家的工匠精神。《意见》详细论述了企业家的工匠精神："引导企业家弘扬工匠精神。建立健全质量激励制度，强化企业家'以质取胜'的战略意识，鼓励企业家专注专长领域，加强企业质量管理，立志于'百年老店'持久经营与传承，把产品和服务做精做细，以工匠精神保证质量、效用和信誉。深入开展质量提升行动。着力培养技术精湛技艺高超的高技术人才，推广具有核心竞争力的企业品牌，扶持具有优秀品牌的骨干企业做强做优，树立具有一流质量标准和品牌价值的样板企业。激发和保护老字号企业企业家改革创新发展意识，发挥老字号的榜样作用。"企业家弘扬工匠精神，专注产品和服务，进而才可以树立企业品牌，打造百年老店。工匠精神，是对产品的打磨。在企业家精神的层面，对于企业家来说，从宏观的维度来看，企业本身就是一个产品，企业家的根本任务，是把企业这个产品打造好；从具体的维度来看，企业中包含着细分的产品和服务，企业家具体任务，则是落实到企业的核心产品，把每一个核心产品打造好。故而，对于企业家来说，需要秉持企业家的工匠精神，将企业这个大产品以及企业中的具体细分产品打磨优良，精益求精。

如此一来，工匠精神便贯穿于企业经营管理中的两种活动，一者是以技术为核心的研发活动与生产活动，二者是以管理为核心的运营活动。这两种商业活动，要求企业家在经营管理中注重技术与管理。技术与管理，分别对应人的两种理智品质，技艺与明智。亚里士多德在《尼各马可伦理学》中规定了灵魂把握真的五种方式，"即技艺、科学、明智、智慧和努斯"[1]。其中，科学的对象，是考察不可变化的事物，比如数学公理、几何学定理，皆有其永恒性和必然性。技艺与明智，则考察可变化的事物。亚里士多德言："可

---

[1] 亚里士多德：《尼各马可伦理学》，廖申白译注，商务印书馆2010年版，第169页。

变化的事物中包括被制作的事物和被实践的事物。"① 技艺作用于被制作的事物，明智作用于被实践的事物。

亚里士多德言："技艺是一种与真实的制作相关的、合乎逻各斯的品质。"② 与自然物的本原在自身之内不同，制作物的原因在自身之外、在制作者那里，即是制作者所掌握的技艺。制作者通过技艺，制作出某一制作物。企业家将工匠精神落实到企业中的具体产品，主要依靠企业所拥有的科技能力，由技术人才与研发人才完成。可以说，打造企业中的好产品，靠的是制作技艺，需要的是理论知识和科学技术。

明智在亚里士多德哲学中，主要指实践智慧，也就是政治实践与道德实践。亚里士多德主要在政治实践和伦理实践的范围内来定位实践活动。近现代以来，随着人类活动的多样化，实践概念的外延进一步扩大。实践概念在现代哲学中则有一个新的转进，由古典实践概念的政治和伦理维度，扩充至现代的生产实践和商业实践。如果说产品研发关乎技艺，那么，企业的经营管理则关乎作为实践智慧的明智。技艺在现代企业中表现为技术，其目的是产出产品。作为实践智慧的明智在现代企业中则表现为经营管理智慧。企业家打造企业这个大产品，需要把控企业经营管理中的各个环节，涉及人物配置、管理运营等。这就不是一种制作的技艺，而是一种实践智慧，是在企业经营管理实践中，才能锻造的。这尤其需要企业家在知中行、在行中知，将经营管理知识与具体的经营管理实践结合起来。

总体而言，对于企业中的具体产品来说，工匠精神表现为，企业家对技术要求精益求精，对产品要求尽善尽美。对企业这个大产品来说，工匠精神表现为，企业家在知中行、在行中知，获得高超的实践智慧，面对瞬息万变的商业活动，做出一种最佳的决策选

---

① 亚里士多德：《尼各马可伦理学》，第171页。
② 亚里士多德：《尼各马可伦理学》，第172页。

择、谋划运筹，由此方可以实现对企业这个大产品的完美打造。

第三节 人己关系

人己关系，即是企业家处理自己与他人的关系。企业家所面对的他人，主要包含企业内部的合作伙伴及全体员工，以及企业外部所需要面对的客户及社会大众。企业家在处理人己关系时，在伦理与道德维度，与阳明心学可以有相联结的契合点。阳明心学在《大学》《孟子》基础上所发展出的致良知学说，就成为企业家在处理人己关系时可以依循的一种道德学说。以致良知为基础，企业家应该秉持利他精神，以大利为核心，在处理与合作伙伴及全体员工的关系时，秉持互利共赢的原则；在处理与客户及社会大众的关系时，秉持厚生达人的原则。

一 致良知

稻盛和夫在 2013 年接受中央电视台采访中，谈到自己事业成功的原因时表示："核心的一条就是'致良知'，就是达至良知，按良知办事。达到良知的境界，将良知付诸实行，就是至今我所有事业成功的最大原因。"[1] 致良知被稻盛和夫认为是自己事业成就的核心原因，是其所彰显的企业家精神的重要部分。稻盛和夫所言致良知，根植于阳明心学传统，是阳明心学的终极追求。《大学》言格物致知，《孟子》言良知良能。阳明心学上承孟子传统，在吸取宋明时儒的四书学基础上，对《大学》三纲八目加以改造，构建起阳明心学的核心体系。如陈来所言："阳明哲学在其形成时，就其基本思想方向来说，明显地继承了宋代陆九渊以来的心学传统。这

---

[1] 严晴：《稻盛哲学与阳明心学》，载《新阅读》2018 年第 5 期，第 58 页。该文旨在推介曹岫云的《稻盛哲学与阳明心学》（东方出版社 2018 年版）。

个传统就儒学内部的历史渊源来说,主要根于孟学的传统。"① 孟子曰:"人之所不学而能者,其良能也;所不虑而知者,其良知也。孩提之童,无不知爱其亲者;及其长也,无不知敬其兄也。亲亲,仁也;敬长,义也。无他,达之天下也。"② 不学而能之良能,不虑而知之良知,蕴含着两层含义,一是良知良能乃是人天生所具有,二是良知良能是道德实践能力,而非理性知识。

一方面,良知良能乃是人天生具有,如程子言"良知良能,皆无所由,乃出于天,不系于人。"③ 宋明理学家认为,之所以人的良知良能在后天有所损失,乃是由于人在俗世生活中有所染污,导致良知良能有所遮蔽。良知良能,乃是《大学》所言人之明德。《大学》教人明明德,去除由于私欲所造成的障碍、遮蔽和染污,也就是复归本心,找回自己最初的良知良能。王阳明言:"知是心之本体,心自然会知。见父自然知孝,见兄自然知弟,见孺子入井自然知恻隐。此便是良知,不假外求。"④ 王阳明教人致良知,即是教人战胜私欲,复归天理。在阳明心学中,心即理,复归天理,即是复归心之本体,心之本体即是良知。致良知,需要不断去明心见性,回归本心,本心含有良知。

另一方面,良知良能是道德实践能力,而非理性知识。由此,致良知的方式,也就不能通过理性地学与思,而是需要通过伦理道德实践。只有在具体的实践活动中,经由事上磨炼,人才能复归本心。事上磨炼,乃是阳明心学致良知的路径之一。也就是,在面对具体的事物中,在做事中,不断把自己的缺点去除,返回本心,心之本体,即是良知。这即是格物致知。企业家事上磨炼,所面对的事一部分表现为人事,即是处理自身与他人的关系。对企业家来

---

① 陈来:《有无之境——王阳明哲学的精神》,生活·读书·新知三联书店2009年版,第180页。
② 朱熹:《四书章句集注》,中华书局2012年版,第360页。
③ 朱熹:《四书章句集注》,第360页。
④ 《王阳明全集》,第7页。

说，重新发现良知良能，复归心之本体，主要通过商业实践。这里有着实践观的古今转换，即由古典政治伦理实践到现代工商实践的转换。在现代工商实践中，相应地亦有现代工商伦理。现代工商伦理中，较为核心的维度，即是企业家在企业这个大家庭中，如何处理自身与合作伙伴及全体员工的关系，如何处理与客户及社会大众的关系。合作伙伴、全体员工、客户、社会大众共同组成了企业家所要面对的他者，这就是企业家精神中的人己关系维度。

企业家在处理人己关系的过程中，磨炼心性，达致良知。而且，处理人己关系与致良知，二者并非存在时间上的先后次序，而是内在相互蕴含。这是知行合一在现代商业伦理实践中的体现。也就是说，在处理人己关系的开端处，同时就意味着致良知的开启，发端于心，又收摄于心。二者浑圆一体，不可分为两段。我们在论证中，将其分别为两段，实际上只是为了方便言说，方便理解。其实，处理人己关系的实践是行，致良知是知，二者同时开启，知行合一。

孟子认为，亲亲之仁、敬长之义，皆是人的天生良知良能。良知乃是人之本心，朱熹言"良者，本然之善也"[1]。企业家在处理人己关系时，自当秉持这一本然之善、本心之仁、本有之义，以仁善之心来面对合作伙伴、全体员工、客户、社会大众，仁通彼此，达至天下。具体到现代工商实践中，企业家要有利他精神。稻盛和夫在《企业家精神》一书中谈及其在半个多世纪的企业经营中，之所以能不懈迈进，"无非因为经营企业的目的是'为了实现全体员工物质和精神两方面的幸福，为了促进人类社会的进步发展'，也即是实现利他心愿"[2]。正是秉持着利他之心，稻盛和夫能够在艰难险阻的商业道路上坚持下去，并取得卓越的成就。可以说，利他精神乃是稻盛和夫经营哲学中的重要一环。利他精神，需要企业家的

---

[1] 朱熹：《四书章句集注》，中华书局2012年版，第360页。
[2] 稻盛和夫：《企业家精神》，机械工业出版社2018年版，前言。

无我与忘我，不能过于自爱。稻盛和夫长期服膺西乡隆盛，故而经常以《南洲翁遗训》告诫自己。《南洲翁遗训》第二十则言道："道者，天地自然之物。人行道，是为敬天。天佑众生。故当爱人如爱己也。"[①] 以此为借鉴，企业家应当秉持着"爱人如爱己"的态度，以利他精神，来处理人己关系。在处理人己关系，即自我与他人的关系之时，企业家面对的他人包含合作伙伴、全体员工、客户及社会大众。在面对合作伙伴及全体员工时，企业家应追求互利共赢；在面对客户及社会大众时，企业家应追求厚生达人。在现代工商实践中，企业家以利为核心，来处理自身与他者的关系。需要注意，这一利，不仅仅是利润之利、利益之利，还包括大利，从更广阔的层面，使个人成为更好的人，使社会成为更好的社会。

二 互利共赢

互利共赢主要就企业家与合作伙伴及全体员工的关系来说，是企业家精神中的利他精神在企业家对待合作伙伴及全体员工上的体现。稻盛和夫在《我们应该追求的商人之道》演讲中，指出："企业即使只雇佣了五人、十人，也守护着包括其家属在内的许多人的生活。在现今这个社会，日子越来越不好过，经营者自己生存尚成问题，却要奋力经营，养活员工，这本身就是一种高尚的'利他行为。'"[②] 稻盛和夫强调，一个企业无论是大企业，还是中小微企业，都要清楚自身实际从事的是一种利他行为，并要以此为标准来要求自身的经营活动。马克思曾经批判资本主义社会中资本家通过剥削工人的劳动力，压榨工人的血汗，实现自己的利益最大化。正是在这一批判的警醒之下，企业家应当在经营活动中，有意识地反省自己，以利他精神作为企业家精神的重要部分。放到企业内部来说，如稻盛和夫所言"经营者不是盘剥员工让自己发财，而是率先

[①] 许文编著：《南洲翁遗训》，新世界出版社2011年版，第110页。
[②] 稻盛和夫：《企业家精神》，机械工业出版社2018年版，第293页。

垂范，不辞辛苦，挥洒汗水，全力经营，以守护员工及其家属"①，稻盛和夫又言"京瓷的目的正像前面所说的一样，并不是让包括经营者一家在内的股东利益最大化，而是追求企业中全体员工物质与精神两方面的幸福"②。

具体而言，企业家应当以仁善之心来对待合作伙伴及全体员工，由此建立一种相互信赖关系，达到利益之最大，实现共赢。稻盛和夫在2006年纽约盛和塾塾长例会上，做了题为《一个"自力"与两个"他力"》③的演讲，其中第一个"他力"，即是合作伙伴及全体员工形成的他力。为了能有效激发这一他力，稻盛和夫发明了"阿米巴经营"这一管理模式，使各部分独立核算，借此可以培养优秀的合作伙伴。使合作伙伴在物质回报和能力提升上，皆有所得。而且，要赢得真正值得信赖的合作伙伴，仅靠物质层面的期权激励仍不够稳固。稻盛和夫言："想要赢得值得信赖的伙伴，就必须构筑心心相连的信赖关系。当然，在利益上也需要达成共识，但最根本的还是要抓住人心。"④抓住人心，构建稳固的心灵纽带，需要企业家一要寻求与合作伙伴及全体员工的共同使命感与价值观，二是要坦诚相待，由此赢得同心同德、志同道合的合作伙伴。

企业家与合作伙伴及全体员工心心相连的信赖关系，逐步建构起一种基于现代工商业活动的新型伦理关系。传统社会的伦理关系，建构在农耕文明基础上，表现为以血缘为核心的家族组织形式。基于农耕文明而产生的传统家族式的伦理组织形式，表现为血源性、土根性、道德性⑤。伴随着生产方式的变革，现代中国社会的文明形态逐步由农耕文明转化为工商文明。在工业生产活动与商

---

① 稻盛和夫：《企业家精神》，机械工业出版社2018年版，第294页。
② 稻盛和夫：《企业家精神》，机械工业出版社2018年版，第295页。
③ 稻盛和夫：《企业家精神》，机械工业出版社2018年版，第41页。
④ 稻盛和夫：《企业家精神》，机械工业出版社2018年版，第57页。
⑤ 对传统伦理的血源性、土根性、道德性的详细阐述，可参考林安梧《血源性纵贯轴——解开帝制·重建儒学》第二章"血源性纵贯轴之确立"，台湾学生书局2016年版。

品交换活动中，以血缘为纽带的家族伦理失去了赖以存在的土壤，家族伦理趋于瓦解。小家庭及原子式的个人从家族中脱离出来，呼唤着新的伦理组织形式，由此，现代伦理关系也面临着转换。古代以家族为单位的伦理结构形式在现代化的人群组织结构影响之下，渐趋瓦解。公司或企业作为一种新的伦理结构形式，成为一个大家庭。合作伙伴及员工背后又意味着众多的小家庭。由此，以企业为单位，将现代社会的基本构成单元——家庭结合起来。传统社会中，家族以血缘为纽带，结合着众多小家庭。现代社会中，企业以契约为纽带，结合着众多小家庭。由此，现代社会的伦理关系，由传统社会下血缘的自然关系，转化为契约的法律关系。基于现代工商文明产生的现代伦理组织形式，表现为契约性、委托性、规则性。伦理关系的核心纽带，由血源性的纵贯轴，转换为人际性的互动轴。具体到企业之中，现代新型伦理关系围绕人际性的互动轴而展开。企业家与合作伙伴及全体员工，构建一个新的伦理组织形式，取代传统的家族形式。以企业家为核心，合作伙伴及全体员工组成一人际性的互动轴。

在现代企业中所形成的新型伦理关系中，由企业家与合作伙伴及全体员工所组成的人际性的互动轴能够有效运转，需要三个条件：一是共同的愿景和使命，二是彼此以诚相待，三是互利共赢。首先，企业家与合作伙伴及全体员工应当具有共同的愿景和使命。稻盛和夫认为，企业家必须具备三要素：愿景、使命和人格。稻盛和夫言："经营者的首要任务是描绘充满梦想的'愿景'，并用浅显易懂的语言向全体员工描述、共有。同时，必须揭示实现愿景的原因，也就是企业的大义名分、'使命'，激发员工的使命感，使他们主动点燃斗志。最后，为了实现愿景，率领员工的经营者本身必须具备崇高的'人格'。"[①] 企业作为一种新型伦理组织形式，在企

---

① 稻盛和夫：《企业家精神》，机械工业出版社 2018 年版，第 201 页。

业家这个大家长带领之下，树立共同的愿景与使命，由此方可为企业发展注入原动力。这一点，也可以看出阳明心学"立志"在企业家精神中的重要性。其次，企业家与合作伙伴及全体员工应当做到彼此以诚相待。稻盛和夫所塑造的京瓷哲学中有"玻璃般透明的经营"这句话，即是强调"以心为本的透明经营"。企业的经营状况应当公开，使合作伙伴及全体员工都能有切实的了解，这是基于以诚相待的人本管理模式。最后，企业家与合作伙伴及全体员工达到互利共赢。尤其对于合作伙伴和员工来说，不仅获得物质上的回报，还要有能力上的提升。稻盛和夫发明的阿米巴经营可以作为实现互利共赢的有效路径。在这三个条件的保障之下，企业不仅仅是从事工业商业实践活动的工商共同体，而且是一个以企业家为核心的现代新型伦理共同体。这一现代新型论题共同体得以存在，离不开企业家精神中的利他精神，离不开在企业家引领之下基于互利共赢的人际互动行为。

由此，企业家在处理与合作伙伴及全体员工的关系时，应当做到在互利共赢的基础上，建立心与心的连接，形成真正相互信赖的稳固关系，从而逐步构建一种现代工商文明之中的新型伦理形式。

三　厚生达人

厚生达人主要是从企业家与客户及社会大众的关系来说，是企业家精神中的利他精神在企业家对待客户及社会大众上的体现。《尚书·大禹谟》："正德、利用、厚生惟和。"[①] 正德，从阳明心学的维度来讲，即是致良知。推到企业家精神的维度，企业家致良知，在处理与客户及社会大众的关系上，主要表现之一，是一种伦理道德要求。稻盛和夫"一直向京瓷的员工强调，不能做有违正确的为人之道的事"，将"以正确的方式贯彻正确的为人之道"[②] 作

---

① 孔颖达：《尚书正义》，北京大学出版社2000年版，第106页。
② 稻盛和夫：《企业家精神》，机械工业出版社2018年版，第300页。

为京瓷哲学，贯彻"商也乃仁"的经营理念。

康恩贝集团董事长胡季强认为，企业的目的不是小盈利，而是大盈利。企业的本质，不应当定位为盈利组织。企业要追求的利，不应是物质财富意义上的利，不应是金钱利益的利，而应当是元亨利贞之利，是利用厚生之利。企业盈利，并非目的，而是结果。也就是说，企业在提供大利之后，自然就会有盈利。如果汲汲于盈利，反而会引发企业经营管理的混乱。企业家所能提供的大利，以企业组织为平台，以自身产品为媒介，为客户创造价值，为社会大众创造价值。企业的目的是厚生达人，使人的心灵、生活变得更好，使社会变得更好。使人与社会、世界变得更加美好，这是现代工商实践活动所应当追求的价值维度。

企业家利人，然后自然能利己，为合作伙伴、全体员工、客户、社会大众提供价值，自己自然就能收获价值。这也体现了道家欲取必予之道。企业家利益客户，是以企业为平台，以产品为中介，向外扩展。企业家利益社会，需要秉承大利之心，厚生达人，承担社会责任感。企业家为客户提供价值、为社会提供价值，由内而外，由近及远，兼善天下。当然，企业家在处理人己关系时，归根还是在自己的内部，在于修养身心，回归到自己心上。所以，企业家厚生达人的前提是正德，也就是阳明心学语境中的致良知。

在《大禹谟》中，依大禹所论，善政的关键在于养民，养民则需要修六府、和三事。禹曰："於！帝念哉！德惟善政，政在养民。水火金木土谷惟修，正德、利用、厚生惟和，九功惟叙，九叙惟歌。戒之用休，董之用威，劝之以九歌，俾勿坏。"[1] 帝曰："俞！地平天成，六府三事允治，万世永赖，时乃功。"三事分别是正德、利用、厚生。孔安国传曰："正德以率下，利用以阜财，厚生以养

---

[1] 孔颖达：《尚书正义》，北京大学出版社 2000 年版，第 106 页。

民,三者和,所谓善政。"① 在传统社会中,善政养民主要是通过政治实践和道德实践来实现。进入现代社会之后,随着科技—工业—商业的发展,传统实践观已经发生了现代转向,比如,马克思主义将物质生产实践作为人类实践活动中最基本的实践活动,之后才是社会政治实践和科学文化实践。企业经营活动在物质生产实践中,居于重要地位。企业经营活动,主要表现为基于科学技术和现代管理的工业—商业实践。由此,善政养民的实现路径,在传统社会政治实践和道德实践的基础上,又增加了以企业为主体的现代工商实践。在通过现代工商实践达到善政养民的过程中,企业家的重要性就凸现出来,而不再处于传统社会士、农、工、商四阶划分中的末尾位置。在中国共产党的领导之下,中国企业家应当承担起社会责任,通过工商实践活动,以达到厚生达人。

《意见》中指出:"引导企业家主动履行社会责任。增强企业家履行社会责任的荣誉感和使命感,引导和支持企业家奉献爱心,参与光彩事业、公益慈善事业、'万企帮万村'精准扶贫行动、应急救灾等,支持国防建设,在构建和谐劳动关系、促进就业、关爱员工、依法纳税、节约资源、保护生态等方面发挥更加重要的作用。国有企业家要自觉做履行政治责任、经济责任、社会责任的模范。"社会责任感、生态环保意识、公益慈善精神,皆是企业家应该发扬的基本精神。《意见》中又指出:"引导企业家积极投身国家重大战略。完善企业家参与国家重大战略实施机制,鼓励企业家积极投身'一带一路'建设、京津冀协同发展、长江经济带发展等国家重大战略实施,参与引进来和走出去战略,参与军民融合发展,参与中西部和东北地区投资兴业,为经济发展拓展新空间。"

---

① 《尚书·大禹谟》的主要内容是,大禹向舜帝陈述自己的治水之功,舜帝因大禹之所陈而大加赞美之。孔颖达曰:"皋陶为帝舜陈其谋,禹为帝舜陈已成所治水之功,帝舜因其所陈从而重美之。史录其辞,作《大禹》《皋陶》二篇之谟,又作《益稷》之篇,凡三篇也。"孔颖达:《尚书正义》,北京大学出版社2000年版,第106页。

在中国共产党的领导之下，参与国家重大战略，将自身的经营活动与国家的长远发展结合起来，这也是企业家所应发扬的精神。

总之，在处理人己关系时，企业家应当始终追求致良知的道德境界，秉持利他精神。稻盛和夫"把'追求全体员工物质与精神两方面幸福的同时，为人类、社会的发展做贡献'作为京瓷的经营理念"[1]，可以说是企业家精神中的利他精神在现代工商实践中的一个典型表现。王永昌在《华为：磨难与智慧》[2] 一书中指明：华为的管理智慧[3]，是以奋斗者为本，这是企业家处理与合作伙伴及全体员工的关系；华为的经营智慧[4]，是以客户为中心，这是企业家处理与客户的关系；华为的理想情怀[5]，是做有高度的事业，这是企业家处理与社会大众的关系。总体而言，华为成功的背后，坚持着"以客户为中心、以奋斗者为本、长期艰苦奋斗"的核心价值观。这即是任正非作为华为掌舵者所体现出来的企业家精神。这即是企业家在处理人己关系时，始终应该秉持的企业家精神。

第四节　天人关系

西乡隆盛乃稻盛和夫同乡，为稻盛和夫所尊崇。西乡隆盛是明治维新的关键人物，其言修心炼胆，全从阳明心学而来。可见，阳明心学深刻影响西乡隆盛，又影响到稻盛和夫的经营哲学之中。可以说，稻盛和夫经营哲学中所彰显的企业家精神，深得阳明心学精髓。稻盛和夫以西乡隆盛"敬天爱人"之语作为京瓷的社训。"爱人"体现企业家处理人己关系时，以利他精神来处理与合作伙伴、全体员工、客户、社会大众的关系，贯彻"商也乃仁"的原则。

---

[1] 稻盛和夫：《企业家精神》，机械工业出版社 2018 年版，第 293 页。
[2] 王永昌：《华为：磨难与智慧》，中国社会科学出版社 2019 年版。
[3] 详参《华为：磨难与智慧》第三章 "以奋斗者为本：华为的管理智慧"。
[4] 详参《华为：磨难与智慧》第二章 "以客户为中心：华为的经营智慧"。
[5] 详参《华为：磨难与智慧》第四章 "做有高度的事业：华为的理想情怀"。

"敬天"则体现企业家精神中所包含的又一维度,即天人关系维度。天人关系,主要是企业家处理自身与外在世界的关系。在天人关系维度谈外在世界,主要包含着自然世界与商业世界两个区分。企业家存在于世界中,以自强不息、厚德载物之个体,乘风驭势,挺立于世界之中。这乃是企业家精神中所彰显出的大丈夫精神。故而,本节分为四个部分展开论述。一是自强不息,论述企业家应当艰苦奋斗,磨炼灵魂。二是厚德载物,论述企业家应当修德为本,积善成德。第一、第二部分主要涉及企业家面对外在的宇宙和自然规律,如何以心应对之。依照自然宇宙的生长原则,自强不息,独立自主,则一定会从磨难中走出一条道路;依照自然宇宙的因果法则,厚德载物,积善成德,善因则会有善果。三是乘风驭势,论述企业家遵循商业发展规律,顺应商业发展趋势。第三部分涉及的是企业家面对商业世界,如何恰当处理自身与商业规律的关系。四是大丈夫精神,这是企业家在自强不息、厚德载物、乘风驭势的过程中,所锻造的基本精神。第四部分则是以前三部分为基础,论述企业家在处理与外在世界关系时,应当展现出一种大丈夫精神,最终将大丈夫精神收摄到企业家之心上,与本章开端处相互呼应。

一 自强不息

天人关系,即是企业家处理自己作为一个生命个体与外在世界的关系。这里的外在世界,分别意指时间和空间两层含义,世是时间,是绵延不息的时间历程;界是空间,是广袤有边的空间区隔[①]。宇宙同样分别意指时间和空间两层含义,四方上下曰宇,意味着空间;古往今来曰宙,意味着时间。世界、宇宙即是时间和空间。企业家处理与外在世界的关系,即是面对世界、面对大化流行,应当如何自处的问题。故而亦可以天人关系称之。所以,在企业家处理

---

① 可参考林安梧对世界的时间和空间解释,详参《人文学方法论:诠释的存有学探源》,上海人民出版社2016年版,第4—5页。

天人关系的层面,是将自己纳入时间和空间,纳入世界和宇宙当中来,重新检视自己,磨砺自己,遵循着时空流行的大法则。

企业家精神在天人关系层面的表现之一,是厚德载物。企业家取法地之坤道,培养德性,思善行善,由此善因得善果。企业家精神在天人关系层面的另一表现,是自强不息。《象》曰:"天行健,君子以自强不息。"[1] 自强不息,是企业家取法乾道,终日乾乾,刚健中正,历咎无险。于是,企业家处理与外在世界的关系,借用宇宙之力,乾坤之道就共同构成着企业家在处理天人关系时所涉及的两个维度。企业家精神中取法乾道之自强不息,主要表现为企业经营管理中经历苦难、磨炼灵魂、铸造品格。稻盛和夫在经营京瓷、第二电电、日航的过程中,遭受过无数的困难。其言:"我的一生可谓一波三折,多灾多难,但它正体现了'把挫折与苦难当作考验,正面迎战,真挚地反复努力'是如何重要。"[2] 稻盛和夫此言正体现一种自强不息的企业家精神。企业家在一定时间和空间内遭遇到各种苦难,恰恰经由苦难的磨炼,企业家可以锻造灵魂。王阳明的一生正是在百死千难之间,磨练出圣人的灵魂和人格。杜维明认为,用饱经磨难这样的话来形容阳明的人生经历,一点不牵强[3]。王阳明的人生经历中,自然流出一种自强不息的精神。苦难可以磨炼灵魂,人格即是由磨炼而成,企业家精神即是经过锻造而成,这是一种天道规律。

北京知行合一阳明教育研究院以阳明心学为根本,将中华优秀传统文化与现代工商实践相结合,总结出中华优秀传统文化"心—道—德—事"四部曲,具体表述为:"心决定道,道决定德,德决定事;反过来,事的根源是德,德的根本是道,道德源泉是心。

---

[1] 孔颖达:《周易正义》,北京大学出版社2000年版,第11页。
[2] 稻盛和夫:《企业家精神》,机械工业出版社2018年版,第162页。
[3] 杜维明:《青年王阳明:行动中的儒家思想》,生活·读书·新知三联书店2017年版,第5页。该部分略述了阳明一生中所经历的诸多磨难。

故,这是一个'心—道—德—事'四部曲。心是道德源泉,道是德的根本,德是事的根源,厚德才能载物(事),德的厚薄决定了事的优劣高低大小。层次分明,逻辑严密,规律清晰,绝妙精神。四部曲揭示了生命焕然一新的奥妙。"① 致良知四合院所总结的心—道—德—事,我们可以进一步进行阐发。心与道,道与德,德与事,彼此之间处于紧密关联之中。首要需要确立并定位好心的根源性位置。心与道的关系,可以从"人能弘道"来理解。弘道主要靠心,靠心力的作用,这就突出人以心为主体的能动性与创发性。在这种能动性与创发性之下,人可以改命,改天命之性,改天道之命下落到人自身的性。人能弘道,是从人能改变天命之性的角度来说。人可以将道体扩充,改造自己的气质之性,复归自己的天命之性。简而言之,人可以改习性,复天性。天性本善,毫无染污。人能弘道,就是通过改习性,复天性,来弘扩天道所命之性。改习性,即是要克己胜私,复归天道之公。这是人之明明德的过程,是人能弘道的第一步,即立己。这即是心与道的关系。第二步是立人,即新民。人将扩充的德性推广到天下。这即是道与德的关系。在心为德,施之为行。这即是德与事的关系。人能弘道,扩充德性,达之天下,变通事业。这一心法操作,可以应用到每一事之中,每一事皆通诸德—道—心的层面,心是本体动源,道是顶层支撑,德是内在修养。企业家的事上磨炼由此而得以进行。

自强不息,是企业家不断克己、胜己,每日都能洗心革面,日日自新。《道德经》第三十三章言:"知人者智,自知者明。胜人者有力,自胜者强。知足者富,强行者有志。"② 企业家面对磨难时,首先需要克己自胜,改造自己的灵魂,由磨难中生出智慧[3],

---

① 北京知行合一阳明教育研究院编:《文化自信与民族复兴》,机械工业出版社2018年版,第11页。详细请参考本书"心—道—德—事四部曲的奥妙"与"心—道—德—事四部曲的意义"两小节。

② 王卡点校:《老子道德经河上公章句》,中华书局1993年版,第133页。

③ 可参考王永昌《华为:磨难与智慧》一书。

由此才能走出困境。企业家，通过事上磨练，克己自胜，来增加企业经营管理智慧，砥砺自己的品格。这是企业家精神在天人关系所体现出的自强不息，由此品格自然生长。自强不息，是企业家克己自胜，立己达己。厚德载物，是企业家立人达人，达之天下。

二 厚德载物

稻盛和夫在 2006 年纽约盛和塾塾长例会上，做了题为《一个"自力"与两个"他力"》[①] 的演讲，第一个"他力"是合作伙伴及全体员工形成的他力，第二个"他力"，稻盛和夫认为并非人类之力，而是宇宙之力。其言："我们要让伟大的宇宙之力、自然之力成为支持我们的好帮手。只要拥有这种力量，就能获得幸运，也就意味着命运将扭转至好的方向。"[②]

稻盛和夫所言宇宙之力、自然之力，主要指因果法则。稻盛和夫常常以《了凡四训》中袁了凡改变命运的故事，来说明因果法则，即善因得善果，恶因得恶果。《了凡四训》乃是明代袁黄所作教子之书，从自身经历中阐发人生经验与智慧，以示后人。袁黄之父袁仁，曾受学于王阳明及其弟子王艮、王畿。《了凡四训》中所彰显的改命之学，实际上受到阳明心学影响。尤其是改命之学中所需要的发自内在主体的心力，与阳明心学重内在主体性原则一脉相承。袁了凡听从云谷指点"务要积德，务要包荒，务要和爱，务要惜精神。从前种种，譬如昨日死，从后种种，譬如今日生，此义理再生之身"[③]，誓行善事三千条，每日力求做到扩充德性、力行善事、多积阴德、自求多福。随后，袁了凡果然改变了自身的命定之数。稻盛和夫由袁了凡积善成德、改变命数出发，主张因果法则是

---

① 稻盛和夫：《企业家精神》，机械工业出版社 2018 年版，第 41 页。
② 稻盛和夫：《企业家精神》，机械工业出版社 2018 年版，第 60 页。
③ 袁了凡：《了凡四训》，三秦出版社 2017 年版，第 69 页。

宇宙的不二真理①,"只要遵循这一法则,思善行善,就会得到好的结果,伟大的宇宙之力与自然之力也将站在自己这一边。"②

企业家在经营活动中积善因、得善果,有一个重要表现即是诚信经营。任正非在经营华为的过程中,始终立住诚信这一基本原则,对客户、对社会、对政府、对员工,皆能做到诚实守信,从而取得举世瞩目的商业成绩。基于此,王永昌认为诚实守信乃是华为的生命之基,由此言道:"诚信作为哲学之理,因为它是做人做事之本,也是企业、市场、社会运行的基本规则和生态环境。诚信具有普适性和人类发展的基础性意义。"③ 诚信背后是企业家的利他精神,利他然后自利,即是善因得善果。故而,企业家处理人己关系时所秉持的利他精神,可以在天人关系中找到其逻辑基点。也就是说,从天道流行的角度来看,企业家为他人所谋之利,乃是企业家所积累的善行,这自然会引向善果,如坤卦《文言》所言"积善之家必有余庆,积不善之家必有余殃"④。

在现代企业经营管理中,企业内部逐渐形成一种建立在契约基础上的现代新型伦理关系,企业家与合作伙伴及全体员工建立起心与心紧密连接的义利互信关系,实现互利共赢。在企业的经营活动中,企业家秉持商道仁义,为客户及社会大众谋求利益,实现厚生达人。以上企业家处理人己关系时所实现的互利共赢和厚生达人,其前提是正德。因此,企业家首先需要做到正德,而正德处在天人关系的层面。《尚书·皋陶谟》中大禹所论正德与利用、厚生的关系,可以看作《大学》中明明德与亲民的关系。王阳明言:"明明德者,立其天地万物一体之体也;亲民者,达其天地万物一体之用

---

① 稻盛和夫对因果法则的强调,亦有受到佛教的影响。
② 稻盛和夫:《企业家精神》,机械工业出版社2018年版,第61页。
③ 王永昌:《华为:磨难与智慧》,中国社会科学出版社2019年版,第230页。
④ 孔颖达:《周易正义》,北京大学出版社2000年版,第36页。

也。故明明德必在于亲民，而亲民乃所以明其明德也。"① 王阳明认为，明明德是天地万物一体之体，新民是天地万物一体之用，明明德与新民是一种体用关系。朱熹认为："明德者，人之所得乎天，而虚灵不昧，以具众理而应万事者也。"② 朱熹把明德解释为人从天那里获得来应对万事的一个东西，也就是一个天道本体层面的东西。在阳明心学的语境中，万事就是指新民所包含的父子、夫妇、君臣、朋友等涉及人己关系当中的用。

在企业家精神的层面，企业家在人己关系中所追求的，乃是与合作伙伴、全体员工的互利共赢，对客户及社会大众的厚生达人。这种人己关系中的用，即互利共赢、厚生达人之用，根源于明德之本体。企业家只有不断地正德，即正自己的商道之德，明自己的明德。在此基础之上，企业家将自己天生之明德应用到人己关系之中，不断地以利他精神来积善成德，然后就可以得到一个善果。稻盛和夫认为命运（人类、国家、地区、家庭、个人）构成着人生的经线，因果法则构成着人生的纬线。人对命运的改造，可从因果法则上入手。其言："种善因，得善果；种恶因，得恶果。思善行善得善果，念恶作恶遭恶报。"③ 企业家应当保有善心善行，秉持地之坤道，即坤卦《象》曰："地势坤，君子以厚德载物。"④ 企业家厚德载物，即是载事，具体即是企业家在处理人己关系中的人事。而处理人事的依据，则归到天人关系层面，需要企业家正德，积善

---

① 《大学问》中，问曰："然则何以在'亲民'乎？"答曰："明明德者，立其天地万物一体之体也；亲民者，达其天地万物一体之用也。故明明德必在于亲民，而亲民乃所以明其明德也。是故亲吾之父，以及人之父，以及天下人之父，而后吾之仁实与吾之父、人之父与天下人之父而为一体矣。实与之为一体，而后孝之明德始明矣！亲吾之兄，以及人之兄，以及天下人之兄，而后吾之仁实与吾之兄、人之兄与天下人之兄而为一体矣。实与之为一体，而后悌之明德始明矣！君臣也，夫妇也，朋友也，以至于山川鬼神鸟兽草木也，莫不实有以亲之，以达吾一体之仁，然后吾之明德始无不明，而真能以天地万物为一体矣。夫是之谓明明德于天下，是之谓家齐国治而天下平，是之谓尽性。"详见《王阳明全集》，第1067页。

② 《四书章句集注》，第3页。

③ 稻盛和夫：《企业家精神》，机械工业出版社2018年版，第319页。

④ 孔颖达：《周易正义》，北京大学出版社2000年版，第31页。

成德。

三　乘风驭势

企业家在时空宇宙中，取法乾道之自强不息，取法坤道之厚德载物，面对外在世界之磨难，处理外在世界之人事。这即是企业家作为一个生命个体处理与外在世界的关系，即是处理天人关系。而天人关系的另一维度，涉及企业家如何面对现代工商实践活动本身的自然规律性。企业家应当善于把握经济发展规律和商业运行规律，按照既有规律，进行企业的战略谋划，同时打造核心竞争力，这样才可以抓住瞬息万变的商业机遇。王阳明在军事上取得了巨大的成功，离不开其运筹帷幄的战略谋划以及决胜疆场的超凡气概。

雷军曾经发表过风口上的猪的言论，意思大概是，站在风口上，连猪都能飞起来。此言即是突出了企业家要顺应商业发展时势，善于乘风驭势。企业家乘风驭势的关键一点是在认识商业发展规律的基础上，结合自身经营实际，要做好战略规划。有了长远的规划，谋一世者而后能谋一时，谋全局者而后能谋一域。企业家善于利用时势，乘势而行，顺风顺势，而不能逆潮流而动。把握商业发展规律，需要企业家具备君子知几的智慧。在《周易·系辞下》中，子曰："知几其神乎！君子上交不谄，下交不渎，其知几乎？几者，动之微，吉之先见者也。君子见几而作，不俟终日。《易》曰：'介于石，不终日，贞吉。'介如石焉，宁用终日？断可识矣。君子知微知彰，知柔知刚，万夫之望。"[1] 君子知几，能从细微之处，觉察事物演进趋势，神通万物，由此可以把握商业发展规律。将近期动能与远期势能结合起来。只注意近期发展和眼下机会，可能会错失重要发展。因此企业家需要把握商业发展规律，以一种宽广的格局，观察长远发展态势，进行战略谋划及战略制定。

---

[1] 孔颖达：《周易正义》，北京大学出版社2000年版，第362页。

商业发展的规律、势头和时势，对企业家的经营管理来说，至关重要，所以企业家要乘风驭势。雷军"风口上的猪"的言论，还有后半句，意思大概是，当风过去之后，最先摔死的也是猪。这说明单靠商业发展时势和机遇，而取得一定成功的企业家仍然缺乏持久性。要保证风吹过之后别掉下来，还需要企业家苦练内功，打造企业的核心竞争力，打造好自己的专业本领。如此才能够在风来的时候，乘风驭势，才能够真正地飞起来，并取得一定高度，而非被风给吹起来。而且即使风吹过去之后还能够继续保持飞翔。企业家打造企业的核心竞争力，是时机来临之时，飞起来的关键，也是时势过后，继续保持飞翔的关键。稻盛和夫即强调："将专业做到极致，以高技术为基础开展经营""只有专业化，才有出路"[①]。企业家认识商业发展规律，做好战略规划，审时度势，乘风驭势。而要真正做到乘风驭势，则关键需要企业家练好内功，打造自己的核心产品和核心竞争力。如此，方可以做到在风口来的时候能够乘风驭势飞得稳，风口过后才能够飞得持久。王永昌言："企业发展方向是企业本体、目标理想的深化和行动化，是引领奋斗者冲锋的上甘岭。华为的战略方向现在就是'信息管道'与'智能社会'。华为几十年来集中对准这个'城墙口'大规模投入和'炮击'，坚守这个战略定力不动摇，全然不顾'路两旁的鲜花'，坚持'傻干''坚持只干一件事'的专业、工匠精神。"[②] 华为以"信息管道"与"智能社会"为战略方向，并且在这一发展趋势中，"坚持只干一件事"，打造自身核心技术与核心产品。这即是企业家顺应商业发展规律的体现，苦难内功，乘风驭势，从而使自身立于不败之地。

四 大丈夫精神

在天人关系层面，企业家处身于时空宇宙中，以自强不息、厚

---

① 稻盛和夫：《企业家精神》，机械工业出版社2018年版，第127页。
② 王永昌：《华为：磨难与智慧》，中国社会科学出版社2019年版，第247页。

德载物之精神，面对个体生命所遭遇之磨难与人事；企业家将远期势能与近期动能结合起来，顺应商业发展规律，乘风驭势，同时苦练内功、打造自身。企业家将自身抛掷入永恒的时空与瞬息万变的商海的风浪之中，自强不息、厚德载物、乘风驭势，整个过程中展现出企业家的大丈夫精神。大丈夫精神是一种朴实无华而又刚劲有力的现代表述，在阳明心学语境中，即是王阳明所追求的圣人精神。王阳明改造了以孔孟、朱熹为代表的传统儒学心性工夫路径，将人的心性进阶与提升的依据，由外在天命或天理的框定，转移到人的内在主体性。修心成圣，由一部分人扩充到天下人，这需要心的创发性与坚定的行动，也即知行合一。在此，我们从阳明心学中心、性、天的关系谈起，由此以察看阳明心学中成圣之学的精微之处。

王阳明言：

> 性是心之体，天是性之原，尽心即是尽性。"惟天下至诚为能尽其性，知天地之化育"。存心者，心有未尽也。知天，如知州、知县之知，是自己分上事，已与天为一；事天，如子之事父，臣之事君，须是恭敬奉承，然后能无失。尚与天为二，此便是圣贤之别。至于"夭寿不贰"其心，乃是教学者一心为善，不可以穷通夭寿之故，便把为善的心变动了。只去修身以俟命，见得穷通夭寿有个命在，我亦不必以此动心。事天，虽与天为二，已自见得个天在面前；俟命，便是未曾见面，在此等候相似：此便是初学立心之始，有个困勉的意在。今却倒做了，所以使学者无下手处。[①]

在早期儒家那里，天人关系的最初表述是：天命之谓性。即，性是人得于天的东西，是天赋予人的本质性的东西。经后世儒家的

[①] 《王阳明全集》，第6页。

解释，性的含义逐渐精细化。在朱熹理学那里，性即理，虽然性得自天，但性的合法性和形式，还是在天理那里。在阳明心学这里，王阳明将之表述为"性是心之体，天是性之原，尽心即是尽性"，性与心处于一个层面，并且朱熹那里的外在的形式化的天理，到王阳明这里转换为内在的心体。尽心即是尽性，一切收摄到人心上。如此一来，主动性就落到人这里，而不仅仅是一种被动的框定，而是一种主动的进取。立基于此一心体，王阳明打通了凡人进阶的工夫路径。而孔孟、朱熹，则只是根据人的天生性分，划分出人的差等，唯上智与下愚不移，表现在朱熹那里，便是让初学者去做生知安行事，明显取消了凡人心性进阶的路径。

王阳明认为，朱熹让初学者一开始就做生知安行之事，即格物致知，朱子格物，"至于用力之久，而一旦豁然贯通焉，则众物之表里精粗无不到，而吾心之全体大用无不明矣。"[①] 使学者无下手处。因此，王阳明论证了人心进阶的三个层面，或者说是格物致知的次序。首先，学者在初学之时，与天的关系是，认识到了夭寿不贰，也不因此而放弃了为善之心，而仍然是修身俟命，不动善心，依然持续不断地困知勉行。其次，到贤者层面，认识到了天与己是一个主客的对待关系，由此回到自己的本心，存其心，养其性，由此而能事天，即如事父、事君一样，恭敬奉承，这是学知利行。最后，也就是人心进阶的最高层面——圣人，乃是与天合一，达到知天的程度，事天还是与天对待为二，知天则是与天为一体，恰如知县、知州，是对县和州体量的事务能够精通，知天，则是贯通天地万物，无所不通，达到与天地万物为一体的圣人境界。

在《大学问》中，弟子问及"《大学》中所展现的大人之学何以在于明明德"。王阳明答曰：

[①] 《四书章句集注》，第7页。

> 大人者，以天地万物为一体者也。其视天下犹一家，中国犹一人焉。若夫间形骸而分尔我者，小人矣。大人之能以天地万物为一体也，非意之也，其心之仁本若是，其与天地万物而为一也，岂惟大人，虽小人之心亦莫不然，彼顾自小之耳。是故见孺子之入井，而必有怵惕恻隐之心焉，是其仁之与孺子而为一体也。孺子犹同类者也，见鸟兽之哀鸣觳觫，而必有不忍之心，是其仁之与鸟兽而为一体也。鸟兽犹有知觉者也，见草木之摧折而必有悯恤之心焉，是其仁之与草木而为一体也。草木犹有生意者也，见瓦石之毁坏而必有顾惜之心焉，是其仁之与瓦石而为一体也。是其一体之仁也，虽小人之心亦必有之。是乃根于天命之性，而自然灵昭不昧者也，是故谓之"明德"。小人之心既已分隔隘陋矣，而其一体之仁犹能不昧若此者，是其未动于欲，而未蔽于私之时也。及其动于欲，蔽于私，而利害相攻，忿怒相激，则将戕物圮类，无所不为其甚，至有骨肉相残者，而一体之仁亡矣。是故苟无私欲之蔽，则虽小人之心，而其一体之仁犹大人也；一有私欲之蔽，则虽大人之心，而其分隔隘陋犹小人矣。故夫为大人之学者，亦惟去其私欲之蔽，以明其明德，复其天地万物一体之本然而已耳。非能于本体之外，而有所增益之也。①

大人与小人皆有天地万物一体之仁，这即是人之明德，能感通天地万物。大人与小人的区别在于，小人为私欲所蔽，也就遮蔽了其本身具有的明德，这就导致小人与天地万物隔绝开来，一体之仁受到遮蔽，蔽障越重，隔绝越深，不能仁通万物。由小人至大人的进阶，表现为明明德的过程。明明德，即是去除遮蔽人之明德的私欲，将天生具有之明德彰显出来，由此而复归天地万物一体之本

---

① 《王阳明全集》，第1066页。

然。处理好本体层面的天人关系之后，即明明德之后，即是新民。陈来言："由于阳明把'仁者与天地万物为一体'与《大学》三纲领之一的'亲民'连成一体，比起孔子的博施济众和孟子的仁民爱物，更加凸显出儒学诚爱恻怛的悲悯情怀和对于谁的责任感与使命感。"① 王阳明"大人以天地万物为一体"的思想，近承宋明理学，远接孔孟。"人人皆可成圣人""仁者以天地万物一体"等思想，体现出对人性本善的笃定与对天道的尊崇。

阳明心学中的圣人精神、大人境界，包含着君子精神。圣人、大人、大丈夫可以理解为君子的升级版。天行健，君子以自强不息，地势坤，君子以厚德载物。企业家自强不息、厚德载物的君子精神，底层支撑乃是大人精神、大丈夫精神。具体到现代企业经营管理中，大丈夫精神可以表现为企业家追求卓越、干事担当。《意见》指出："支持企业家追求卓越。弘扬敢闯敢试、敢为天下先、敢于承担风险的精神，支持企业家敏锐捕捉市场机遇，不断开拓进取、拼搏奋进，争创一流企业、一流管理、一流产品、一流服务和一流企业文化，提供人无我有、人有我优、人优我特、人特我新的具有竞争力的产品和服务，在市场竞争中勇立潮头、脱颖而出，培育发展壮大更多具有国际影响力的领军企业。"又指出："鼓励企业家干事担当。激发企业家致富思源的情怀，引导企业家认识改革开放为企业和个人施展才华提供的广阔空间、良好机遇、美好前景，先富带动后富，创造更多经济效益和社会效益。引导企业家认识把握引领经济发展新常态，积极投身供给侧结构性改革，在振兴和发展实体经济等方面作更大贡献。激发国有企业家服务党服务国家服务人民的担当精神。国有企业家要更好肩负起经营管理国有资产、实现保值增值的重要责任，做强做优做大国有企业，不断提高企业核心竞争力。"

---

① 陈来：《有无之境》，生活·读书·新知三联书店2009年版，第293页。

企业家在大丈夫精神的感召之下，敢于承担，经受磨炼，扛起责任。大丈夫精神，是在阳明心学所推动的儒学平民化和世俗化之后，对圣人精神和大人精神的平民化表述。我们也可以将大丈夫精神看作传统儒学中圣人精神与大人精神的现代性转化。大丈夫精神在现代工商实践活动中，将对企业家发挥重要的激励和感召作用。稻盛和夫临危受命，敢于扛起，拯救日航。任正非在华为所经历的重重磨难之中，冲锋突围，浴火重生。这皆是企业家大丈夫精神在现代工商实践活动中的活生生的体现。

第五章

阳明心学与工商文明

本章分为两节。第一节重点论述人文精神的内涵及工商文明的概念、历史追溯及内容特点，从工商生产方式、市场规则中讲人文价值，从而体现人文学本身对工商文明有着塑造作用。第二节重点论述阳明心学与徽商、甬商和浙商的联系以及阳明心学对日本工商文明的影响及价值体现，体现了作为工商文明的精神内核之一的阳明心学对商人、企业家的重大影响。

第一节 人文精神与工商文明

人文精神的本身是对人类尊严的维护、对生命的敬畏、对价值的追求。工商文明中自由、民主、平等、法制等社会价值彰显着人文精神的光芒。作为人文学的阳明心学是新时代工商业文明的精神内核之一，其"知行合一""致良知"等思想对加强市场伦理机制和社会诚信体系建设，进一步完善、构建更富生机和活力的中国特色市场经济体制，保障国民经济可持续发展具有重大的现实和长远意义。

一 作为人文学的阳明心学

北京大学著名学者陈平原教授曾在一场题为"人文学的魅力与陷阱"的演讲中，将人文学总结为一种学问中有"人"，学问中有

"文",学问中有"精神"、有"趣味"的学科。"人文"一词最早出于《周易》:观乎天文以察时变;观乎人文以化成天下。天文,即日月星辰等天体在宇宙中自然运行的现象。这里的"人文"相对于"天文",即地球上人类的精神生活方式和文化现象,可以透过人文来观察人间社会文明和进步的程度。人文精神作为人之心性与品格的一种无形的"高度"与"厚度",意味着它不是"体",而是"魂"。可以说,人文精神体现为一个人精神与心灵的高度、深度以及宽度。

(一)人文精神的内涵与基本特征

说到"人文",我们自然会提到"人文精神"一词。人文精神,作为一种独特的精神现象,是一种普遍的人类"自我"关怀,表现为对人的价值的尊重,对人的意志和利益的重视,对人类遗留下来的各种精神文化现象的高度珍视,对一种全面发展的理想人格的肯定和塑造。在英文中,"人文精神"一词应是 humanism,一般译作人文主义、人本主义、人道主义。狭义指文艺复兴时期的一种思潮,广义则指欧洲始于古希腊的一种文化传统。

历史上,西方人文精神的发展脉络可以从人类所经历的三次解放中探寻。在古希腊时期,人类通过劳动创造文化来告别原始状态,以古希腊哲学为标志作为人类第一次解放。苏格拉底深入人的内在主体世界,不断追问人世的知识与美德;柏拉图沿着先师开辟的研究道路,以研究人自身为主,提出了一个理性的、永恒的人的概念,是人的自我意识的觉醒和巨大的升华;亚里士多德用"理性""政治"诠释人的本质,是人的自我认识史上的重大飞跃。古希腊哲学中关注人的价值,强调人性的进步,奠定了西方人文精神的最基本价值。人类的第二次解放则体现在中世纪时期,人逐渐摆脱宗教神权的统治,通过否定神性而弘扬人性。这一时期欧洲出现了一场轰轰烈烈的文艺复兴运动,思想家们大力宣扬人的尊严与价值,用人性推翻神性,用理性反对蒙昧,使人成为社会和文化的中心。随着欧洲资产阶级反对封建等级制度,以伏尔泰、孟德斯鸠、卢梭等为代表的启蒙学派,高呼"自由""平等""博爱"和"天赋人权"的口号,冲破传统束缚对人性的压抑和摧残。人类第三次解放体现在现代人本主义哲学思潮的兴起,人逐渐从工业文明、机器和科技对人性异化的状态中解放出来,开始追求人的全面发展。存在主义、现象学、精神分析学、法兰克福学派等众多学派为追寻人类的自由与幸福而不懈努力,如尼采激情高呼"成为你自己",马尔库塞洞察到现代人的"单向度性",等等。

总体来看,西方人文精神强调个体,尊重人的价值,保证个人自由和个人价值之实现,在现实生活中提倡人权、追求自由与平等,崇尚理性。

再来看看中国传统的人文精神。东汉以降,儒释道三家的基本思想观点,构成了中国传统人文精神的主要内涵。以先秦儒家为典型代表,强调修身养心、等级有序、天人合一等伦理道德,作为人的自然生命。孔子的"仁爱"、孟子的"仁政"、墨子的"兼爱""尚贤"、庄子的"与道同体"等一系列伦理纲常推动着人文思想不断发展。明末清初,西方人文思想开始传入中国,使中国传统人文精神有所转向。中国先进知识分子冲破传统理学的束缚,解放人的思想、重建人的价值信仰。在近代民族意识觉醒的年代,以李大钊、鲁迅为代表的中国知识分子注重独立意识和自我意识的培养,希冀用人道主义来拯救人类精神。中华人民共和国成立初期,由于对社会主义建设的认识不足,社会出现一种急功近利的风气。在当时,政治权利原则远大于人的自由全面发展原则,经过几次政治运动的冲击后,人的生命价值和尊严被严重伤害,人文终极关怀的价值目标近乎被毁,对国人的人格完善和发展造成了阻碍。改革开放以来,中国社会发生了翻天覆地的变化。在经济全球化和市场经济的背景下,中国人文精神有了新发展,人的主体地位得到了明显提升,人成为推动经济发展的力量。

比较中西人文精神的异同，我们可以看出，相同点在于都是以人作为中心，以人为本，强调人文关怀，不同点则在于中国的人文传统重在将"人文"与"天道"契合，是将灵魂与肉体、精神与物质、人与神统一起来的，讲的是天人合一。古人云：人者，天地之心。人是天地间能思维、能辨别是非的理性动物。所以，我们把天道、地道、人道称为"三才之道"。可以看出，天人合一是中国传统人文精神的基本特征之一。

人文精神是一个发展着的概念和历史的范畴，也是一个古老而常新的话题。在不同的历史时期，人文精神蕴涵不同的文化传统，深深打下时代的烙印。从中世纪人神对抗而掀起的欧洲文艺复兴运动，到近现代人文精神与科学精神的对立，无不体现人文精神的时代性。改革开放以来，我国逐渐由农业文明向工业文明转化，由计划经济向社会主义市场经济转化，使得国家经济水平和人们物质生活水平极大提高，与此同时人们的思想观念、行为方式也有所进步。当前是科技信息发达的时代，现代科技的发展、信息技术的发展使得物质财富大量创造出来。在当下竞争激烈的市场经济背景下，物欲主义、拜金主义、享受主义等西方思潮在我国社会生活各领域蔓延开来，使得我国当下人文精神受到影响。因此，我们尤其要关注人的物质追求和精神追求的统一，要满足和发展人的情感、精神的不同需要，以达到人与人相和谐、人与自然相和谐、人与自我相和谐。而阳明心学作为一种以天为则，以民为本，天人合一的思想，高扬人的主体精神，对"德""和"等的追求与践行，不仅与中国传统人文精神的基本价值取向高度契合，同时也与当代中国经济社会发展的核心理念高度一致，可谓是为我国人文精神失落现状而开出的一剂良方。

（二）阳明心学中人文精神的体现

王阳明在人生曲折与逆境中，做到立言、立德、言功之道德修养与实践的典范，他创立"心学"体系，树立道德实践伟大丰碑，对当今社会人文精神及个人之人格完善有着积极影响。

　　首先，阳明心学浓郁的人道气息和人文精神体现在"心即理"的思想中。阳明心学强调主体的自发性，高度重视人的价值和主体性的重要作用，这一点我们可从王阳明龙场悟道说起。王阳明出生于一个高级官僚家庭，一生任过刑部、兵部主事。无奈王阳明所在的朝廷政治腐败，宦官刘瑾权侵朝野，他因挺身救助以戴铣为首的一些谏官，冒犯了刘瑾的权威，被其一手策划贬谪到僻远的贵州龙场驿为驿丞。在去龙场驿这前后，刘瑾更是凌辱，甚至谋害王阳明。昔日高官莽服，登堂入室的士大夫，如今遭到贬谪流放；昔日养尊处优的富家子弟，如今沦落到耕稼求食的地步，这种从天堂跌入地狱的愤懑与痛苦，很可能使他稍有不慎就从此沉沦。然而，面对外来的政治挫折、恶劣的自然环境，王阳明极大地扩张自我，极力地发挥自我，靠自己的勇气、力量、智慧和信心，靠自己的乐观、包容的精神，泰然处之。"险夷原不滞胸中，何异浮云过太空。夜静海涛三万里，月明飞锡下天风。"[1] 王阳明相信一切苦难挫折都会如天空浮云而散去，因此身处龙场困境的王阳明，"忽中夜大悟格物致知之旨……始知圣人之道，吾性自足，向之求理于事物者误也。"[2] 经历一番大劫难后，王阳明豁然醒悟，明白天道，亦是圣人之道，原来就在自己心中，不假外求。

　　幡然醒悟后，王阳明将自己这番心得加以概括提炼，提出了自己心学的基本命题——"心即理"，进一步充分肯定了人在认识过程中的主体地位，也更深一步肯定了人的主观能动作用。他在与朋友南镇游山玩水，论述山岩之花树与吾心有何关系时，充分肯定了人的感觉在认识过程中的作用。王阳明认为，只有通过人的视觉花的颜色才能传到大脑中，人才会得到关于山中花树的认识。王阳明又提出"意之所在便是物"的命题，这里"意"即已有的知识，

---

[1]（明）王守仁：《王阳明全集》下册，上海古籍出版社1992年版，第1228页。
[2]（明）王守仁：《王阳明全集》下册，上海古籍出版社1992年版，第1228页。

"物"即根据已有知识通过实践而创造出的事物,这便体现了王阳明充分肯定了认识对实践的指导作用,肯定了人的主观能动作用。这与昂扬人的主体精神一样,都是对人的价值、人的地位的肯定与颂扬。

王阳明在龙场的体悟,正是他人生思想的转折点,也是他重视人的价值和至尊地位思想的起点,这一思想也成为了他心学基点"心即理"的起始。王阳明在绝境中,咬紧牙关,度过困境,成就了千古伟业,就在于他以自我支配外物,主宰外物。这种极大扩张自我、发挥自我的精神正是一种人的主体精神的昂扬。这种对人的地位、人的价值的肯定和颂扬,与中西人文精神的精髓不谋而合。重视人的价值与地位、重视人的主观能动性的主张积极推动了当时社会的发展。在中国共产党成立之后,更是始终以全心全意为人民服务为党的宗旨,牢记人民群众是历史的创造者。从传统的"官""民"对立到和谐相处,从古代"子民"到现代"人民"的质变,反映了人的全面发展和人民幸福的提升才是我们所要追求的终极目标。

此外,我们还可以从王阳明的"良知"论中看出关于人的平等观的论述,这也是王阳明肯定人的价值、人的地位的新体现。王阳明在提出"心即理"后,对心的内涵进一步探究,认为心的具体内容表现为"良知",还提出"良知之在人心,不但圣贤,虽常人亦无不如此"[1]。王阳明认为,不论是孔圣人,还是普通人,每个人与生俱来的良知都是相同的,都是尽善尽美的。可以看出,王阳明的良知说与西方的天赋人权、人生而平等的论说有类似之处。从良知生而具有和人人的良知都是纯洁无瑕、尽善尽美的角度来看,人与人之间也是平等的。王阳明又说,"……此良知所以为圣愚之同具,而人皆可以为尧舜者,以此也。"[2] "人皆可以为尧舜"的思想,正

---

[1] (明)王守仁:《王阳明全集上册》,上海古籍出版社1992年版,第69页。
[2] (明)王守仁:《王阳明全集上册》,上海古籍出版社1992年版,第280页。

是对人之价值、地位的充分认识和肯定的结果，极大地激励了人的自尊心和自信心，促进了人的思想解放。

其次，阳明心学丰厚的人文精神体现于"知行合一"和"致良知"的思想中。纵观历史，阳明心学提出的大背景之一就在于动荡不安的明朝社会。儒家向来强调"修身、齐家、治国、平天下"，为了实现社会的和谐稳定，王阳明创造性地提出了"知行合一"和"致良知"思想，体现了阳明心学是一种具有强大生命力和实践意义的鲜活文化。在王阳明的"知行合一"思想中，"知"即良知，指道德的最高准则，"行"即修行，指良知的践履过程，整体强调思想与行动、心性与修为、意愿与实践的合一。做到知行合一，则心底无私天地宽，做事自然不忘初心，砥砺前行。这样一种修炼境界，即达到"致良知"的境界，自己在行为结果上无怨无悔，回归到"心"。

王阳明"知行合一"和"致良知"思想，在国家层面，则表现为倡导爱国，树立社会责任意识。在刘瑾倒台后，王阳明的政治生涯重现光彩，镇压农民起义、平定朝内叛乱，为稳定明朝的统治立下汗马功劳。这充分体现了王阳明的爱国主义精神和社会责任感。在社会层面，则表现为追求"德"与公平，人人相互尊敬，做有良知的人。王阳明强调每个人都有与生俱来的良知，要依照良知不断在实践层面发扬、呈现良知。这样"德"才能达到从知到行的飞跃，社会才能达致遏恶扬善。在个人层面，则表现为知行合一，学以致用，为开创盛世而贡献自己的力量。王阳明流放贵州三载，其足迹遍布黔中。除了龙场悟道、悟出"知行合一"真理之外，他还致力于施教于市井，办学于民间。在王阳明的身体力行之下，"知行合一"思想在贵州最先结下理论果实，"黔中王门"便是其成果体现。

阳明心学四百年来影响深远，具有强烈的现实意义。阳明心学的第一个根本特点就在于强调人的道德主体性，主张人应该不断地发明良知、实践良知，振起人的精神生命。这一点，有利于唤醒当前一些人功利、庸俗化的心灵，反抗社会之中虚无主义、拜金主义，拯救当下道德伦理危机、信仰危机等。"心即理""知行合一""致良知"等都是人类的宝贵精神遗产，值得我们慢慢品味、躬身实践。

二　阳明心学在工商文明中的价值

作为中华传统文化中的精华，阳明心学是我国新时代工商业文明的精神内核之一。阳明心学"致良知""知行合一"等思想，不仅对当代中国企业家提升自我修养，提升经营管理水平，建设学习型企业，打造卓越儒商团队，发展儒商产业与儒商事业，实现现代工商领域中的"内圣外王""修身、齐家、治企、富天下"，而且对国家贯彻"以人为本"的执政理念，加强市场伦理机制和社会诚信体系建设，进一步完善、构建更富生机和活力的中国特色市场经济体制，保障国民经济可持续发展具有重大的现实和长远意义。

（一）工商文明的发展历程与重要意义

回溯工商文明的兴起，还要从十三、十四世纪的欧洲说起。那时欧洲农耕生产力及其文化已经达到了极限，极低的生产力所产生的剩余成果都被君主贵族抢去以满足自己的欲望。在这种君主独裁、暴力至上的黑暗中，人性的光芒被掩盖，人性的创造性被压抑。于是，一批不甘做奴隶，认为自己可以与贵族平起平坐的新生代思想家、科学家、工商业者进行了变革，在禁锢工商文明道德的铜墙铁壁上开始打洞。

工商文明最初发育于英国，也成熟于英国，在工商文明发展的基础下，英国国民力量充分释放，从一个小岛国变成一个日不落帝国。工商文明在英国兴起时，英国展开了革命，走向了一条温和的革命道路——光荣革命。通过妥协，英国的贵族们和工商业者相互让步，得以使工商业正常发展。截然不同的是，法国通过把贵族统统推上断头台的暴力革命，最终以自由、平等、博爱为号召，推翻了君主专制，打碎了欧洲工商业发展的障碍。《拿破仑法典》更是进一步使法国大革命的原则化成为法律制度，在真正意义上结束了法国革命。如今，法兰西民族已成为工商民族，一直保障着工商文明的秩序。

回望中国，在漫长的历史长河中，中国为何没有拍打出工商文明的浪花？是因为中国人生而愚笨，不懂得工商文明的价值么？并不是这样。在战国后期的各国争雄中，齐国作为工商业之国而非耕战之国，其文明程度颇高。齐国宰相管仲作为工商业者出生，对工商文明体悟透彻。他曾提出，不扰不烦而民自富，政府不要把手伸进社会、经济领域，让百姓自己搞富裕。这种小政府、大社会的思想正是现代工商文明的古代表达。还有，在《货殖列传》一书中，司马迁表达了工商文明比农耕文明能更快发展一个国家的思想。这些早在 2000 年前就有的工商文明萌芽，却没有孕育出工商文明，其中最主要的原因是因为重农抑商的农耕传统。

近代以来，中国古老而传统的农耕文明遭到了西方工商文明的冲击，但农耕文明并没有完全消失，在当代中国，农耕文明与工商文明共同存在，与当代中国人的生活产生着冲突与融合。传统的农耕文明最经典的表现就是日出而作、日落而息，人们基本上是按照自然的运动而行动。这种生产的确定性也自然而然地带来了社会关系的确定性，种种固定化体现了农耕文明强烈的经验型和保守型特征。而与农耕文明截然不同，工商文明的特征则突出表现为全面的、不断的革新。科技的飞速发展导致生产力跨越式提高，人们不再因自然而停滞脚步，不再因顺应自然的形式要求而劳作，通过科技的支撑，人们可以在任何时间、任何地点，按照资本的要求追逐利润。这就打破了以往任何地域性、封闭性的东西，使得人们的交往逐渐转为世界性和开放性的。然而，传统的农耕文明中的一些思想并没有就此从人们的思想中消失。譬如，中国"天人合一"传统思想、农耕文明中养生之道的作息时间观仍为人们所重视与推崇。因此，中国在今后相当长的时期内，需要认真思考农耕文明与工商文明如何共存的问题。不可否认的是，工商文明在中国的发展是不可阻挡的历史潮流，可以想象，随着我国工商业的崛起，一个现代文明大国的形象将举世瞩目。

工商文明不是虚幻的、不可捉摸的，而是具体可见的。从中西工商文明的历程中，我们可以看到，工商文明是对农耕文明的扬弃。工商文明主要靠经济上与其他民族进行商品交换来发展。首先，商品交换的过程大大提高了整个社会的资源配置、使用效率。由于利润的推动，使得参与交换过程中的主体获得利益，相对于停滞的农耕文明而言具有带动性和扩展性。其次，初期的贸易大多以航海的形式进行，相对游牧的环境，大海更能激发人们的探索精神和独立性。

此外，工商文明有如下社会价值。

自由。什么是自由？英国人对自由的理解从保护财产权而来。17 世纪英国著名思想家洛克认为财产权的自由，才是一个人真正自由的前提和基础。这种自由是与产权联系在一起的，而不是跟中国"五四"以来国人所信服的那些精神观念上的东西，以及所谓的个性联系在一起的。

平等。工商文明的重要内容就是双方必须遵守合约，而合约的签订与执行的前提则是双方平等。而平等签订合约的前提则是产权明晰，财产权归属问题含糊不得，你的是你的，我的是我的。只有产权明晰，才能平等交易、实现共赢。这种人人平等的工商精神，也是市场经济社会永葆活力的原因之一。

民主。商人反对苛政、重税，拒绝垄断、特权。英国在 13 世纪末出现了下议院，商人在进入议会后，要求应得的政治权利，目的就是维护自己的利益。这种工商精神逐渐渗透到政治生活中，给近现代政治带来了政治文明。

法治。历史上，法治与民主两者的进程是有先后的。譬如，英国 13 世纪《大宪章》标志着法治的开始，17 世纪"光荣革命"才是建立民主制度的开始。但民主与法治本就是相辅相成的，商人的财产权和与他人平等签订的合约，最需要法律的保护。现代社会，企业家把维护遵从工商文明的各种法律法规作为自己的责任与使命，凭借自己的勤奋与智慧，将资本的获得与增值妥善管理。

合作。工商文明出现以前，人类生活于一种分散状态，农民虽有反暴政的意识，但却非常容易被镇压。而工商活动则把大量人口聚集在城市，使得合作成本变低，竞争也更加高效。工商文明的活动改变了人们的居住方式，从分散到联合，从农村到城市，大家开始从事人与人之间的合作。

信用。市场社会的基础便是信用。历史上，企业家们为了躲避封建君主的横征暴敛，发明了汇票，即把货币财产转换成一个纸面上的数字。如果不是靠信用，只凭一个签字就可以兑换几千两甚至几万两黄金？信用，是现代社会的基础，信用不在了，所有商业活动都要瘫痪，人类也会退回到蛮荒状态。陌生人之间要进行合作，一个基本的前提就是信任，而一个企业越有信誉，他的各种资源才会越来越多，成功的可能性才会越大。

创新。创新是经济发展的原动力。大多数企业家都经历过失败，特别是成功的企业家，失败肯定不止一次。在硅谷，创业早已成为一种生活方式，而失败也被视为一种资历，可以说，经历的失败越多，你的经验越丰富。可以说，企业家所获得的财富是社会对创新活动的承认与奖励。现代企业的发展都因创新而具有鲜活的生命力，也只有创新，推动整个人类的进步与发展。

责任。成为工商文明的社会原则的维护者和发展者，是现代企业家所尽的最大社会责任。我国已进入新的历史阶段，那种偶获第一桶金而暴富的时代已不复存在。许多企业家的第一桶金都是在双轨制、东部的地产开发、信用社的开放、证券市场等的政策变动中获得的。在工商文明的社会发展下，企业家把这第一桶金当作是机会和贷款，以高度的责任感和社会良知做到对社会十倍百倍的回报。企业家视国如家，视民如己的责任意识是工商文明的社会价值之一，使社会在稳定和持续改善中更好发展。

(二) 阳明心学对工商文明发展的影响与价值

工商文明与人文精神的结合，可以发生精彩的化学反应。那么，阳明心学与工商文明之间会擦出什么火花呢？首先，阳明心学中的平等观念。阳明心学中体现出的平等观念，不同于现代西方法治意义上的民主平等，不以公民行使权利之平等为基础，而是以儒家传统中的"一体之仁"为理论支撑，强调仁德覆盖下的一种存在论意义上的平等。王阳明强调人我之间平等无碍，由人心（良知）之平等而行一体之仁政。他提出的四民分工不同，但本质上并无贵贱，各尽其心的分工平等思想，为当今社会从观念上打破社会不公提供一些有益的启示。而且，对个体而言，也可以增强其自信心与自主意识，激发劳动热情，更好地服务社群。其次，阳明思想中的责任意识。儒家的责任意识，起源于周初人文精神的跃动时期，展现为一种肩负责任与使命的"忧患意识"。王阳明所处的明代中叶，内有宦官把政，祸乱朝纲，诸多民间起义叛乱不绝，外有倭寇、鞑靼入侵国土，王阳明同先儒一样，饱含救国救民之责任意识，有志于匡扶倾颓之河山。他自幼便以"读书学圣贤"为人生第一等事，以示其立志之决心。立志意味着确定行为的目标，体现主体自愿担当社会责任的品格。志的定向，即为良知之所向。王阳明由良知之致出发，展现出以天下事为一己分内之事的家国情怀与责任，与此同时，他将所立之志通过现实活动展现为一种实践精神，以勇猛精进之实践精神，成就良知外化之事功。在当前中国特色社会主义现代化建设进程中，阳明心学中责任意识无疑成为企业家、实干家、知识分子及普通民众所应效法学习的内容。

当物质生产发展到一定阶段时，资本主义开始遭遇诸多现代性问题，在精神方面也陷入困顿。中国则在马克思主义的指导下，在社会主义现代化建设中汲取和弘扬传统文化精华，丰富和拓展现代文明的内涵和精神价值，为发展中国家走向现代化的途径提供了全新选择和中国方案。王阳明的心学思想正是中国智慧的代表。正如当代新儒家杜维明教授所说的那样，阳明心学继承和发扬光大了中国儒学特有的人文精神，其中"仁者要以天地万物为一体"旨在创造人与自然的和谐；"知行合一"旨在创造人与社会的和谐；"致良知"旨在创造人与自身的和谐。

王阳明的出生地余姚古时临近宁波。正所谓近水楼台先得月，王阳明的心学思想为宁波商帮文化特质的形成提供了最直接的营养。在近现代的中国工商业界，宁波商帮恪守良知，秉承王阳明知行合一、经世致用的理念，为近现代民族工商业的发展壮大做出了巨大贡献。

深受阳明心学思想熏陶的历代宁波商人，身上有着一样的精神特质：忠、义、精、诚。他们忠于国家、义于社会、精于事业、诚于他人，积极发展民族工商业，为社会事业贡献力量。

热爱祖国，忠于民族利益。宁波商帮的国家大局观正是源于"忠"，源于"良知"。曾任上海总商会会长的虞洽卿，抗战时期坚持抗日爱国，冒着生命危险与外商合伙组建中意轮船公司，到西贡、仰光等地运米，以解决租界内难民的粮食危机；药材商项松茂面对日本侵略军审问，宁死不屈，最后被日军残忍杀害，他以生命诠释了何为民族大义，何为忠诚。

君子爱财，取之有道。商人重利，无可厚非，但在义和利之间，宁波商帮毫不犹豫将"义"字放置在利之先。20 世纪 70 年代，包玉刚助李嘉诚收购和记黄埔，奠定了李嘉诚未来几十年的首富地位，成为香港商界的一段传奇。在回馈社会方面，宁波商帮毫不吝啬，尤其倾心于功在当代利在千秋的教育卫生事业。五金大王叶澄衷于 1899 年在上海创办澄衷蒙学堂，培养了包括胡适、竺可桢、丰子恺等日后成为大家的毕业生。他在老家镇海兴办的叶氏义学（后改名为中兴学堂），培养出了包括包玉刚、邵逸夫在内的商界精英人士，也为国家培养了大量科教人才。中华人民共和国成立后，华人船王包玉刚捐资 2000 万美元创建宁波大学，圆了宁波的大学梦；邵氏兄弟电影公司创办人之一邵逸夫捐资数十亿元港币、完成数千个教育医疗项目，他捐赠的教育资金遍布神州大地，全中国多家高等院校有以邵逸夫命名的"逸夫楼"。

唯精唯一，恪守正道。宁波商帮大多落实王阳明"致良知"的功夫，在自己擅长和熟悉的领域中致自己的那份良知，将事情做到极致，创造出一份属于自己的辉煌。今日宁波的方太和公牛能成为行业的领头羊，正是对"精"的不懈追求。两大品牌各自聚焦于厨房电器和民用电工产品领域，坚持不懈，久久为功，才使得梦想成真。

诚实本分，诚信经营。宁波商帮的诚信是对王阳明"知行合一"思想的身体力行。五金大王叶澄衷在上海滩发家与他的诚信密切相关，青少年时期的叶澄衷因拾金不昧拒受酬金而感动失主，在失主的帮助下叶澄衷刻苦学习文化知识和商业经营，终成一代五金大王。建筑承包商沈祝三信守承诺，在武汉遭遇水灾、经济危机造成原材料价格大幅上涨的不利条件下，依然坚持不向业主提高造价、不拖欠供应商货款、不拖欠建筑工人工资，为中国留下了一座最美的大学——武汉大学，而自己背负巨额债务、元气大伤、黯然离世。著名企业家李达三创立的乐声（Roxy）贸易公司与夏普长期合作，从一个小资本电器商发展成为拥有电器、旅馆业与金融投资的家族企业集团，正是做生意恪守诚信，给他带来了一笔 48 年的"大生意"。

阳明心学的影响是世界性的，不仅对促进中国特色市场经济健康发展、实现大国稳健崛起具有重大的现实意义，对其他一些国家的政治经济文化发展也有着深远的影响。阳明学在国外影响最大的国家，应首推日本。在日本，阳明学一度被奉为"显学"，并成为明治时期日本志士仁人推倒幕府、变法图新、实现国家自强自立的理论工具和重要思想武器，深刻影响了日本的思想家、政治家、教育家、军事家、实业家，以至整个日本社会。在日本的工业化、现代化中，阳明学又转化为工商业精英的经营哲学，成就了一批杰出的企业家和优秀的企业，促进了日本经济的快速发展。阳明学在日本的影响，至今仍很深广。

第二节 阳明心学与工商文明塑造

阳明心学对中国徽商、甬商和浙商发展有着深远的影响。与此同时，阳明心学在后世广为传播，影响了我国周边的很多国家，日本就是其中之一。阳明心学不仅以极其深厚的社会基础推动日本明治维新的深入落实，也在无形之中推动着日本工商业的迅速发展。

一 阳明心学与徽商

徽商鼎盛于明朝嘉靖年间至清乾嘉年间，以重"信"、讲"义"为基本商业道德，以贾而好儒、教子业儒、兴建书院为发展独特之处，在当时雄霸中国商界。然明中后期，徽州出现以农耕为主的小农社会向以求利为主的商业社会的急剧转变，传统文化对商人、商业的鄙视和排斥给徽人从商带来了无形的心理压力。而阳明心学的出现，恰好适应了徽商在商业发展过程中对新思想的需求，使得王阳明和他的心学在徽州的传播有了广泛的社会基础。

（一）徽商形成、发展及特征

徽商，即徽州商人、新安商人，俗称"徽帮"，指的是古代徽州地区（歙、休宁、婺源、祁门、黟、绩溪六县）以血缘为纽带、以地缘为依托结成的商人群体。徽商的出现最早可追溯到秦时期，随着时代的向前发展，东晋时期，产生了商人集团，唐宋时期，逐步发展壮大，南宋时期，开始出现拥有巨资的徽商。直至明朝中叶，在商品经济的兴起和商业贸易的繁荣下，徽商真正兴起成为一个大规模的商帮集团组织。

从明朝嘉靖年间至清乾嘉年间，徽商的发展达到鼎盛，雄霸中国商界。当时，经商成了徽州人的"第一等生业"，且其足迹遍布全国，甚至还远至日本、东南亚各国以及葡萄牙等地，具有极大的影响力。徽商如何在明清时期成为雄踞中国商界最大的商业集团之一呢？除了以尊"礼"、贵"仁"为主要内容的道德伦理，以重"信"、讲"义"为基本内容的商业道德外，贾而好儒、教子业儒、兴建书院是徽商不同于其他中国古代商帮的显著特点。

贾而好儒。"贾而好儒"是徽商的主要特色。可以说，徽商是中国封建社会后期最典型的儒商。首先，历史上，徽州属于文化发达地区，有记载显示，古代徽州有重文重儒的传统风尚，许多徽商受其熏陶和影响，养成了崇文重儒的习性。儒家思想作为中国古代社会思想文化中具有统治地位的思想，加之徽州婺源作为南宋理学家朱熹的故乡，在徽商的心中儒家思想具有崇高地位。在传统儒学的滋润下，明清徽商崇仁重义、义利并举，将"儒术"与"贾事"融会贯通，亦儒亦商。如明休宁商人汪应浩，虽长年经营盐业，但天性好读书，闲暇时对《通鉴纲目》《家言》《性理大全》诸书"披阅辄竟日"，心得颇多。再如歙县木材商黄筵，有记载称其"博览群籍，好文学，左、国、庄、骚、史、汉诸书，风诵如流，兼通天官、堪舆、六壬、演禽，奇门诸术，……有《虚船诗集》二卷，文一卷。"[①] 其次，徽商中很多人在步入商海之前，都是从事儒业的文人。他们或因家境变故，或因科场失利，或因继承祖业等而弃儒业贾。但他们从未放弃儒业，在经商致富后，以自身良好的文化素养和外在经济条件的优势，把注意力重新转向文化方面。最

---

① 许承尧撰，李明回等校点：《歙事闲谭》，安徽古籍丛书萃编，黄山书社2014年版。

后，徽商将为官显名作为自己的终极关怀。不少徽商致富之后，会转入仕途之路，甚至通过买官而跻身仕林，这也深刻反映着中国古代传统的士贵商贱、官尊商卑的价值取向。

教子业儒。明清徽商不仅本身追求业儒入仕，而且更期望其子弟也能业儒入仕。他们平时督促子弟穷经研史、攻读儒家经典，并鼓励其参加科举考试，跻身仕途，以光耀门楣。如明婺源李大祈，因家道中落而弃儒就贾，在积累起雄厚的资财后，将自己早年未实现的"儒业"寄托在儿子身上，同时又反复勉励其子努力学习，"以故诸子发愤下帷，次第蔚起，或驰声太学，或叨选秩宗，翩翩以文章倾人耳……。"[①] 根据史料记载，明代徽商为了子弟能在外参加科举，强烈要求政府授予在外商籍，他们不惜用自己的财富拜访官员，以请他们上奏皇帝，批准在外的徽商子弟凭借商籍得以在外参加科举。徽商的努力没有白费，自清朝顺治时期到嘉庆时期，较之同时代的商帮，徽籍子弟在科举中无论是人数还是质量都显现出强劲的优势。这也从中可以看出明清徽商由商而儒、由儒而士的迫切心情。

兴建书院。根据史料记载，徽州素来有重儒崇文之风，因此各县兴建了许多书院和学校。不少徽商都出资修建书院和学校。如歙县盐商汪应庚，见江甘学宫经历了岁月的磨损，遂"出五万余金亟为重建，辉煌轮奂，焕然维新。"[②] 又出资购买土地，以土地所入作为学校的日常开销。再如徽商捐资兴建学院，为文人学士创造就读之地。清嘉庆《两淮盐法志》载云："歙在山谷间，……学之地自府县学外，多聚于书院，书院凡数十，以紫阳为大。"[③] 歙县城内的紫阳书院是当时最著名的书院，其兴建于南宋理宗淳祐年间，历经元明两朝。该书院屡修屡废，后经清朝户部尚书曹文埴提倡复兴，

---

① （明）汪道昆：婺源《三田李氏统宗谱·环田明处士松峰李公行状》（万历刊本）。
② 乾隆《汪氏谱乘·光禄寺少卿汪公事实》。
③ 《两淮盐法志》卷55《徽州紫阳书院岁贡资用记》（清嘉庆刊本）。

歙籍商贾纷纷捐资,使得紫阳书院得以修成。

明清徽商不仅自身精通儒学,还十分重视其子弟的文化教育,且将自己的一部分财力和精力投到文化、学术、教育等方面,显示出徽州商帮的鲜明特点。然徽商历经三百多年,在明清达到黄金时期,但是至此而止步不前,且在清末民初渐趋衰落。其原因是多方面的,与当时中国的政治体制、文化传统、经济制度、生产力发展的水平等均有密切的关系,大体可归结为这样几点:第一,深受近代战乱的冲击。近代以降,中国社会动荡、战争不断,徽州也不可避免惨遭战乱数年之久。长期的战乱,使得徽州之地尸首遍野、庐舍为墟,加之清政府连年增加赋税,使得徽商在人力、财力、物力上受到严重的摧残。第二,外国资本主义势力的入侵危机。鸦片战争之后,帝国主义国家开始入侵中国,在华倾销商品,掠夺原材料,徽商无力抵挡洋商的强劲冲击,在中国商界举步维艰。第三,"官本位"价值观的狭隘。徽商把积聚资本仅视为手段,而不是目的。他们不以商业为终生的事业来追求,而是把为官、显名作为自己的最终关怀;他们不把商业资本转为产业资本,而是用于科举仕途,甚至买官买爵。与此同时,徽商崇儒心理也对其衰落有一定的影响。所谓成也萧何,败也萧何,作为儒商的徽商虽然"贾而好儒",用儒家的道德伦理规范自己的经商行为,促进经商事业不断壮大,但也因其过分崇儒,造成徽商在事贾和业儒之间徘徊不前,顾此失彼,且被儒家道德伦理禁锢思想,缺乏商人的自由进取、开拓创新的精神,使其难以从传统向现代转变。总而言之,作为封建社会经济的产物,徽商虽繁荣数百年,但因未能适应社会的发展,自然不可避免地遭受衰退的命运。

(二)阳明心学在徽州的传播及对徽商的影响

明代中叶以后至清乾隆末年的300余年,是徽商发展的黄金时代。明中后期,徽州出现以农耕为主的小农社会向以求利为主的商业社会的急剧转变。传统文化对商人、商业的鄙视和排斥使得徽州人在思想上感到惶恐,给徽人从商带来了无形的心理压力,他们渴望有一种新理论来解决自身困惑,使自己的生存与发展有一片较为宽松的心理空间。而阳明心学的出现,恰好适应了徽商在商业发展过程中对新思想的需求,使得王阳明和他的心学在徽州的传播有了广泛的社会基础。

徽州是南宋以后朱子学的重镇,称为"程朱阙里"。明中叶,著名的大儒陈献章远承陆学余绪,创造性地提出了以个体为中心的本体观,反对朱子的"格物穷理"之学,打破了明初朱学统一局面,开启了明代心学思潮。有记载称,明代"学术之分,则自陈献章、王守仁始。宗献章者曰江门之学,孤行独诣,其传不远。宗守仁者曰姚江之学,别立宗旨,显与朱子背驰,门徒遍天下,流传逾百年,其教大行,其弊滋甚。嘉、隆而后,笃信程、朱,不迁异说者,无复几人矣。"[1] 这说明了明中后期阳明心学取代程朱理学而成为占全国主导地位的学术思潮。阳明心学兴起后,随即影响到徽州。有记载称,明中后期徽州"文成之教盛行,讲会者大多不诣紫阳"。[2] 这里所说的"文成之教",指的就是王阳明的心学。此外,清初休宁学者汪佑说:"自阳明树帜宇内,其徒驱煸薰炙,侈为心学,狭小宋儒。嗣后新安大会,多聘王氏高弟阐教,如心斋、绪山、龙溪、东廓、师泉、复所近溪诸公,迭主齐盟。自此新安多王氏之学,有非复朱子之旧者矣。"[3] 这些都说明了明中后期阳明心学在徽州地区开始逐渐渗入。清代焦循曾真切看出,朱子之学说教对象是"士",而阳明心学则普及于社会大众,具有通俗化的一面。[4] 明中叶已是商人非常活跃的时代了,因此阳明心学在向社会渗透的过程中,首先碰到的便是商人阶层了。

---

[1] 张廷玉:《明史》卷282《儒林传》。
[2] 周晓光:《明代中后期心学在徽州的传播和影响》,《徽学研究》2003年第5期。
[3] (清)施璜:《紫阳书院志》卷16《会纪》。
[4] 余英时:《中国近世宗教伦理与商人精神》,九州出版社2014年版,第179页。

阳明心学对不断崛起和壮大的徽商及徽州商业社会具有重要影响。明中叶以来，在追随阳明心学的社会阶层中，商人占有相当大的比重，且徽商是明中叶以来市场经济舞台上的主角之一，而阳明心学传播最主要的长江中下游地区，尤其是江浙地区更是徽商经商的聚集区。因此，众多徽商追随阳明心学的现象也就不足为奇了。为了攻破徽州这个程朱理学的顽固堡垒，王阳明的弟子们采取了内外夹击的双重策略，广纳弟子，并从事声势浩大的传教活动，以至主宰当时徽州的学术思潮和社会思潮。施璜说："其时人人口说紫阳而足迹不践紫阳之堂，……自嘉靖以讫于明末，皆是也。地非紫阳之地，学背紫阳之学。"[①] 嘉靖中期，王门高足邹守益（东廓）、王艮（心斋）、钱德洪（绪山）、王畿（龙溪）、刘邦采（师泉）、罗汝芳（近溪）等先后前往徽州，主讲盟会。这些名士先后前往徽州讲学，与正德七年王学门徒熊世芳出任徽州太守有密切的关系。熊世芳任徽州太守后，亲自主持重修紫阳书院，并在内开讲"王学"，同时力邀王门高第入徽讲学，使得王学在徽州大地迸发出生机与活力。

王阳明的"致良知"之说，使得徽商平衡了生存选择与传统价值取向的矛盾。"良知（即天理）"是人人生来就有的；致良知，是使心本有之良知得以"不为私欲遮隔，充拓得尽"[②]。在王阳明看来，市民、商人、村夫等人都具有"良知"，他提出的格物致良知说，是个个都可以做到的。既然"良知"人人皆有，"致良知"人人可行，那么只要能"致良知"，那人与人之间、职业与职业之间便没有高低贵贱之分，因此，王阳明认为"治生亦是讲学中事"，"果能于此处调停得心体无累，虽终日做买卖，不害其为圣为贤。

---

① （清）施璜：《紫阳书院志》卷16《会记》。
② 王阳明：《王阳明全集》，上海古籍出版社1992年版。

何妨于学？学何贰于治生？"① 又说："四民异业而同道。"② 王阳明彻底打破了世俗"荣宦游而耻工贾"的虚伪价值观，以儒学宗师的身份对商人的社会价值给予明确的肯定，这真不能不说是新儒家伦理史上的一件大事了。③ 因此，他的"致良知"之说，为商人、田夫、村夫等民众所乐于接受。不少徽商投其门下，并为弘扬与发展其学说作出了贡献。而关于儒、贾之论，王阳明的高足弟子王畿则认为"'良知'被私欲所蔽的儒为贾、为假儒，而视能'致良知'的贾为隐儒、为真儒"④。阳明学派所持的"致良知"之说，无疑适合了徽商的心理需要，为当时徽州商业社会发展所急需。

王阳明提出"四民异业而同道"，是对传统的"士农工商"职业等级观作出的新诠释，充分肯定了商人及其职业的伦理价值。从"致良知"到"四名平等"，是徽商对商品经济大发展的现实的适应与反馈。建立功名，显宗耀祖是徽商从商的最终目标。不少徽商按照新儒的立教修养，只要建立名德与功业，就可通天理，表现出一种超越精神，是一种内在超越的文化形态。徽商蹈道守礼，旨在求得符合天理。因此，他们宗奉勤、俭、诚、信、义的传统信条，不仅做到修身养性、克制己欲，还将其当作发展商业的要诀，建立起有自己特点的贾道和营运的型式。

二 阳明心学与甬商

在明清时期十大商帮中，"宁波商帮"虽是最晚兴起的，但相对其他商帮的逐渐衰弱，"宁波商帮"是转型最成功的。从"宁波商帮"闯荡世界到新甬商扛起蓬勃发展的民营经济大旗，其敢为天下先，信义行天下的特质贯穿其中。而甬商以德立业、义中求利、

---

① 王阳明：《王阳明全集》，上海古籍出版社1992年版。
② （明）王守仁：《王文成公全书》卷25，浙江书局。
③ 余英时：《中国近世宗教伦理与商人精神》，九州出版社2014年版，第194页。
④ 李琳琦：《徽商与徽州的学术思想》，《历史档案》2005年第2期。

诚信品德和与时俱进的精神,究其实质,就是与阳明心学思想内在契合的自主进取、务实诚信的文化价值取向。

(一)甬商的历史演进与当代发展

甬,浙江省宁波市的简称。甬商,则指的是宁波籍经商的人。具体来说,是指在外埠从事工商贸易的以血缘姻亲、地缘乡谊为纽带结成的具有地域性的贸易集团。甬商形成于明末清初,以旅居于上海而相继形成的各种行帮小团体为其雏形。甬商虽形成较晚,但后来居上,尤其在近现代十分活跃,名声显赫,称霸商界。

宁波濒临东海,山海相连,自古以来居民多外出经商。宁波虽有得天独厚的地理优势,但它也是一个地狭人稠之地。多岛屿多岩礁少耕地的条件加剧了宁波人地关系紧张的局面,但却促成了宁波人为生活而勇创世界的雄心壮志,铸就了甬商敢于冒险、不畏艰辛、善于经营的性格。

中国商帮历史悠久,甬商在十大商帮中属于后来者,但其砥砺艰苦不辍开拓之志,纵横四海终成甬人之业。甬商经营的主要行业有沙船业以及后来的轮船航运业、钱庄以及后来的银行保险业、经营民信局以及工商实业。其中,作为商品经济发展的产物,民信局最早由宁波商人开办,近代上海兴起以来,宁波一直是民信局的中心所在。近代以来,甬商在中国工商实业的打造上,同样有过实实在在的作为。在工业方面,甬商经营有煤矿、化工、造纸、纺织等;在商业方面,有五金、银楼、服饰、证券交易所等。甬商在工商业、金融业等领域影响了中国工商业、金融业的进程,同时也大大提高了人民的生活条件和生活水平。

会馆始设于明代前期,是明清时期都市中由同乡或同业组成的团体。随着中国商品经济的发展,都市中开始出现以工商业者、行帮为主体的同乡会馆。明末天启年间宁波商人在北京设立的"鄞县会馆"可以说是宁波商帮初始形成的标志,其主要功能是同乡同业互助。清朝时期,甬商势力日益增强,在汉口、上海等商业重镇均创建会馆。如乾隆四十五年在汉口建立浙宁公关，嘉庆二年上海四明公所建立，嘉庆二十四年在外经商的宁波大贾出资在上海成立浙宁会馆，等等。会馆的建立，以集同乡之力，发挥自治精神，谋同乡之福利，为当时宁波航运事业的发展做出了很大的贡献。

明代末年，东海潮涌甬商，至今风华不衰。300余年，甬商经历了一个形成、崛起、辉煌、转折、复兴的过程，一代代甬商书写了一部伟大的从商传奇。以方介堂、董棣林、李也亭为代表的第一代知名甬商，多以沙船、药材等实体业为主，商贸业、钱庄业为辅。太平天国运动时期，大量宁波人在上海开埠后的"移民潮"的裹挟下，纷至上海开始接触与熟悉西方经营模式。以叶澄衷、严信厚、朱葆三为代表的"上海宁波帮"开始从简单实体行业转向了商业、金融业和民族工业。得益于此，甬商不断巩固金融上的权力，出现了五金业的"顺记号"、布业的"三大祥"、服装业的"红帮裁缝"等等。20世纪40年代前后，国内经济社会环境动荡不安，大批甬商转战国外，将"宁波帮"的美名带到了世界各地，让世界见证了甬商团结协作、诚信为本的作风。随着十一届三中全会的召开，我国把经济建设重新列为国家工作的重点，甬商抓住契机、顺应形势、立足本土、务实创业。雅戈尔的李如成、方太的茅理翔、杉杉集团的郑永刚都是改革开放浪尖的杰出代表。新时代下，甬商正以更快的速度、更年轻的姿态在崛起。

(二) 阳明心学在宁波的传播及对甬商的影响

素有"儒商摇篮""商贾之乡"之称的宁波，是一个工商发达、人文荟萃的港口城市。宁波发达的商业文明既得益于得天独厚的地理环境，更受益于人杰地灵的地域文化。宁波地域文化中，最具代表性的是其学术文化和宁波帮文化。宁波学术文化开端于唐代虞世南，在北宋时期初步发展，明代中叶以王阳明的阳明心学为核心使宁波登上了前所未有的学术中心的位置。明末清初，阳明心学不断由姚江书院派中人传承，更重要的是黄宗羲由修正阳明心学而开创的浙东学派，推动宁波学术文化再一次走向高峰。

近水楼台先得月，向阳花木易为春。作为阳明故里，宁波既是阳明心学的萌发地，又是阳明心学的输出地，其地域文化与阳明心学有着千丝万缕的联系。明清时期宁波的儒学，以姚江心学和浙东史学为主，代表人物为王阳明和黄宗羲。浙东学派的特色以经史并重，强调经世应务为核心要义。明朝时期，王阳明提倡"知行合一"，要求人有自觉性，不能只是想想了事，还要亲身实践。明末清初，黄宗羲继承并发展了阳明心学，将"知行合一"转成经世致用，认为学者要经史并重，然后才能经世。此外，浙东学术还张扬人的主体精神，王阳明提出的"良知"说，则主张以自心为主，不惧外在权威。这对于冲破当时的程朱理学束缚，具有解放思想的功效。

阳明心学主体性精神。主体性一般指人的自我意识及人的主动、能动、创造等特性。在王阳明创立的心学体系中，"心即理"把道德的本源还原于人的本心，开阔了人在道德生活中的内在性、自觉性和能动性。"知行合一"将人的认知主体和实践主体兼顾起来，强调没有实践的主体性就没有认知的主体性。"致良知"强调集"认知"和"实践"主体于一身的主题道德性，前提在于心中有"良知"，即"心即理"，根本的实现途径就是"知行合一"。阳明认为，人虽本善，但还需后天的涵养和纯化，通过认为努力的生成过程，道德主体方能真正呈现。

阳明心学的主体性精神激发甬商朝气蓬勃发展。在阳明心学主体性精神的影响下，甬商逐渐成长为一支既有商人的创新冒险精神，又兼具儒生道德理想追求的商业力量。其中，"知行合一"思想为甬商文化特质的形成提供了最直接的营养，是甬商绵延三百余年而不倒的关键所在。在经商中，甬商十分注重人的主体性，在社会转型时期主动求变。他们主动进军新型产业，成立国人自己的银行，与外国商人争锋。19 世纪末，在上海经营钱庄的宁波商人意识到钱庄不久将被银行所替代，便设法成立了银行。1908年开业的四明银行是中国最早以股份有限公司形式组成的新式银行。他们创新经营管理制度，是"良知"发用之结果。清末上海开埠以来，商机敏捷的宁波商人顺应时代与市场需求的变化，及时调整经营领域与服务内容，同时进行经营制度与方法的创新，努力学习与借鉴西方资本主义经营思想与管理方法，引进先进技术与生产工艺，从而牢牢掌握了市场主动权，使企业具有顽强的生机与活力。善于审时度势的宁波商帮借助于中国对外开放之机，使自己原来的优势产业——沙船业向航运业转变。源于元代时期的沙船和南宋时期的南北号商船都属于木制帆船，经不起海上的大风大浪与长途运输，装载量也有限，因此制造技术先进的现代轮船成为宁波帮亟待解决的问题。于是朱葆三首开先河，创办了朱葆三集团航运公司，随后虞洽卿等人创办宁绍轮船公司与三北轮船公司，还有裘氏家族创办的甬利轮船局，何兆丰创办2家航运公司，顾国和兄弟创办泰昌祥轮船公司，刘鸿生建造码头堆栈，等等。甬商充分发挥主体性精神，其航运业一步步发展壮大。

　　阳明心学经世致用思想。"喻及'日用讲求功夫，只是各依自家良知所及，自去其障，扩充以尽其本体，不可迁就气习以趋时好。'幸甚幸甚！果如是，方是致知格物，方是明善诚身。果如是，德安得而不日新！业安得而不富有！"[1] 阳明以致良知为本，结合经世致用，主张在日用中依照良知去其障碍，以尽良知本体。首先，阳明经世致用思想的务实倾向。"良知只在声色货利上用功，能致得良知，精精明明，毫发无蔽，则声色货利之交，无非天则流行矣。"[2] 阳明认为致良知与声色货利等人的日常生活密不可分，重视人们客观物质利益的满足，主张考虑利害、人情，而务求公私两便，反映了阳明心学与社会实际、人情世故相结合的一面。其次，

---

[1] 《王阳明全集》上册，上海古籍出版社1992年版，第185页。
[2] 《王阳明全集》上册，上海古籍出版社1992年版，第122页。

阳明经世致用思想中重视国计民生、重视客观物质利益的思想。"审度事体，斟酌利害。如果远近无不称便，军民又皆乐从，……即便具由呈来，以凭奏请定夺。仍一面俯顺民情，相度地势，就于建县地内预行区画街衢井巷，务要均适端方，可以永久无弊。听从愿徙新旧人民，各先占地建屋，任便居住"①。"平居无事，商货流通，厚生利用，一旦或有境外之役，道路所经，皆流官衙门，从门庭中度兵，更无阻隔之患。此亦安民利国之事，势所当为者也"②。阳明凡事斟酌利害，尤其重视民众包括住房在内的日常生活需要，以方便百姓；并主张平时促进商货流通，满足百姓物质利益的需求等，都体现了其经世致用思想。

阳明心学的经世致用思想激励甬商心中有良知，行为有担当。甬商在经营中很好地发挥了实用主义精神，用行动阐释了经世致用思想。首先，精打细算的经营智慧是甬商经世致用思想在商贸活动中的集中体现。宁波商人的精明，不是锱铢必较的吝啬小气，而是具有清醒的理性支柱，即实践理性。宁波商人不仅有高超的心算能力，还对事物的发展具有前瞻性思维。敏锐发现海上运输是有前景的新兴行业，因此率先经营航运业，开民间资本经营近代航运业的先河。其次，甬商充分利用当时的科技成果以发展自身产业，改善城市生活，让人们直接尝到了科技成果所带来的便捷。宁波商帮大力兴办科技型的实业，19世纪70年代末宋伟臣与叶澄衷合资创办"燮昌火柴第二厂"，因其生产手段及管理办法在当时均属先进一流，成为中国19世纪末的一家大型科技型企业。随后宋伟臣又着手创办了"既济水电公司"，大大改善了城市居民的生活质量。20世纪初期，上海的宁波商人项松茂自产自销"五洲固本肥皂"，经过精心的技术研究，其技术指标与产品质量均盖过进口的洋肥皂，为国内消费者所普遍欢迎。在此基础上，项松茂将技术性能过硬的

---

① 《王阳明全集》上册，上海古籍出版社1992年版，第319—320页。
② 《王阳明全集》上册，上海古籍出版社1992年版，第516页。

国产肥皂推销至新加坡、越南等东南亚地区，在海外赢得了良好的商业信誉。20世纪二三十年代，宁波帮在自来水、煤气、电灯、电话等新式行业中积极投资，如巨商严信厚、朱葆三等在汉口、上海、广州等地开办的自来水厂，宁波商人王伯元、严子均等在江苏、安徽、江西、浙江等地创办的煤气公司、电话公司、电灯公司等，都极大地改善了城市生活，使人们尝到了科学技术带来的甜头。

在发展过程中，甬商形成了独特的精神特质：讲信重信、按规矩办事的诚信精神，讲究实效的务实精神，奋力开拓、与时俱进的创新精神。凭借这些精神，甬商勇立三江，推动了中国民族工商业的兴起和发展，书写了中国近代航运业、工商业、金融业的崭新篇章。

此外，阳明心学为甬商的发展还提供了独特的精神支撑。王阳明首先发难、批判传统的"四民"论，并提出"新四民论"，即"四民异业而同道"的经济伦理。这在重农抑商的社会中，无疑有着重大启蒙意义和现实导向价值。黄宗羲对此进行创造性转化，提出"工商皆本"论，为甬商经商打开了精神枷锁。

在新中国成立70多年的岁月里，作为宁波发展最可倚重的力量之一，甬商勇于开拓、不断创新，为社会经济发展做出了巨大贡献。新时代下，甬商"知行合一、知难而进、知书达礼、知恩图报"的"四知"精神，将继续推动宁波干在实处、走在前列、勇立潮头、永无止境。

三 阳明心学与浙商

近代以降，随着以宁波帮为核心的浙商在上海风生水起，浙商逐渐成长为中国经济发展的一个领军群体。在"浙江精神"与阳明心学的融会贯通中，浙商不畏艰难险阻、历尽艰辛，敢作敢为、勇于创新，抓住机遇、勇立潮头，最终走向全国，进军世界，成就了自己的事业。

(一) 浙商的历史演进与当代发展

自古以来，浙江是中国商品经济发达地区之一，有着悠久的商业传统。古人云：越人善贾。中国商人的鼻祖——陶朱公范蠡，被世人尊称为"商圣"。陶朱公身上所体现的义利并举，务实的主体自觉精神，是浙商纵横四海的宝贵遗产。两宋时期，商路四通八达，商旅往来不绝。明清时期，浙江成为我国资本主义萌芽最早且商品经济空前活跃的地区之一，其地域性商业群体竞相崛起。近代以降，以宁波帮为主体的浙商之崛起得益于清朝政府的两次开放海禁。康熙年间第一次开放海禁，使作为四口通商之一的宁波大力发展航船贩运业，完成了最初的资本积累。第一次鸦片战争后，五口通商催生了近代宁波帮，浙商势力日渐庞大，享有"无宁不成市""无浙不成商"的盛誉。纵观历史，浙商不仅为中国古代商业文明繁荣发展增添活力，而且展现了地域商业文明的鲜明特点，为越地商业文明谱写辉煌篇章。

20世纪80年代以来，伴随着浙江经济的迅猛发展，秉承商业传统和精神的浙江人，再次迸发出极大的创造热情。改革开放40多年后的今天，浙江省已成为我国民营经济的大省和强省，其背后起支撑作用的，是当代新浙商群体。最初的当代新浙商大多来自进城务工谋生的农村手艺人，例如，义乌人的"鸡毛换糖"、永康人的五金生产、绍兴人的轻纺工艺、宁波人的裁缝技艺等等。在市场经济的发展下，他们依托地方传统逐渐成长为办厂经商的创业者，同时培育出具有地方特色的产业集群，如义乌人将家乡建设为全球最大的小商品交易市场、永康专门从事小五金生产的企业群体发展成为全国最大的五金产业集群、绍兴人在家乡建成了闻名全国的中国轻纺城等等。在这片神奇的土地上，出现了中国甚至全球规模最大的专业市场群体和最具竞争力的产业集群。

改革开放以来的浙商群体若按照代际划分，大致可分为老中青三代。第一代大部分出生于20世纪四五十年代，他们凭借那一股闯劲和机遇，在"无资金、无技术、无市场"的情况下白手起家，称之为"草根浙商"，如打铁出身的鲁冠球、踩三轮车进货的宗庆后等。第二代大多出生于20世纪六七十年代，在新时期下依靠互联网等新兴产业而崛起，如马云、陈天桥等。第三代大多出生于改革开放前后，这些年轻浙商深受互联网和知识经济的熏陶，正在生机无限的市场经济中拼搏事业。改革开放40多年来，浙商由少到多，浙商群体由小到大。哪里有市场，哪里就有浙商。自2011年10月首届世界浙商大会在杭州召开后，全国除西藏外省一级的浙江商会有30家，省外浙商总数大约有600万人（与本省企业家有相当的重叠性）；在境外浙商创办了各类企业5031家，覆盖了全球138个国家和地区，位居全国第一，与此同时，在海外经商创业的浙江人已达到了150万人。人数最多、分布最广、实力最强、影响最大的当代新浙商已成为名副其实的"天下第一商帮"。

无论在古代、近代还是当代，浙商都有着自己明显的特点。首先，浙商的崛起基于浙江区域工商经济思想的文化传承。浙江区域工商经济思想大胆挑战了封建社会传统的义利观和重农抑商思想，倡导功利，注重工商，形成独具特色的浙江区域工商经济思想体系。正是在浙江区域工商经济思想的影响下，新浙商才会一有土壤就发芽，一有阳光就灿烂，成长为"当代中国第一商帮"。其次，浙商是从传统到现代成功转型的独特商帮。在明清时兴起的中国十大商帮中，绝大多数都随着历史的变迁、政局的动荡在近代走向衰落，如徽商、晋商。而宁波帮则抓住并适应了近代时世变化，在上海开埠后，开始了在以上海为基地的近代资本主义工商业的创业和发展，并实现了从传统商人到新式商人和实业家的华丽变身。新旧浙商的无缝承继，国内外浙商的完美对接，成就了其40年的辉煌，而这种辉煌还在持续演绎。再次，浙商来自草根，根植于草根，其本质是"民商"。毋庸置疑，明清时期在全国市场舞台上唱主角的不是浙商，而是晋商和徽商。这两大商帮本质上都是官商，和政治权力关系密切，最终随着政治集团的浮沉而兴衰。而以浙商经济为主体的浙江经济是民本经济，是私营经济，从民出发，利归于民。在市场经济的时代，"民商"即浙商才能也必然成为主角。值得一提的是，新浙商在发展过程中形成的温州模式、义乌模式等经济发展模式对改革开放以来的中国经济社会转型具有普适意义。以民营化和市场化来推动工业化和城市化的温州模式和以商业为中心、走"兴商建市"道路的义乌模式，对于正在经历工业化、城市化两大转型的中国社会来说，其意义可见一斑。

(二) 阳明心学在浙江的传播及对浙商的影响

鸦片战争后，封建专制的阴霾逐渐散去，社会的自由气息日益增长。近代开埠通商给浙商提供了前所未有的历史机遇，久受阳明心学与浙东史学涵养的宁波商人把握机遇，以家乡浙江为基地，以上海为中心，很快在历练中增长才干，上演了一幕幕波澜壮阔的经商活剧。

即使在计划经济时代，浙商也是积极、顽强地寻找生长空间，四处寻找商机，只待春风吹又生。历经传统社会主义的艰辛探索，20世纪80年代，中国开始进入中国特色社会主义建设的新征程，浙商秉承其商业传统和精神，再次迸发出极大的创业创新热情。改革开放40多年来，浙江已成为中国民营经济最为活跃的大省和强省，这背后毋庸置疑是浙商群体起了支撑作用。

改革开放，春风化雨，万千草根，创业创新。改革开放40多年来，哪里有市场，哪里就有浙商，浙商由少到多，浙商群体由小到大。有着"华夏第一商帮"之称的浙商，继承了浙江的文化基因，传承着浙江的人文精神，他们秉承勤奋务实的创业精神、敢为人先的思变精神、抱团奋斗的团队精神、恪守承诺的诚信精神、永不满足的创新精神，做浙江精神的实践者、发展者。

所谓浙江精神,是一种具有浙江地方特色的精神状态、价值取向和思想境界,且被全省人民所认同并能够催人奋进的理论概括。习近平曾指出:"浙江精神作为中华民族精神的重要组成部分,是以爱国主义为核心的民族精神、以改革创新为核心的时代精神在浙江的生动体现,是浙江人民在千百年来的奋斗发展中孕育出来的宝贵财富。"[1] 在改革开放进程中,"浙江精神"从"自强不息、坚韧不拔、勇于创新、讲求实效"的十六字精神升级为"求真务实、诚信和谐、开放图强"的十二字精神,体现了浙江精神"与时俱进"的要求。

从最初的"十六字"浙江精神的提出到后来"十二字"精神的进一步凝练,彰显了浙江精神与时俱进的发展,体现了浙江人民的全面的主体自觉意识,标志着浙江经济社会发展由自发到自觉的转变。"求真务实"即追求真理、讲求实效,是浙江人最具本质的东西,也是浙江人一以贯之的精神诉求。在浙江历史上,无论是思想文化还是生活实践中都有着深厚的求真务实传统。"诚信和谐"即尊重规则、信守承诺;公平正义、安定有序,是先进文化建设和社会发展的重要内容。千百年来,遵守诚信被中华民族视为自身的行为规范和道德修养。浙江人历来义利并举,在创业创新的探索中逐步建立起"以利和义"的朴素诚信观。"开放图强"即海纳百川、兼容并蓄;奋勇拼搏、走在前列,是浙江走在前列的必然要求和精神状态。浙江在历史上就是在不断吸纳异质文化的过程中发展起来的,这种开放精神是浙江十分重要的特色。

"浙商精神",以浙江精神为根基,是浙江精神在企业家身上的集中体现;以浙江地域文化为背景,由老一辈浙商所传承、新一代浙商所发扬,是浙商群体独特的商业文化与精神风貌的体现。在浙江文化的滋养和培育下,浙商精神不仅实现了优秀传统基因的传

---

[1] 习近平:《与时俱进的浙江精神》,《哲学研究》2006 年第 4 期。

承，而且随着时代的发展不断更新，显示出强大的生命力和创造力，激励着历代浙商自强不息、开拓创新。

越王勾践的"卧薪尝胆，励精图治"，以叶适为代表的"勤奋务实"的永嘉学派，以陈亮为代表的"义利并举"的永康学派，黄宗羲的"工商皆本"，以及王阳明的"致良知""知行合一"，等等，为传统浙商的基本文化开枝散叶，也为当代浙商精神的发展奠定了深厚的文化底蕴。其中，王阳明创立的阳明心学融汇了两宋时期中国学术的激荡情怀，可以说它所代表的其实是浙学的最高成就。作为浙学发展的最重要内容，阳明心学早已内化为浙商精神及浙商传统的文化基因。

首先，阳明心学中"以民为本"的人文精神与浙商精神中"以民为本、注重民生"的人本观念一脉相承。

阳明心学中"明德亲民"的民本论是王阳明良知心学在政治实践中的运用。"亲民"一词最早见《大学》篇首：大学之道，在明明德，在亲民，在止于至善。后朱熹将《大学》首句改本为"在新民"之说，将"明明德"解释为"复天理"，从"复天理"角度解释"新民"，即传授正统理学于民，使其重新认识天理、重新做人。王阳明对此解释不以为然，坚持《大学》古本的"在亲民"之说。他认为，"'亲民'犹孟子'亲亲仁民'之谓，亲之即仁之也。百姓不亲，舜使契为司徒，敬敷五教，所以亲之也。尧典'克明峻德'便是'明明德'；以'亲九族'至'平章协和'，便是'亲民'，便是'明明德于天下'。又如孔子言'修己以安百姓'，'修己'便是'明明德'；'安百姓'便是'亲民'。说'亲民'便是兼教养意，说'新民'便觉偏了。"[①] 王阳明心学的"民本"特质继承了孔孟"仁政、爱民"的民本思想传统，主张为政者的根本之道在于"明德亲民"。

---

① 王阳明：《王阳明全集》卷1，上海古籍出版社1992年版，第1—2页。

民本，即人民是国之根本，根本坚固，则国之安泰。王阳明在为政活动中时刻注重亲民、爱民思想，他曾说："夫人者，天地之心也。天地万物，本吾一体也，生民之困苦荼毒，孰非疾痛之切于吾身者乎？不知吾身之疾痛，无是非之心也。"① 那么，亲民何以乎？王阳明则曰：在明明德。然则明明德何以乎？王阳明又曰：在亲民。可以看出，王阳明认为"明德"与"亲民"为一体，一方面，良知作为个体行为的主宰，使个体自明其"明德"，推己及人以实现家国和谐、天下太平；另一方面，虽良知人人都有，但人之"明德"未必都能自明，都能"致良知"，然而从"明明德"到"亲民"，便是个体通过身体力行而实现的，体现了"体"与"用"的关系："体"必须通过"用"才能表现自己。因此，王阳明说："明明德者，立其天地万物一体之体也；亲民者，达其天地万物一体之用也。故明明德必在于亲民，而亲民乃所以明其明德也。"②

王阳明这种以民为本的仁爱精神，在当今社会中尤其显得重要，且对浙商精神的发展与演变提供了极为重要的借鉴意义。注重民生，坚持以民为本是浙商发展的动力源泉。历史上，尤其是明朝以后，由于浙江自然资源匮乏，人地矛盾日益突出，大量浙江先人走上经商之路，使得浙商逐渐发展成为一个令人注目的群体。但无论出于何种原因而选择经商，浙江人经商之道的基本理念都是以"百姓日用即为道"以及"人则财之本"为根本，对人的价值做出了最基本也是最坚实的肯定。传统浙商立足百姓生活，遍布各行各业发展其专业技能，如永康的铁匠、永嘉的弹棉花郎、义乌的麦芽糖艺人、温州的皮鞋匠等。这些门类齐全的手工业解决了百姓最基本也是最重要的吃饭穿衣等大事，成就了浙江特色的"民本经济"。

新时代下，浙商有必要学习领悟阳明心学中的思想精髓，将"以民为本"的人文精神继续发扬光大。习近平强调："中国梦归

---

① 王阳明：《王阳明全集》卷2，上海古籍出版社1992年版，第79页。
② 王阳明：《王阳明全集》卷26，上海古籍出版社1992年版，第968页。

根到底是人民的梦,必须紧紧依靠人民来实现,必须不断为人民造福。"① 实现中华民族的伟大复兴,需要坚持"人民至上"的科学理念,将加快民生建设提上重要日程。浙商也在创业创新的路上彰显为民谋利、为民造福的价值追求。

其次,阳明心学中"四民平等""诚意正心"的道德自觉精神与浙商精神中"义利双行、诚信为本"的文化价值传统紧密联系。

著名思想家王阳明大力倡导"四民平等"的新观念,他在《节庵力——公墓表》中首先提出"四民异业而同道"的观点:

> 古者四民异业而同道,其尽心焉一也士以修治,农以具养,工以利器,商以通货,各就其资之所近,力之所及者而业焉,以求尽其心。其归要在于有益于生人之道,则一而已。②

王阳明认为士、农、工、商只是社会分工不同,没有高低贵贱之分,在"道"的面前完全平等。对士、农、工、商同等对待,形成一种冲击社会僵化思想的新思潮,为提高商人的社会地位提供了理论依据。

对于义和利关系的理解,中国传统儒家思想一直主张重义轻利,且这种思想意识占据着统治地位。但在商品经济繁荣,商业文化发达的浙江,却普遍倡导义利并举。先秦的陶朱公范蠡崇尚"无敢居奇"和"正心求也";富甲一方的胡雪岩始终奉行"戒欺"的经营理念。明代浙东学派的代表人物王阳明也倡导诚信,用"致良知"来阐述诚信的道理,且在"知行合一"的实修工夫中彰显务实诚信的文化价值取向。

王阳明继承了孟子的性善说,但较之于孟子,王阳明这里的良知更强调心的理性认识,成为阳明心学的核心观念。王阳明说,

---

① 习近平:《习近平谈治国理政》第1卷,外文出版社2014年版,第40页。
② 王阳明:《王阳明全集》卷25,上海古籍出版社1992年版。

"盖良知只是一个天理,自然明觉发见处,只是一个真诚恻怛,便是他本体。故致此良知之真诚恻怛,以事亲便是孝;致此良知真诚恻怛,以从兄便是弟;致此良知之真诚恻怛,以事君便是忠:只是一个良知,一个真诚恻怛。"[1] 这里所说的恻怛就是孟子提出的人之"四心"中的恻隐之心,真诚就是辞让之心,在王阳明这都被归到"良知"的名下了。此外,王阳明还以诚意来解释知行合一。诚意,是主体不欺骗自己,是内心真实情感的流露,在王阳明看来,"一念发动处,便即是行了"[2],这里的一念发动即是意,也就是说,意等于行,那么真知行就是诚意。浙商精神中恪守承诺的诚信精神实质,就是与阳明心学中诚信的文化价值取向内在契合,且这种内在契合表明,阳明心学对当代浙商具有精神先导的作用。

诚信,是浙江文化的优良传统,是传统浙商的经商之道,并被其奉为从业价值观。中国商人鼻祖陶朱公范蠡从商致富的重要秘诀就是"诚信""无欺"。如明清时期,浙江地域性商业群体——龙游商帮,他们历来坚守"财自道生、利缘义取"的品格,在市场中具有良好的信誉;还有宁波商帮,他们以诚实守信、一诺千金而闻名于世。近代以来,上海滩"五金大王"叶澄衷通过以诚待人、诚实经营,走上了成功之路。这些都体现了诚信是商业社会利益平等化追求的内在要求,是商业社会必须遵守的基本规范。讲义守信的品德操守是浙商在新时代创业创新中始终贯穿的,因此得以创造出一个又一个的商业神话。如现今的胡庆余堂仍将"戒欺"作为企业始终恪守的原则;奥康集团董事长王振滔注重信誉、讲究诚信,是新时代浙商学习的榜样;马云创立的阿里巴巴也一直把诚信视为世界上最大的财富,并付诸实际行动,因而可以走得更高更远。

再次,阳明心学中"和而不同"的包容精神与浙商精神中"海纳百川、兼收并蓄"的开放创新品格不谋而合。

---

[1] 王阳明:《王阳明全集》卷2,上海古籍出版社1992年版,第189页。
[2] 王阳明:《王阳明全集》卷2,上海古籍出版社1992年版,第226页。

王阳明虽然与朱陆有差异，与儒佛不同质，但他主张折中朱陆，会通儒佛。王阳明曾批判那些以为陆象山偏于尊德性而失于道问学、以为朱子长于道问学而失于尊德性的学者，强调无论朱陆，都是尊德性与道问学同重的，这便表明了王阳明折中朱陆的主观意图。研究阳明心学的学者，往往会围绕阳明心学"到底是儒还是佛"这个话题进行讨论。然而细心之人可以从王阳明与好友湛若水辩论和与学生郑德夫的"厅堂之喻"中发现王阳明兼容儒佛老的包容精神。在与好友湛若水的辩论中，王阳明认为"佛老是圣之枝叶"，儒家是根干，佛老是枝叶，儒佛道三教可视为同一树上根干枝叶。后其学生郑德夫问，既然诸家各有所长，是否可以兼而取之？王阳明则以"厅堂之喻"阐述："说兼取便不是。圣人尽性命，何物不具？何待兼取？二氏之用，皆我之用。即吾尽至性命中完养此身，谓之仙；即吾尽性至命中不染世累，谓之佛。但后世儒者不见圣学之全，故与二氏成二见耳。譬之厅堂，三间共为一厅，儒者不知皆我所用，见佛氏则割左边一间与之，见老氏则割右边一间与之，而己则自处其间，皆举一而废百也。圣人与天地民物同体；儒、佛、老、庄皆吾之用，是之谓大道。"① 在王阳明看来，儒佛老好比一间完整的房间，儒家居正厅，佛老居两厢，三者缺一不可。

可以看出，阳明心学这种自信自立，多家会通，不拘一格的真精神，实质上是一种"和而不同""多元包容"的精神。而王阳明的这种思想和思维方式，潜移默化地影响着一代代浙商，这种独特的人文历史传统赋予了他们更多兼容并蓄、开放创新的性格。

秦汉以来，杭州、宁波、温州等沿海地区的商人通过出海，到其他沿海城市，甚至航海出国，与其建立密切的商业往来关系。随着近代工商业的兴起，西式文化的传播，让更多浙商较早并较多地

---

① 王阳明：《王阳明全集》卷6，上海古籍出版社1992年版。

接触了先进的外来文化，开阔了眼界，并取人之长，补己之短，兼容并包，不断地得到充实。正是这种兼容并蓄、开放创新的品格和精神，支撑着浙商一步步走向成功，走向财富甲天下。如今，全球各处都有来自浙江的生意人，到处都有以"浙江村""义乌城"等命名的地方。在浙江这片土地上，出现了中国甚至全球规模最大的专业市场群体，一代代浙商群体也将浙商精神发扬光大、闪耀世界。

最后，阳明心学中"知行合一"的力行实践精神与浙商精神中"坚韧不拔、勤奋务实"的敬业精神一脉相通。

在中国哲学史上，知行问题一直为学者们所讨论研究，在程朱理学那达到一定的理论高度，颇有成就。王阳明反对朱熹将知与行分开而论，强调知与行是同一过程的两个方面，两者彼此相即、互不分离，不可将两者分开而论。因此他说："知是行之主意，行是知之工夫。"[①]

在阳明心学中，知与行都具有伦理学意义。知即道德意识，行即道德实践。而现实中的任何活动，都是知与行的合一，即"知之真切笃实处，即是行，行之明觉精察处，即是知。知行工夫本不可离。只为后世学者分作两截用功，失却知行本体，故有合一并进之说"[②]。知与行如果脱节，便是有私念隔在中间，一旦被私意阻断，知行本体便不存在了，也就无知行本体合一之说了。这是从本体论的角度来解释"知行合一"说，而从工夫论上，王阳明则强调"知行原是两个字说一个工夫"[③]。王阳明主张在行为过程中认识知行关系，就拿《中庸》中学问思辨的说法来阐明：学问思辨作为人的思维活动，只要扎实去做，才能有所明、有所得，这便是行；反过来，人们这些做学、做辨等精神活动的外在实践活动中也包含着

[①] 王阳明：《王阳明全集》卷1，上海古籍出版社1992年版。
[②] 王阳明：《王阳明全集》卷2，上海古籍出版社1992年版。
[③] 王阳明：《王阳明全集》卷6，上海古籍出版社1992年版。

思考与分析等的意识活动，这便是知。因此，"知行原是两个字说一个工夫，这一个工夫须著此两个字，方说得完全无弊病。"①

王阳明创造性地提出具有辩证思维的知行观——"知行合一"，开启了儒学新篇章，对后世也产生了深远影响。"知行合一"说要求人们将所学所知，通过实实在在的外在实践活动而内化于心中，不断完善自身人格。今天，"知行合一"说仍有蓬勃的生命力，习近平总书记更是明确强调，知行合一是中华民族重要的哲学智慧，必须以知促行、以行促知，做到知行合一。

阳明心学中"知行合一"的力行实践精神促成了浙商勤奋务实的敬业精神因子。资源匮乏、灾害频发的地域环境并没有影响浙江商人，他们逆流而上，为世人展现出"走遍千山万水、想尽千方百计、讲尽千言万语、历尽千辛万苦"②的"四千精神"。浙商们可以做别人做不成的事情，做别人做不来的生意，"白天当老板，晚上睡地板"的"两板作风"就是浙商的生动写照。浙商也正是凭着这种不畏艰难险阻、历经艰辛，抓住机遇不放松、坚持发展不停步的精神和事业心，迈入市场，走向全国，进军世界，最终成就了自己的事业。

四　阳明心学与日本工商文明

阳明学在日本历经近五百年历史，无数豪杰志士将阳明心学与日本文化紧密结合在一起，发展出极具日本民族色彩的"日本阳明学"一脉。在日本，无数企业家们以阳明学为精神力量，躬身实践，实现了日本经济起飞。

（一）日本工商文明的崛起

日本近代发生重大社会变革是历史的必然。一方面，19世纪50年代，美国舰队强行开进日本江户，强迫日本签订自由通商条

---

① 王阳明：《王阳明全集》卷6，上海古籍出版社1992年版。
② 兰建平：《从"老四千精神"到"新四千精神"》，《今日浙江》2009年第13期。

约。从此,日本闭关锁国的政策被打破,进而引发了国内锁国派和开国派的激烈斗争。最终,开国派全胜,扶持明治天皇上位,自此日本以中央集权、开明专制发展工商业。另一方面,在明治维新前,德川幕府统治下的日本推行"兵农分离"政策,出现了以从事工商业经济为主的城市,促使日本产生早期资本主义经济的萌芽,为日本工商文明的崛起奠定了基础。

德川幕府时期,幕府严格实行兵农分离政策,将大多数武士集中到城镇居住,只从事政治和军事活动,以加强对武士的控制。然而,生活在城市中的武士,完全与农业生产脱离,他们的日常生活及社会交往皆需花费金钱。于是,武士们便将作为俸禄的大米向市场售出以获得生活所需的金钱。从各藩农民缴纳的年贡米源源不断进入大阪市场,再由大阪向各地销售。这种现象在不知不觉中改变了传统的自给自足的自然经济结构,使得城市作为商品交换的重要场所迅速兴起。在这些城市中,出现了专门从事商品生产、交换的居民,称其为"町人",就是所谓的城镇工商业者。[①]

当时日本社会内部的经济逐渐转型,以及西方列强从外部对日本构成的压力等,促使日本实行技术开国和制度文化开国,锐意创新地面对西洋文明、学习西洋文明,基于国情改造传统,构筑起近代化的工商文明。

日本开国经历了一个由华夷论到攘夷论再到师夷论的逐步递进的发展过程。明治政府建立后,明治天皇公布了《五条誓文》,其中第一条内容就是上下一心,发展工商业。要发展工商业,就要学习西方的科技,他们提出"师夷之长以治夷"。然而,日本人很快发现光学西方的技术是远远不够的,文化思想也要同时进步方可步入近代化社会。走到制度文化开国这一步,日本的工商业不仅快速发展,由此孕育的工商文明也逐步构建起来。

[①] 许晓光:《日本近世城市的兴起及其经济影响》,《四川大学学报》(哲学社会科学版) 2008 年第 3 期。

日本工商文明的崛起，涉及两个关键人物。一个是1984年开始就印在万元纸币上的"经典人物"福泽谕吉，一个是日本即将发行的新版纸币上的被称为"日本近代资本主义之父"的儒商涩泽荣一。他们对日本资本主义的发展起了巨大的推动作用，为日本近代化工商文明的构筑作出了巨大贡献。

首先，我们谈一下福泽谕吉。作为日本近代著名的启蒙思想家，福泽谕吉阐述西方资本主义工商文明和市民精神，从理论到实践，锐意创新日本传统思想，熔铸新学。我们可以从其经济思想方面，窥见日本走进近代化工商文明的历史面貌。

商工立国论。福泽响亮提出"商工立国"之主张，与明治政府的产业政策不谋而合。他认为，日本在开国及文明开化时期，要兴办工商业，只有工商业发达，国家才能繁荣富强，才能对外大放异彩，才能形成文明独立之局面。因此，福泽大力提倡"商工立国"的主张，把实业的发展与否与日本的生死存亡紧密联系在一起。此外，为了摆脱日本半开化阶段，福泽崇尚发展资本主义工商文明的实学精神（"实学"仅就近代意义而言）。随着工业文明的崛起，那种农业社会一元论的德化教育已不能满足社会发展，随之而来的科技、贸易、法律法规等已成必然。福泽意识到当今世界的发展，智与德缺一不可，要发展资本主义工商业，必须高举实学之旗帜。

平等独立观。可以说，平等独立观是西方资产阶级的基本价值观念，但在日本幕府末年石田梅岩就已强调"四民平等"说。福泽认为，整个日本社会弥散着权力偏重的现象，上下尊卑秩序十分明确，壁垒森严，不可逾越。这就导致了人与人之间的不平等、不独立。权力偏重的现象，首先表现在统治者掌握国家的一切权力，导致日本人民没有任何权力，因此对国家漠不关心，造成日本只有政府而无国民的现象。其次表现在人们没有平等独立的意识，只看地位论高低。最后表现在日本发展落后于西方。因此，福泽力争破除权力偏重现象，建立人人平等、个体独立的精神追求。他认为每个人要有基本权利上的平等，一方面受法律的保护，一方面自己也要不断学习、提高才德。在平等的基础上，进一步追求独立自主的精神，发挥主观能动性，获得自己所需。只有这样，全体国民才会心中有国，为国奉献。福泽的平等独立观旨在解放人心，调动人的主动性、积极性和创造性，为日本发展近代化工商业提供强大的精神动力。

官民分工论。随着商品经济的发展，日本社会开始出现资本主义经济的萌芽。那么，作为商界的根本之道——竞争，则不可避免地出现在市场中。明治中期，福泽提出"官民分工论"。他强调竞争是商业本来之事，是为市价的平衡而产生的。在私人实业中，要实行自由竞争的原则，如若有政府的干涉，则会导致个人不能放开手脚去干，导致竞争失衡，阻碍工商业发展。福泽主张政府不要插手干预实业，而只是把方向、控大局，要让实业家在商工业界放手去干、尽展才能，这样才能让日本工商业更好更可持续发展。

福泽谕吉的经济主张不仅与近代日本经济政策方针相吻合，而且对近代日本工商文明的崛起起到了十分重要的作用。与此同时，涩泽荣一所阐述的市场经济发展所需的一系列价值观念，也孕育了日本工商文明的基因。

敬业精神。在日本，人们视平凡的劳动本身为神圣崇高的行为。涩泽荣一认为，拥有敬业精神是一个人干好一项工作的前提，他引证孔子《论语》中的话：知之者不如好之者，好之者不如乐之者。他认为一个人一定要热爱自己的职业，并且在此基础上自觉承担工作职责。如果一个人没有敬业精神，那只能说明他是在依循惯例去做事。

义利合一。涩泽荣一生活的时代，正值日本社会转型时期，社会出现混乱状态。在工商领域，则表现为商业道德败坏，商人谋取高利。对此情况，涩泽荣一很快意识到，无道德素质的民族是站立不起来的，因此他提倡用儒家的道德精神来教育日本国民。在工商领域，他则提倡用《论语》中的"义利合一"原则来指导工商活动，即"一手拿《论语》，一手拿算盘"的儒家经营理论。涩泽荣一认为义利合一是工商活动的基本原则，"《论语》"指的是道德，即"义"，"算盘"指的是财富、利益，即"利"，两者相互依存而不分离。他既承认并肯定谋利的正当性，又用道德来证明工商文明的合理性，为日本工商文明的兴起奠定神圣的基础。

士魂商才。涩泽荣一受"和魂汉才"的启发提出了"士魂商才"的观念。所谓"士魂商才"，就是卓立人世所必备的武士精神和具体的经商才干的有机统一。涩泽荣一认为，真正的商才要以道德为根本，培育高尚的人格，才能获得最后的成功。这也就为商人的经济活动确立了一个高尚的动机：工商业发展的目的是为了民族、为了国家。

(二) 阳明心学在日本的传播及特点

阳明心学作为明代中叶之后中国思想界的主流思潮，在中国哲学和文化史上独树一帜。在后世广为传播，影响了我国周边的很多国家，日本就是其中之一。作为"儒教文化圈"的一员，日本深受儒学的影响。儒学中的阳明学，更是对江户时代日本社会封建思想的解体及近代思想的启蒙产生了广泛而深远的影响。

为何阳明心学东传日本后，能与日本传统文化迅速融合，适应其社会历史发展而兴盛，这大概要从当时日本的社会、经济、文化状况说起。首先，社会背景。阳明心学传入日本，正是其德川幕府统治时期，在社会多元化的具体国情下，日本推行一种"幕藩体制"，这种建立在封建领主土地制基础上的幕藩统治政体，是中央权力控制下的地方割据统治，以使幕与藩相互制约，处于均衡状态。在这种体制下，幕府实行严格的士农工商身份等级制度，对广大农民和中下级武士阶层实行暴力和专制统治，其结果便是激得这些人起而反之，成为社会变革的领头人。其次，经济背景。随着商品经济的发展，日本商人逐渐积累社会上的大量财富，在幕藩体制下，出现了拥有商品、钱庄等的町人阶级。商人们一边为脱离于土地的武士提供所需商品，一边通过与大名的实物买卖而谋取暴利，使得封建领主土地制的经济基础开始动摇，为后期的倒幕运动及日本建设近代化经济体提供了雄厚的经济基础。最后，文化背景。朱子学从镰仓时代随禅宗传入日本，到江户时代成为符合统治阶级的官方理论，为幕府财政带来了一定的稳定。1787年日本实行宽政改革后，在以恪守封建纲常礼仪、维系日本封建上层建筑的朱子学为官方思想的统治下，人民生活水平严重下降，社会日渐萧条；宽政二年，幕府为加强统治，发布异学禁令，定朱子学为幕府国家创立以来的正学；宽政七年，禁异学者入仕途，更是把阳明学禁绝门外。禁止异学的举动，引起很多儒家学者和有志之士的不满与批判，尤其是当时的町人阶级，不甘心自己所处的社会地位，因而大力倡导注重个性解放、人人平等的阳明学，以反对封建等级制度。德川宽政年间以后，幕藩体制逐渐瓦解，其正统儒学思想也不能继续发展下去，取而代之的则是被中下级武士和广大市民普遍接受的意识形态——阳明学。

据已有研究，日本最早接触阳明心学是在明正德年间。日本五山大老之一了庵桂悟禅师于明正德四年奉命远使中国，在准备回国时，与王阳明会了一面，并收到王阳明相赠的序。可以说，这应该是阳明心学与日本的第一次接触。但这并不能认定了庵桂悟直接对阳明心学进行了传播。一般认为，阳明学在日本的开山鼻祖应是中江藤树。他早年学习朱子学，37岁读《阳明全书》，大有所获，后继承王阳明的知行合一说，注重实践，创立了日本阳明心学。中江藤树的弟子熊泽蕃山等人在17世纪后半叶将阳明心学的发展更是推上了高潮。自中江藤树后，18世纪的江户中期虽有三轮执斋翻刻王阳明的《传习录》问世，但这一时期日本阳明心学的发展一直处于低谷期。直到18世纪末19世纪初由佐藤一斋、大盐中斋等人提倡的第三次阳明学运动，才使得日本阳明学派再度勃兴。① 明治二十年以后，各种相关的著作、刊物不断涌现，为明治阳明心学的发展推波助澜。

　　新的文化胚胎孕育新的文化植株。中国的阳明心学传入日本后，与当时日本社会、经济、文化背景相结合，逐渐形成了与中国阳明心学不同的具有日本特色的文化思想。首先，日本阳明心学注重强调人的主体性。日本阳明心学始祖中江藤树认为，所有人及其职业都是天命所定，只有努力不离天命且勤于天事的人才称为真正的人。这种人人平等的人生观是对当时日本江户幕府封建身份制度的一种否定，激励着日本人摆脱封建思想的束缚。被奉为"泰山北斗"的佐藤一斋提出"万事皆在人为"，充分肯定"人"的作用。其次，日本阳明心学重实践、重实用。日本阳明学派的学者们不仅对阳明思想学说服膺于心，更被阳明心学在事功方面所彰显出的强劲精神所深深折服。阳明心学所阐释的"知行合一"说中"行"是与心有机结合的一种伦理道德修养践行，日本阳明心学则体现自身特点，将"行"的内容升级为实践性和实用性，如大盐中斋认为真正的圣人之学，在于将个人道德修养的精神境界和关注事功利济结合起来。他将重实践的理论变成一种信仰、一种精神，倡导"当其义，则不顾其身祸福生死，果敢行之"② 的实践精神。

　　(三) 阳明心学对日本工商文明的影响

　　在日本，阳明心学是明治时期日本志士仁人推倒幕府、变法图新、实现国家自强自立的理论工具和重要思想武器，深刻影响了日本的思想家、政治家、教育家、实业家、军事家，以及整个日本社会。在日本的工业化、现代化中，阳明心学则转化为工商业精英的

---

① 许晓光：《维新政府成立前日本近代化国家观的发端》，《西南大学学报》（社会科学版）2007年第1期。
② 王家骅：《儒家思想与日本文化》，浙江人民出版社1990年版，第125页。

经营哲学，成就了一批杰出的企业家和优秀的企业，促进了日本经济的快速发展。

日本工商业精英在学习利用王阳明"致良知""知行合一"等思想时，在企业经营中转化为"义""利"统一的经营哲学和圣王一体的精英哲学，实现了传统儒学价值观与西方现代工商业文明的有效对接和统一，创造了两次战后快速、持续发展的工商业奇迹以及辉煌的现代工商业文明，这些成功经验值得我们借鉴。

石田梅岩（1685—1744），是日本德川时代一位商人哲学家，他所创建的石门心学亦被称为日本心学集大成。石门心学作为日本众多商人的思想准则，对日本商业精神也起到了指导的作用。梅岩倡导欲达"知心""知性"，应以"正直"与"俭约"的方式求得，使人们能够在日常的生活与工作中追求并达到与"天合一"的境界。这种简单易行的方式吸引了许多商人的积极实践，使商人符合当时社会商业活动的标准，成为名副其实的合格的商人。

首先，石田梅岩重视"心"，主张"天之心人也，人之心天也"以及"心即理"。梅岩认为，把握其道就要先知其心，然后通过知性的修养方法来体悟其实，最后在把握知心、知性的基础上，进入无我的境界，进而达到与天地融为一体的境界，真正地领悟到天的品性和德行就能成为像贤人、圣人一样具有高尚品德的有用之人。梅岩之所以强调知心、知性，是为了突出道德修养的主体性和内省性，更确切地说，是为了突出商人的主体性。

其次，石田梅岩提出"形即心"，并主张"践形"。石田梅岩在知心、知性、知天的基础上，进一步提出了形即心的理论。形即是世间万物存在的形式、方式。他曾以青蛙为例来说明形即心学说："蛙恐蛇，非老蛙曾教子蛙，蛇将食汝，汝应畏之，乃子娃学而习之后，渐晓之。即生为蛙形必恐蛇，此乃形即心也。"① 也就是说，因为蛙有蛙自身的形状，所以看到蛇才会害怕。这种形状是天生的、本来的，就像心一样，心的善良品质也是天生的、本来的。世间万物都是由这种"形"所体现其"心"的，世界才能遁其规律，万物才能生生不息，生长发育。与此同时，梅岩认为多数普通人不能自然地对待世界之物，不能原本地反应世界之物，即尚未能达到形即心，求不得本来之心。于是，他主张"践形"，即行五伦之道。具体包含君臣、父子、夫妇、兄弟、朋友五伦。仁义礼智之良心是行五伦之心。其中，梅岩十分注重"信"字，信用是人处理社会关系的首要道德准则。这是商人的伦理思想非常重要的范畴，商人与商人之间，商人与客人之间都要靠讲信、守信来维持，只有把信放在首位，才能突出商人的伦理道德。

再次，石田梅岩通过形思想，提出职分论。第一，四民职分平等论。梅岩认为人为天生之一物，天生万物皆有其形，人的形分为身份的形和职业的形两类。身份的形在封建等级秩序中有贵贱之分，贵上贱下符合天地之道。职业的形，即职分，他认为人间社会按照职业划分为：士、农、工、商，这是来自天命的职分。他以"道是唯一"的理论为依据，认为士、农、工、商虽然从事的职业不同，但拥有的根本之道是同一的，所以四民职分之间没有高低贵贱本质的区别。第二，商人商业有用论。梅岩针对当时贱商、抑商和商业无用论的思想，提出了商人商业有用论，积极主张町人及商业存在的合理性和重要的社会作用，将町人职业视为天职。第三，营利正当论。梅岩作为商人阶层的代表，认为"商人买卖之利如同士之俸禄"，主张商人得利的正当性。

最后，石田梅岩以正直营利思想和俭约思想构建起商人职业伦理思想。第一，正直营利思想。梅岩所强调的正直，一是指按照人

---

① 柴田实：《石田梅岩全集下卷》，清文堂出版，1956年，第113页。

的善良之心、仁爱之心而直率行动；二是犹如镜子能够真实地映出物品的本来形象那样，无任何曲斜地按照事物本来的法则径直行事。这种正直营利不仅仅局限于商人的营利活动，同时具有增强商人道德主体意识的作用。第二，俭约思想。石田梅岩说："所谓俭约，与世间所说的俭约有所不同，并不是爱惜自己财物的吝啬。而是为公之世界，本应使用三个而使用两个，称之为俭约。"① 他认为，为世间之人节约是合乎仁义的俭约，但出于私欲的节约则是吝啬和贪心。他所主张的俭约，并不仅限于物质的节俭，而在于以此修身，树立正直、仁义之心。

石田梅岩作为儒学学者，其哲学思想的主体是有关心性论的理论，他在吸收、改造儒家思想、道家思想等的基础上，形成自己的思想体系。他追求人天合一，以宗教开悟的方式使人们除去私欲，求得本心。从而要求人们在世俗的生活中实行俭约，勤勉地献身于工作。这为日本近代企业伦理的诞生奠定了基础。他主张的四民职分平等论、商人商业有用论、商人营利正当论，在相当程度上表现出了近代资本主义经济伦理思想和价值取向，为明治政府殖产兴业政策奠定思想基础，对日本近代化社会的产生起了积极的作用。

如果说石田梅岩为日本近代企业伦理的诞生奠定了基础，那么稻盛和夫则对日本现代企业发展和世界企业经营理念的创新都产生了巨大的影响。

日本企业家稻盛和夫 27 岁创办京瓷集团，52 岁创办日本第二电信 KDDI，这两家公司都在他的有生之年进入世界 500 强，两大事业皆以惊人的力道成长。除了在商业实干领域拥有令人称道的成绩之外，稻盛和夫在商业教学领域的成就也对日本工商业发展起到了巨大的推动作用。稻盛和夫将自己独到的经营哲学以及在前后五十年内商业实践的经验总结、归纳在一起，创作了大量书籍来传播

---

① ［日］石田梅岩：《俭约齐家论日本思想大系 42 石门心学》，岩波书店 1971 年版，第 34 页。

自己的商业之道，而且还开办了"盛和塾"，给日本的实干家提供了非常宝贵的商业经验和商业视角。与此同时，稻盛和夫也比较推崇江户时代的町人思想家石田梅岩，他说："石田梅岩生活的时代，正是日本商业资本主义的勃兴期，这与西欧资本主义在新教伦理的基础上发展起来是同样道理。失去了（石田梅岩开创的）这种伦理观，是日本资本主义的悲哀。对此，大部分人并没有注意，这是现代文明面临的危机。"[①]

稻盛和夫的经营哲学不仅仅是立业之道，更是从心出发的立身之道。王阳明和稻盛和夫在精神上的共同点：一个叫致良知，一个叫作为人何谓正确。王阳明讲，每个人心中都有良知，人性善，只是来到世界上，被歪风邪气污染，染上了恶习，良知被蒙蔽，所以才会干些坏事，而修炼心学就是要擦拭那些污垢，恢复本来的面目就好。王阳明讲"去人欲，存天理"，天理即良知。稻盛和夫在历经无数波折后总结出经营圣经：作为人何谓正确。他在经营企业的过程中，经常碰到很多问题，譬如税务、产品质量、员工离职的问题等，在如此多问题的解决过程中，稻盛和夫总结出来一套经营哲学。当经营者在碰到疑难问题，而又没法解决时，稻盛和夫就讲了，你就想，作为一个人，你该怎么做才算正确了？他相信，按此指引，人就能做出正确的决策。本质上，他们在人性善基础上的哲学理念是在帮人恢复善的本性，让善能够发挥到最大。

在稻盛和夫的经营哲学中，很多地方照射出王阳明"良知"的影子。稻盛和夫在其经营哲学中讲述更多的是如何从"心"出发，先立身，再立业。无论是刚步入社会的年轻人还是创业已久的先行者，他们的发展、转变、提高其实都是源于心性的转变。因此他提出了工作应该发现其内在的乐趣，树立人生的目标、意义，同时也强调了在发展的过程中要学会"施爱"，不吝惜自己的经验，因为

[①] 钟放：《文化视角下的稻盛经营哲学与企业实践》，博士学位论文，东北师范大学，2008年。

不同人之间经验碰撞的过程，也是自我提高的过程。稻盛和夫信奉的是天理良知，他说要判断某件事是不是有道理，不能只看其是不是符合逻辑，还应当看它是不是符合人类的道德标准，要思考其与人类价值的相关程度，这与王阳明的精神世界十分契合相通。

稻盛和夫一直被现代企业家津津乐道的是他的"利他"经营哲学。他认为，利己之心和利他之心既是心的两个类别，也是心的两个层次。利他之心居于更高的层次，所以，人只有具备利他之心，才能真正幸福。在企业中，就是需要说服员工们接受，并与员工们共同实践这种哲学，以一种"利他"之心，由上而下去经营和管理企业，与企业共命运，与企业共利益，并以此为契合点，由点及面渗透到企业经营管理中，乃至扩展到企业的客户服务管理中，其结果就是企业持续的、飞跃性的发展，以及全体员工物质和精神的双增。

深受阳明心学影响的稻盛和夫，以"提升心性"为经营宗旨，所以被誉为日本"经营四圣"之一。从稻盛和夫的企业伦理思想可以看出稻盛和夫注重人格的修炼与提升的人生观，坚持利他的价值观，保持一颗纯粹善良的心，胸怀和谐共生的大爱。稻盛和夫对于自身经营哲学的传播并不仅仅限于理论层面的研究，而是更多地从实业角度出发，通过实际的所作所为来践行自己的经营哲学。稻盛和夫经营哲学的传播是以日本为起点的，其建立的盛和塾初衷也是帮助一些对职业、企业经营抱有疑惑的青年解决他们的疑惑，并指引他们工作和企业经营的方向。随着盛和塾的不断发展成熟，稻盛和夫将其经营哲学与传统的高等教育有机联系在一起，在日本一些著名大学中都建有财团纪念馆，以便于培养出更多的具有先进经营理念的年轻人，推动他们的创业之路，带动日本中小企业经营模式的改革与创意创新。

不仅如此，稻盛和夫深受阳明心学中"知行合一"思想的影响。王阳明认为，知之真切笃实处即是行，行之明觉精察处即是知。在企业经营中，稻盛和夫要求高度的现实主义，在行动中感知良知，把良知付诸实行，两者不断循环便是"知行合一"。稻盛和夫依据原理原则追求事物的本质，并以做人最基本的道德、良知为基础，进行判断，采取行动，最后还要对实践进行修正和完善。

因此可以认为，稻盛与阳明在精神上可以说是一脉相承的。稻盛和夫企业伦理思想是将中国文化与日本文化相结合，将两者融会贯通，共同作为自己企业文化的指导。所以稻盛和夫在中国传授其思想时得到了国人的认可和好评，也掀起了中国学习稻盛和夫的热潮。

日本另一位优秀的企业家松下幸之助，以"志、德、运"三要素成就其辉煌。早年的缺少知识（只受过4年小学教育）、贫穷、体弱多病，使松下在面对困境时依靠"素直"。所谓的素直之心，即一颗纯粹之心，做人做事不被私利、功名所污染。

王阳明龙场悟道，体会到无论处于多么恶劣的环境，一旦摆脱荣辱得失乃至生死等等一切私欲的束缚，心灵处于纯粹状态时，事物的真相就会呈现。相似的人生经历，让松下幸之助和王阳明有了同样的人生感悟。在创办企业的过程中，松下将立志作为最为重要的事，以确定企业未来的道路和其可持续发展性。他认为，经营理念是企业的奋斗目标，是企业的基本思想，无论在任何情况下，都不应该改变。只有确定目标后才能让自由奔放的心宁静下来，安稳不乱地周详地思考问题，以达到"至善"的状态。

总的来说，阳明心学传入日本以后，便被他们加以融合，成了独具日本特色的一门学问。因此，阳明心学对日本的历史尤其是日本近代历史进程中起到了相当重要的推动作用。以至到今天，日本仍有研究阳明心学的专门学术团体和社会组织，可见其影响力之大。

第六章

阳明心学在现代企业管理中的应用

本章探讨阳明心学在现代企业管理中的应用，共分为四节。第一节从阳明心学的角度说明企业的性质。我们将说明企业是"心"的聚合，也是员工自我修炼，追求天理，实现自我的场所。第二节说明企业家的"心力"与企业管理的关系，企业家是一个企业中最有"心力"的人，企业是围绕企业家的"心力"而形成的。企业家的"心力"是企业的核心竞争力，对企业管理起决定性的作用。企业家的"心力"塑造员工的"心力"，凝聚员工的"心力"，从而构成企业成长的"力"量，企业的成长在于"心力"的成长。第三节说明阳明心学与企业管理的具体实践，说明企业管理的核心是实践天理，并以"员工管理"为例进行具体说明。第四节以中外若干企业为例，说明心学在企业管理中的实践。像谷歌这样的外企，管理者虽不一定了解王阳明，但却无意中实践了心学的思想，并取得巨大的成功，这说明"心学"在企业管理上确有普遍意义。

第一节　企业是员工追求天理，实现自我的场所

新古典经济学以"理性经济人"为假设前提，在这一框架下构

建出了一系列数学上十分完美的理论。早期的管理思想也将工人作为没有意识的"工具人",并认为产出是通过资本的劳动的结合实现的。著名经济学家米塞斯在《人的行为》中提出,人的行为是有目的的,由此形成了理性行为人的概念。依照米塞斯的说法,行为人的内涵在于选择、决定和企图达到一个目的。而理性在经济学的研究当中则体现为亚当·斯密的"自利性"。理性行为人在行为的过程中,总是期望以一个优质的方式,或者机会成本最小的方式,并且在程度上尽可能多地达到自己的目的。理性行为人能更好解释人的行为,在现代的管理思想中,管理已越来越转向对人的管理,这和主流经济学的"经济人"假设出现了分歧,因为主流经济学是没有"心"这个因素的。理性行为人作为人的基本假设,更能解释企业的存在。

王阳明讲"心外无理",每个人的理念都在自己的心中,通过发现自己心中的理,然后去进行实践。"知行合一"也是建立在人的行为上的,人们按照自己的理念去行动,行动也代表着人的思想,人是行为与思想的统一体。在对管理的研究中,我们也可以将"知行合一"的人作为基本假设,组织不仅是所有成员行为的集合,更是所有成员思想的集合,是由思想能够产生共鸣的"知行合一"的人产生的。

王阳明的心学思想,为我们重新认识企业提供了一个新的思路。自然界是一个不断演化的过程,人的生命也必然要遵循这一过程,唯一的区别在于人的生命的价值要靠人本身来实现,人是其生命价值的承担者和实现者。王阳明心学思想作为一种提倡追求"天理",践行"良知"的哲学思想,是中华文化的瑰宝,对人如何实现自己生命的价值具有重要的启发作用和指导意义。企业作为人的集合,企业的发展也是一个不断追求天理,践行天理的过程。因此,用王阳明心学思想来解读企业,可以让我们对企业有新的理解,从而完善企业的管理,促进企业的发展,实现企业的价值。

一　科斯对企业的认识

谈企业理论，为什么首先要谈科斯？这是因为在科斯之前，没有企业理论，或者说主流经济学家把企业视为一个黑箱，一个生产函数，正是科斯"打开了企业的黑箱"，第一次让人们关心企业为什么会存在、企业的边界在哪里以及企业的内部治理应该是怎样的等问题。

科斯从资源配置的角度分析企业的本质，认为企业对市场具有替代性，二者都是作为一种资源配置的方式而存在的。企业和市场的不同在于利用市场机制所进行的交易存在交易费用，其中最为明显的是发现相关价格的费用，而企业通过企业家配置资源节省了这一交易费用。不过企业家配置资源不是无条件的，而是存在组织成本，究竟是由价格机制配置资源还是由企业机制配置资源取决于交易费用和组织成本的高低，当市场交易成本比企业家配置资源的组织成本高时，就会由企业来配置资源，反之则是由市场配置资源。同时，科斯提出企业的出现也很有可能是期限短的契约不能令人满意，通过用一个长期的契约取代若干个短期的契约，就可以部分节省下这些契约的交易成本。这表明了科斯将企业和员工看成一种基于契约的雇佣关系，生产要素的所有者通过和企业家签订契约，获得一定的报酬，同时也在一定程度上服从企业家的指挥。最终企业的规模会扩张到企业新增加的一笔交易的组织成本等于在另一个企业中的组织成本，或是等于在市场上进行的交易成本为止。

科斯的理论，较之于不存在企业概念的新古典经济学，首次将企业这一概念在经济学中合理化，是一个了不起的飞跃。然而，新制度经济学的企业概念仍距离现实中的真实企业具有很大差距，尤其是在该理论中，企业中并不存在真正的企业家，也不存在真实的"人"，只是一个进行有别于市场的交易和实现资源配置的机器而已。

二 西方管理思想中对企业的认识

科学管理之父泰勒所提出的科学管理，曾经引起管理学上的一次变革。但是，科学管理却经常遭到世人的误解，被认为是一种纯粹为了提高效率的手段和工具，更有甚者认为科学管理是"血汗工厂"式的剥削，会造成工人的失业。即便是在泰勒的支持者当中，也有人只是机械地照搬泰勒的制度。纳尔逊认为，"每个流派的社会科学家都把泰勒视为'假想敌'，认为他代表一种等级森严、专制独裁的管理风格，导致工人们数十年的抗争，但他们忘记了他'对知识、理性的执着以及对细节的持续关注，与旧时的实证主义以及新式的万能法则都是对立的'"。[1] 这些对科学管理的误解都毫无例外地忽视了泰勒对人的关系的重视，他们不了解科学管理的初衷是为了消除管理者和工人之间的不了解和不信任。尽管诸如工时研究等对工作的"固有性质"的研究也是科学管理中的重要组成部分，但是科学管理的核心在于人际关系。泰勒始终将雇主和工人的关系放在首位，在实行任何制度之前，泰勒都会征求工人的同意，以至于在泰勒亲自实施科学管理的公司和工厂中从未发生过罢工。泰勒的目标是通过使工人"心情更愉快和积极进取"来提高效率。这种态度在泰勒对"一等工人"的定义中可见一斑：只有那些有能力工作但不愿意工作的人才不属于我所界定的"一等工人"。每种类型的工人都能在某种工作中做到一流水准，除非那些完全能够胜任工作却不愿意那样做的人。我们可以看出，泰勒认识到了工作的"固有性质"，对于每个人来说，都能够找到一种他可以成为"一等工人"的工作，但是更重要的是工人愿意工作，愿意在他胜任的工作上全身心地投入，这时他才成为"一等工人"。基于此，泰勒提出管理的目标应该是每一位工人，使工人获得能力和体力相匹配

---

[1] 丹尼尔·A. 雷恩、阿瑟·G. 贝德安：《管理思想史》，孙健敏、黄小勇、李原译，中国人民大学出版社2014年版，第116页。

的工作，并让工人成为"一等工人"，也就是让工人在这项工作上有意愿工作，实现他的最大价值。

正如泰勒所提倡的，管理革命本质上是一场"心理革命"。泰勒一直反对人力和物力资源的不合理使用，因此他认为需要"心理革命"，使雇主的目标和雇员的目标一致。从心学的角度上说，只有当整个组织的"心力"整合到一起时，才能产生合力，使组织以最大效率完成其目标。因此心学管理的目标，也应该是每一位员工。企业需要将每一位员工的"心力"整合到一起，形成一种巨大的合力，而这就需要管理者重视每一位员工。可以说，管理从某种角度上说是一种为员工提供服务的工作。管理的一个重要目标是激励每一位员工，让他们都成为"一等工人"，将整个企业的"心力"聚合到一起。

丹尼尔在1931年出版的著作《组织工程学》中提出了这样的观点：组织工程学的目的是"使群体生活获得成功"。[1] 丹尼尔主张应该找到具有相似思想或意向的人，将他们组合成群体，再形成整体组织结构。此外，丹尼尔认为有四种普遍的倾向能够实现对成员的激励："对自己和家庭的福利和地位的关心；对工作本身的喜欢；对组织中的一名或多名成员和他们提供的好意见的关注，与他们一起工作时的快乐；对组织主要目标的尊重和关心。"[2] 丹尼尔表示，要将四种倾向联合起来，才能够推动一个人的全部能量获得稳定、持久的发挥。

丹尼尔的观点，体现了一种社会的变革。人之所以成为有别于其他动物的高等生物，成为地球的主宰，在于人学会了分工与合作。人归根到底是一种社会性的生物，通过社会上的协作，最终使

---

[1] 丹尼尔·A. 雷恩、阿瑟·G. 贝德安：《管理思想史》，孙健敏、黄小勇、李原译，中国人民大学出版社2014年版，第411页。

[2] 丹尼尔·A. 雷恩、阿瑟·G. 贝德安：《管理思想史》，孙健敏、黄小勇、李原译，中国人民大学出版社2014年版，第411页。

每一个人的生活都变得比原来更好，因此寻求和融入各类组织，就构成了社会生活的重要组成部分，其中也包括了经济体系的重要组成单位——企业。一个人在寻找并加入一个组织的时候，依据的是他的思想和组织的契合度，也就是"心"对组织的认同。随着社会的发展，组织越来越完善，企业也逐渐成为现代社会的"主旋律"。从员工的角度看，占据着他们活动最主要的部分是工作活动，其正是在企业这样的一个组织中完成的。工业革命后，随着人类工业部门种类和规模的快速扩张，企业应运而生，并在随后的两百余年雨后春笋般地增多，甚至出现了分布全球的跨国企业和足以影响国家经济的大型企业。

传统经济学将企业视为一个为社会提供产品和服务的单位，是将不同要素进行组合，实现产出的单位。不可否认，从社会的角度上来看，提供产品和服务是任何一个企业最为基本的功能。但是，这种观点忽视了企业中更为重要的部分。如果市场这么有效率，那么我们为什么还要经营企业？如果只是要实现产出，为什么我们不能像农耕时代那样，由个人或是家庭式小作坊进行工作？为什么我们不能各自工作，只在需要时聚集到一起相互交易？为什么要形成一种关系稳定并持久的组织来完成各种工作？这个问题的答案正是丹尼尔的观点，即组织"使群体生活获得了成功"，换句话说，企业不是简单的生产单位，而是人类追求群体生活的结果，是"心"的聚合。

三 企业是"心"的聚合

王阳明的"心学"为我们从更高的"精神"角度理解企业提供了可能性。企业是"心"的聚合，不是简单的要素的组合，企业生产的产品，提供的服务都是"心"的产物。企业的存在必然有一个或多个具体的目标，例如生产某种产品或提供某种服务，而员工选择企业，愿意将占据自己绝大多数时间的工作活动奉献给某家企业,甚至用一生来实现某个事业,必然是因为他认可企业的理念和目标。企业正是由许多这样具有同一理念的人聚集在一起形成的,是不同员工为了达成同一个愿景与使命聚集到一起形成的,因此,我们可以说企业是不同人的"心"的"一体化"。福莱特提出,通过会议、讨论和合作,人们可以彼此激发潜在的思想,并在追求共同目标的过程中,彰显他们的统一性[①]。用心学的话来说,企业是不同的人将"心力"汇集到一起的结果,而企业管理的核心,在于经营和管理人心。

从阳明心学的角度,我们对企业的性质会有崭新的认识。西方的企业理论建立在"理性"概念之上,而"理性"和"心"有着明显的不同。基于"理性"的企业理论把企业视为一个降低交易费用的组织或实现利润最大化的组织。由于人的理性有限,因此产生机会主义或道德风险等问题,所以企业管理的核心就是克服这些由于理性有限而产生的问题,其手段包括监督或授权等等。相比之下,从心学角度看,企业管理是聚合人心的艺术。

不难发现,在这种以理性思想为基础的企业管理理论中,并没有真正的"人",而只有成本收益的计算,"人"被简化为生产要素。如把"心学"的思想引入,那么我们就会发现企业是"人心"的聚合,是基于人心的合作组织。在企业中,企业家和员工,员工和员工之间有"心的感召""心的共震",因此,产生具有创造性的合力。

"心力"包含着"意志",而"意志"是"理性"概念所缺乏的一项内容。一个优秀的企业必然是有"态度",有"个性"的,这是企业"意志"的体现,也是"心"的聚合的产物。我们常说的企业文化,其实是包含在人心中的意志通过企业而得到彰显的另外一个说法。企业文化的力量,正是来源于意志的力量。因此,不仅企业中的员工有心,企业也有"心",企业的"心"的就是企业

[①] 丹尼尔·A. 雷恩、阿瑟·G. 贝德安:《管理思想史》,孙健敏、黄小勇、李原译,中国人民大学出版社2014年版,第358页。

的意志、品格，也就是常说的企业文化。

企业是"人心"的聚合，而不是"要素"（劳动力，资本）的聚合。"心"意味着创造，企业的创造力来自"心"，是由内而外的，企业管理的核心是让"心发挥积极作用"，而不是"防止心出现故障"（即西方管理思想中的"理性不及所产生的问题"），这意味着尊重每一位员工，认可其存在的主体性，并为他创造条件，使其能够在企业中创造更大的价值。

因此，企业不是科斯说的那样，只是一个降低交易费用的组织，而是聚合人心，通过人心的成长来创造价值的组织。企业当然也是追逐利润的，但利润的获取是通过"心"的聚合与成长实现的，而不是通过掠夺和压榨员工实现的，实际上，也只有通过"心"的成长，才能实现企业的持久成长。

相比西方管理学强调对人的控制（监督），基于阳明心学的企业理论强调的是"育"和"爱"，为员工的"心"的成长创造和睦和谐的氛围，让员工在这样的环境中更好地发挥企业家才能，为企业和社会创造价值。

相比西方管理学强调"理性有限"，基于阳明心学的管理学强调的是"心力无限"，只要把"人心"培育好，那么人的创造性是可以不断发挥出来的，这一空间可以说是无限的。因此，对企业管理来说，重要的不是如何监督或控制员工，而是着眼于"心"，使心能够聚合，使心能够成长。对企业家来说，就是首先要在"心"的成长方面做出表率，利用言传身教的力量，影响其他员工的行动，这是聚合人心的根本，也是实践"内圣外王"和"知行合一"的思想。

阳明心学将人心看作天地的主宰。阳明一次与朋友看花时尝曰："你未看此花时，此花与汝心同归于寂，你来看此花时，则此花颜色一时明白起来。便知此花不在你的心外。"[①] 王阳明始终将

---

① 《王阳明全集》，第122页。

"心"作为他学说的主体,认为人是天地的心,人心又是一个灵明,而人的灵明便是天地鬼神的主宰。但阳明心学的主旨在于,心是不断追求天理的。阳明说"大凡人只是此心,此心若能存天理,是个圣贤的心。""心即理也。天下又有心外之事、心外之理乎?"[1] 王阳明讲明明德、致良知,都是倡导追求天理。将阳明心学运用到企业管理上,可以认为员工之心、企业之心也是在不断追求天理的,这一点在前文也有论述,但我们还没有对天理的内涵做出解读。追求天理,实际上就是为善去恶,人的内心里知道什么是对,什么是错。但王阳明所说的善并非儒家道德传统意义上讲的"善",而是说还其本心。例如宋朝时期担任富阳主簿的杨简曾问陆九渊,什么是人的本心,陆九渊回答道,你断案知道怎样判断是非,这便是你的本心。"无善无恶心之体,有善有恶意之动",心的本体是无善无恶,而当我们认识事物时,心之本体会依据事物本身的情况产生善恶,这种"无善无恶"的心之本体,本身就是一种"至善"。比如王阳明讲父子还以仁,君臣还以义,夫妇还以别。孝敬父母固然是一种善,但假如有个人太过孝顺,父母要他去做一些坏事,他也照做,这样还能称为善吗?因此王阳明才要用"心之本体"去匡正,他诠释儒家"格物致知",也有这样的一层含义。"心之本体"既是对"天理"的追求,也是对真理的一种追求。

四 企业是员工自我修炼,追求天理的场所

一个员工愿意将自己每天三分之一的时间奉献给一家企业,是因为他认可企业的"心"。王阳明讲"去人欲,存天理",企业对于员工来说,就是一个自身修炼,追求天理的场所。早期的管理理论认为提高员工的报酬就可以激励员工,但随后的一些学者对此提出了异议。丹尼尔提出激励工人的四种倾向,尤其是其中对组织主

---

[1] 王阳明:《传习录》,中国古籍出版社2008年版,第53页。

要目标的关心，表明了这样的一个事实，员工工作不仅仅是为了获得金钱报酬，更重要的是他在工作中不断实现了自己的价值。《传习录》说："心即理也。天下又有心外之事、心外之理乎？"归纳起来，每个人都有为善去恶的本能，都在不断追求天理，而企业对于员工来说，则是修炼自我，追求天理的场所，员工要在工作中不断创造自己的价值。因此，企业对这种自发的"心力"产生回馈时，就能激发员工的热情与创造力，提高效率。这并不表示提高报酬不能激励员工，而是说无论采用什么样的激励方式，都要实现对员工"心力"的感应，使企业的"心力"更加凝聚。只有激励的手段满足了这样一条客观规律，才能成功提高企业效率。举例来说，同样是金钱奖励，对努力工作实行奖励，就会让员工感觉到自己的付出是被认可的，从而更加努力地工作。而假如有的人不好好工作，却靠打小报告、搭便车等方式赢得了上级的嘉奖，就会导致企业人心涣散，员工不肯再付出劳动。综观丹尼尔提出的四种激励方式，其背后的逻辑都是对员工价值的认可。对好的行为进行嘉奖，对不好的行为进行惩处，本身也是企业"为善去恶"，修炼自身文化的重要过程。

企业的一个基本性质是为社会提供产品和服务，人类从事的任何有效工作也具备这样的特征。在分工与合作的条件下，工作的具体特征是由其本身的性质和人的能力决定的。比如社会需要多少产品，就会需要多少人从事生产这类产品的工作，而在分工的环境下，通常会由最具有比较优势的人来完成这类工作。但是，这是工作本身所固有的性质，人们往往忽视了工作中人的因素。工作是由人来完成的，它必然是人的"心力"的结果，在工作本身所具有的固有性质之上，还存在一种"心"的要素。

组织本身既是成员追求"天理"的实践，同时组织本身也在追求"天理"。而追求天理，首先就要认清自己的使命。工业革命不仅是一场技术变革，也是一场文化变革。它是由各种力量组成的三位一体,不仅带来了经济上的改变,同时也产生了政治上和宗教上的改变。在中世纪,天主教会掌控着人们的生活,它提供一种来生的希望,作为现世的唯一慰藉。天主教本身是反对贸易和利润的,它导致人们不思考现世,而考虑来生,不思考获益,而思考赎罪。新教的出现改变了这一局面。新教认为每件事都是命中注定的,因此所有人都该相信他们是上帝的选民。马克斯·韦伯认为,路德提出了一种"受上帝感召"的思想,认为上帝赋予了任务,而该任务需要投入毕生的精力。新教的这种精神,正与王阳明"追求天理"的精神不谋而合。正如韦伯所说:人们不是等待审判日的到来,而是应该选择和追求一种职业,其目的不是为了获得基本需求之外的物质利益,而是因为它是神的意愿。基督教教导人们追求神的意愿,就是在追求天理。我们可以看到,新教的精神鼓励人们从事生产,是符合经济发展的。新教出现在这样一个历史时期,并不是一种巧合,它和组织的变革是相辅相成的。新教精神为工业革命提供了宗教支持和精神基础,而组织带来的经济发展则证明了新教比天主教更加合理。因此,组织从诞生伊始就被赋予了这样一种使命。新古典经济学表明,在完全竞争和不存在外部性的条件下,企业唯有尽可能生产社会所需要的产品才能获得最大利润。组织追求合理的利润本身是一种正当的行为,但它必须依靠为社会提供服务的方式,这是由经济学规律所决定的。追求利润和生产产品就好比一枚硬币的正反面,必然伴随着另一面的出现,它们都是组织的使命,是组织"追求天理"的结果。管理者要认识到这样一条规律,否则容易陷入功利主义的误区,为了眼前短暂的利益,而影响到组织的发展。

不少企业家创立企业的初衷都是为了利润,有的企业家在经营企业的过程中找到了自己的使命,最终企业成功地生存下来。但是也有一些企业家没有领悟到企业的使命,比如有的企业以造假等损害消费者利益的方式获利,尽管这样的企业表面上好像在追求利润,但长此以往它们必定不能生存下去。这就好比王阳明说虽然本心是追求天理,追求良知的,但有的人心受到了私欲的蒙蔽,因而做了违背天理,违背良知的事情。现实中也时常有人,自以为在做正确的事情,却犯了错误。但这并不是致良知本身的错误,而是他们没有在心上下功夫,扫去心中的私欲。王阳明讲"为善去恶",将儒学"格物、致知、诚意、正心、修身"看作一个一致的过程,就是为了让人们扫去心中的杂念,遵循心中的良知。王阳明将"格致"作为他终生的事业,"省察克治之功,无时而可间"。企业的经营也是如此,要时时反思内部的问题,纠正错误,回到良知之本。"修身"作为儒家"修身、齐家、治国、平天下"的起点,企业要想发展壮大,成就一番事业,就要时时刻刻注重"修身",也就是要注重内部的治理,发展出一种好的企业文化。通过"修身",企业可以更加具有向心力,在遇到危机的时候才能够屹立不倒。

第二节 企业家的"心力"与企业管理

首先对"心力"的概念作一点说明。"心力"包含判断力、行动力和意志力等这些源于内心的力量,和来自肌肉的"力气"对应。把心力概括为上述三种力,是因为这三种力存在着密切的关系。首先判断力是企业家精神的根本属性之一,因为市场总是有不确定性,"不确定性"的存在意味着需要企业家做出判断,包括对机会、风险的判断等,企业家需要判断生产什么、怎么生产以及怎么销售等等,只有准确地判断才能有获取利润的机会。其次是行动力,也被称为执行力,如企业家有准确的判断,但没有付诸行动,那么对资源配置是没有任何影响的,只有行动才能带来改变,所以行动力和判断力几乎是同样重要的。最后是意志力,它指的是做某事的决心和持之以恒的能力,意志力之所以重要,是因为没有坚持,那么即便付诸行动也难以成功。人与人的差距,往往是意志力的差距造成的。

对企业来说，企业家是企业内部特别有"心力"的一种人，他的心力可以提升其他员工的"心力"，从而使整个企业迸发出看不见的力量。所以，企业家一方面要提升自己的"心力"，另一方面也要提升企业员工的"心力"，后者构成企业管理的重要内容。在追求天理的过程中，企业和员工都需要不断地修炼自身，使自己的"心力"变得更加强大，唯其如此，才能建立一个强大的企业精神，实现"内圣外王"的崇高精神境界，同时取得经营上和心灵上的成功。

企业的治理离不开管理者。创立一个企业，首先要形成企业的结构。在管理理论的发展中，对于企业结构有许多不同的理论。但这些理论大多都将企业中的员工当作没有思想、只是听命于上级的"机器人"，较为典型的有科斯所说的命令式组织。王阳明说"心外无理"，每个人的理念都在自己的心中。建立一个"心学"的企业，也就意味着要改变传统的企业结构。心学相信每一个员工都有自觉性和创造性，因此，要让企业成为一个自我成长的组织。

一　企业家是企业中最有"心力"的人

要对企业组织的结构进行研究，首先就要对管理者的职责进行一个说明。前文曾经说过，工作是由它的固有性质和人的"心力"两方面所决定的。管理工作也是如此。管理工作的固有性质来源于传统上被认为是管理者的工作。福莱特说："一个人不应该对另一个人下命令，但双方都应该同意从情境中接受命令。如果命令只是情境的一部分，那么发号施令者和接受命令者之间的问题就不会出现。"[1] 福莱特始终认为，人们应该从情境之中接受任务。在组织发展的过程中，有一些工作被自然划分到了管理者的职责。人们发现

---

[1] 丹尼尔·A. 雷恩、阿瑟·G. 贝德安：《管理思想史》，孙健敏、黄小勇、李原译，中国人民大学出版社2014年版，第240页。

为了达成组织的目标，存在必须要去完成的某些特定的工作，但在原本的组织结构中并没有安排人完成这项工作，最终这些工作被划分为管理者的职责。古利克将这些职责划分为七种管理行为：计划，组织，人事，指挥，协调，报告和预算。[①] 这些传统上被认为是管理者的职责就构成了管理工作的固有性质的要求。但这些工作是管理者从情境中接受的，也就是说，管理者是为了完成组织的目标，自愿接受了这些任务。实际上这些职责完全是可以被划分出去的，比如现在就有很多企业建立了独立的人事部门。

从心学的角度看，企业家是一个企业中最有"心力"的人。员工愿意在企业家的领导下工作，是因为企业家具备了超越常人的"心力"，也就是领导力和号召力。因此我们可以说企业是围绕企业家形成的，企业家的"心力"就成为了企业的精神象征，并围绕它形成了企业价值观和企业文化。那么对于企业中的其他管理者来说，他们的"心力"可能没有企业家那么强，但是要比普通员工的"心力"更大，并且通常来说，职位越高，"心力"也就越强，围绕着企业家的核心"心力"形成了企业。

二 用"心力"重构企业内部的层级管理

哲学对权力的解释是一种宰制和被宰制的关系，是在受到反对时仍能实现自己意志的能力。法约尔将权力定义为"下达命令的权利和要求服从的力量"，这显然不能涵盖权力的全部含义。比如说一个公司的采购，他被企业赋予了决定购买材料的权力，但购买材料并未涉及命令和服从的关系。福莱特认为，权威来自职能，并试图"共同行动"来代替同意和强制。权力实际上是人们决定某个具体问题的能力，也就是说当发生一个问题时，要由谁来做决策。更广义地说，权力就是人的行为本身，是人进行某一个行动的资格。

[①] 丹尼尔·A. 雷恩、阿瑟·G. 贝德安：《管理思想史》，孙健敏、黄小勇、李原译，中国人民大学出版社 2014 年版，第 416 页。

法约尔将权力分为了正式权力和个人权力,他认为个人权力是由事业智慧和经验等因素形成的,并且强调权力和责任相称。很显然,法约尔也认识到权力在解决问题时的重要作用。人们从情境中接受了命令,为了解决该情境中的问题,需要赋予最有能力的人行动的权力,这种权力是由具体的情境赋予的。但是,还存在另外一种权力,即"发号施令者"强制别人接受命令的权力,它来自一方对另一方的服从。我们可以将两种权力分别称为"来自情境的权力"和"来自统治的权力"。这两种权力有一个重要的区别。"情境权力"是人将能力运用到具体情境中而产生的,因此它必然是单一式的。而"统治权力"则是复合式的,它必然是借由人类的其他权力或行为产生的。这是因为,"情境权力"意味着在某类问题中赋予最有能力解决问题的人权力,一旦离开了这个问题,它也就不复存在了。而"统治权力"则意味着要维持他人的服从,而这必须要借助其他的权力,通过给予他人好处或者威胁给他人造成损失来实现。福莱特既反对独裁者对权力的谋求,也反对甘地的不合作运动。在福莱特看来,甘地的非暴力不合作本身也是权力在暗地中的运用,仍然是对"统治的权力"的渴求。我们可以发现,不合作运动本质上是通过对英国造成经济损失来谋求政治权力,这种政治权力是建立在印度人民拥有的经济权力之上的,因而也是一种"统治权力",这正是福莱特想要表达的观点。

在组织中,命令式组织是由"统治权力"构建的,它的权力层级是自上而下的。而在自发式组织中,权力的来源是"情境权力",因此它的权力层级必然是自下而上的。军队是一个典型的命令式组织,任何一个军人都必须绝对服从上级的命令。军队的结构,是由军队的性质所决定的。军队体现的是最高指挥官的意志,组织的目的实际上就是最高指挥官的目的。但是指挥官不可能一个人来实现他的目的,他必须要依靠士兵和士官的力量才能在战争中取得胜利,因此他就要向下授权,最终形成了自上而下的权力结构。这种权力是建立在利益诱导和惩罚机制上的，需要依靠向士兵提供物质激励，例如金钱或者升职等，以及建立对不服从命令的行为的惩罚制度来维持。因此，军队组织的本质是最高领袖的意志在组织上的延展。尽管军队强调下级对上级的绝对服从，却存在一个现象，当下级接到来自不同上级的命令时，他往往要听从直接上级的命令。例如一个连长收到了来自他的上级营长的命令，这时他又收到了一份军长的命令，通常他会去执行他的直接上级的命令，也就是营长的命令。在军队这样一个强调服从的组织中，为什么会存在这样的现象呢？这是因为，随着权力层级的提升，管理者也离一线工作越来越远，军长在下达命令的时候，可能他并不了解战场的实际情况，或者局面已经发生了某种改变，因此连长宁愿执行营长的命令。也就是说，这种现象是"统治权力"对"情境权力"的一种妥协。从命令式组织中，我们可以得到这样一个启示：如果要构建自发式组织，就要消除"统治权力"，让"情境权力"来形成由下而上的权力层级。从心学的角度来看，这就是"为善去恶"的过程。王阳明认为每个人都有"致良知"的本能，但有时人心被私欲所遮蔽，不能实现良知，因此要时时反省自己的内心。"统治权力"往往容易沦为实现个人私欲的工具，企业的"修身"，就是扫除企业内"统治权力"的过程。通过"心学"理念构建自发式的企业组织，会形成内部充分信赖的合作式组织，一方面能够降低命令式组织中必须给予员工好处而维持权力的监管成本，另一方面也能够激发员工的合作精神和创造精神，使企业更有生命力和创新力。

三 心学为组织注入"自发成长"的灵魂

企业家鼓励员工的创造性，让追求卓越成为员工的自觉行动，从而达成组织的目标。企业家和员工共同合作，完成组织的目标，它的权力层级是在完成任务的过程中产生的，也就是形成由下至上的权力层级。简要地说，组织从社会中接受了任务，并以完成任务为目的形成了一线员工，再由一线员工的需求形成了管理层。在企业这种自发式组织中，管理者更像是服务人员，依据组织的需求，为员工提供计划、协调等活动。例如在 IBM 中，企业让员工自己提出自己的目标，管理者只是帮助员工制定目标并协助他们，这样的自发式管理形成了非常好的效果。但是，仅仅形成结构还不足以成为自发式的组织，心学为组织注入了灵魂，形成了企业的精神层面。在自发式企业中，员工的行动是自发的，但是为了让所有成员都向着一个目标努力，就要形成企业的向心力，要让最具有心力的人担任管理者。基督教是一个典型的自发式组织，它依据不同的地区形成了教区，在每一个教区，具有决定权的人是这个教区的主教，不同的教区之间互不干涉。但他们都具有一个共同的精神领袖，就是教皇。教皇是组织中"心力"最强的人，通常情况下，他也不会去干涉教区中的事务，但主教们都服从教皇的领导。另外，企业要防止"统治权力"的滥用。要解决这个问题，企业要依据"情境权力"来对员工进行赋权。进而，企业要尽量实现分工化和专业化，这样不仅能提高企业的效率，由于"统治权力"必须依赖其他的权力而产生，也可以尽量减少不必要的"统治权力"。最为重要的是，企业要时时刻刻注意"修身"，不论何时，都要"为善去恶"反思内部存在的问题，减少"统治权力"。企业要如何进行"修身"呢？首先是企业家要具备这样的意识。德鲁克始终将具有高超的道德品质作为管理者的必要条件，尽管他没有用理论说明，但从他的重视中，我们可以看出，管理者的良知会对企业造成重要的影响。其次，在企业中必须建立监管的部门，要有能力对于不合理的行为做出反应。

王阳明将"为善去恶"作为他终生的事业，他认为，私欲就好像杂草一般，稍不注意就会再次生长。王阳明尚且如此，又何况是其他的普通人呢，更不用说是一个大型的企业了。在企业中，必然存在许许多多的私欲，因此要建立一个长期有效的监管部门，对企业中的"世俗权力"进行排除，让组织向着"良知"的方向发展。在自发式的企业中，管理层的任何一个决定，都将被视为组织整体的决定。因此管理者必须征询整体的意见。例如在通用公司中，管理者对人事的决定必须由更高一级的上级来审核，德鲁克认为，对于涉及升职这样影响员工一生的重大问题，仅仅由一个管理者来做决定是不够的。在天主教会中，实行一种强制幕僚服务，上级人员必须向年长的修道士征询意见，而重大问题要征询所有人的意见。征询意见，一方面，是防止权力层级造成上下级之间的隔阂，减少上级对一线工作的不了解造成的错误；另一方面，它是组织"心力"整合到一起的重要标志。虽然每一个员工的行动都是自发的，但为了达成共同的目标，每个部门都要考虑自己的行为对其他部门的影响，因此要有必要的交流与协作，保持整体节奏的一致性。德鲁克提出，人事部门在决定是否雇用一个员工时，必须要征询这个员工未来的主管的意见。为了实现"心力"的一体化，让新成员的"心力"能够融入团体之中，考虑团体成员的意见是必要的。自发式组织是"心"的一体化，它能最大程度激发成员的主动性和创造性，保持整体的协调性与一致性。在王阳明心学思想的指导下，激发每个员工的创造性是完全可以实现的。

第三节　企业管理的核心是"实践天理"

管理学或管理思想的诞生与发展，从一开始便与人类活动保持着密切的关联。正因为人类活动日益多样化，而且服务于人类目的的手段（如工具等）变得更加繁杂和精巧，到这个阶段，人们就需要通过一种特殊的技巧或方式将人类的多重目的加以排列，并将实现目的的各种手段变得井井有条，从而更好地实现自身的目标。所以，通过管理活动，人们将各种资源进行有效的采购、配置和使用，进而满足自身的目的。这也是人们对管理学最直观的认知。

早期的组织管理活动主要面对的是家政活动、宗教活动中产生的问题。并且，早期的"管理思想"只是个人对组织家政和宗教活动的经验总结，目的是通过简单的家庭和宗教组织管理，让日常的生活、祭祀活动等变得有条理。例如，从科诺索斯的一块泥板上保留的线性文字中，我们可以发现上面印刻了两份记录科诺索斯劳动妇女名字的名单。"之所以开列这样的名单，是为了记录宫殿工人的情况，也是为了方便计算需要分配给她们多少口粮，以便维持她们本人及其子女的生存"。这就是早期管理活动的写照。

随着劳动分工和经济的发展，小工厂、手工作坊乃至企业和公司等新兴的经济组织产生了。这对工厂主或企业老板的管理能力和管理范围提出了新的要求。管理的目标不再是家庭中的亲人或教会中的信徒，而是完全的陌生人；管理也有了更加明确和紧迫的目的——让企业盈利并存活下来。因此，人们更加需要一种科学的管理理论而不仅仅是简单的日常经验总结，帮助组织的经营者处理管理活动中的问题。

一　过于简化的"经济人"假设不利于管理学研究

尽管人类自发的组织管理活动已经持续了数千年，正如西方的泥板印刻和东方的结绳记事，都反映了人类朴素的管理学思想。然而直至今天，管理学作为一门独立的研究学科，仍然没有得到应该的重视。受经济学思想的影响，管理学常常同经济学一样，利用不切实际的理论假设作为研究的基础，并得出并不实用的结论。例如，"诞生于经济学领域中的'经济人'假设凭借其简单易行、计算方便、易于把握的优势，不断突破自身边界而被应用于管理学领域，成为管理学理论建构的逻辑出发点与思想源泉……也构成了管理学人性假设的典型代表。"[1] 因而，很多商学院仍然在课堂上传授

---

[1] 沙靖宇：《"经济人"假设的方法论批判及启示》，载《领导科学》2017年第8期。

着"定量方法、行为方法、函数方法及其他方法",在"经济人"假设的基础上,将企业的管理活动简单地视为合理配置资源进行最优化的生产。

这种管理思想正是受以新古典经济学为代表的主流经济学的影响。主流经济学家在研究企业管理和企业活动时,往往关注同质性的资源如何得到最大化的利用,却忽视了企业活动中,企业家和员工都是有独立目的性的个体。经济学也忽视了企业家或管理者与员工之间相互冲突的目的如何得到协调的过程。因而对企业管理的认识产生了偏差。

在很大程度上,正是新古典经济学所使用的数理分析方法将企业和企业管理理论引入了歧途。最直接的证据就是上文提到的"经济人"假设对管理理论的影响和误导。更进一步地,在新古典经济学或数理经济学的研究中,企业的劳动者被假定为同质性的 L,所有资源被假定为同质性的 K,企业家只需要根据生产函数,将一定数量的 L 和 K 配置到生产过程中,就能实现与理论上的最大值相同的产出。此时的产出既能最大化地满足社会需求,又能够为企业赢得最大化的收益。由此,企业管理活动被简单地视为一个根据既定的环境条件计算最优解的过程。可以说,新古典经济学、计量经济学或数理经济学为我们更好地理解企业和组织管理平添了许多的障碍。

另外,经济学家们还假定企业具有某种生产函数,并将资本 K 和劳动力 L 以及其他影响因素代入函数中,求得最优解。经济学家们声称,这将是这个企业最优的行动准则。如果企业没有按照经济学家预设的方式运行,将被视为"非经济的",这时候需要采取各种手段,将企业活动的结果"纠正"到正常位置。显然,企业管理活动不再是特定企业环境下的管理者的活动,而是虚拟情境下的经济学家们的活动。经济学家们俨然以一个社会工程师的角色试图寻找到一个简单明了的企业管理"规律"。新古典经济学并不讨论员工的多样性和主动性，员工只是等待分配的劳动力，同没有思想且不会行动的机器处于相同的地位。员工之间不会发生冲突，没有自己的目的和打算。这实际上把企业管理必然会遇到的各种问题排除在外了。

当单一的"经济人"假设代替复杂的企业管理者假设时，就预设了管理者只有唯一的目的——让企业的利润最大化。管理者和企业家的其他价值取向都被置之不理。同时，这些管理者变成了精通计算，并且对周围的所有限制性条件了如指掌的全知全能者。他没有任何情感，却能随时随地计算出最优解。赫伯特·A.西蒙质疑传统经济学理论关于企业主"理性决策"模型的可行性。他并不认为管理者总是"完全理性的决策者，始终追求利润最大化（或者成本最小化）"。① 因为，类似于企业生产函数的最优决策在现实生活中几乎是不存在的。"长期的个人经验告诉我，使用高等数学与管理企业毫无关联"。"基础数学有助于训练头脑，但是进一步的学习应该放在管理上，而不是更加地偏重于数学"。② 正如德鲁克所说的"管理绝不能成为一门精准的科学"。③ 因此，"经济学家们通常都是强调管理者应该（should）如何行事"，"而真正重要的则应该强调他们实际上（do）如何行事……组织并不是单纯地追求利润最大化，而且管理者也不是完全理性的"。④

二 阳明心学让"真正的人"回归企业管理

在管理思想的发展过程中，仍然有许多管理学家甚至企业家和

---

① 丹尼尔·A.雷恩、阿瑟·G.贝德安：《管理思想史》，孙健敏、黄小勇、李原译，中国人民大学出版社2014年版，第264页。
② 丹尼尔·A.雷恩、阿瑟·G.贝德安：《管理思想史》，孙健敏、黄小勇、李原译，中国人民大学出版社2014年版，第171页。
③ [美]彼德·德鲁克：《管理的实践》，齐若兰译，机械工业出版社2009年版，第9页。
④ 丹尼尔·A.雷恩、阿瑟·G.贝德安：《管理思想史》，孙健敏、黄小勇、李原译，中国人民大学出版社2014年版，第264页。

管理者（例如弗雷德里克·温斯洛·泰勒作为企业管理史上的重要思想家，本身就是一名躬身实践的管理者）对经济学古板的认识产生了怀疑，并对企业管理思想提供了重要而独特的研究。其特别之处在于，将企业管理的重心从资源最优化利用上转移到对企业个体的主观性的研究上。他们认识到员工不只是受制于环境，更能够创造和改变环境。

这些管理学者认识到，企业管理的主角是企业家，企业管理的对象主要是企业员工以及受员工支配的物质资源。因此，企业管理的分析首先应该是这些行动的个体。许多管理学家意识到，"人"才是企业管理中最为重要的因素，是最基本的分析单位，作为个体的人应该得到重视。正如弗雷德里克·温斯洛·泰勒所说的，"管理的目标应该是每一位工人"。[1]

同样地，管理学家们对于传统经济学理论将员工视为具有极高可替代性的同质性资源也有诸多不满。管理学家们发现，员工并不是同质性的。他们具有不同的性格、品性以及思考和行动模式。即使是非常简单的体力劳动，也很难出现像新古典经济学所假定的那种替代性。很多管理学家们意识到更应该把企业员工和管理者之间的关系视为一个小型的社会关系，而不是刻板的资源配置与被配置关系。"管理者并不是控制个别的要素，而是控制复杂的相互关系"。[2] 管理学家们开始认识到，卓越的盈利能力来源于资源的组合，不同的资源组合方式与不同的企业管理和经营效率联系在一起。因此，这些管理学者把企业看成异质性的资源、资产和活动组合在一起的"集合"。

管理学家们还发现，管理者和员工之间的实际关系远比同质性

---

[1] 丹尼尔·A. 雷恩、阿瑟·G. 贝德安：《管理思想史》，孙健敏、黄小勇、李原译，中国人民大学出版社2014年版，第100页。

[2] 丹尼尔·A. 雷恩、阿瑟·G. 贝德安：《管理思想史》，孙健敏、黄小勇、李原译，中国人民大学出版社2014年版，第241页。

劳动力理论更为复杂。劳动者不同于机器，他们有主观性的目的以及独立的决策能力和创造力。在现实的企业中，每个个体都有各自独立的目的和计划，他们不是同质性的劳动力，而是需要被独立分析的对象。企业内部的不同个体（主要是员工和雇主之间）总会在认知、目的和行动上产生偏差，这种偏差很容易干扰协调状态的产生。企业中的每个个体都在尽力实现自己的目的，一旦人们为了追求不同的目的而对有限的企业资源进行竞争，企业管理问题就产生了。

同时，管理者和员工之间往往存在这样的矛盾：如果管理者用严苛的企业制度限制员工的独立性，虽然能够保证管理者的命令得到精准的执行，但无法避免错误命令带来的危险以及员工创造性的扼杀；如果企业的制度非常宽松，虽然员工们有机会发现和创造企业价值，但无法保证员工们是否会将权利用于谋取自身的私利。所以，企业管理的成功在于管理者和员工之间具有协调性。管理好企业中的个体，让他们所有的行动都尽可能以一种契合企业发展需求的方式进行，企业才能够健康成长。

正因为这些个体充满主观性和能动性，管理者和员工之间很难达到新古典经济学理论所阐述的那种机械的量化关系。他们发现，员工是异质性的，他们有自己的目的和行动方式，因此，要让企业管理变得科学，进而提升企业的绩效，关键在于管理者的目的和员工的目的之间必须具有协调性。如果管理者和员工，或者员工之间的目的相互冲突且难以调和，管理者几乎不可能让企业管理活动达到预期的效果。

所以，企业家或管理者应该设定什么样的目的，企业应该聘用什么样的员工，如何让企业管理层的目的与员工之间的目的相互协调，等等，就成为了管理学的重要研究课题。特别是第三个问题，直接影响着企业管理的绩效。许多管理学家提出了各自不同的建议。例如泰勒强调管理者需要对员工进行必要的解释，让他们了解工厂的目的，让他们相信，工厂的决定同样有助于员工目的的实现；或者如法约尔所说的：“协调努力、鼓励锐气、利用每一个人的能力，以及奖励每一个人的价值而不引起嫉妒和破坏和谐关系”；[①] 又如兰克·B. 吉尔布雷斯和他的妻子莉莲·吉尔布雷斯认识到员工培训实际上也能增加彼此之间的协调关系。"每个人都会受到专门的训练，他所在的职位就是他能最大限度发挥自己能力的职位……"[②] 这个观点同泰勒所说的管理者必须帮助员工找到最合适的工作是类似的，它既能增加员工的自信心，实现员工的工作价值，又能够帮助企业更好地完成生产活动。

显然，这些管理学家在分析企业管理问题时更多地强调个体的主观性和能动性，更加关注不同个体之间的行动能否产生经济学上的协调意义。

一些管理学家对个体能动性的重视使我们自然想起中国明代思想家王阳明对人心的研究与强调。"心学"源于传统的儒学文化，但又不同于"欲诚其意者，先致其知，致知格物"的训诫，认为不能格尽万物以致知，主张万物之理生于心，只需要存养天理，摒除私心，知行合一，便能够达到圣人的境界。

阳明心学对于注重个体能动性研究的管理学而言具有很大的参考和借鉴价值。王阳明的许多概念同现有的管理学和经济学理论有较多的相通之处，能够为我们更好地理解企业家为什么要成立企业，如何协调企业个体之间的目的和关系并最终理解什么是企业管理提供重要的思路。

阳明心学对管理学有着重要的借鉴意义，因为我们强调企业管理的本质是"人心"的管理，而在中国的传统上，对"人心"的

---

① 丹尼尔·A. 雷恩、阿瑟·G. 贝德安：《管理思想史》，孙健敏、黄小勇、李原译，中国人民大学出版社2014年版，第168页。

② 丹尼尔·A. 雷恩、阿瑟·G. 贝德安：《管理思想史》，孙健敏、黄小勇、李原译，中国人民大学出版社2014年版，第131页。

重视其实在阳明之前就已经初露端倪。在明朝时期，思想家们经历了一场精神文化的变革。不同于以往的历史时期，"在明代，以情为中心比以理为中心更突出的理情一致主义、兴趣比技巧更受重视的感兴主义、性情自然比理智规范更受尊重的自然主义、主观比客观更受强调的主观主义、提倡反传统并高喊从传统中解放出来的自由主义，都相当盛行，甚至出现了近代革新思想的萌芽"。① 在宋代，人的主观性虽然开始得到尊重，如"苏轼诗论书法云：'天真烂漫是吾师'"，② 但文人和思想家仍然注重表达自己的哲理性。如苏轼的"横看成岭侧成峰，远近高低各不同"，以及朱熹的"问渠哪得清如许，为有源头活水来"等。相反，明朝文人和思想家更倾向于发现自己的性情，并以各种表现形式将自己内心的性情自然流露出来。这正是阳明心学诞生的时代背景。

"亭前格竹"的失败让王阳明意识到朱子理学的不足，并逐渐认识到"圣人之道，吾性自足，向之求理于事物者误也"，由此也将人的能动性的作用推向了最为重要的地位。在王阳明看来，道德准则并不来源于外在的惩戒规则，而是来源于个体内心的道德意志和自我反省，人的内心即是"理"，最为纯净的内心其实和天理是相通的，只不过普通人都被自己的私欲所蒙蔽。王阳明认为，个体的内心能够判断哪些是私欲，哪些是自然的需求，只需要亲身躬行，摒除各种私欲，就能"致良知"而"存天理"。因此，同样是强调个体的内心世界和心理活动，阳明心学与企业科学管理理论有很重要的互补性。

三 "天理"推动积极向上的企业家行为

企业家是市场发展的推动力量。他们时刻关注着市场的发展状态，试图最"精确地判断未来。即从未来眼光看，他们现在购买部

---

① ［日］冈田武彦：《王阳明与明末儒学》，上海古籍出版社2000年版，第2页。
② 董其昌：《画禅室随笔·卷之一》，华东师范大学出版社2012年版，第2页。

分或全部的生产要素的价格太低了。因此，生产的总成本低于未来消费品的售价"，从而获得预期的利润。这是坎蒂隆、米塞斯、科兹纳等奥地利学派经济学家对企业家活动和企业家精神的理解。企业家在充满不确定性的市场环境下发挥自身的主观判断，尽可能地预期未来。为了实现自己的预期计划，企业家必须首先利用自有资本购买生产资料，雇佣员工，形成大大小小的"企业组织"。

可以说，企业是企业家实现自身目的而使用的手段。只有企业家确立了一个特定的目标（例如市场中的企业家最基本的目标是生产某种商品以获取预期的利润），才会根据这个目标以尽可能低的成本购买所有必要的资源，此时企业便初步形成了。因此，企业家的价值趋向与对未来市场的判断将凝结在企业的价值中。这就是为什么德鲁克会认为"在每个企业中，管理者都是赋予企业生命、注入活力的要素"[1]。一个企业的价值取向来源于企业家的价值选择和判断。

企业家选择什么样的企业使命和价值观才是伟大的呢？许多管理学家和经济学家认为，企业最重要的价值之一是能够在指定任何决策、采取任何行动时，把经济效益放在首位。也就是说，一个企业必须诚实地追求利润。正如卡内基的钢铁企业，让铁轨的价格从每吨100美元降到了每吨12美元，这是卡内基对人类做出的"最大的慈善行为"[2]。正当地追求利润，在获得利润的同时满足消费者的需求，创造社会公益，这就是企业家心中的"天理"的外在表现，是企业家追求天理的结果。当"天理"存在于企业家的内心时，他自然会发现狡诈和欺骗不是企业生存的手段；他会发现通过"裙带关系"等非市场性的手段获得企业资源是不正确的；他也会清醒地认识到借助权力获取垄断地位并不能创造价值。存有天理的

---

[1] [美] 彼德·德鲁克：《管理的实践》，齐若兰译，机械工业出版社2009年版，第3页。
[2] 丹尼尔·A. 雷恩、阿瑟·G. 贝德安：《管理思想史》，孙健敏、黄小勇、李原译，中国人民大学出版社2014年版，第76页。

企业家会知道必须在激烈的市场竞争中发现真正能够满足消费者需求的利润机会才能胜出。

企业家在认识和理解天理之后，会更愿意付出极大的努力践行天理。让正义的价值观变成自己实际行动的准则。对天理的认识和理解会使企业家产生积极向上的价值追求，产生对抗旧模式的勇气和毅力。这样的企业家活动"绝不仅是被动反应和适应，而是隐含了一种企图塑造经济环境的责任，在经济变动中主动规划、开创和突破难关的责任，以及不断铲除经济环境对企业活动限制的责任"①。这种敢于突破环境限制的能力和价值取向根植在每一位真正的企业家的内心之中。正如米塞斯所言，除非市场完全被破坏，否则企业家的活动总是能在最恶劣的条件下萌芽。类似地，阳明心学也认为，人心即天理，只不过圣人愿意摒除私欲，时刻践行天理；而普通人则是了解却不诉诸于行动。恰如王阳明在论及知行一体时谈道："未有知而不行者，知而不行，只是未知。"②

所以，企业的价值来源于企业家追求天理的价值取向。真正的企业"必须设定具体的目标，表达企业预期达到的成就，而不是'像追求最大利润的理论一样'，只把目标放在适应可能的外在条件"③。正如前通用电气 CEO 杰克·韦尔奇认为，"确立企业使命是考验公司领导力的关键时刻"④。这些管理学大师的思想与王阳明的心学不谋而合。

四 有效的管理制度是企业家践行天理的体现

上文提到，企业家恪守天理，会追求正义的价值取向；同时，

---

① ［美］彼得·德鲁克：《管理的实践》，齐若兰译，机械工业出版社 2009 年版，第 11 页。
② 王阳明：《传习录》，中国古籍出版社 2008 年版，第 10 页。
③ ［美］彼得·德鲁克：《管理的实践》，齐若兰译，机械工业出版社 2009 年版，第 46 页。
④ 杰克·韦尔奇、苏茜·韦尔奇：《赢》，余江、玉书译，中信出版社 2005 年版，第 7 页。

企业家必须实践和躬行天理。表现在企业层面，企业家创立的企业拥有正义的价值观，他的企业敢于突破旧有的规则和限制条件，创造出新的环境。因为"市场不是由'上帝'、大自然或经济力量创造的，而是由企业家创造的……在企业家采取行动满足这些需求之后，顾客才真正地存在，市场也才真正地诞生"。① 企业家的每一次广告、推销或者创新发明，都在创造新的市场和新的客户。

同样地，企业的内部制度结构，包括对企业生产方式、人事架构的安排也是企业家追求天理的结果。企业之所以需要建立规则，是因为员工通常无法了解整个企业（特别是大型企业）的所有生产步骤与流程，无法切身地理解企业家的目标和计划。企业家和管理者将自身的目标和企业的使命分解成特定的规则和制度，可以减少不同成员认识上的偏差，从而增进人际之间的协调性。

在新古典经济学的企业理论中，几乎不需要考虑企业的制度。因为企业家是完全理性的，资本和劳动力是可以替代的，生产的限制性条件和生产函数是确定的。生产者只需要将资源按照顺序集中在一起，然后打开生产的开关，就能最大化地生产出商品。这种机械的企业分析方法仍然让许多研究范式的经济学家笃信不疑。

但是，在真实的企业活动中，企业制度，特别是管理制度的创立和完善是为了更好地实现企业家最初设定的目标。因此，企业制度并不具有唯一性，企业家的管理制度设计也许千差万别，因为它们是企业家"内心"的客观化表现形式。正如王阳明认为"心外无物。如发一念孝亲，即孝亲便是物"。② 天理是唯一的，但是表现可以有不同的方式。他以孝敬父母为例：孝养父母的表现形式有很多，例如在冬天为父母保暖，在夏天为父母祛暑。这些规矩不是由圣人罗列的，而是一颗孝顺父母的内心（即追求天理的内心）在客

---

① [美]彼得·德鲁克：《管理的实践》，齐若兰译，机械工业出版社2009年版，第28页。

② 王阳明：《传习录》，中国古籍出版社2008年版，第67页。

观行动上的体现。企业管理同样如此，尽管企业规则有很多表现形式，但关键之处在于，他们是企业家恪守天理的体现，这正如王阳明"为父母祛暑避寒的行为必须源于一颗诚敬于孝亲的真心"。

人的内心即是天理。万事万物的至善境界不能在外在的万物上求得，而是源于人的内心。一个人不可能也不需要格尽万物才能获得真正的良知。"于事事物物上求至善，却是外义也。至善是心之本体，只是'明明德'到'至精至一'处便是"。用于企业管理中，我们或许可以说，脱离企业家的主观判断和构想后，并不存在给定的、客观的企业使命或管理模式。它们都源于企业家的设计。企业制度如同企业家的思想结晶，诞生于企业家的观念，形成于企业家的行动，最后服务于企业家的目标。因此，企业管理的规则固然重要，但是管理者不可能"格"尽所有的企业管理案例，获得一套企业规章，用以约束员工行为，达到最优的管理效果。王阳明用孝悌来作比喻，"且如事父，不成去父上求个孝的理；事君，不成去君上求个忠的理；交友、治民，不成去友上、民上求个信与仁的理。都只在此心，心即理也。此心无私欲之蔽，即是天理，不须外面添一分。以此纯乎天理之心，发之事父便是孝，发之事君便是忠，发之交友、治民便是信与仁。只在此心去人欲、存天理上用功便是"。①

因此，正确的管理制度源于企业家内省之后的"本心"的体现。摒除私欲的人心在企业成立时表现为企业家的使命和目标的确立，在企业管理中可以表现为企业的规章制度的制定。所以说，企业的规章制度不是客观存在的，也不是随意拟定的，它们是企业家对"天理"的认识的具体表现形式。企业制度的设计来源于企业家对"天理"的追求。只要企业家恪守天理，自然能够寻找到适于自己企业发展的制度。他的企业不会恶意地剥削和欺骗员工，他的企

---

① 王阳明：《传习录》，中国古籍出版社2008年版，第7页。

业不会欺骗消费者，他的企业能够做到"陟罚臧否，不宜异同"。

当然，企业家遵从天理，设计适合企业发展的管理制度之后，需要践行这些制度，使他们成为规范自身行为的规则。王阳明认为："若只是那些仪节求得是当，便谓至善，即如今扮戏子，扮得许多温清奉养的仪节是当，亦可谓之至善矣"。① 意思是说，如果误以为将具体的礼节做得恰到好处就认为自己达到了至善，那无异于扮作戏子。子女为父母消暑避寒的举措不是按照条文扮演的，而是发自内心的行动。正如人看到美好的事物自然生出喜悦之情，看到恶心之物自然产生厌恶之感一样。企业的管理制度同样如此。制度体现了企业家对天理的追求，同时，企业家对制度的恪守是为了更好地追求天理，他的内心告诉他，践行这样的规则是正义的。我们并不能仅仅照搬知名企业的几个条文，机械性地按照这些有限的条文管理企业，便自认为自己能将企业管理得至善至美。

五　阳明心学在管理实践中的应用：以"员工管理"为例

一旦企业家确立了自己的企业使命，制定和完善企业规则，企业家必须确保所有人力和物力资源都能朝着完成自己目标的方向发挥作用，完成预期的生产任务，达成自己的目的。企业家虽然可以通过货币竞价获得企业生产的资源，但是企业的劳动者不同于物质资本，是具有活跃思想的个体，他有自己独立的目的和欲望。企业家必须确保员工的行为有助于企业的生产，才能确保员工的工作是有效的，以至确保物质资源的使用是恰到好处的。

由此可见，不同于新古典经济学的研究范式，管理学家将作为个体的员工视为重要的研究对象。这也正是管理思想史发展历程中"心理革命"得以诞生的原因。泰勒认为，"从本质上来说，科学管理，对于在具体公司或者行业工作的工人来说，将会是一场彻底

---

① 王阳明：《传习录》，中国古籍出版社2008年版，第9页。

的心理革命,他们对工作的责任、对同事的责任、对雇主的责任,都是一场彻底的心理革命"。① 著名的霍桑照明实验的"失败"很好地证明了我们无法把企业员工简单地划分为同质性的劳动力,更不可能以社会工程师的角色代替员工设计行动或博弈路径。研究者查尔斯·E. 斯诺对"照明程度和员工效率直接不具有之间关联"的结果直言不讳。他认为"虽然这其中的许多影响因素可以被控制或者消除,但'剩下的最大一块绊脚石是人类个体的心理状态'"。②

在管理学家看来,企业管理者和员工之间的协调性很难实现。员工的行为实际影响着企业资源的使用方式,而另外,员工拥有自己独立的观念和目的,这很容易让企业在运行过程中出现管理者和员工的目的相互冲突的状况。如果每个人各自为营,缺乏彼此的协调,其结果将是一片混乱。因此,企业管理学家或有经验的企业管理者非常强调管理者与员工之间的协调性。人际之间的协调性关乎着整个经济活动能否顺利地达到每一个人的预期效果。这也对企业管理者的能力提出了非常高的要求。因此,衡量管理者工作能力的标准就在于能否协调不同个体的行动,从而让企业的整体绩效获得提升。

对企业员工心理世界和主观性的关注,同阳明心学所关注的问题有着相似的研究方向。从阳明心学的角度来看,"天理"是普遍而唯一的。每个人通透明净的内心都能够感知到天理。所以,追求和恪守天理同样是对企业员工的要求。一旦企业员工追求天理,那么企业管理中的协调性能够得到很大的提升。它具体表现为:第一,企业家将更容易传递自己和企业的价值观;第二,管理者对员

---

① 丹尼尔·A. 雷恩、阿瑟·G. 贝德安:《管理思想史》,孙健敏、黄小勇、李原译,中国人民大学出版社2014年版,第114页。

② 丹尼尔·A. 雷恩、阿瑟·G. 贝德安:《管理思想史》,孙健敏、黄小勇、李原译,中国人民大学出版社2014年版,第218页。

工更加关心;第三,管理者和员工之间的行动目的更加契合;第四,企业管理的委托代理困境得到缓解。

(一) 企业家将更容易传递自己和企业的价值观

在企业管理中,管理学家非常强调企业家向自己的员工传达自己的价值取向。企业家让员工尽力理解企业的价值取向,不仅仅是为了让员工意识到企业家的目的和计划,而且也决定了企业能够吸引到与其价值观一致的人才以及企业的长久发展。企业家必须时刻向企业员工传达企业的使命,并告知他们自己将如何实现自己的承诺。而且这种使命必须"是具体的、本质的、可以明确描述的,它不能给大家太多的想象空间"。含混模糊的企业使命会让员工产生疑惑,无法准确地践行企业价值观,由此产生严重的管理危机。

当企业员工和企业管理者一样遵从"天理"时,企业员工将会更加容易理解企业家的价值取向。因为上文提到,企业家的价值取向来源于"天理",那么员工自然能够认识到企业家的选择和目的。当员工对企业家的价值取向产生认同时,企业管理自然变得容易。因为在这时,员工会对企业家的决策和选择提供巨大的支持,发自内心地赞同企业家的计划。

(二) 管理者对员工更加关心

当企业家或管理者追求天理时,那么他们将会把员工视为一个个独立的个体,而非同质性的劳动力。他将对每一个员工一视同仁,并为每一个员工的成长创造良好的环境。泰勒认为,一个优秀的管理者应当切实地关心员工的状态,"为工人找到最适合的工作,帮助他们成为一等工人,激励他们做到最好"。[1] 雨果·芒斯特伯格认为管理者的职责在于选择"最合适的人",将其安排在"最合适的工作"上,最后实现"最理想的效果"。企业不会欺骗和压迫员工,也不会对自己的员工实施严格的监视,像福特公司的亨利·福

---

[1] 丹尼尔·A. 雷恩、阿瑟·G. 贝德安:《管理思想史》,孙健敏、黄小勇、李原译,中国人民大学出版社2014年版,第100页。

特那样，建立起秘密警察组织监视整个公司，一旦"有主管企图自作主张时，秘密警察就向老福特打小报告。每当主管打算行使他们的权责时，就会被炒鱿鱼"，更不可能埋没员工的才华，让他们从事无聊的工作，让他们甘于平庸。企业家和管理者会像对待自己一样对待企业的雇员，而不是把他们视为花钱买来的劳动力。德鲁克认为："没有任何组织能完全依赖天才，天才总是非常罕见的，而且不可预测。但是能不能让普通人展现超凡的绩效，激发每个人潜在的优点，并且运用这些优点，协助组织其他成员表现得更好，换句话说，能否取长补短"是企业家对雇员关心的重要表现和考验。[1]这也正是一个理解阳明心学的企业家的写照。

对员工的关心也表现在企业对员工的薪酬激励上。泰勒对早期的计件报酬制度进行了改善，并提出了一个接近于现在被我们熟知的"时间就近原则"的理念，以激发员工的工作兴趣。同时，泰勒认为与其通过外部管理者、工会等参与制定薪酬水平，不如让管理者根据员工的表现支付报酬更能激发他们的热情，并且他始终认为工会的作用是压抑员工的积极主动性。甘特也认为企业支付的薪酬应该让优秀的雇员安心留下来工作。让工人感觉自己的劳动是以最高的市场价格出售的。管理者对工人的恶意剥削是不能容忍的。这将破坏雇员和管理者之间的关系，从而破坏企业成员之间协调的可能。

另外，合理而恰当的员工培训正如学校的教育一般，是对员工价值和能力的挖掘。员工借助企业培训快速掌握工作技能，了解企业的运作流程；而管理者则能在员工培训中快速筛选和分类不同能力、性格的员工。

需要强调的是，企业家和管理者对员工进行培训，为他们提供合理的薪资报酬以及力所能及的帮助，关心和爱护员工，并不是法

---

[1] [美]彼得·德鲁克：《管理的实践》，齐若兰译，机械工业出版社2009年版，第117页。

律强制企业家执行这样的工作,而是在遵从"天理"的过程中自然会想到应该这样对待雇员,即"能让个人充分发挥特长,凝聚共同的愿景和一致的努力方向,建立团队合作,调和个人目标和共同福祉"。①

(三) 管理者和员工之间的行动目的更加契合

在企业管理中,最困难之处是实现管理者和企业员工之间的协调性。因为员工是充满主观能动性的个体,这一点让雇员区别于一般的物质资源,让他们具有创造性,也意味着他们相较于客观的物质资源更加难以管理。因而亨利·法约尔不无感慨地说道:"在企业管理中,关于(如何管理)人的问题占全部问题的一半以上。"②

在企业管理中,成员之间的不协调主要体现在浪费和低效上。正如哈林顿·埃默森所说的:"浪费和低效是普遍存在于整个美国工业体系中的两大罪行。"③ 泰勒作为科学管理的代表人物,从一开始便表现出对企业成员的关注。他认识到,"一家企业就是一个人们彼此合作的系统,只有所有相关的人都朝着一个共同目标努力,企业才能够获得成功"。因此,当泰勒面对员工的反抗和刁难时,他承认:"我是在挑战一堵石墙。从心底里我并不责怪他们;相反,我始终都很同情他们"。④ 泰勒不厌其烦地向员工解释使用新机器的好处,目的正是为了避免管理者和员工之间的冲突,让双方的目的性更加一致,让雇员意识到,企业家的决定对自己同样有利。

正如研究霍桑实验的克莱尔·E. 特纳教授认为,应该将员工的心理状态纳入研究中。在访谈中,被研究的女员工认为,自己很

---

① [美] 彼得·德鲁克:《管理的实践》,齐若兰译,机械工业出版社 2009 年版,第 137 页。
② 丹尼尔·A. 雷恩、阿瑟·G. 贝德安:《管理思想史》,孙健敏、黄小勇、李原译,中国人民大学出版社 2014 年版,第 172 页。
③ 丹尼尔·A. 雷恩、阿瑟·G. 贝德安:《管理思想史》,孙健敏、黄小勇、李原译,中国人民大学出版社 2014 年版,第 135 页。
④ 丹尼尔·A. 雷恩、阿瑟·G. 贝德安:《管理思想史》,孙健敏、黄小勇、李原译,中国人民大学出版社 2014 年版,第 97 页。

享受在实验中成为众人的焦点,而实验中所采取的新的管理风格让她们能够更加无拘无束地工作。因此,特纳教授认为"心理态度似乎比其他任何因素更能解释她们工作绩效的提高"。[①] 万众瞩目的聚焦感和轻松愉悦的工作环境能让员工产生"强烈的自豪感","从心理学的角度来看,她们已经变得全身心投入她们的工作中"。又如泰勒所说,他倡导心理革命,目的是让"劳资双方不要将目光仅仅盯着如何分配盈余……而是共同将注意力转向扩大盈余的规模"。这样一来,劳资双方"在考虑各种事项时就将基于双方的'共同利益'。简而言之,泰勒主张雇员的目标与雇主的目标协调一致"。玛丽·帕克·福莱特也认为"当你让员工们感到他们在某种程度上是经营伙伴时,他们会提高工作质量,节省时间和减少物质的浪费,但这并不是因为什么'金科玉律',而是因为他们的利益与你的利益是一致的"。因此,企业管理实际上涉及企业家的目的、企业员工的目的,以及两者的异质性和协调性问题。

从心学角度来看,如果企业家和雇员之间都能遵从天理,抛弃自己不合理的私欲,那么管理者和雇员的心理状态将得到根本的改变。他们彼此不再是敌对的关系,而是相互合作,共同实现目标的关系。管理者不再将自己的雇员视为谋取私利的偷懒者,雇员也不会把自己的领导视为剥削自己的恶徒。他们彼此之间的协调性得到扩展。

可见,心学对管理思想中的"心理革命"有着极大的借鉴意义。心学强调管理者必须对雇员本身,以及雇员的心理状态报以关注,企业的管理实质上是对员工心理世界的关心和管理,让员工的心理保持积极向上的状态,充分发挥员工的才能,从而实现高效的科学管理。

[①] 丹尼尔·A. 雷恩、阿瑟·G. 贝德安:《管理思想史》,孙健敏、黄小勇、李原译,中国人民大学出版社2014年版,第220页。

（四）企业管理的委托代理困境得到缓解

企业家要想确保企业活动朝着自己预定的目标前进，一种极端的方式是采取绝对独裁的管理模式。然而，企业家实际上并没有足够的精力事无巨细地审核所有的企业活动。一旦企业家采取独裁式的管理方式，他便不需要协调不同成员之间的目的与利益关系。成员之间的协调问题变成了简单的服从和指挥。这显然违背了科学管理的初衷，也违背了"天理"。管理者不可能强迫他人实现自己的目的。特别来论，企业家实施独裁管理，一个重要前提是企业家确信自己永远不会犯错，否则他无法更正自己的错误，同时会扼杀有创意的观点。泰勒明确地指出，一个合格的管理者必须具备这些品质："聪明的头脑；良好的教育；专业化或技术性的知识；手工灵活，体格健壮；处事老练；精力充沛；勇气过人；诚实可靠；良好的判断力或常识，以及良好的健康状况。"但他也意识到，要找到具备上述所有特征的企业家几乎是不可能的。"但通过将任务拆解开来，将每个组成部分分配给各种专业人才，泰勒相信这可以降低对管理者的体力和智力要求。"[1] 这就引发了权力的分配和委托代理等问题。企业家可以将自己对企业的绝对权力分配给有能力的职业经理人，经理人再将自己获得的权力分配给有才能的部门经理……如此层层递进，形成了传统的金字塔形管理体系。权力的分配也会引发相应的管理问题——应该向哪位员工分配权力？此外，企业家也必须确定，应该分配多少权力给下属和员工？权力分配过少会出现独裁的管理；分配太多，企业家似乎难以掌握企业是否仍然能够依照预期的方向发展。员工也许会利用不受约束的权力为自己谋取利益。例如，发现公司的漏洞并获取收益。

企业家（管理者）和员工如果都能遵从"天理"和"致良知"，那么企业家向下分配权力时，不需要担心员工利用不受监管

---

[1] 丹尼尔·A.雷恩、阿瑟·G.贝德安：《管理思想史》，孙健敏、黄小勇、李原译，中国人民大学出版社2014年版，第101页。

的权力谋取私利,因为以公谋私的欲望是需要摒除和抛弃的,它蒙蔽了自己致良知的内心;同时,员工也会切实地发挥自己获得的权力,努力发现企业的机会,为企业创造更大的价值。因为遵从天理的员工会认为,自己作为企业的一员,让企业变得更好是自己的职责,并且同自己的利益和目标息息相关。正如王阳明所说:"此心若无人欲,纯是天理,是个诚于孝亲的心,冬时自然思量父母的寒,便自要去求个温的道理;夏时自然思量父母的热,便自要去求个清的道理。这都是那颗诚孝的心发出来的条件"。[1] 一个"存天理"的员工,看到企业尚有不足之处,自然想到改进弥补;一个"致良知"的管理者,看到员工出现问题,自然想到与他沟通和交流,了解他的内心。此时,管理者和员工之间不是简单的指挥和服从关系,也不是刻板地遵照"公司条文"行动,他们遵从的"天理"将告诉他们应该如何行动,怎么做才是正义的、有价值的。如同玛丽·帕克·福莱特所说的,必须要把命令去个性化,"并把服从转变为'情境规律'。一个人不应该对另一个人下命令,但双方都应该同意从情境中接受命令。如果命令只是情境的一部分,那么发号施令者和接受命令者之间的问题就不会出现"。[2] 这种情境,在我们讨论的问题中,就是"所有人都对良知和天理保持共同的理解和尊重"。这样,人与人之间的协调性会更强,因为员工并不是在服从特定的领导的命令,管理者也并不是指挥特定的员工完成工作,他们彼此赞同,是因为纯净的内心告诉他们这些事情是正确的,应该被执行。他们遵从的不是特定个体,不是特定职位,而是"天理"这一共同的情境。

---

[1] 王阳明:《传习录》,中国古籍出版社2008年版,第7页。
[2] 丹尼尔·A. 雷恩、阿瑟·G. 贝德安:《管理思想史》,孙健敏、黄小勇、李原译,中国人民大学出版社2014年版,第240页。

第四节 实践阳明心学的案例分析

以心学为理念的企业组织，其最重要的标的在于追求天理，践行企业和员工生命的价值。追求天理需要为善去恶，但这不是一个简单的过程。王阳明认为，扫除心中的恶念就像拔除杂草，需要持续不断地用功，否则一旦松懈了，恶念就又会蔓延开来。企业不能代替员工为善去恶，因此基于心学理念的企业组织最重要的一点是给予员工充分的自由裁量权，让员工在处理工作事宜的时候有充分的自主权，去探索并实践自己的良知。但追求自由并不意味着就需要放任自流，事实上，企业的任务应该是引导员工，构建一个有利于追求天理的工作氛围，发挥心的沟通能力和创造能力。简而言之，命令式企业的管理原则可以简单概括为"计划"，而自发式企业的管理原则可以简单概括为"引导"。就好比禹的父亲鲧受命治理洪水，采取了"堵"的方法，结果以失败告终。而禹则采取了"疏"的方法，成功治理了洪水，"杀湍湮洪水，九州始蚕麻"。以心学为理念的企业管理原则也是如此，必须要采取引导的方式，企业才能蓬勃发展，真正发挥员工"心力"的作用。

什么样的企业管理原则最有利于"心力"的整合呢？下文将用五个案例进行说明，其中国内案例四个，国外案例一个。

一 康恩贝集团

康恩贝集团是浙江民营企业中比较早开始推行阳明心学的企业，其结缘阳明心学始于2015年10月，真正的缘起，或可回溯到一年前。2014年10月，经过日本盛和塾总部批准，全球第一家由企业建立的盛和塾——康恩贝盛和塾成立，包括康恩贝集团董事长胡季强在内的39名高管正式成为塾生。

随着学习的深入，胡季强越来越体悟到，稻盛和夫的经营哲学,核心在于"作为人,何为正确",简而言之,就是致良知,这是一切问题的原点和归处。稻盛和夫先生也多次强调,他从中国传统文化中所学到的最核心的一条就是致良知,要达至良知,按良知办事,这是他所有事业成功的最大原因。

学习了阳明心学后,胡季强认为自己最紧要的事,就是让自己修成一颗光明无私的心,让这颗心裸露在所有康恩贝员工面前,去掉一切私心杂念,炼成一颗真正为康恩贝全体员工幸福尽全心全力的良知之心,炼成一颗成就大家就是成就自己的利他之心。他说:我必须为成就他人而努力工作,为祖国、为民族复兴、为民众健康而不懈奋斗。这才是我存在的价值,才是我未来人生的全部意义。

胡季强认为,他人生的下半场应是这样的:"常无:无怨无悔,付出不亚于任何人的努力,修日减之功,抵达良知,修复那颗莹澈无物的光明之心。""常有:全心全意,人一己百,人百己千。用良知唤醒良知,至诚唤物,成就伟大企业,助力中国梦,利益天下苍生。"

从康恩贝人这些年的心路历程可以看出,他们把阳明心学的学习与日常工作、与企业和行业的发展深度融合起来,阳明心学不是书斋之学,而是行动之方。康恩贝人认为,对致良知最好的践行,就是读懂这个时代,读懂消费者,读懂客户,读懂员工,以自己的行动为社会做出更大的实质性贡献。

二 方太集团①

20世纪八九十年代是中国民营企业迅猛发展的一个阶段,方太也正是在这样的背景下诞生和成长的。方太创始人茅忠群先生并没有继承父亲的打火枪事业。在他看来,90年代的中国打火枪行业由于技术水平差,生产门槛低吸引了大批低质的生产厂商,并且

---

① 方太集团创建于1996年,专注于集成厨房、吸油烟机、燃气灶具、电磁灶具、消毒碗柜、燃气热水器等几个领域。

在90年代爆发了多次打火枪行业的价格战。茅忠群先生认为如果继续进入打火枪行业，那么自己的创业活动并没有太大的价值和意义。经过一年的市场调查和决策，茅忠群先生最终决定于1996年进军中国的抽油烟机行业，并将原本父亲使用的"飞翔"改为"方太"，取"方便太太"和"方便太平"之意，既朗朗上口简约大方，又寄托了创始人对提升中国家庭厨房质量的美好愿望。尽管在20世纪90年代，中国的抽油烟机已经得到了较为迅猛的发展，江浙地区的抽油烟机行业更是在全国都有举足轻重的影响力。仅在杭州和宁波两地就聚集了帅康、老板以及玉立等知名的抽油烟机品牌，瓜分了将近80%的中国抽油烟机市场。茅忠群先生面对如此行情，仍然保持着敏锐的判断。在他看来，当时的抽油烟机虽然竞争激烈，但是产品差异不大，生产技术仍然较为老旧，明显即将迎来重要的转型换代的时期；中国的抽油烟机行业并没有"洋牌"的竞争，这意味着中国本土化的高端品牌有很大的发展空间。并且，茅忠群先生清醒地意识到，随着中国居民收入水平的提高，高端化的抽油烟机将是住户们的必备品。抱着这样的判断和期许，方太成立伊始就确定了专业化、高端化和精品化的目标。可以说，这个目标的确立显然是茅忠群先生对当时中国抽油烟机行业未来发展进行精准判断的结果，是方太对于自身未来价值的精准定义与描述。

似乎每一个企业的诞生都是如此，背后总有一段与企业家密不可分的、惊心动魄的故事。因为每个企业的出现与成长都是企业家精心设计和勾画的结果。企业家的创业活动"绝不仅是被动反应和适应，而是隐含了一种企图塑造经济环境的责任，在经济变动中主动规划、开创和突破难关的责任，以及不断铲除经济环境对企业活动限制的责任"。这似乎是主流的数理经济学或者产业经济学难以解释的现象。事实上，经济活动并不像数理方程式所规定的那样程式化。企业家的创业和企业发展活动并不是在客观给定的技术条件、自然条件或经济条件下被动地做出反应，而是能够积极地对现有的"不完美"进行改进和完善。这正如阳明心学所提到的"心即理也"。"物"不仅仅只是客观的存在，"意之所着为物"，客观的生存环境或者创业条件固然不能否认，但是其本身对于企业家的活动而言并没有根本性的限定。如王阳明所说"此花与汝心同归于寂"。只有人的意识作用于客观存在之后，成为"人化的自然"，成为人类世界的一部分，才有了真正的"物"。"此花颜色一时明白起来"之后，客观存在的花才成为人的意识中的"花"，才成为对人来说有意义的花。抽油烟机行业的客观现状并不会根本性地、决定性地影响每一个企业家的行动。企业家对于抽油烟机行业的分析会影响他对这个行业未来发展的判断，进而影响他的行为。因此，真正重要的不是客观外在的"物"，而是企业家对于客观"物"所形成的主观"物"的认识。这也正是王阳明所说的"无是意，即无是物"。企业家的观念总能驱使他突破旧有的规则和限制条件，创造出新的环境与市场。从企业家精神视角与限制条件下求解最值这两个视角看待市场活动，恰好对应了王阳明"心学活理"与朱熹"理学死理"之间的差异。在他看来，如果承认了个体受到"杂念"的困扰，只能求助于外在的"物"来成就"圣人"，必然的结果就是个体始终对自己的"心"保持怀疑，从而陷入不断地自我怀疑、自我否定的困境。因此王阳明强调本心就是真己，如果我们对于"真己"都是在不断地怀疑，那么，个人成圣还有什么可以依靠的呢？个体不能仅仅寻求外物而自我束缚、自我限制，永远不敢突破"外物"而获得内心的升华。

王阳明不仅认为心即理，人的真心与真理相通；同时他也强调，人的内心控制着人的一言一行，对人的行动发出命令。如果一个个体认识到了"杂念"却没有尽力去除，那只是没有真正做到"知"。所以在阳明心学中，知与行是相互关联的，并不是独立的两件事。"意用于读书，即读书为一物"，如果仅仅将书放在面前没有用心研习，任由懒怠蒙蔽自己，那么他并没有真正明白"读书"一事。许多企业往往存在这样的问题：他们只是设定了一个口号或目标，却没有真正践行。空喊口号而不行动，说明他们并没有了解企业为什么要存在，企业的价值在哪里，只把目标放在适应可能的外在条件上（例如，仅仅因为其他企业都有目标和口号，或者仅仅因为管理者要求员工必须熟悉公司的目标与口号），没有真正做到"知"。而方太从创立到其发展一直秉承着"知行合一"的理念。上文提到，方太成立之初，面对鱼龙混杂且竞争激烈的抽油烟机市场，设立了专业化、高端化和精品化的目标，力争做全国最强的厨具品牌。方太对当时市场上的抽油烟机进行了调研，总结了现有抽油烟机"拆洗困难、吸力弱、噪音大和造型单调"等问题，努力将"缺"转变成"优"，也就是上文提到的，将"不完美"转变成"完美"，进而转变成自己的竞争优势。由此，方太制造了深型吸油烟机、近吸式吸油烟机、不跑烟的吸油烟机以及油脂分离度98%的环保吸油烟机，逐步解决中国家庭面临的抽油烟机拆洗难、吸力弱等问题。并在此基础上延伸出一体式的厨房器具，包括洗碗机、微波炉等。真正践行方太的口号"方太，让家的感觉更好"。

同样地，在企业内部管理上，方太也非常关注员工的内心。几乎每一个企业都有自己的企业规则，但是并不是每个企业都能够让企业员工认识和认同规则。正如上帝想阻止通天塔的建立，只需要让所有人说不同的话语，怀揣不同的野心。组织中的每一个个体缺乏对规则的统一认知和赞同，虽然每日仍然在忙碌，但是永远不可能再完成通天塔的建造。企业组织同样如此。方太也认识到了这一点。茅忠群先生认为，企业的管理就在于赢得人心。一是要认识到诚信的重要性，并做到守信；二是要让员工们认识到诚信的重要性，在组织内部建立起信任的关系网络。在他看来，管理者和员工们如果能够从守信做起，"一次、两次、十次和百次的守信，就能够得到大家的信任，获取他人的人心"。茅忠群先生认为，信任是"最大的压力"。其实从根本上来说，这种压力并不来自外在的约束,而是来自内心:从内心认识到了诚信的重要意义,并且不愿意在其他合作伙伴面前丢失这份诚信的信念,警醒着企业的每个成员。这也是许多同方太合作的企业和组织对方太集团的深刻印象,这是一家诚信的企业。同时,企业人际信任关系的建立也能够更好地让企业实施信任管理和权力下放,信任这一发自内心的"道德规则"减少了企业内部和外部的交易费用,给企业的成长提供了更大的动力与可能性。

三　贝发集团①

有这样一个人,他随身携带一支青绿色的中性笔,"有时候,我只是拿出来写字,人家看着有兴趣,说不定订单就来了。"这个人就是贝发集团的邱智铭,他带的这支笔就是贝发集团引以为豪的G20峰会上的唯一的礼品笔。

贝发集团董事长邱智铭始终坚持阳明心学,对于阳明心学的内容也有着自己的理解。他将"知行合一"理解为入道即知与出道即行两个方面,认为"格物致知"体现在"良知"上,对于企业家而言,要在做企业、生产产品的过程中始终保持"良知",而匠心是走向"良知"的必经阶段。

在坚持这样的观念下,邱智铭用自己的人格魅力与匠心践行者阳明心学的道德观,积极履行其身为企业家的责任与义务,在生产中不断促进产学研的有机合作,实现跨界发展,努力为中国做好每一支笔,实现从供给侧为人民提供饱含中国文化、先进技术与过硬质量的好笔。

创业和创新永无止境,1997年,贝发就成立了产品研究中心。有人提出,一只几块钱的笔有必要花费巨额的研发投入吗?面对这样的疑问,邱智铭选择了坚持他的观点,能够把不起眼的笔做足做

---

① 贝发集团位于浙江省宁波市,集制笔和文具研发、生产、销售以及国际商贸服务于一体。

好了,才是匠心精神的体现,才是企业家的"良知"所在。邱智铭的投入最终取得了收获,贝发集团取得了多项研究成果,为贝发集团提供了核心竞争力。

邱智铭的经历证明了,企业家的创新既是技术的创新,更是观念的创新。能够把研发和普通的笔联系到一起,贝发正是行一般人所不敢行,想一般人所不敢想,才取得了成功。企业的其他方面也是如此,邱智铭将心学理念运用到企业管理之中,他最看重的就是人才。邱智铭可以说是"求贤若渴",通过各种渠道寻求人才。营销方面,邱智铭深知改变人的观念的重要性,尤其是在不起眼的一支笔上,很多人觉得能写字就可以,要在这个行业打造优质品牌可谓是难上加难。为此邱智铭先后和"超女"以及08年奥运达成合作协议,终于让贝发这一品牌深入人心。此外在国外市场上贝发也颇有建树,产品远销世界上100多个国家和地区。邱智铭不仅要打造国内名牌,更要打造世界名牌。

除了具有高价值的科技类产品外,邱智铭贯彻了阳明心学的理念,打造文化类产品。"贝发不做单纯的制造商,而是要做好文化管理者。"从这句话中,邱智铭对文化,对心学的理解可见一斑。在产品设计上,贝发将整个传统文化融入其中,发展新的商业模式。对于邱智铭来说,产品是企业"心"的体现,贝发集团不仅承担了传承中华文化的责任,还发扬了贝发的企业文化,让整个行业乃至世界看到贝发优秀企业文化的价值。

贝发集团除了在产品上精益求精之外,还勇于承担社会责任。例如公司对贫困地区的教育问题和面对自然危害的抗震救灾都给予了高度关注和支持。迄今为止,贝发集团累积捐款捐物已近亿元。这体现了邱智铭将"致良知"贯彻到企业的方方面面之中,真正践行了阳明心学,而不是仅仅将它作为牟利的工具。

通过将阳明心学灌注到企业文化之中,邱智铭将贝发打造成一个璞玉浑金的集团。在邱智铭看来,企业存在的意义在于实现价值,即使面对市场上的竞争者,邱智铭也认为市场间的竞争是一个合作共赢的过程,而不是你死我活的较量。邱智铭认为合理的市场秩序应该是大企业带动小企业,大家合作互惠,因而他希望凭借贝发的影响力,建立起合理的市场标准,无论是大企业还是小企业都可以实现自己的价值。这样一个具有良知,将用户价值放在首位的企业,又如何能不成功呢?

从邱智铭的经历中我们可以看出,阳明心学塑造的是一个人、一个企业的性格。或许有的人对于企业的文化塑造,公益活动不以为然,觉得这和企业盈利毫无关联,但是他们忽略了,正是具备了强大的"软实力",具备了"致良知"的品格,企业才有成功的可能。邱智铭的经历表明了阳明心学在塑造企业精神文明上的强大作用力,凭借这样的精神,贝发集团自信地回答了李克强总理多次问起的:"中国什么时候能造出和德国一样的好笔?"的"总理之问",赢得了社会上下的一致好评。

四 舜韵电子有限公司[①]

舜韵电子有限公司董事长姚国祥曾经因为其供应的厨电零部件出问题而使一对刚结婚 28 天的新婚夫妇的新房被烧而愧疚不已。抱着"做生意不违背良知"的原则,他不惜花重金将生产技术提高以生产出高质量的产品。正是这样的做法,他的企业赢得了广大客户的信任,并保持着良好的发展势头。

作为王阳明的粉丝,姚国祥也为企业引入了阳明心学。他从自身做起,号召管理者用一颗诚心对待员工,员工用诚心对待工作。在公司里,姚国祥也为员工设立了一个特殊的爱心箱,用于应对员工遇到重大伤病和突发事件。姚国祥不仅在企业经营中坚守着阳明心学的道德观,也在积极承担社会责任、主动服务社会中将其发扬

---

① 舜韵电子有限公司位于浙江省宁波市,专业研发和生产智能控制系统,将"人品、企品、产品,三品合一"作为公司价值观。

光大。在他的帮助下，雷山县桃江乡成功建成了掌雷小学。后来，为纪念姚国祥对于当地的贡献，当地政府将其改名为宁波舜韵爱心小学。另外，姚国祥也参与了与唐后小学进行结对、自主余姚市门球协会等公益活动，将阳明心学的闪光点落到实处。

众多企业的发展表明，合理运用阳明心学对于企业的长久发展有一定积极作用。阳明心学将企业的生产、经营、管理与企业价值观的实践有机结合，让不少企业家在经营和管理企业的同时也兼顾人心的建设，从而使管理者与被管理者在致良知上不断修行。企业家要传承和吸收阳明心学的精华，将企业作为提升自己的"道场"，实现个人与企业发展上的"知行合一"。

五　谷歌公司

1998年9月4日，拉里·佩奇和谢尔盖·布林创立了谷歌公司，世界上最大的搜索引擎公司就此诞生。谷歌公司创立至今，仍具有强大的企业活力和创新能力，2015年被评选为世界品牌500强中的第一，2017年和2018年又先后两次在BrandZ全球最具价值品牌100强中名列第一。如此一个君临天下的创新型企业，是如何在这么短的时间内从激烈的市场竞争中脱颖而出，成为世界上最大的搜索引擎公司的呢？2004年谷歌上市时，两位创始人写了一封"创始人公开信"，谷歌的价值感在这封信中可见一斑。信中提到，"着眼于长远""为用户服务""不作恶"以及"让世界更美好"等谷歌的价值观，这些谷歌所秉持的理念，可以说是谷歌走向顶峰的基石。谷歌的管理是一种基于人内心最基本的价值观，以及对员工充分信任的现代化自主管理。这样的管理方式最大限度地激发了员工创造的能力，最终使谷歌成为了硅谷中一家强大的龙头企业。随着谷歌在世界上的影响力越来越大，谷歌的管理方法也逐渐为人所知，但不少人评价谷歌管理时却认为谷歌的管理模式虽然十分成功，却难以模仿。谷歌管理能够取得成功必然有其原因，只是这些原因尚未被传统的管理理论发现，所以其他人会觉得难以模仿。通过对谷歌管理模式的分析，总结谷歌在管理上的经验，我们就可以吸纳它的优点，从而对传统管理理论做出补充和改进。

西蒙认为，组织设计的目的是解决问题。企业需要找到适当的模式表现运行过程中面临的问题的具体情境，依照该组织的任务要求，确定组织的形式。通常遇到的问题可以分为两类：一类是会频繁出现的，一类是偶尔出现的新问题。对于频繁出现的问题，企业往往有一套成熟的流程来进行处理，但是对于出现的新问题，就需要通过企业的创新来进行解决，而这需要依靠员工的创造力，依靠"心"的作用，也就是经济学所说的发挥企业家的才能。如果将企业比作一台电脑的话，那么企业管理不仅要有能进行日常运算的程序，更重要的是要有创造程序的程序，而这一点往往容易被人忽视。之所以说谷歌管理符合心学管理的原则，是因为谷歌在解决新问题时能够很大程度发挥"心"的作用，让每一个员工都有扮演"企业家"的机会。本文在对谷歌管理进行研究和论述时，将会着重论述这一方面。

以人为本。心学管理的核心在于发挥心的力量，因此必然要以人为本，构建一种平等向上的企业氛围。企业是心的聚合，凝聚着企业全部人员的"心力"。要让员工的"心力"凝聚到企业的大家庭来，就需要将管理落实到每一个人身上，了解每一名员工，营造和谐向上的工作氛围。心学管理是对每一个人的管理，更是对每一颗心的管理。也就是要把管理分散到每一个人身上，形成员工能够尽可能发挥自己的能力，同时整个企业又处于协调共进的环境当中。

谷歌并不是将员工作为"经济人"或者"管理人"来构建自己的管理方式，而是将员工作为一个真正的，有感情的人来进行管理。诚然，每一个人都是有自己的想法和感情的，因此谷歌提出，企业要排除一切干扰员工工作的因素，让员工得以全心投入工作当中，从而提升工作的效率。为了实现这个目标，谷歌在企业内部建立了餐厅、健身房、洗衣间以及咖啡厅等各种设施，同时也赋予员工高度的自由，员工可以自行安排工作时间和方式，甚至可以将宠物带到公司。谷歌公司还有一种特殊的"遗嘱福利"，如果员工在职期间不幸发生意外去世，谷歌会为其配偶提供长达十年的这名员工原有薪资一半的补偿，假如还有孩子需要抚养，还会为其提供每月1000美元的补贴。在谷歌，一切的管理措施都是为人以及人的工作服务的。这种基于人文关怀的管理方式赢得了员工们的一致好评，员工得以专心投入工作当中去，有些人还会因为对公司的感激极大地提高工作效率。谷歌充满人文情怀的管理方式，是德鲁克所倡导的"管理革命"的先行者，也是对传统管理的改写。

扁平化的组织结构。在拉里·佩奇和谢尔盖·布林创立了谷歌公司后，他们希望打造一个谷歌特有的管理模式，并不是和传统管理方式一样，用权力层级和规章制度来约束员工，而是营造一种类似于大学氛围的工作环境。不过随着公司规模的壮大，两位创始人开始有些力不从心，意识到了企业中管理的必要性，于是谷歌开始招募一定数量的管理者。但在建立管理制度的过程中，谷歌最初的理念并没有变，最终建立起了非常扁平化的组织结构。这样的组织结构是以企业内分工与合作为导向的。一个企业要想取得成功，必须依靠全体成员的齐心协力，对于工程师来说，他的工作是处理业务和进行创新，对于管理者来说，他的工作是进行计划和组织协调，这两种职务都是谷歌公司日常运行所必不可少的。因此，谷歌提倡打破传统组织结构中的等级关系，管理者并不是凌驾于其他员工之上的，通过组织结构的扁平化，员工关系将更多地建立在尊重和合作的基础上，工作的重心会放在如何实现企业的发展和自我发展。事实表明，这种组织结构在建立平等的工作关系，鼓励员工提出自己的想法上，有着非常良好的效果。谢尔盖曾提出过一个广告想法，结果遭到了许多员工的反对，但他并没有强迫员工听从他的想法，而是和员工深入讨论后选择了放弃。

　　心学管理很重要的一点是需要员工相互合作，无论员工还是管理者都是平等向上的，因此必然要形成德鲁克所倡导的"扁平化的组织结构"。在扁平化的组织之中，员工不再有上级和下级的区别，而是作为合作者共同努力。同时管理模式也更加偏向于"引导"而不是"计划"。上级对下级发布命令，员工工作的积极性和创造性难免会受到限制。每一个人都有分辨是非的能力，让员工自己发现目标，再通过管理者去引导和协调，帮助员工实现目标，更加有利于企业中的合作和相互沟通。这也表明企业需要采用扁平化的组织结构，构造一种互相尊重，有序协调的企业环境。

　　小团队管理。谷歌的管理模式，除了扁平化以外，另一个特征就是小团队管理的模式。法约尔认为，一位经理合理的"管理跨度"通常应该少于六名下属。不过"管理跨度"很显然是随着管理者的职责范围而改变的，如果需要管理者负责的工作比较多，那么他的"管理跨度"就会比较小，反之则会比较大。在以技术为导向的谷歌，工程师经理通常难以干涉技术人员的工作，他们的主要工作是为员工营造一个适合工作的环境。通过长期的管理实践，谷歌形成了1名经理大约管理30名下属的小团体管理模式。小团体管理模式除了最大限度发挥管理者的能力之外，对促进信息交流和进行合作也有积极的作用。一个团体假如人数太少，员工就难以获得自己所需要的信息，独立完成目标也会存在困难。但假如人数太多，员工搜寻信息的成本就会上升，也就是虽然他可接触的信息增多了，但他从广袤的信息中找出他所需要的信息会更加困难，此外员工还得花费额外的精力去维持人际关系，从而影响工作效率。因此企业需要找出一个合适的团体规模，具体来说就是"少而精，简而远""麻雀虽小，五脏俱全"，这样的团体规模往往是最有效率的。

　　在企业中实现小团队管理，能够增加企业发现机会的能力。每个小团队都可以展现自己的创造力，发现机会或者解决企业面临的问题。一旦提出的方法在小团队取得了成功，就可以推行到其他团队和整个企业中，这样一来就分散了企业的风险，增加了灵活性。小团队的管理模式让更多的员工有了扮演企业家的机会，既能提升员工的能力，使员工能够格物致知，也提升了企业发现机会，获取利润的能力。

以最有影响力的人作为团队的核心。小团体模式并非简单地对企业进行拆分，而是以人作为核心，以员工向心力和团队归属感作为依恃。每一个员工的能力有高有低，"心力"也有强有弱，能够肩负起领导小团队任务的人必然是心力很强的人，也就是团队领袖要赢得其他人发自内心的认同。心学管理选择最有影响力的人担任团队领袖并不是简单的竞争，而是要建立在合作协调的基础上，因为一个心力强大的人也往往更能激发其他人的心力。不过团队领袖的产生也是需要得到其他人的认同的，因此选拔机制要遵循自由的原则。

谷歌中每个团队平均有三名工程师，同时，还有一个"技术领袖"。这些并不是公司高层规定的，而是自发形成的。团队领导的产生，是因为他工作上进取的态度，以及能力上出色的表现，得到了大家的认可，其他员工愿意跟随他们认可的人，完成团队目标。在这样的机制下，团队的产生并非经过管理层的计划，人员在团队间进行流动也是常有的事，甚至不需要经过管理层的许可。在由权力形成的网络结构中，结构洞往往会被权力所遮蔽，从而扼杀了许多具有潜力的人才。而以最有影响力的人形成的网络结构，具有理念上的相似性和极强的凝聚力，将会发挥出巨大的活力和创造力。谷歌的晋升机制也非常强调民主和自由，员工可以在每年一到两次的晋升机会中提出申请，而不必一定要管理者的提拔。只要得到了同事的认可并且顺利通过审核，员工就可以成功晋升。这种晋升机制成功将大家最为认可的人选拔出来，实现了以理念为导向的凝聚型小团队。

员工招募。企业要实现"心"的一体化，就需要对员工招募进行层层把关。新员工的进入意味着新的心力融入企业整体中来，会对企业整体的心力产生不可磨灭的影响。组织心理学的研究表明，一个具有合作氛围的组织需要所有人的共同努力，而少数倾向于"搭便车"的人加入，就会破坏合作的环境。要实现心力的聚合，在新员工招募时，必须要慎之又慎，选择的员工的心要和企业是相融的。

谷歌不仅在小团队上追求理念的一致，在整个企业对外吸纳员工的过程中，也追求理念的共鸣。一般来说，企业会吸引和自身文化相似的人，这种自我选择倾向会使自身文化得到不断的强化，形成长期的稳定性。如果一个企业的文化是非常优秀的，那么就可以长期地从这种文化中收益，从而奠定在一个领域中的霸主地位。但是企业的人事招募存在一定的反身性。人事主管往往会遇到这样的情况，一个应聘者各方面都很不错，但就是有一个方面不能让人满意，这时人事主管或许会想，有一点缺点似乎也无伤大雅，于是就让这名应聘者进入了企业。但假如这样和企业理念相左的新员工太多的话，短期内或许没有什么影响，可是过了许多年之后，他们或许会成为企业的高层，会影响整个企业的理念，有可能将企业引导到错误的方向。因此在寻求新员工加入企业的招募阶段，就必须层层把关，正确的做法是，假如对新员工能否胜任企业的职务存有一丝疑虑，就应该慎重对待。"宁缺勿滥"是企业吸纳新员工的金科玉律。谷歌早期任何招募活动都要经过两位创始人的过目，后来虽然他们不再能够了解所有的新员工，但仍十分关注谷歌的招募事宜，经常会抽取部分招募活动进行了解。这样的精神也感染了其他人，许多谷歌的高层管理者都十分重视一线员工的招募。除了通常的人事招募之外，谷歌还非常鼓励内部员工向公司推荐新员工，推荐的员工一旦被录用，推荐者还会获得一笔现金奖励。通过推荐而加入的新员工往往具有和企业相似的理念,而且由于老员工对企业和他推荐的人都非常熟悉,新员工能够很好地胜任他的工作,此外也因为已有的人际关系可以很快地融入企业。当然为了保障新员工的确符合企业的要求,谷歌相应地有一套很严格的筛选制度,要想进入谷歌公司,可能要经过长达两个月的层层审核。谷歌建立了一套基于数据分析的严谨招募流程,最终收获了一批符合公司理念,充满激情和抱负,能够独立思考的新员工。

以自我发展为中心。以心学为理念构建的企业,重视的是长远的发展和内心的强大。企业要能够长期发展,不仅要具备相当的硬实力,也要有同样足够的软实力。心学管理强调企业的文化与人文氛围,企业的发展是以追求天理为导向,实现"生生之德""天人合一"为目标的。只有内心的强大才是真正的强大,就好比风吹草低,没有强大心力的企业就如同风,即便短时间内再强劲,也有衰竭的一天,而拥有强大心力的企业就如同草,虽然偶尔经受风吹低下了头颅,却仍具有顽强的生命力,"野火烧不尽,春风吹又生"。心学管理的目标就是建立起企业强大的内心,让企业理念不仅在企业内部得到员工和管理者的认同,并且会凝聚在产品之中向社会扩散,也赢得企业外部的消费者的其他群体的认同,最终达到"内圣外王"的崇高境界。

谷歌强调自我发展主要体现在两个方面,一是企业的自我发展,二是员工的自我发展。谷歌更加重视自身的发展和创新,而不是和竞争对手去争夺市场。市场上的竞争总是存在的,打败了现在的对手,还会出现下一个对手,打败了下一个对手,还会出现下下个对手,假如自身不够强大,即使在一时的竞争中占得了上风,也总有一天会被新的对手所打败。因此与其费尽心机在市场上争得不可开交,不如建设好自身,从而"战胜于朝廷"。相比于以消费者为导向的企业,谷歌也不太去迎合消费者,而是更加重视员工自身的创意。许多企业是将少量的资源投入打造产品和服务上,而将大量的资源投入大张旗鼓的宣传。但对于谷歌来说，与其浪费资源去进行宣传，不如将产品和服务打造得更优质，这样自然会获得消费者的认可和赞赏。产品的提升又来源于创新，来源于员工头脑中的创意，鼓励和重视员工的创意，是谷歌的发展之道。谷歌特别重视员工的自我发展，倡导员工将工作作为实现自我价值的方式。修纳·布朗说："如果可能的话，我们希望员工能自发地去工作而不是被指派去工作。"为了实现这一目标，谷歌不仅为员工营造了良好的工作氛围，如提供免费三餐，通勤方式，干洗衣物等服务，尽可能排除干扰员工工作的因素，还基于员工极大的自由权，员工可以自由安排工作时间，也可以自由选择工作项目。谷歌充分信任员工，相信员工有安排好自己工作的能力，管理者只会帮助员工分析自身的优缺点，给员工提出建议，但最终做什么的决定权仍在员工手中。企业是由员工所组成的集体，企业的自我发展和员工的自我发展是在层次上互有不同而在本质上实为一体的，只有员工的发展才能带来企业的发展，而企业的发展又促进员工的发展。

鼓励创新。心学管理的一个主要的优势就在于它能激发员工的创造力。企业创新是企业在日新月异的现代社会得以进步和生存的源泉。人的内心是能够感知善恶的，让一个人发现企业中存在"恶"的时候，他就会去寻求创新，把"恶"变成"善"。然而命令式组织抑制了人的创新行为，员工总是按照命令行事，更重要的是当他内心发现"恶"的时候，他会找各种理由推卸责任，将它归咎于上级的命令，而不能及时改进。要改善这一局面，就要建立自发式的组织结构，让员工能够听从自己的内心，才能让员工面对企业的问题时提出自己的想法，激发"心"的创造力。

谷歌公司能成为世界的一流品牌，依靠的是其强大的创新能力。谷歌非常重视员工的创新，谢尔盖提出了一个70/20/10模式，他认为员工70%的精力应该放在企业的核心业务上，20%的精力放在与企业核心业务相关的创新上，而10%的精力可以用来开发较为

"疯狂"的创意上。基于这种理念,谷歌始终鼓励员工将一部分工作时间用于创新,许多著名的产品都是在这一赋予员工的自由时间中诞生的。谷歌建立了一个全公司共用的创意邮件目录,员工们可以把自己的创意发到这个目录中,还可以对别人的创意进行评价,提出建议。创新往往是思想的碰撞所产生的,通过所有员工对创意的交流,企业的创造力得到了极大的提高。创新难免会遇到失败。谷歌对创新的失败也是相当的包容,有的创意到了商业化阶段才失败,谷歌对此的态度是只要停止项目,及时止损就可以了。尽管失败为企业造成了损失,但它也可以帮助人们吸取教训,继续向前,最重要的是员工得到了锻炼。谷歌对创新的鼓励,造就了全世界独一无二的创新能力。

不作恶。不作恶或许是谷歌的理念中最容易被人忽视的一条。作恶和不作恶之间往往只有一念之差,而且也很难有评定标准,所以很难说这样的理念对于企业发展究竟有什么样的直接作用。有时候甚至会面临这样的情况:作恶虽然造成了危害,但是危害程度比较小,却可以带来相对巨大的收益。在这样的情况下,许多人就选择了作恶,有的企业发现之后也选择睁一只眼闭一只眼就过去了。但是这样的侥幸心理往往会形成路径依赖,最终陷入了"谷堆悖论"。一颗谷子不是谷堆,两颗谷子也不是谷堆,三颗谷子也不是谷堆……但这样无限制地增加下去,总有一天它会形成谷堆。一个人如果作恶而不受惩罚,尝到了从没有良知的行为中获利所带来的快感,就很难再停下来。今天他做的事或许无关紧要,明天就有可能危害到企业的生存。唯一的方法是从源头杜绝,"勿以善小而不为,勿以恶小而为之",对作恶采取零容忍的态度。正是这样的理念,保障了谷歌良好和谐的氛围。

很显然,阳明心学的核心就是"为善去恶",心学管理必然要以此为原则,对员工的善行进行鼓励,对恶行进行惩罚。心学管理要引导员工的内心"知善知恶",从而能够"为善去恶",实现人生的真正目的。固然，对于企业家来说，企业是牟取利润的手段，对于员工来说，是赖以谋生的场所，对于社会来说，是提供产品的来源，但是这些说法都是强调了"物"的层面而忽视了"心"的层面，我们不能就此否定企业的人文价值。无论企业位于何种行业，都需要依赖人的活动，因此企业必然蕴含了人的价值观。"君子爱财，取之有道"，同样是追求利润，有良知地追求利润和没有良知地追求利润就有着天壤之别。这不仅仅是"短利"和"长利"的区别，更重要的是一个能够实践阳明心学，懂得"为善去恶"的人具有一种"仁"的心态，具有"兼济天下"的胸怀。只有这样的企业家才能够真正建立强大的企业，成为市场上的万年青。因此企业引导员工"为善去恶"，建立起追求天理的企业文化，就显得至关重要。

总而言之，阳明心学为理解企业管理提供了新的视角。从心学的角度，管理的最高境界是让企业成为员工追求天理，实现自我的场所，在这样的企业中，员工成为创造者，而不是服从命令的执行者。创造来自"心"，追求天理的"心"把员工凝聚起来，使企业成为有创造性的组织。企业家对天理的理解和感知，指导他设计企业的规则，指导他如何管理和爱护雇员。这些行为准则都是内心的天理在外界的客观表现，也就是王阳明所说的"心即理"。企业的一切都诞生于企业家和员工的内心，企业生产的产品，最终是由"心"转变而来的。一个企业获得的利润，是它用"心"生产的，更好地满足了他人的"心"，给他人带去幸福的回报。因此，企业管理和经济活动，都是从心到心，以心换心的过程。

第七章

阳明心学与浙商精神

浙江是中华文明摇篮之一，自古人杰地灵。浙江独特的地理风貌与历史人文孕育出生生不息的商人群体。在历史发展的相应阶段，无论工商业活动规模，还是名商巨贾数量，皆居全国前列。进入20世纪70年代，特别是伴随着改革开放的阳光雨露，现代意义上的浙商群体应时而生，迅速成长为国内国际极具影响力的一个商业群体。习近平同志在浙江工作期间就曾多次指出："浙江的民营企业家是在社会主义市场经济大潮中培育和成长起来的，是全国最活跃的企业家群体。"[①]

时代铸就辉煌，浙商书写传奇。浙商作为"华夏第一商帮"、享誉全球的企业家群体，唯有与时俱进，不断提升自我，超越自我，才能不被时代前行的激流所荡涤，承担起自己的历史使命。正昂首阔步走向新时代的浙商们，应该是一支规模宏大、目标高远、形象完美、素质全面、能力强大、家国情怀浓烈的企业家群体。阳明心学承儒释道之精华，集心学之大成，蕴含着修身达人的深邃智慧，是助力提升浙商高度，沉淀浙商文化，涵养浙商精神的"营养富矿"，也是助推浙商在纷繁复杂、变化莫测的市场环境中行稳致远、百炼成钢、万击不倒的重要文化动力。

---

① 夏宝龙：《在促进民营经济发展上继续走在前列》，《人民日报》2016年4月26日第7版。

第一节 浙商群体的形成

我们这里讲的"浙商",主要是指20世纪七八十年代以来改革开放实践中形成的浙江企业家群体。这个群体从乡间小道走来,但他们的成长史却推动了当代浙江经济社会结构的大变革,也推动了传统农业型社会向现代工商社会的历史性转变。可以说,他们创造了历史。

一 浙商群体形成的基本条件

浙商群体从当年赤脚创业的实践中走来,风雨传奇,乘改革开放东风而茁壮成长。浙商能在浙江大地上崛起成为"华夏第一商帮",并不是偶然的,而是有着深刻的经济、政治、文化、地理等内在原因的。浙江的地域特征、重商文化和浙江人的抱团特性以及政府的开明政策等,都为浙商的形成与崛起提供了重要条件。浙商群体的形成是浙江人精神素质的生动展现,是浙江历史文化积淀的勃发绽放,更是浙江改革开放沃土的时代产物。

(一)独特的自然地理风貌

浙江省位于中国东南沿海、长江三角洲南翼,南接福建,西与安徽、江西相连,北与上海、江苏接壤。境内最大的河流钱塘江,因江流曲折,被称为之江,又称浙江。省以江名,故称"浙江"。一方水土养一方人,从浙江大地上成长起来的浙商,首先离不开浙江土地的滋养。正是浙江鲜明的地域风貌催生了浙江人的商业活动,为浙商的萌发奠定了最原初的基因。

第一,浙江地形多样。浙江地形自西南向东北呈阶梯状倾斜,西南以山地为主,中部以丘陵为主,东北部是低平的冲积平原。大致可分为浙北平原、浙西丘陵、浙东丘陵、中部金衢盆地、浙南山地、东南沿海平原及滨海岛屿等六个地形区。多样化的地形造就了浙江多元的文化，江南肥沃的土地使得这里生产力比较发达，商业活动出现较早，商业文化也易被人们所接受。

第二，浙江濒临东海，浙江沿海的居民自然与海洋多有接触，与外界交往更多，并不自觉地形成了一定程度的海洋文化。海洋文化与闭塞保守的小农经济不同，它的交往、开放特点，培育出浙江人民的开放精神，而这种精神是特别有利于商业活动的。位于浙江的宁波商帮是著名的"中国传统十大商帮"，也是近代以来中国最大的商帮群体之一，宁波商帮正是在浙江"海洋文明"的不断催化下成长发展的。宁波地处全国大陆海岸线中段，拥有便利的河道和陆路交通。《宁波府志》记载宁波"西南自岭粤，东北达辽左，延袤一万四千余里，商船番舶，乘潮出没"[①]。宁波地处东海之滨，通过甬江、姚江和浙东运河，连接上钱塘江，顺入京杭大运河，可把货物运销全国各地。这也再次证明，宁波、温州、台州地区的商业经济和民营经济比其他地区起步早、规模大，是与海洋文化有直接关系的。

第三，从自然区域面积来看，浙江地域面积小，自然资源稀少，而人口众多。这个特点形成了浙江各区域间互通有无的传统，浙江正是在"互通有无"中形成了商业集市以及经营商业的群体。在农业经济时代，仅仅依靠土地种养殖难以完全解决温饱和小康问题，而手工业、加工业、商贸业等农业以外的产业，通常成为农民养家糊口、谋求发家致富的重要来源。

(二) 悠久的"重商文化"

浙江历史悠久，文化积淀深厚，具有丰厚的人文环境与文化资源。据考古发现，浙江一万年前就有了上山文化，六七千年前就创造了举世闻名的"河姆渡文化"，春秋战国时期的越文化、三国时期的吴文化、唐末宋初的五代十国时期钱镠创立的吴越国及其独特

[①] 《宁波资本主义工商业简史》，载《浙江文史资料选辑》第12辑。

的江南文化等,都为后来浙江的经济政治文化发展打下了厚实根基。浙商的形成与浙江深厚的地域文化息息相关。

吴越国为后来的浙江发展奠定了重要基础。当时北方各地陷入战争动乱,吴越国专注发展经济、积蓄实力。杭州现存的保俶塔、雷峰塔就是吴越国时期建造起来的。吴越国也是当时全国的佛教中心。所以我们现在讲浙江文化,很多都是指吴越国时期形成的。

南宋时期,中国的文化、政治中心大规模南迁,浙江一度成为全国的政治和文化中心。特别是南宋建都杭州后,很多文人、政商名流来到杭州,促成了杭州的繁荣,浙江区域文化发展进入一个高峰时期。宋代以降,浙江又深受浙东学派影响。明清时期,浙江更是思想家、文学家、史学家辈出,而且他们多为当时引领全国学术发展的翘楚。

浙江传统的地域文化有鲜明的重商倾向,形成了与中原重农轻商传统不同的工商皆本思想。特别是浙东学派所提倡的"经世致用"思想,对浙江商业文化与浙商群体的形成与发展产生了巨大影响。浙东学派是浙东学术的主干。主要包括南宋浙东学派和明清浙东学派。南宋浙东学派的思想发端于北宋。那时"永嘉九先生"和"明州杨杜五子"的学术活动被称为浙东"儒林之草昧"时期。到了南宋,知识分子们更感受到了国家存亡的危机,浙东学人们,上承孔孟儒学,同时又与当时儒学主流的"理学"俨然对峙,反对空谈心性,崇尚实践,关注经济,有强烈的现实倾向。其中以吕祖谦为代表的金华学派、以陈亮为代表的永康学派和以叶适为代表的永嘉学派最为著名。这些浙东学派的分支都具有一个共同的特点:反对脱离社会实际的学究空谈和虚妄的人性本源探讨,注重研究实际问题和学术的实用价值,强调寻求救世良方。浙东学派所提倡的"经世致用"思想,强调学问必须有益于国事,反对不切实际的空虚之学。在明清众多思想家的倡导下,"经世致用"思想从学术领域拓展到经济、政治、文化等众多领域,逐渐形成一种讲究实效、关注国运的社会思潮。

浙东学派的重要分支——永嘉学派便是主张"经世致用"思想的重要代表。永嘉学派提出"事功"思想，主张"经世致用，义利并举"，强调义理不能脱离功利。他们还倡导通商惠工、减轻捐税，积极探求振兴南宋的方略。通商惠工、经世致用以及士农工商平等的思想观念，在农业经济占绝对优势的社会环境下，促进了浙东地区民间自主工商业活动的孕育和成长，促使浙江商人群体的成长。长期以来，浙江地域文化价值观就有这样的取向：做生意不丢脸，商人是社会重要行业。这样的价值观，使得浙江民众从事工商业成为主动的选择。

(三) 发达的工商业基础

浙江独特的地理风貌与文化特征孕育着浙江人的经商素养，促使浙江工商业的更早萌发，这又为浙商群体的形成提供了良好基础。

其一，浙江历史上手工业发达。浙江一直是一个手工业相当发达的"百工之乡"。不仅纺织业、制陶业、造纸业、酿酒业等手工业作坊相当兴盛，而且长期以来木工、漆工、石刻、竹编、弹花、箍桶、缝纫、理发、厨师、打金等流动百工手艺人也层出不穷。这种手艺工匠在浙江手工业者中所占比例最大，他们特别能吃苦，上山到顶，下乡到边，提供上门制作、加工和修理服务。杭州的手工业产生较早，且较发达，从新石器时代的良渚玉器，到后来的精美官窑瓷器和丝绸，尤其是丝绸、印刷、瓷器、造船、制扇以及兵器制造的发展最为显著，在全国均占据重要地位。温州的民间手工业传统，可以说源远流长。在浙江历史上的手工业者中，著名的还有东阳的泥水匠和木匠、永康的铁匠、义乌的麦芽糖艺人、台州的绣花女、温州的皮鞋匠、永嘉的弹棉花郎等等。这些世代相传的手工业专业技能，构成了浙江特殊的专业性人力资源优势。

其二，浙江历史上民间商业相对发达。浙江是民间商贸文化传统较为深厚的地区之一。浙江历朝地方志尤其是宋元明清时期的地方志,记载了浙江大量的定期市集。清末民初,浙江商人成为中国民族工商业的中坚分子之一,对中国工商业向近代化转变起了很大的推动作用。浙江海外贸易开展较早(例如,唐朝宁波商人、航海家李邻德是我国赴日贸易第一人);隋朝京杭大运河的贯通使得杭州成为江南物资的集散中心;五代吴越国王钱镠的励精图治使得浙江在两宋后富甲东南;南宋开始,浙江杭州、宁波等成为全国性商业和贸易中心;浙江也是封建社会资本主义萌芽最早的地区之一;手工业和远距离自主贸易在浙江民间一直比较活跃(永康五金工匠、义乌货郎担、温州手工业等),康熙年间即有义乌人(义乌兵)在外经商的记载(康熙《东阳新志》)。这些工商业传统相当于"企业家种子",在改革开放春风化雨后,就大面积发芽生长。

(四)良好的营商环境

市场经理理论认为,只有"看不见"的市场之手与"看得见"的政府之手共同发挥作用,才能有现实的市场经济活动。浙商的形成与发展,固然与浙江的历史人文、经商传统以及浙商自身的奋斗密不可分,但也离不开浙江各级政府的大力扶持。浙江各级党和政府部门历来有个好传统,就是比较重视民营经济,注重优化营商环境和推进商业发展。塑造和传承浙商精神,并不只是企业家的事,首先应是党和政府的事,是全社会共同的任务。从政府层面来讲,浙江的主要做法有:

第一,不断深化尊重浙商的共识。浙江历届省委都反复强调浙商的重要地位和作用。浙商是中国改革开放的产物,是浙江人民的伟大创造,是浙江历史文化的新传承,是浙江经济发展的主动力,是浙江最为宝贵的财富。浙江的改革开放和创新发展,归根到底是靠浙商这支"子弟兵"队伍。

首先,作出一个好的表率。浙江各级党政主要领导亲自过问、关心、推动浙商发展,营造良好的政商关系。对浙商工作,党政领导班子都有专人分工负责，年度工作也有安排部署。其次，形成一个好的氛围：创造亲商安商富商氛围，建设民营经济大省，形成浙商是浙江发展的最大财富、最大优势、主体力量的共识。通过理论研究、宣传倡导、表彰先进、领导联系制度和召开浙商大会等方式，营造良好的发展环境。浙江省委省政府始终强调要尊重浙商、了解浙商、爱护浙商、关心浙商、宣传浙商、发展浙商，要珍惜和打造好"浙商"这一金字招牌，不断形成创新创业的浓厚氛围。这也已成为全省上下的一种共识。再次，制定一批好的政策：年年出台政策，推动浙商不断创业创新发展。比如通过组织产业导向基金、"蓄水养鱼"、培强育大、转型创新、减税减负等举措，努力形成"含金量高"的良好的政策环境。浙江省委省政府近六年来坚持每隔两年召开一次世界浙商大会，集中表彰全球浙商中的杰出代表，浙江对浙商的重视程度由此可见一斑。

第二，不断优化服务浙商的环境。习近平同志在浙江主持工作期间，曾反复强调权力就是服务和责任。浙江省委省政府坚持"一张蓝图绘到底"，不断强调要建设服务型政府，通过加强政府自身改革、改善制度供给，努力打造一个能更好服务企业、服务基层的体制机制，当好服务浙商的"店小二"。浙江全省各地都在积极探索，大胆实践，通过各类改革创新，"减政府增企业、瘦政府壮企业、减审批增服务"。例如，浙江省通过以"四张清单一张网"为抓手来推动行政审批制度改革，打造审批事项最少、办事效率最高、投资环境最优的省份，不断激发市场活力，使政府的服务功能和企业的市场主体作用更好地结合起来。通过减轻税负、鼓励扶持政策等措施，为企业创造宽松发展环境。通过打造特色小镇、众创空间等孵化器，建设产业集群，优化生产力配置，为新创、小微企业提供各式各样的优惠、便利政策。此外，浙江省委省政府为企业发展提供优化的公共软硬件平台、做好基础设施建设，维护良好的社会秩序。总之，浙江各级政府一直力求为浙商打造最优化的生存发展环境，助力浙商发展。

第三，不断激励浙商做大做强。时至今日，高投入、高消耗、低产出的"粗放型"发展模式已路入穷途，深化改革、转型创新势在必行。中国的发展处在"爬坡过坎"的关键时期。作为民营经济大省，浙江早已嗅到了危机，在助力浙商转型发展上出台了一系列重大举措和办法，以马云为代表的浙商们又一次站在了引领创新大潮的风口浪尖上。浙江省壮士断腕、大刀阔斧，具体工作上，做了一道加法，一道减法。加法就是拓宽浙商提升的通道，形成转型创新的格局。近年来，浙江省继续坚持以"八八战略"为总纲，积极倡导中央提出的五大发展理念，发展新经济，培育新动能，实践新模式。在产业结构上，大力整治"低、小、散"，提出了打造信息、环保、健康、旅游、时尚、金融、高端装备制造、文化等八大万亿元朝阳产业，加快形成以高端制造业和现代服务业为主体的产业结构。其中，又以发展以互联网为核心的信息经济为重中之重，以互联网增值服务、物联网、云计算、大数据等为代表的新业态已经渗透到了经济社会的各个领域。在重大战略制定上，为突破陆域资源有限的瓶颈，浙江海洋经济发展示范区应运而生，舟山群岛新区获批国家级新区；义乌国际贸易综合试点使浙江在转变外贸发展方式上获得先行权，浙商国际化进程明显加快；温州、台州、丽水等金融综合改革试验区为金融改革创新和经济转型升级带来了新动源。在创新政策导向上，省里鼓励企业成为自主创新主体，做强科技城、产业集聚区等各类创新平台，强化人才支撑，培育新生代企业家、打造学习型浙商、制定千人万人计划等。减法是着力打好转型升级十大组合拳，倒逼浙商适应新常态。通过"四换三名"（即培育名企名品名家，实施腾笼换鸟、机器换人、电商换市、空间换地）、"五水共治"（治污水、防洪水、排涝水、保供水、抓节水）、"三改一拆"（旧住宅区、旧厂区、城中村改造和拆除违法建筑），建设美丽浙江、美好生活，节能减排、淘汰落后产能等举措，倒逼浙商成为更主动适应新常态的企业主体。

第四，不断打造"复合型发展"浙商。随着我国经济发展告别短缺阶段以及经济商品化、市场化、金融化、科技化和国际化水平的不断提升，单一行业、单一产品、单一技术、单一经营方式和简单线性思维方式，已越来越不合时宜，需要与时俱进、创新发展，从而引领发展前沿。而其中的一个根本性的发展路径，就是要从实际出发，形成混合发展、复合发展优势。改革开放40多年，浙商历经磨砺，终由幼苗长成了参天大树。然而，新形势下，光靠单打独斗已难成就大气候，我们必须推动浙商走多方、多层次合作共赢的道路，打造现代形态的新浙商。比如，坚持国有与民营的混合发展。"七分民营，三分国有"，一直是浙江经济发展的特色。而今，国有企业面临机制不灵活、包袱沉重等问题，民营企业也面临转型升级、扩大投资空间的问题。如何让彼此之间形成一种"共生共荣"的关系，优势互补？浙江提出了两个字："混改"！鼓励民营企业依法进入更多领域和参与国企改革，是浙江改革发展的一个重要特点。

二　历史上的浙商

浙商基因，渊长源远。从越国的"经商鼻祖"范蠡、计然到南宋时期全国领先的都市商业，从明代最早的资本主义萌芽到清末开埠后的商帮摇篮，及至近代民营企业兴起，浙江人的智慧和勤奋书写了浓墨重彩的江南工商业文明史，成就了浙江商帮的传奇。

春秋末期，越王勾践以"三千越甲"灭吴，随后富国强兵，成为春秋后期的霸主。越国的强大，有一个人功不可没，那就是被后世奉为"中华商圣"的范蠡。他制定了"农末俱利""货物官市"的兴国之策。他重视农业生产，关注天时气象，还用五行之说总结了农业生产丰歉的一般规律，并根据这个规律未雨绸缪。范蠡力主发展商品经济，认为商业能够让钱币像流水一样周转不息。范蠡是中国商人入史第一人，司马迁《史记·货殖列传》列范蠡为第一，其杰出的商业才能被世人称道，其"仗义疏财、施善乡梓"的财富态度和价值观影响了浙江人重视实业，以经商致富为荣。①

战国时期，浙江出现了众多行走四方，天下为市的商贾。浙江地区的造船业与航海业已经有了领先时代的水平，同时期越王勾践号召越国上下养蚕发展丝织业。②

《后汉书》提到："会稽海外有东鳀人。"《三国志》也有记载："其上人民，时有至会稽，货布。"从这些记载可以看出，当时浙江已经跟海外有了贸易活动。《后汉书》还提到浙江上虞人朱儁"母尝贩缯为业，同郡周规……假郡库钱百万，乃儁窃母缯帛，为规解对"。意思是说朱儁的母亲经营丝绸贸易，被朱儁偷去了价值百万的丝绸，而朱儁转手出售为朋友还债。这足以说明当时浙江已经有了较为繁荣的丝绸贸易市场。

唐朝时期，日本遣唐使横渡东海至明州（现宁波），东海航路开启，此后浙江的贸易活动更加繁荣。浙江地区的丝织业进入快速发展时期，海外丝绸贸易亦不断增加，民间贸易也十分活跃。唐末，杭州与高句丽、新罗、日本开辟东海海上航线。从北宋到元朝，杭州一直是东南沿海最大的港口城市之一。唐代以后，中国的经济重心南移，江浙一带成为中国经济较为发达的地区之一，商品经济较为发达，也产生了中国早期的资本主义萌芽。

两宋时期，国都南迁至临安（今杭州），大量技艺高超的丝织工人随之而来，极大地促进了浙江丝织业的发展及浙江市镇贸易的发展。宋代国土面积较先前小了很多，国家财政困难，对外贸易成为国库收入的重要来源。为了增加国库收入，扩大海外市场，两宋政府采取发展海外贸易的措施比唐代更加积极。北宋开国不久，宋太祖就派了内侍八人，带着大量黄金和丝绸分四路到南海各国邀请

---

① 杨轶清：《浙商简史》，浙江人民出版社2013年版，第2—3页。
② 杨轶清：《浙商简史》，浙江人民出版社2013年版，第3页。

外商来我国通商，还指定广州、明州、杭州为对外贸易港，各置市舶司以征收关税。凡与海外贸易有关者，均由其主管，称为"三司"。这也是浙江丝绸大量外销走向世界的开始。为防止贸易量过大、流出国境的钱币过多而造成钱荒，南宋继唐代颁布钱币输出禁令之后，于公元 1219 年规定，凡买外货须以丝帛、锦绮、瓷器、漆器等进行等价交换。这样一来，浙江生产的丝绸就大量地用于作为购买外国进口商品的"货币"，输出的范围日益扩大、数量也不断增加。由于受到海外贸易的刺激，部分农村的机织户开始分离出来，城市的丝织业开始兴起。

明朝时期，浙江的海外丝绸贸易达到极盛，宁波港通过东海航路与朝鲜、日本的丝绸贸易也胜过前朝。明初时，郑和下西洋，每到一地，都以中国的丝绸、瓷器换取当地的特产，这些丝绸和瓷器多半产自浙江和江苏。由于明代海禁森严，合法贸易几乎绝迹，民间贸易主要靠走私。最突出的例子是在宁波港口外的双屿港，闽广、两浙的官僚与私商勾结，通过各种途径同日本、葡萄牙海商贩卖丝绸和南洋各地的香料。据《明经世文编》记载，公元 1547 年朱纨围攻双屿岛时，侥幸逃脱的中外走私商船有 1290 多艘，留在岛上的货物价值 200 万金，可见规模之大。随着商品经济的发展，全国各地市镇普遍兴起，万历年间，经济空前繁荣，江南地区更是"舟航水塞，车马陆填。百货之委，商贾贸迁，珠玉象犀，南金大贝。侏儒雕口，诸藩毕萃，既庶且富"。[1]

明朝中期，资本主义萌芽就出现在中国的江南地区，翻阅浙江的地方志可以发现，杭州的塘栖镇在万历年间就已经有很多商人在镇上开展贸易。随着商品流通领域扩大，商人活动十分活跃，商帮逐渐形成。明清时期，中国先后出现了十大著名商帮，其中浙江就有龙游商帮和宁波商帮。[2]

---

[1] 杨轶清：《浙商简史》，浙江人民出版社 2013 年版，第 9 页。
[2] 杨轶清：《浙商简史》，浙江人民出版社 2013 年版，第 10 页。

鸦片战争后，杭州、宁波、温州先后开埠，浙江成为近代工商业和商帮的摇篮。宁波商帮就是这一时期的代表。另外，南浔商帮也是清末民初崛起的浙江商帮代表之一，它以南浔丝商为主体，以上海为商业活动中心，兼具传统和近代商业文明的特色，是浙江商帮的重要组成部分。

新中国成立初期，国家对资本主义工商业进行社会主义改造，打击投机商业，实施计划经济。可以说，从新中国成立到改革开放前，浙江民间的自主工商业活动基本都处于低潮期。

改革开放以来，浙商伴随着市场经济的春风雨露从小到大，从大到强，逐渐壮大。浙商遍布全世界，叱咤互联网、房地产、金融等各个领域，成长为"华夏第一商帮"。

三　改革开放中的浙商

历史上的浙商盛名不衰，改革开放中发展起来的浙商，劈波斩浪，盛世长歌，更值得大书特书。正是在改革开放中，浙商全面崛起，铸就传奇，沉淀文化，走向世界。如果说改革开放前的历史成就了浙商的厚度，那么，改革开放则成就了浙商的高度。

改革开放40多年，风云激荡，开启了实现中华民族复兴梦想新的伟大征程，使中国现代化巨轮鸣笛启航。改革开放是我们党和人民一次极具时代意义的历史觉醒，实现了把党和国家的工作重心转移到经济建设上来的伟大转折。我们走自己的路，提出发展才是硬道理，坚定地推进以市场经济为主导的经济体制改革，坚持以经济建设为中心，坚持四项基本原则，坚持改革开放，由此拉开了经济、政治、思想、文化等各个领域的改革序幕。这是一场波澜壮阔的伟大变革。我国社会结构发生了历史性的变革。从经济形态的角度来看，就是由传统农业型社会转变为工商型社会，从农业文明步入了工商文明。在工商型社会中，最基本的社会经济细胞就是企业，就是企业家。市场经济也好，工业化也好，城市化也好，工商型社会里组织社会生产、经济运行的基本单元细胞,就是企业。今天的企业和企业家群体,已经成为国家发展的生力军,尤其是其中的民营经济、民营企业家。

开放40多年来,浙江人民沐浴着阳光雨露,踏着滚滚钱江大浪,开启了一轮又一轮改革,创造了一个又一个奇迹。"秉持浙江精神,干在实处、走在前列、勇立潮头",不断扬优补短,开拓进取,高水平推进发展新局,发挥着先行和示范作用,为中国发展、中国自信、中国力量提供了各具魅力的浙江样本,为中国发展作出更多的贡献。改革开放的阳光雨露、奔腾澎湃的历史进程,也造就了一个伟大的从商群体——浙商。浙商是在改革开放实践中崛起成长起来的。浙商沐浴着改革开放的阳光雨露,见证了这个时代的巨大进步,更感恩改革开放提供了一个宽广的大舞台。浙商参与了这个时代的变革,并在改革开放的实践中书写自己的传奇。40多年改革开放中浙商有自己的成长轨迹,有自己付出的心血汗水,有自己的磨砺经验,有自己的脚印理想。那么,改革开放40多年来,浙商取得了哪些重大进步?

40多年,浙商奔腾澎湃。浙商经历了从无到有,从小到大的历史发展。今天的浙商,已经成为一支规模近千万人的大队伍,而40多年前,"浙商"的组成还是一些零星的手工业者,尚未形成规模。可以说,这40多年,浙商实现了从无到有的质变,实现了从小到大,从大到强的历史性飞跃。在今天的浙江人当中,每6个人中就有1人从事企业经营。浙商从大山田间走来,从街头巷尾走来,他们从农村走向城市,从浙江走向全国,从中国走向世界。今天的浙商,已经遍布全球。浙商们不惧路途荆棘,披星戴月地在天涯海角创业。可以说,世界各地,到处都有浙商的身影。据不完全统计,浙商在省外投资和产出的经济价值,已达到整个浙江省的经济总量,浙江省的外贸和海外投资一直处于全国前茅。

40多年,浙商砥砺前行。在40多年改革开放历史进程中,浙商从原来的手工业者、小作坊主、推销员已成长为一批批的企业家、金融家、慈善家，有的已成为国内甚至国际著名的企业家。企业家是市场经济的生命体。改革开放的一个重大成就，就是铸造了一支搏击市场风浪的企业家队伍。浙商是这支队伍的中坚力量。浙商在40多年商海中砥砺前行，培养出数以千万计的企业家，成为当今世界一个规模大、实力强，具有区域特性、创新创业精神的商业群体。毫无疑问，今天的浙商，在世界范围内都是一个响当当，高含金量，令人钦佩的高品质群体，"浙商"也成为一个著名品牌，成为浙江的金名片。

40多年，浙商春华秋实。实践创造财富，在40多年的改革开放历史进程中，浙商既创造了大量的物质财富，也创造了宝贵的精神财富。正是在改革开放的实践中，浙商形成了独具特色的浙商精神、浙商文化。浙商是有自己内涵、品质的。正如习近平总书记指出的："改革开放铸就的伟大改革开放精神，极大丰富了民族精神内涵，成为当代中国人民最鲜明的精神标识！"浙商精神，浙商文化，浙商品牌是浙江和浙江人民重要的精神标识。浙商队伍胸怀祖国，面向世界，义利并举，回馈社会，为社会发展和进步作出了巨大贡献。

40多年，浙商精彩纷呈。在40多年的改革开放历史进程中，浙商取得了骄人业绩。可以说，浙商是中国民营企业的经典代表，为中国整个民营经济的形成和发展作出了自己的贡献。浙商是浙江改革开放的主力军，也是推进中国改革开放发展进程的重要力量。浙商是浙江奇迹的创造者，也是中国奇迹的参与者，浙商为浙江，为中国发展作出了自己的贡献，成绩精彩纷呈，令人鼓舞，令人自豪。

总之，在中国改革开放40多年的历程中，他们是市场经济的弄潮儿，是市场经济的推动者。中国40多年改革开放的发展成就中有浙商的血汗、智慧和贡献。浙商伴随着改革开放而诞生，伴随着改革开放进程而成长,是浙江乃至于全国发展民营经济的先行者,是中国市场经济的探索者,是老百姓自己创业致富、先富带后富的践行。他们用自己的方式和轨迹推动、创造着这个时代,为塑造当代中国的工商文明、企业家精神和现代文明都作出了特有的贡献。浙商体现着时代的精神,展示着改革开放的风采。时代哺育了他们,催生了这个群体。所以,浙商是这个时代的缩影,时代的符号。正如时任中共浙江省委书记张德江所描述的:他们一遇雨露就发芽,一遇阳光就灿烂。这个阳光雨露就是这个时代。浙商发展离不开企业家的奋斗,更离不开我们这个时代。浙商因改革开放而兴,也必将在新时代改革开放大潮中走向新的辉煌。在对外开放新的时代征程中,浙商理应有新的作为,也必定会有更大的新作为。

第二节 浙商群体的基本特性

浙商在浙江的千年沃土中生根萌芽,在市场经济的浪潮中繁枝茂叶,书写了属于浙商的丹青铁史。细窥浙商的商业群像,我们发现,浙商已然成长为一个规模宏大的群体,不断进取的先锋劲旅,善于创新的精兵强将,富有家国情怀的时代铁军,热心公益事业的仁者之师。

一 敢闯天下的千军万马

改革开放以来,在中国共产党领导下,社会主义市场经济的体制机制不断完善,市场红利不断扩大,走在改革开放前列的浙江更是不断开创创新创业的蓝海。浙商也从骨子里迸发出创业的干劲与创新的激情,不断壮大,如今的浙商已成长为"华夏第一商帮",成长为一个规模宏大的群体。

从规模上看,"浙商"是个大群体,它既包括浙江土生土长的企业家,也包括外地来浙江发展的企业经营者;既包括民营企业的浙商，也包括国有企业的浙商；既包括省内的浙商，也包括大江南北祖国各地的浙商；既包括国内的浙商，也包括在世界各地经商创业的浙商。相对准确地来讲，据不完全统计，截止到2017年，来自本省、省外、海外的浙商总数占到浙江人口总数的20%左右，浙江广义企业家应为1500万人左右（各类市场主体420.7万户、在册企业127.1万家、个体经营户从业人员621.5万人、在省外境外从事经营者800万人，扣除重复）。从结构上看，浙商群体特别善于因地制宜，抱团发展，形成了特色鲜明的地域商帮文化。浙江比较知名的地域商帮有湖州商帮、宁波商帮、龙游商帮、萧绍商帮、绍兴商帮（越商）、温州商帮、台州商帮、义乌商帮等著名浙商群体。

1. 湖州商帮。湖商，是继徽商、晋商之后，在近代中国涌现的具有强烈地域特征的商人群体。与潮州商帮、宁波商帮同时涌现，对近代中国经济发展有重要影响。湖州南浔镇的丝商在清末迅速崛起，资本主义的兴起以及较早开埠，使以南浔丝商为代表的湖州商界接触到西方近代思潮，并加入了推翻清政府统治的革命运动之中。

2. 宁波商帮。宁波商帮历史悠久、经济实力雄厚，是唯一一个实现了集团性或者说整体性近现代化转型的传统商帮。宁波商帮主要以上海为基地，主要活跃于京、津、汉等地区，其影响波及全国及世界各地。

3. 龙游商帮。龙游商帮主要指历史上今浙江境内金丽衢地区商人的集合，它以原衢州府龙游县为中心。主要经营书业、纸业、珠宝业等。龙游商帮于南宋已初见端倪，于明朝中叶最盛，清代走向衰弱。明万历年间，与徽商、晋商以及江右商人在商场中各霸一方，有"遍地龙游"之说。

4. 萧绍商帮。萧绍地区是古越文化的核心地区。萧绍商帮是指活跃在萧绍平原上的萧山、绍兴本土企业家群体。萧山和绍兴是浙江经济最为发达的地区，是中国最大的纺织化纤制造基地。萧绍商人以"奔竞不息，勇立潮头，敢为天下先"的气魄闻名于世。

5. 绍兴商帮（越商）。绍兴越商，从民国时期逐鹿上海滩、控制金融命脉，到21世纪叱咤风云，享誉海内外。绍兴商帮在全球市场实行资本扩张、并购重组，涌现了大批的行业巨头和上市公司。越商奉行低调稳健、实业投资的理念，在新兴产业、全球化浪潮中继续勇立潮头，敢为天下先。

6. 温州商帮。温州早有经商传统，改革开放之后，温州商人更活跃于国内外商界。温商遍布全国及海外的各级商会以及"温州街""温州商城"等。温州商人以精明、吃苦耐劳、敢闯敢干、得风气之先著名，即使是在条件较为艰苦的非洲，也能够找到温州商人的身影。

7. 台州商帮。台州早有经商传统，改革开放之后，台州商人更活跃于国内外商界。新台商有遍布全国及海外的各级商会以及"台州街""台州工业园""武汉汉正街""浙商新城"等。台州商人以精明、吃苦耐劳、敢闯敢干著名，从东北，到新疆、海南，到处都有台州商人的身影。

8. 义乌商帮。义乌以制造、经营小商品闻名于世。义乌商人遍布世界各地，人称"蚂蚁商人"。现义乌小商品市场是联合国和世界银行公认的世界最大的小商品集散地、交易中心。义乌商人"鸡毛换糖"的商业行为，被列为浙商标志性事件第一名。义乌商人信奉这样一个原则：在自己赚钱的同时，想尽一切办法让合作对象也赚钱。

如今的浙商，是一个行走天下的群体。浙商有一个非常显著的品质，就是敢闯敢冒，走遍天下去创业，开拓创新去做事。浙商是一个大家庭，是一个行走天下的大家庭。浙商最出名的特征就是行走天下，创天下之业。在人迹罕至的边陲小镇，在氧气稀薄的"世界屋脊"，在世界各地的"天涯海角"，在贫穷村落的小集小市，在繁华城市的小街小巷,无不活跃着浙商们的身影,记录着浙商们的艰辛。可以说,哪里有市场,哪里就有浙商;哪里有商机,哪里就有浙商。不少浙商不太会讲普通话,更不会讲英语,但他们手拿一张世界地图,知道目的地就敢出远门走天下。这就是闯的精神。走着走着,闯着闯着,他们就走出了一片新天地,闯出了一番新事业。当然,也有人提出,如果做到"哪里有创新哪里就有浙商"的话,那就更符合新时代的发展要求了。的确如此,浙商"闯天下",更应该"闯创新",浙商应是创新、创造的浙商。这是浙商发展的方向。

二 积极进取的商海劲旅

从古至今,浙江商人都是中国经济发展的重要推动力量,当代浙商已经是当仁不让的华夏第一商帮。浙商的生存能力让全球为之震撼,台湾商界称浙商为"大陆之狼"。不惧艰难险阻,不断拼搏进取,这是浙商最鲜明的个性品质,也是浙商留给社会各界最直接的印象,从这层意义上来讲,浙商可谓"不断进取的先锋劲旅"。

浙商的进取风范主要体现在以下几个方面。

一是艰苦奋斗。经商创业是浙商的生命基因,浙商身上最可贵、最核心的就是他们吃苦耐劳的创业精神。浙商的创业过程是非常艰苦的,几乎每一位成功的创业者,都有一部艰辛的创业史。一路摸爬滚打从"苦"中走来的浙商,"苦"是浙商的天性,"苦"是他们的资本,"苦"是他们的品牌,"苦"是他们的象征,"苦"也是他们成功的前提和快乐的源泉。可贵的是浙商把"吃苦"作为创业的第一元素和天然的条件,他们在苦中创业,在苦中见乐。他们从"苦"中走来,从"苦"中成长;在"苦"中播种,在"苦"中收获,敢吃人家不想吃之苦,愿做人家不想做的清苦行当,愿意流人家不想流的辛苦汗水,勇走人家不想走的困苦之路。浙商的吃苦耐劳,自强不息,奋发图强,坚忍不拔,艰苦创业精神,是人所共知，人所共赞的。同任何成就大事业的人一样，真正的企业家是要用"苦难"来滋养的。"苦"是浙商们的天然养分。正是靠着浙商艰苦创业的进取风范，靠着浙商的辛劳付出，靠着浙商的汗水，才换来了浙商企业的成长和发展。可以说。没有"苦功"，没有"磨难"，就不会有"浙商"群体。无论是过去还是未来，浙商都需要传承浙江人身上的那种特别能吃苦、特别能创业、特别能忍耐、特别能冒险、特别能发现商机、特别能合作创新等内在品格，并在实践中不断去丰富和光大浙江人身上特有的拼搏奋斗的品质。

二是注重实干。实干也是浙商进取风范的重要彰显。市场经济讲究实效实利，浙商总体是低调务实的。浙商一旦确定目标，便会锲而不舍、千方百计去追求、去实现，这是一种执着的务实精神。浙商比较讲究虚功实做、求真务实、经世致用，吃苦耐劳，谋在深处，干在实处，不事张扬，低调务实。浙商总是醒得早、起得早、干得早，强调执行力、行动力。

三是热爱学习。当今时代，市场竞争越来越激烈，一个人如果不学习，迟早会被历史所淘汰。企业要不断做大做强，也需要不断学习。浙商成功的又一个重要原因，就在于他们不满足于现状，勇于进取，善于学习，不断追求卓越，努力使自己成为具有现代文明素养的企业家。我们欣喜地发现，如今的浙商是一个特别注重读书学习和完善自我的学习型、创新型群体。浙商的成长、发展过程，也是一个不断自我学习、不断自我提升、不断自我超越的过程。

三　勇于创新的精兵强将

创新是一个民族的灵魂，也是浙商的生命。停留于过去的成功，陶醉于昔日的辉煌，满足于今天的业绩，不思进取，不再创新，终会坐吃山空，难成大业。浙商生于变革创新，长于变革创新，强于变革创新。可以说，浙商群体是当今中国创新创业的一个典型群体，可谓"善于创新的精兵强将"。

浙商多数由乡镇企业、个体工商、集体经济演变而来。多数是农民进城跑天下起家，或者城镇近郊的农民"精英"们"折腾"出来的，属于改革开放以来真正大众创业、草根创业的先行者。浙商作为一个地域性群体，是浙江人民的实践创造；浙商作为一个时代性群体，是当代中国改革开放的产物；浙商作为一个有着特定属性（特质性）的群体，是个私经济、民营经济、市场经济的写照。而无论何种意义上，"浙商"都意味着变革、创新。浙商作为一个群体，他们是浙江，也可以说是中国民营经济、私营企业的开路先锋，是中国式市场经济的开拓者。浙江的企业家们不但能吃苦耐劳、积小成大，而且敢为人先、变革图强。他们敢想敢闯，敢试敢创，敢冒风险，敢于作为。在激烈的市场竞争环境中，没有创新就是死路一条，只有创新才有不断发展的动力和生机。浙商的创业过程就是不断创新的过程。可以说，他们是在创新当中谋求发展，在创新中实现自我超越，不断做大做强的。回想一下浙江企业家们改革开放几十年来走过的路，其间有多少艰难，有多少坎坷，有多少风雨，有多少险阻，无不是经过披荆斩棘的变革创新，才一步步走向市场经济大海的。起初是要解放思想、更新观念，有图（吃）"饱"、图（有）"钱"、图"变"、图"新"的意识；进而是在"旧思想""旧体制"外，硬是拓展出经商办企业（乡镇企业）的新空间，走出一条"无粮不稳、无工不富、无商不活"的新路子；再继而是"敢"字当头，领全国风气之先，对集体经济、乡镇企业体制进行大刀阔斧的市场化改革，进而又波及原体制内经济、国有企业的改革。

现在，"浙商"又面临如何全面提升企业和企业家素质，如何做大做强，尤其是在强的基础上做大，如何迎接"知识文明""绿色发展""可持续发展""高质量发展"的考验，也面临着由国内之"龙"如何成为国际"蛟龙"的新课题。尤其是在以知识、科技、人才为主导的时代，"浙商"们更面临着时代性的"创新"考验。一个企业家、一个企业、一个社会，当"变革""创新"成为其第一要素，成为其生存的基本准则，成为其"空气"，成为其生命时，就必将能劈风斩浪，勇立潮头，开拓奋进，成就事业。我们完全有理由坚信，浙商能在创新中走得更坚实，走得更阳光，走得更辉煌。

四　颇具智慧的商业群体

随着我国改革开放的深入发展与市场经济的逐渐完善，党和政府对企业家的作用越来越关注，对企业家"中国特色社会主义建设者"定位的认知也越来越深刻。习近平总书记指出："改革开放以来，我国逐步建立和不断完善社会主义市场经济体制，市场体系不断发展，各类市场主体蓬勃成长。到2019年年底，我国已有市场主体1.23亿户，其中企业3858万户，个体工商户8261万户。这些市场主体是我国经济活动的主要参与者、就业机会的主要提供者、技术进步的主要推动者，在国家发展中发挥着十分重要的作用。"[1] 2018年11月1日，习近平总书记在民营企业座谈会上的讲话中指出：改革开放40年来，"我国民营经济从小到大、从弱到强，不断发展壮大。截至2017年年底，我国民营企业数量超过2700万家，个体工商户超过6500万户，注册资本超过165万亿元。概括起来说，民营经济具有'五六七八九'的特征，即贡献了50%以上的税收，60%以上的国内生产总值，70%以上的技术创新成果，80%以上的城镇劳动就业，90%以上的企业数量。在世界500强企业中，我国民营企业由2010年的1家增加到2018年的28家。我国民营经济已经成为推动我国发展不可或缺的力量，成为创业就业的主要领域、技术创新的重要主体、国家税收的重要来源，为我国社会主义市场经济发展、政府职能转变、农村富余劳动力转移、国际市

---

[1] 习近平：《在企业家座谈会上的讲话（2020年7月21日）》，载《人民日报》2020年07月22日。

场开拓等发挥了重要作用。长期以来，广大民营企业家以敢为人先的创新意识、锲而不舍的奋斗精神，组织带领千百万劳动者奋发努力、艰苦创业、不断创新。我国经济发展能够创造中国奇迹，民营经济功不可没！"

在党和政府的支持下，民营企业家正逐渐走向社会舞台，日渐融入我国的经济、政治、文化生活，成为我国社会发展中一道独特的靓丽风景。浙商是我国民营企业群体中的"佼佼者"与"先锋队"，是推动社会主义市场经济发展的重要力量。改革开放以来，浙商在不断崛起的过程中，也在不断地积极参与中国特色社会主义事业建设，体现出强烈的国家大局意识和政治觉悟，可谓"讲究政治的时代铁军"。

首先，浙商有较高的政治觉悟。浙商是一支沐浴着我们党和国家改革开放春风成长起来的千军万马的队伍，在政治上对党和国家的路线、方针、政策有着坚定的支持，在中国特色社会主义事业的发展中起着举足轻重的作用。胡润研究院发布的《两会中的上榜企业家报告2018》，统计了第十三届全国人大代表和政协委员中的上榜企业家，共有79位全国人大代表和73位全国政协委员上榜，分别占第十三届全国人大代表和政协委员总人数的2.7%和3.4%，其中浙商数量居全国前列。

在一次浙商召开的论坛活动中，当康恩贝集团有限公司董事长胡季强（编者注：浙商总会常务理事、新丝路民间经贸国际交流中心理事长、康恩贝集团有限公司董事长）发言结束后，活动主持人给他提了一个非常风趣的问题。主持人说："胡总，你的讲话为什么好像越来越不像企业家，而越来越像官员了？"胡季强的回答不但风趣而且很有智慧："难道我们企业家不应该关心国家大事吗？不应该融入国家的发展大局吗？"这就是浙商的政治意识、大局意识，这就是浙商宽大的胸怀和智慧。所以，随着实践的发展，今天的浙商已经不再是当年那种只讲赚钱的浙商了，而是有了更多的政治觉悟和社会情怀的新时代的浙商。

意大利著名社会学家帕累托曾提出一个"精英流动理论",认为精英之间的流动是保持社会平衡与稳定发展的重要因素,社会精英之间正常的流动能使政治稳定,协调各方利益与关系,保证社会有序有效发展。美国政治学家拉斯韦尔强调,后天实践形成的专业性精英通过各种形式参与政治来表达利益诉求,对公共决策具有正面的作用。浙商群体特别是浙商企业的决策者属于社会精英群体,尽管所占人口比例不高,但是他们拥有丰富资源,如经济资源、知识素养、管理才干、信息资源,使得他们可以在一定程度上通过平台和渠道有效参与社会活动,推动社会文明进步。

其次,浙商善于同政府保持"亲清"的政商关系。政府与市场有着不可分离的关系。中国民营企业家与政府同样有着千丝万缕的联系。由于我国市场经济在逐渐完善的过程中不可避免地存在一些漏洞,众多官商勾结现象也会时有发生。具体来说,就是政府官员和商人之间进行利益互相输送,甚至结成攻守同盟,严重破坏社会主义法治环境和市场秩序。为此,习近平总书记提出要彻底荡涤不健康的政商联系,倡导建立以"亲清"为理念的新型政商关系。

何谓"亲清"政商关系,通俗地讲,"政"与"商"绝对不能"勾肩搭背",而要"君子之交淡如水"。践行"亲清"政商理念、"懂政治而不参与政治",已成为浙商群体的共识。浙商代表宗庆后在一次采访中指出:"要当官就不能赚钱,要赚钱就不能当官。确实来讲,企业家要为社会创造财富离不开政府的支持,而很多时候政府要求企业去做的事情也是为了履行社会责任。所以,政府要求我们做的事情我们也努力去做,也尽力给它做好。但是我想企业家还是不能跟政府官员搞得太近,不能搞权钱交易之类的事。"阿里巴巴创始人马云说得更加形象:企业与政府最佳关系,就是"只谈恋爱不结婚"。

五 热心公益的仁者之师

浙商是市场经济的"排头兵",也是热心公益事业的"仁者之师"。随着事业越干越大,企业越做越强,浙商们越来越感受到肩上沉甸甸的责任。改革开放以来,浙商在不断崛起的过程中,也在不断地参与社会公益事业。浙商经营办企业,既讲经济效益,更讲办好企业回报社会、回报家乡的责任。在中国历史上,重农轻商的偏见是颇有传统的。虽然这主要是几千年小农经济和农耕文化使然,但也与商人们以重利、赚钱为本,甚至重利轻义、见利忘义不无关联。经商办企业自然要讲效益、讲赚钱,让钱赚钱,让资本生"蛋"。不然,就无"商人"了,也就不会有商业文明、工业文明的诞生。因此,商人讲"利",实属天经地义,也是人类社会文明进步的巨大动力。但经商做买卖毕竟要在整个社会环境里进行,其言其行其果,既要循经商之规,更要守社会生存发展之理,两者有边界又交融一体。重利而不轻义,图利而不忘义,这是一般社会商人所应遵循的"底线"。至于能利义并重,甚至能以利尚义,以利助义,以利扬义,那就是大商人或者"儒商"了,可以说是经商和做人以相当高的境界统一了,抑或说做到金钱和文化、个人与社会、利己与利人、富与贵统一了。这就是我们要倡导的利而不俗,富而不奢,贵而不骄,强而不傲,厚德载物,仁怀天下,义为利之本,利为义之和,人物合一,道术统一,人我一体。

浙商们在资本原始积累阶段,为了生存而更多地重利,这也是自然的、合乎情理的。但随着企业做大,财富积累多起来,他们中的多数人应该、也会超越自我,跨越低层次的财富理念,而向着"我中见仁"转型提升。他们明白,人赤条条来到世间,两手空空回归自然,因而,要做"得诸社会,还诸社会"之商人。他们也越来越意识到:"富润屋,德润身",因而要富而贵,贵而仁,要阳光下赚钱,法规下经商,尊严做事,仁爱做人。事实上也如此,他们不光是在发展企业，不光是在赚钱，同时也在对社会尽义务，承担社会责任。他们知道，企业做到一定规模以后，所创造的财富已经不仅仅是他们个人的了，而成了一种社会的财富，他们的企业也不仅仅是他们个人的了，而是社会的企业，所以他们承担着一定的社会责任。他们不忘记回报社会，而会以各种方式，包括慈善义举去为百姓的福祉尽他们自己的责任，为社会的文明进步尽他们自己的义务。

当代浙商是义利并举的浙商，是一支热心公益的仁者之师。浙商的善爱义举被政府和社会各界所称道。作为民营经济大省，浙江慈善事业的创新与发展，与浙商的贡献密切相关。从捐赠主体来看，浙商企业是浙江社会捐赠的主要力量。浙江省百强企业中，慈善支出（包含企业捐赠、成立基金会、进行慈善信托等各种形态）近年来呈现指数级增长。在胡润研究院发布的《2018胡润慈善榜》中，共有14位浙江籍企业家上榜。

当我们走近浙商身边时，还能更清楚地看到，浙商身上充满兴业报国的担当精神，回报社会的责任使命。责任，体现在对环境友好，体现在公益慈善，体现在用创新的方式参与社会治理……这其中有很多故事，有很多理念，有很多经验，勾勒出一幅幅浙商尽社会责任的群体画像。

下面，我们讲几个浙商善爱义举的小故事。

1. 支持国家教育事业

2001年，浙江中烟工业有限责任公司和《都市快报》一起发起"利群阳光助学行动"，帮助考上大学、品学兼优的寒门学子走进大学，历经18年，陆续来到全国18个省市。发起人孟伟刚说，中烟在项目中的身份从"唯一"捐赠方，到捐赠量"第一"，到现在的爱心力量"之一"，正是广大浙商的热心奉献，让正能量在人群中涌动。

2007年，华立集团成立了一家企业基金会——绿色共享教育基金会。基金会发起人、华立集团董事局主席汪力成说，创造物质财富是衡量人生成功的标志之一，但肯定不是唯一的标志，他要"将公益和慈善当作一项永续的事业来做"。从助学，到乡村教师提升培训，到留守儿童关爱，到环保知识普及，绿色共享教育基金会已经坚持了12年。

2014年，马云先生个人出资成立了"马云公益基金会"。该基金会以促进人与自然、人与社会的和谐发展为宗旨，以"让天更蓝，水更清，身体更健康，思想更阳光"为使命，期望通过在环境保护、医疗健康、教育发展、公益生态四个领域的努力，共同创造更美好的生活，同时为下一代留下更美好的环境。2020年1月，马云公益基金会宣布，捐赠一亿元人民币用于支持新型冠状病毒疫苗研发。其中，捐赠中国科学院和中国工程院各2000万元，用于其所属专业研究机构当前病毒疫苗专项研发，其余资金将用于支持国内外各顶尖科研机构和科研人员合作展开对新型冠状病毒的预防治疗工作。

娃哈哈集团董事会主席宗庆后常年关注我国教育事业，从捐资建设基础设施、设立教育奖学金到加强教育扶贫投入，不断加大捐资助学力度，累计资助教育事业达1.8亿元。2011年他尝试探索成立"宗庆后慈善基金会"，推进他一直以来坚持的"造血"而非"输血"式公益慈善进程。带领娃哈哈集团参与各类公益慈善活动，共捐赠1272余万元。同时实业扶贫，帮困救助，支援西部地区8000多万元，在天水、虎林、吉安、新乡等贫困地区投资办厂、创办生产基地，直接解决就业800余人，实现年利税6000余万元，为当地经济发展做出了突出的贡献。

2. 关爱社会弱势群体

2007年，康恩贝集团成立"浙江省康恩贝慈善救助基金会"以来，持续关注、积极帮扶残疾人等弱势群体，自2010年起，康恩贝联合浙江省红十字会共同发起"康恩贝健康之旅"项目，承诺五年内向该项目捐赠价值1000万元的药品和50万元的现金，重点向浙江省城乡困难家庭的心脑血管疾病患者、老年前列腺疾病患者发放防治药品。2013年，为推动"康恩贝健康之旅"项目在全省范围内的广泛实施，康恩贝向省红十字会再次追加捐赠了价值1575.945万元的天保宁药品和20万元的项目支持费，用于省内1万名患心脑血管疾病的低保人员。

2011年，圣奥集团董事长倪良正出资2000万元原始资金成立圣奥慈善基金会。成立以来，圣奥慈善基金会坚持扶危济困、助老助学；在全省捐助建设"圣奥老年之家"关爱贫困老人；在浙江大学等多所院校设立圣奥助学金，帮助寒门学子完成学业；参与赈灾救灾、捐建希望小学和幼儿园。

2017年11月，浙商总会公益慈善事业委员会成立，成为凝聚浙商慈善力量的平台。2018年，公益慈善事业委员会推动"聪慧行动"成为全体浙商践行社会责任的一个公益慈善项目，向贫困地区听障儿童伸出援手。

如此等等。有千上万浙商都以不同方式从事慈善事业。

3. 支援国家抢险救灾

2008年5月，四川遭遇汶川地震天灾，复星果断实施救援，在第一时间内对外宣布捐助1000万元，还紧急自辟航空运输渠道，将药品及时送往灾区。迄今为止，复星集团捐赠的物资超4000万元，员工个人捐款超360万元。2010年4月17日，青海发生地震，郭广昌携复星医药向灾区先期紧急捐赠价值100万元的救灾药品，并通过海南航空的专机火速运往灾区。与此同时，复星医药在成都和重庆的制药、销售网点也紧急组织了救灾药品货源。

福布斯中国发布2019中国慈善榜，复星集团郭广昌以1.3649亿元的捐赠总额位列第31位。

据浙江省工商联不完全统计，面对新冠肺炎疫情这场灾难，广大浙商在半年时间里就设立相关基金和捐款捐物计33亿元之多，捐赠万元以上的企业达 7300 多家，捐赠超过百万元的企业 400 余家，捐赠超过千万元的企业 50 余家。

4. 参与国家扶贫事业

马云的阿里巴巴近些年深入扶贫领域。更是拿出了 100 亿元专门成立"扶贫基金"。按马云的意思，扶贫是阿里巴巴的战略，是阿里巴巴一直要做的事情。阿里巴巴目前正大力推进农村淘宝项目——"千县万村计划"，计划在三至五年内投资 100 亿元，建立 1000 个县级服务中心和 10 万个村级服务站。

2018 年，浙江新湖控股有限公司计划出资 7000 万元，帮助云南省怒江傈僳族自治州实现乡村幼儿园全覆盖。这个"新湖乡村幼儿园计划"被南都公益基金会理事长、中国慈善联合会副会长徐永光称为"改变生命的精准扶贫"，让贫困地区的孩子不因留守输在起跑线上，阻断贫困的代际传递。

2018 年 6 月 27 日，万向集团董事长鲁伟鼎签署信托文件，成立"鲁冠球三农扶志基金"，其财产及收益将全部用于扶贫、济困、扶老、救孤、恤病、助残、优抚、救灾等慈善活动，促进教育、科技、文化、卫生、体育、环保等事业发展。截至 2019 年 1 月，包括"鲁冠球三农扶志基金"在内，浙江民政部门已备案的慈善信托共 17 单，资产高达 9.33 亿元，位居全国首位。

2016 年 3 月以来，吉利正式启动"吉时雨"精准扶贫项目，拟在 5 年时间投入超过 6 亿元，助力 9 省 17 个区域的至少 20000 户家庭摆脱贫困。2019 年，浙江吉利控股集团"吉时雨"精准扶贫项目投入超过 3.5 亿元，在 9 省 17 个地区进行产业扶贫、教育扶贫、就业扶贫、农业扶贫、消费扶贫，解决贫困问题。吉利结合自己的产业和核心力量，从源头帮助贫困地区"再造血"：帮助贫困户的孩子学技术，在各地建设吉利生产基地提供工作岗位，向精准扶贫户购买农产品用于食堂的"爱心特色菜"……

第三节　浙商精神的演化与发展

浙商发展轨迹表明，他们既创造着物质财富，又创造着现代文化；既创造着生产经营方式，又创造着社会生活方式；既创造着美好生活，又创造着美好社会；既引领社会就业创业方式，又推动社会价值的积极取向；既代表着浙江的形象，又代表着中国企业家群体的形象。他们是社会财富、社会文明和现代文明人（主体）的创造者，他们在改变周围世界的同时，也改变着自己——使自己不断成长为现代的浙商。浙商是历史的、过去的，更是时代的、未来的，浙商是物质的、有形的财富，更是精神的、无形的人格。浙江民营企业家的创业经历和新浙商群体的形成过程，同时也是孕育、产生和张扬浙商精神的过程。

一　浙江精神与浙商精神

在改革开放的春风沐浴下，这个搏击市场经济风浪的营商大群体，为什么诞生在浙江？同一片阳光，同一场雨露，但不一样的是大地，是生活在大地上的人。浙江人有着自己独特的素养秉性。浙商精神内含着浙江精神的深刻意蕴。

（一）与时俱进的浙江精神

浙江大地原本多是海湾滩涂，正是浙江先祖们以难以想象的勇魄与神力，积土垦荒，将沧海变成桑田。考古工作者在浙江发现了5万年前的"建德人"，8000年前的"跨湖桥文化"，7000年前的"河姆渡文化"，5000多年前的"良渚文化"。我们可以说，浙江是中华民族的伟大摇篮之一。千万年来，浙江人民在浙江大地上生存繁衍，磨砺思考，沉淀文化，传承文明，形成了充满地域文化个性的价值取向与精神风貌，我们称之为"浙江精神"。

浙江"七山二水一分田"，人口多，密度高，从而造就了浙江人民勤劳专注、精耕细作、不因少而不为的精神风貌；浙江人踏山面海，养成了跋山涉水、不惧崎岖困苦、开放开拓、抱团合作、敢走远方的灵胸宽广的精神风貌；浙江各种矿产资源贫乏，人均耕地远低于全国平均水平，人多地少，祖祖辈辈一年种植三季农作物，养成了浙江人精耕细作、肯动脑筋、会想办法的精神风貌；浙江省自然灾害多发，海边生活环境的不确定性，培养了浙江人的风险意识和抗风险能力。在历史发展的过程中，浙江先人卧薪尝胆、励志奋发、发扬和继承"三过家门而不入"的自强精神，从不为困难和逆境所折服，敢开顶风船。浙江精神中具有自强而不失和合的文化因子，造就了和衷共济、天人合一、人我共生的人生情怀和精神品质。

2000 年，浙江提炼出以 16 个字为内容的"浙江精神"："自强不息、坚韧不拔、勇于创新、讲求实效"。2006 年，时任浙江省委书记的习近平同志发表《与时俱进的浙江精神》的署名文章，将浙江精神又提炼概括为"求真务实、诚信和谐、开放图强" 12 个字。2016 年，习近平总书记在"G20 杭州峰会"结束之际，对浙江精神再次作了肯定，希望浙江"干在实处、走在前列、勇立潮头"。

（二）浙商精神是浙江精神的重要体现

浙江精神是中华民族精神的重要组成部分，是浙江人民世代积淀、不断繁衍与升华的宝贵财富。其中，浙江精神也孕育了励精图治、开拓创业的浙商群体与浙商精神。浙商群体是浙江人民的一部分，浙商精神也是浙江人民内在素养的生动实践，是浙江人品质、精神在当代的物化展现，是浙江人素质、品性的搏动和绽放。

经商鼻祖范蠡，南宋永嘉的事功学派，为浙江人留下了崇尚功利、主张务实的经商传统；越王勾践卧薪尝胆，涅槃重生，给浙江人的血液里注入了披荆斩棘、永不言弃的精神。范蠡信奉"务完物，无息币"和"无敢居奇""正心求也"，也就是货物要保证质量，不囤积居奇，经商获利，要取之有道，取之有度。胡庆余堂自从创办起就奉行"戒欺"的经营理念和商业伦理，主张"采办务真""真不二欺"。其创办者胡雪岩奉行诚信经商的道德准则，认为"有诚信便能立世，无诚信则会失世"。

浙江人自古勤勉好学，讲究耕读求知，崇敬知行合一，倡导经世致用，浙江人骨子里就有"敢为天下先，勇争天下强"的创业精神。尤其是不信神仙上帝，只靠自己拼搏奋斗的精神内质，让浙江人用勤劳的双手和智慧的头脑去改变自己的命运，创造更美好的生活。浙江人还特别懂得财富积累的辩证法，不会因为做买卖只赚几分几厘就放弃小本生意，而总是千方百计地拓展销路、扩大市场，薄利多销，积少成多，让涓涓细流汇成茫茫大海波涛。

浙江商人的特点主要有："舍得""和气""共赢""低调""敢闯"。人们难以想象，浙江桐乡不出羊毛，却有全国最大的羊毛衫市场；浙江余姚不产塑料，却有全国最大的塑料市场；浙江海宁不产皮革，却有全国最大的皮革市场；浙江嘉善没有森林，却有全国最大的木业加工市场……浙商正是凭借着"浙商精神"，借着改革的东风和东部开放先行的优势，逐渐形成了一支全国人数最多、实力最强、分布最广、影响最大的经营商群体。浙商正是凭借"浙商精神"，在千锤百炼中闯出了一片创业新天地，取得了令世人注目的辉煌成就，也使浙江人获得了"东方犹太人"的美誉。"浙商精神"激励着浙商去不断创新创业，进而推动和促进浙江区域经济和区域文化的繁荣兴旺。

二　浙商精神的丰富内涵

说到企业家精神，我们应该考虑三个概念：企业、企业家、企业家精神。

企业、企业家是企业家精神之本、之源。"魂"要附"体"，"毛"要附"皮"，只有了解了企业、企业家的本质，才能真正了解企业家精神的实质，才能真正理解浙商精神。

(一) 浙商精神与企业家精神

企业是企业家、企业家精神的"本体"。一般地说，企业是运用各种生产要素（土地、劳动力、资本和技术等）向市场提供商品或服务，实行自主经营、自负盈亏、独立核算并以营利为目的的具有法人资格的社会经济组织。企业的本质是在市场经营过程中创造新的价值。

企业家是对土地、资本、劳动力等生产要素进行有效组织和管理的高级管理人或者说是企业领导者。企业家不是一种社会职务，而是代表这个特殊人群的一种社会特性，也就是社会中具有独特职业和独特品性的一个群体。这种特有的、内在的品性，就是企业家的特性和特质。企业家的实质，是能对各种生产要素进行有效整合并在市场经营活动中率领企业有效创造新价值的领导者。

"企业家精神"是一种追求市场创新并超越个人物欲的精神情怀和品行。

首先，企业家精神体现在对市场创新的执着追求上。在经济学史上，熊彼特是系统阐述企业家精神的著名经济学家，他提出了"企业家精神就是创新精神"的观点。熊彼特认为，"企业家精神"主要包括：强烈追求建立自己企业王国的欲望；对企业创新行动取得成功的热情；对追求创新、创造过程本身及敢冒风险的欢乐喜悦；以及克服困难、追求卓越的坚强意志毅力等。

企业家这种执着追求市场创新的精神主要体现在两个维度上：一是发现和利用市场机遇（不均衡性）。就是企业家要有发现、运用市场机遇的能力、素质和品行。我们这里讲的是适应市场的创新行为。市场的"问题"就是市场的"出路"。市场的不均衡性、不平衡性、不充实性，实际上就是市场的发展机遇。企业家能敏锐地发现进而通过经营自己的企业去现实地运用市场的机遇，从而用自己的企业产品和服务去满足市场需求，企业的利润和企业家的个人价值也同时得到实现。二是发明（创造）和经营市场机遇（不均衡性)。这是比发现和运用市场机遇（不均衡性）更高层次上的市场创新，是市场创新的核心、精义所在。发明（创造）和经营市场机遇，主要是指创造新市场的创新行为。前者是多数企业家都应具备的特质，后者通常是高级企业家才具有的特质。杰出的企业家们不但能发现和运用市场的不均衡性，能敏锐地把市场的不均衡性运用好，而且还能发明和创造市场的不均衡性，即发明和创造市场机遇，然后再去经营好这些市场机遇。人的需求、市场需求是可以培育、创造的。市场需求（产品）从0到1，从无到有的创造，就是在创造市场、引领市场（需求），是打破了市场上供给与需求之间的均衡，制造了不均衡，创造了市场新机遇。当然，这种创新是艰难的，具有高风险性，不过，一旦成功了，企业便可获得高额利润，企业家的自我价值及企业家精神也会得到张扬和升华。

总之，我们认为，企业家的天职，就是发现、发明、创造、利用和经营市场，以及运用企业组织、机制来完成这个市场创新的过程。企业家特质和企业家精神的要义，就是市场创新或者说创新市场的品质（精神）。离开了市场的创新，一般的创新并不是企业家独有的。

其次，"企业家精神"是一种超越个人物欲的人格与境界。熊彼特对企业家从事"创新性的破坏"的动机作了深入探讨，发现真正的企业家固然要以追求潜在利润为直接目的，但通常不一定为了个人的发财致富。他认为，真正的企业家是与只想赚钱的普通商人或投机者不同的，个人致富充其量仅是他的一部分目的，而最突出、最主要的动机还是来自"个人实现"的心理，即"企业家精神"。由此可见，作为经典意义上的"企业家精神"，是指企业家进行市场经营创新活动的精神、心理、动机特性。正因为这样，我们可以说，企业家的市场创新精神，是一种超越了企业家单纯追求物欲及物质财富的精神品质。当我们听到有些企业家说，"我做企业是把企业当作事业、当作人生价值来追求"时，实际上是表达了他作为企业家所具有的一些本质特性，也就是企业家精神的内在素养。

我们认为，只有超越了个人金钱致富物欲的精神价值追求，才能称得上是企业家精神，但这些精神欲望的追求是围绕企业家的市场创新行为而产生和展开的。因为，在市场活动中，只追求个人致富、没有市场创新的人只能是一般的商人，而不是真正的企业家，只有那些能"创造性破坏"市场均衡性并超越个人物欲、追求卓越的人，才是真正的企业家，才具有真正的企业家精神。

（二）浙商精神与中国企业家精神

浙商精神是当代中国企业家精神的典型化表现。浙商精神既有中国企业家精神的共性，也有自身的区域群体的个性。要理解浙商精神的特性，首先需要理解中国企业家精神的内涵和特点。

2017年9月，中央发布的《中共中央国务院关于营造企业家健康成长环境弘扬优秀企业家精神更好发挥企业家作用的意见》中，明确提出要积极营造企业家健康成长环境，大力弘扬优秀企业家精神，更充分更好地发挥企业家的积极作用，并为此在中央层面概括提炼出了我国要弘扬的优秀企业家精神，即：爱国敬业遵纪守法艰苦奋斗的精神、创新发展专注品质追求卓越的精神、履行责任敢于担当服务社会的精神。

那么，应如何理解中央倡导的如此广泛丰富的企业家精神内涵呢？这实际上是从更广更深的意义上来规定、阐述当代中国的企业家精神。

首先，是从当代中国社会公民的意义上来阐述中国特色企业家精神的，即：中国特色企业家要具有爱国敬业遵纪守法艰苦奋斗的精神。这一要求实际上是每个社会公民都应该普遍具有的素养，也是党和国家要倡导的公民意识。企业家首先是社会公民，首先要具有公民的基本素质，遵守社会公民的基本要求。

其次，是从当代中国企业家的意义上来阐述中国特色企业家精神，即：企业家要具有创新发展专注品质追求卓越的精神。这一要求实际上是作为企业家应该具有的本质素养，是原本意义或者说经典意义上的企业家精神，是中外所有企业家都共同具有的特质要求，是企业家或者说企业家精神区别于其他社会群体的最显著标志。

最后，是从当代中国社会发展进步要求的意义上来阐述中国企业家精神，即：履行责任敢于担当服务社会的精神。这实际上表明中央和社会寄予企业家以厚望，企业家是当今中国发展中的先进群体，对社会进步具有重要引导作用，要承担更多的社会责任，为社会发展作出更多的贡献。

这三层含义逻辑严密，层层递进，对企业家群体提出了与我们这个时代发展相适应的严格要求。三个方面的统一，就是新时代中国特色优秀企业家精神的完整内容。

这告诉我们，企业家是现实的人，是现实的主体，并不是抽象的、理想化的、实验室里的企业家。企业家首先是优秀公民，要体现优秀公民的基本素养，其次才是企业家，要践行企业家的职责，要不断创新发展、专注品质、追求卓越。企业家还是社会中十分重要的社会阶层，是一个代表先进生产力、推动社会文明进步的优秀群体，因而要承担更多的社会责任，要履行责任、敢于担当、服务社会，促进整个社会文明发展。

（三）"四千精神"是浙商精神的经典展现

浙商群体彰显中国企业家义利并举、追求卓越的精神风范，承继浙江大地传承千年的文化精华，在改革开放的风雨中沉淀升华、百炼成钢，其精神的核心和精华便是"四千精神"的不断传承与超越。

"四千精神"已成为浙商最响亮的精神品牌，其最先的内涵为"走遍千山万水、想尽千方百计、讲尽千言万语、历尽千辛万苦"，这是属于改革开放中第一代浙商的"生存写照"。随着市场经济的逐步发展，浙江省政府在应对金融危机时期提出了新的"四千精神"，即"千方百计提升品牌，千方百计保持市场，千方百计自主创新，千方百计改善管理"。时任浙江省委书记习近平同志在2005年6月20日发表的《不畏艰难向前走》一文中指出："浙商源起于浙江独特的文化基因，源起于对传统计划经济体制的突破，源起于浙江资源环境的约束。从这个意义上说，浙商也代表了浙江广大干部群众的创造精神、创新精神和开放精神。浙江之所以能够由一个陆域资源小省发展成为经济大省，正是由于以浙商为代表的浙江人民走遍千山万水、想尽千方百计、讲尽千言万语、历尽千辛万苦，正是由于历届党委、政府尊重群众的首创精神，大力支持，放手发展。浙商自草根中来，每一位浙商的成长都伴随着克难攻坚的拼搏，每一位浙商都有一部艰苦的创业史。"①

在国际竞争日趋激烈的大背景下，浙商在思考未来发展思路时，也提出了各种版本的"新四千精神"；进入中国特色社会主义新时代，浙江省政府又进一步发展了"四千精神"，对新时代的浙商精神进行了提炼。

可以说，"四千精神"家喻户晓，已经深深地融入了浙商群体的血液，已成为浙商区别于其他商帮的个性特质，而浙商精神具体的内涵正体现在"四千精神"在不同时代背景下的不断超越与升华。

三 第一代浙商沉淀的"老四千精神"

改革开放初期，市场经济的春风催化了浙商群体内心澎湃的热血，无数浙江人民怀着经营致富的期望和创新创造的激情下海经商。然而，改革开放初期的中国，市场经营所需的基础设施和基本环境就像刚露出土地的新芽，稚嫩而脆弱，第一批下海经商的浙商

---

① 习近平：《之江新语》，浙江人民出版社2007年版，第144页。

所面临的是一个很不成熟的市场环境。难能可贵的是，资金相对短缺、技术落后严重、管理经验空白等创业困境并没有束缚住浙商的手脚。第一代浙商凭借着一腔热血豪情，白手起家，无中生有，敢想敢做，艰苦奋斗，四海为家，闯荡天下，遇坎铺路，遇河架桥，硬生生开辟了一条条宽途大道，创造了创业奇迹，书写了浙商崛起的传奇。这种精神后来被口耳相传，经过不断沉淀，凝练成了著名的"四千精神"，即"走遍千山万水、想尽千方百计、讲尽千言万语、历尽千辛万苦"的"老四千精神"。

"老四千精神"生动具体地刻画了第一代浙商"生存型创业"的历史烙印。这种历史烙印是"浙江人民在特定经济发展阶段（社会物质财富匮乏），特定经济技术发展水平（总体科学技术水平低下），特定经济社会体制（计划经济烙印影响深厚，人们思想禁锢）背景条件下创新创业的真实写照。"[①] 资金缺乏束缚不了台州商人，他们喊出"出硬股，打天下"，勾勒出股份制经济的雏形；技术缺乏束缚不住宁波商人，他们聘请"星期日工程师"，带领民营企业劈波斩浪；市场缺乏束缚不住义乌商人，他们"走街串巷"用一只只"拨浪鼓"摇出了大市场。

可以说"老四千精神"是浙江精神的生动彰显，它生动描绘了改革开放初期浙商崛起之路，深刻体现了老一代浙江商人"闯市场"的"拼劲"，蕴涵着弥足珍贵、历久弥新的精神内核。正是在"老四千精神"的指引下，浙商从无到有，从小到大，从大到强，从强到久，成长出如阿里巴巴集团马云、娃哈哈集团宗庆后、万向集团鲁冠球等一大批全球知名的企业及企业家，奠定了浙商的市场地位。

四　改革开放新阶段的"新四千精神"

随着改革开放和市场经济的深入发展，我国营商环境不断优

[①] 兰建平：《从"老四千精神"到"新四千精神"》，《今日浙江》2009 年第 13 期。

化，市场环境逐渐优化，浙商和全国各大商帮一起享受到来自政府和人口的各种红利，然而浙商伴随着市场的快速发展的同时，也迎来了劳动力成本提高、国际竞争加剧、创新驱动不足等"成长的烦恼"。在这样的时代格局下，"老四千精神"所体现的艰苦奋斗精神需要继续发扬，但已不再是核心驱动力。另外，崛起后的浙商积累了众多新的市场经验，以及更加契合时代环境的市场精神需要重新提炼。因此，"新四千精神"逐渐孕育成熟。

2008年世界金融危机爆发后，浙江省为了应对金融危机，提倡企业家要用新的精神去应对危机，再创浙商发展新篇章，并将这种新的精神概括为："千方百计提升品牌，千方百计保持市场，千方百计自主创新，千方百计改善管理"。显然，这个概括继承了原来"四千精神"的表述，但内容更具时代性，而且打上了应对金融危机、寻找发展新机遇的时代烙印。不过，用"提升品牌""保持市场""自主创新""改善管理"来提炼浙商精神，似乎并未充分揭示企业家特有的精神特质，只是强调了企业经营发展的方向性重点。

五 "浙商新精神"的探索

随着浙商群体影响的进一步扩大，"浙商精神"也进入越来越多人的视野，关注"浙商精神"的人也越来越多。

2016年11月19日，"2016世界浙商上海论坛暨上海市浙江商会成立三十周年大会"在上海举行。论坛的主题是"熔炼浙商新精神，拓展国际新格局"。

为什么要提炼浙商的"新精神"呢？因为，时代发生了很大的变化。就经济领域的变化而言，马云概括为五大新变化，即：新零售、新制造、新金融、新技术、新能源。这是经济发展层面出现的"五新"变化，那么，我们也应该从新观念、新思维、新思想、新精神方面去提炼相应的新变化。

马云等人认为，我们应在继承老一辈浙商的传统精神的基础上，提炼概括出新的浙商精神和新的浙商使命。马云提出，相对过去的"四千"，也许未来的"四千"将是：千差万别、千变万化、千思万想、千家万户。马云认为，"我们做的任何东西，必须有千家万户的思想，你才会有担当，才有爱商，一个企业家脑子里老想着钱的时候，这只眼睛人民币那只眼睛港币，讲话全是美元，没有人愿意跟你做朋友，如果没有人跟你做朋友，你怎么可能做天下、怎么可能做好生意？"

正泰集团股份有限公司董事长南存辉认为，"老四千精神"的实质内涵是艰苦奋斗、创业创新、敢为人先，这种实质内涵不管在什么年代都不能被抛弃，所以"老四千精神"要传承。但在互联网时代、大数据时代、云计算时代，当这些新的时代到来时，我们如何在传承中实现创新？经典的东西不能丢，不能丢的是实质性精义；但是也要放掉一些东西，比如路径依赖。

那么，从路径、方法的角度应该如何创新？南存辉提出三个方面的思路：第一是诚信，不管是什么时代，诚信是不可或缺的；第二是互利，互利才能共赢；第三是互联，互联网时代到来了，一定要把方法、工具全部用起来。

清华大学经济管理学院院长钱颖一认为：伟大企业家和优秀企业家的差别，在于千思万想。很多人都认为应该传承"四千精神"，不管时代怎么变，这些精神仍然有其独特的价值，不过肯定要有新的解读与升华。

比如说千山万水，最开始的时候千山万水可能是穿越浙江的千山万水，中国的千山万水，现在是世界的千山万水；最开始的时候是产品要跨越千山万水，现在是资本要跨越千山万水，人才要跨越千山万水。再比如千言万语，以前是中国话的千言万语，可能是方言，现在可能就是世界的语言，而且不光是世界的语言，还要懂得世界的文化，世界的历史。所以，这是新格局下的延伸。

南存辉指出，企业家精神非常重要的是创业精神，浙商在这方面一直走在全国前列。更重要的是创新，因为创业不是目的，目的还是要改变经济、改变中国、改变世界、改变市场格局，创造价值。

南存辉认为，伟大的企业家和优秀的企业家都是企业家，都具有企业家精神，他们之间的差别是看创新的程度所带来的影响力程度。伟大的创新不仅要千方百计和千辛万苦，还要千思万想；而且颠覆性创新往往又千差万别，也就是说在新的格局中，它一定是多样化与差异化的。

六　新时代的浙商精神

（一）新时代浙商精神的提出

在中国经济加快转型升级的大背景下，浙商精神是否应该被赋予新的内涵，应该包括哪些新内涵？这些都引发了浙商群体和人们的研究与讨论，并引申出了新"四千精神"等许多浙商精神的新版本。

浙商们对新时代浙商精神迫切诉求的背后，是经济社会的深刻变革。党的十九大报告提出，中国特色社会主义已进入新时代，我们迎来了从站起来、富起来到强起来的伟大飞跃，当前我国社会主要矛盾也已转化为人民日益增长的美好生活需要和不平衡不充分的发展之间的矛盾。新时代、新变化必然带来新要求。

对浙江来说，新的时代仍将是民营经济兴则浙江兴，民营经济强则浙江强。在新时代的背景下，2017年11月，浙江省提出了"新时代浙商精神"，并概括为六个方面：坚忍不拔的创业精神，敢为人先的创新精神，兴业报国的担当精神，开放大气的合作精神，诚信守法的法治精神，追求卓越的奋斗精神。

这六个方面的提炼概括，既体现了中央提出的优秀企业家精神，也继承了过去的"四千精神"，所包含的内容是十分丰富深刻的，体现了省委省政府和全省人民对新时代浙商的新要求、新期待。

(二) 新时代浙商精神与高质量发展

顺应时代发展潮流，才能勇立时代潮头。浙商要成为引领时代发展的百年商帮、千年商帮，就要紧扣时代发展脉搏，洞察时代变革趋向，发出时代先声。中国特色社会主义进入新时代是我国新的历史方位。从经济角度看，新时代是我国经济从高速增长阶段转为高质量发展阶段。而新时代高质量发展迫切要求培育、打造与这个时代相适应的高素质的优秀企业家队伍。那么，新时代高质量发展有哪些主要特征呢？

1. 经济进入高质量发展阶段意味着我国将跨越"中等收入陷阱"，迈向高收入国家行列。纵观人类社会经济发展史，我们可以发现：在一个国家从中等收入向高收入迈进的过程中，会面临一系列艰难的挑战，其中最大的挑战便是"中等收入陷阱"。根据世界银行对"中等收入陷阱"的分析，很少有中等收入的经济体能够成功跻身于高收入国家行列。据统计，第二次世界大战后，曾经到过中等收入的经济体有 100 多个，而真正迈入高收入行列的只有 13 个。对大多数中等收入国家而言，"中等收入陷阱"也许就是一场噩梦：掉入"中等收入陷阱"的国家往往陷入经济增长的停滞期，既无法在工资方面与低收入国家竞争，又无法在高新技术方面与富裕国家竞争，问题的关键，就在于经济发展无法实现由数量增长到质的转型升级，即无法实现高质量发展。

改革开放以来，我国国民经济蓬勃发展，经济总量连上新台阶，并于 2010 年左右开始步入中等收入国家。2019 年，我国人均国内生产总值接近 1 万美元，按照世界银行的标准，已步入中等偏上的收入阶段。今天的中国，就处在能否顺利跨越"中等收入陷阱"的关键时期。

由中等收入迈向高收入阶段，表面上看只是经济增长问题，但深层的是经济社会结构性转型升级问题。世界现代化发展进程表明，这个阶段是经济增长方式由粗放型向集约型提升、产业结构由中低端向中高端提升、阶层结构由"哑铃型"向"橄榄型"提升、生活方式由生存型向发展型提升、社会结构由传统社会向现代文明社会提升的转型时期。转型成功就意味着跨越"中等收入陷阱"便进入了现代发达的文明形态；转型失败则会落入"中等收入陷阱"而徘徊不前，甚至陷入社会混乱、发展停滞或倒退。只有将结构性问题解决好，实现高质量发展，才能顺利迈入高收入国家行列。

从我国国情来看，要成功跨越"中等收入陷阱"，最关键的是要推动以技术升级、产业升级为核心的供给侧结构性改革，推动产业结构高端化、产业制造智能化，使供给能更好地满足市场需求。技术升级、产业升级本质上是经济增长动力的转型，而经济增长动力的转型是一场深刻的经济社会变革。因为，新旧动力有着本质上的区别：旧的增长动力主要依靠要素驱动、投资驱动、量的扩张，而新的增长动力主要依靠创新驱动、科技驱动、质效提升。具体来说，要由原来主要依靠劳动力、资本、自然资源的大投入拉动经济增长，转变为更多地以科技、制度供给来驱动经济增长。科技进步对经济增长的贡献率要大幅上升，起码要达到65%以上。我国2017年科技进步对经济增长的贡献率为57.7%，但目前多数发达国家的科技进步对经济的贡献率达到了70%以上，美国、德国甚至接近80%。

2. 经济进入高质量发展阶段意味着经济发展从单纯追求总量扩张，转变为适应人民更美好的生活需求。党的十九大报告提出，我国社会主要矛盾已转化为人民日益增长的美好生活需要和不平衡不充分的发展之间的矛盾。经济的高质量发展最终要惠及人民，使人民有更多的获得感，过上更美好的生活。当前，人民对美好生活有着更高的标准，呈现多样化多层次高品位的特点，这是我国经济发展长期快速增长后的必然结果。

中国作为世界第二大经济体，2019年人均GDP已接近1万美元，正从中等收入国家向高收入国家迈进。随着人民群众收入的增加，生活水准品位以及安全、教育、卫生、社保、精神文化等需求会水涨船高。正如习近平总书记指出的，人民群众"期盼有更好的教育、更稳定的工作、更满意的收入、更可靠的社会保障、更高水平的医疗卫生服务、更舒适的居住条件、更优美的环境、更丰富的精神文化生活"。这就要求新时代高质量发展必须回应和满足人民生活的新期待。

在经济高质量发展阶段，消费升级是人民对美好生活追求的直接体现。到了工业化中后期，国家和家庭财富都基本完成了原始积累，公民生活水平也步入了小康和中高级收入阶段，人们的生存、生活、行为、消费观念发生了重大变化，温饱生存需求不再占据主导地位，而是更多地向发展型、享受型需求转变，传统的生存型、物质型消费开始让位于发展型、服务型等新型的消费，娱乐、休闲、教育、健康、旅游、安全、环境等领域的消费出现快速增长，从品质和数量两方面对供给结构形成了牵引，从而充分发挥出消费在经济增长中的基础性作用和促进产业转型的关键作用。

3. 经济进入高质量发展阶段意味着现代经济体系将逐步形成。在这个转型发展阶段，需要我们思考的一个大课题是，支撑人类近现代经济发展的最主要动力是什么？我们经过多年研究后认为：支撑现代经济快速发展的是一种"一体二翼三平台一核心"的基本动力结构，如同飞机起飞一样。"一体"是指实体经济，如同飞机机身躯体，但它要起飞，必须有赋予其动力的"二翼"翅膀（动力引擎），就是现代科技和现代金融。科技进步在经济社会发展中的动力作用，是早有共识的，但对金融的动力地位则往往被世人所忽视。"三大平台"就是城市化（机场跑道）、生态环境（飞行气候）和市场规则（飞行规则）。"一核心"就是人、人才（飞行驾驶员）。

实践证明，哪个国家的"一体二翼三平台一核心"这七大要素规模越大、结构越合理、组合机制越成熟，哪个国家的经济社会就越发达、越强大、越有活力。对现代科技和现代金融在现代经济发展中的动力、杠杆的"起飞翅膀"作用，我们要有更深刻的理解。

在迈向现代经济体系进程中，要解决的另一个重大而紧迫的挑战，就是要很好地解决存量财富、资产的资本化问题，也就是经济、财富的金融化问题。

经过改革开放40多年来的大发展，中国经济的货币化、资本化、金融化水平大为提高。目前，无论国家、单位还是个人、家庭，都已积累了庞大的财产性、金融性资产。据有关资讯，2017年2月末，我国的本外币存款余额高达159.56万亿元。据央行2017年5月公布的数据，我国境内居民住户存款达到了62.6万亿元，减去同期境内居民人民币贷款36.4万亿元后，全国居民净存款有26.2万亿元。而且我国还有大量外汇积蓄。"激活"这些巨量财富，使其更多更合理地转化为投资性资本，在"钱生钱"中优化配置资源，进而推动经济新发展，创造社会新财富，激活社会创造力，其发展潜力无疑是相当可观的。

没有现代金融就没有现代经济，不懂得现代金融就不懂得现代经济。建立在经济社会发展基础上的现代市场、现代法治（制度）、现代科技、现代金融、现代产业、现代劳动力、现代城镇等重大要素的有机结合，是现代经济体发达程度和综合竞争力的基本标志。我们要建设现代化经济强国，最重要的也是取决于这几大方面能够合理高效配置，而这种有机的高效组合配置，又主要取决于经济社会体制的现代化。

4. 经济进入高质量发展阶段意味着经济发展和生态环境保护实现良性共生共存。我们不得不承认，由于历史的局限，我们曾走过以牺牲自然环境和生态资源来发展经济的路子，当我们正为自己取得的辉煌发展奇迹而欢欣雀跃的时候，自然界也常常以空前的规模给我们无情的报复。

多年来，环境污染、生态恶化成为中国发展进程中的"心头之患"。实践证明，经济社会发展与自然生态环境和谐共生，才是功在当代、利在千秋的可持续发展之路。党的十九大报告强调，我们必须牢固树立和践行绿水青山就是金山银山的理念，坚持节约资源和保护环境的基本国策，像对待生命一样对待生态环境，形成绿色发展方式和生活方式，坚定走生产发展、生活富裕、生态良好的文明发展道路，建设美丽中国。这些重要论述，深刻回答了推进生态文明建设的一系列重大理论和实践问题，为建设美丽中国、实现中华民族永续发展指明了前进道路和方向。

对人类生存和发展来说，良好的自然生态环境才是最大的财富。未来中国，应该是美丽的中国。如果我们的现代化是以牺牲生态环境为代价的，那就不是人民所企盼的真正的现代化。无论是别国的现代化发展先例还是中国自己的现代化建设实践，都反复昭示我们：必须走现代化发展的生态文明之路。可以说，生态文明是工业文明发展到一定阶段的产物，是人类对传统工业文明带来的生态环境危机反思的重大成果，是人类在更高层次上实现人与自然、人与人的和谐发展，走绿色循环低碳发展之路的新追求，也是人类文明发展的新方向。

生态文明反映了人类社会与自然界之间良性互动的关系，是人类经济社会持续发展的一种文明形态。生态文明的实质，就是要培育、创造出以能源资源、生态环境承载为基础，以自然规律为准则，以可持续发展为目标，建设生产发展、生活富裕、生态良好的文明社会形态。从经济现代化角度讲，绿色循环低碳发展是生态文明的基本内涵，也是实现生态文明的主要途径。只有在经济建设和社会发展的各个方面都充分考虑自然资源和生态环境承载能力的基础上，推动城乡建设和生产、流通、消费各个环节的绿色化、循环化、低碳化，使经济可持续发展，并加大环境保护力度，加快生态修复保护，我们才能有效地促进生态文明建设。

5. 经济进入高质量发展阶段意味着我国对世界经济的影响力将进一步提升，同时也将面临一系列全球挑战。改革开放以来，我国由封闭僵化的计划经济模式转向开放包容的社会主义市场经济体制，使得我国成功把握住了发达国家产业转移的历史性大机遇，利用国内国外两个市场、两种资源实现了经济的持续快速发展。40多年来，中国经济不仅实现了自身跨越式发展，更成为全球经济增长的"主引擎"。据世界银行数据测算，2012年至2016年间，主要国家和地区对世界经济增长的贡献率，美国为10%，欧盟为8%，日本为2%，而中国则达到了34%，超过了美国、欧盟、日本的贡献之和。

在中国经济对世界经济影响力不断提升的同时，也面临着一系列挑战。世界经济论坛发布的《2018年全球风险报告》中指出：当今世界，民族主义和民粹主义政治抬头，孤立主义、保护主义思潮涌动，美国一再"退群"，伤及多个国际多边经济、安全机制，世界分化加剧，全球面临挑战更为严峻。从我国发展的阶段性来看，推动中国40多年来高速增长的以劳动力富足、廉价为主的"要素红利"，以市场化改革为突破口的"体制创新红利"，以拓展国际市场为主的"全球化红利"，正随着时间推移而逐步递减，以大规模投资拉动为主要动力的"投资红利"也开始步入弱化阶段。当前，中国经济发展的生产成本大为上升，国际市场传统竞争优势弱化，迫切需要形成新的竞争和发展优势。这是我国经济进入高质量发展阶段后，我们必须面临的全球化新挑战。

问题就是发展的土壤，挑战就是进步的动力。中国企业家精神也是随着时代发展而不断锤炼和升华的。习近平总书记在党的十九大报告中指出，中国特色社会主义进入了新时代，"我国经济已由高速增长阶段转向高质量发展阶段，正处在转变发展方式、优化经济结构、转换增长动力的攻关期，建设现代化经济体系是跨越关口的迫切要求和我国发展的战略目标。"在这个跨越"中等收入陷阱"、推进经济社会转型和高质量发展的历史新时期,对企业家的素质提出了新的更高的要求。我们应结合新时代发展需要,去阐述和倡导新时代浙商精神,在推进新的时代发展、回应新的时代课题中去不断丰富和提升浙商精神,更好地助推浙商群体的健康成长。

(三) 新时代浙商精神的新特质

我们认为,在经济高质量发展的新时代,在倡导新时代优秀企业家精神或浙商精神时,尤其要突出以下几个重点特质或者新的要求。

第一,敢于变革的创新品质。新时代是充满变革的新时代,创新是引领发展的第一动力,是一个民族前行的灵魂,同样也是浙商的生命线。浙商与生俱来就有一种变革和创新精神。浙商生于变革创新,长于变革创新,强于变革创新。任何经济发展过程,实际上都是创新过程。我们要树立创新发展理念,转变创新发展模式,完善创新发展体制,转换创新发展动力,营造创新发展环境,抢抓创新发展机遇,发挥创新发展优势。

科学发展是一种创新,创业改革是一种创新,我们任何的发展都是一种创新的过程。停留于过去的成功,陶醉于昔日的辉煌,满足于今天的业绩,不思进取,不再创新,终会坐吃山空,难成大业。企业发展过程是创新的过程;企业家本质上是创新的群体;浙商自然应成为创新创业的榜样。创业无止境,创新无尽头。创新则立,创新则成,创新则强。创新最难的是否定自我、赶超自我;创新最重要的是,发现、培养、使用新人。目前,浙商创新面临的一个重要任务和使命,就是要培养、扶持新一代、少壮派的新浙商,使他们成为浙商的薪火传人,继往开来。

第二,胸怀全球的世界视野。在新时代,中国向世界开放的大门越开越大,面临的国际竞争也越来越激烈。浙商是浙江的浙商,也是全国乃至世界的浙商。根据 2015 年的数据,在省外和境外已有 400 多万浙江人在经商创业，浙商创业发展是世界性的现象。"世界浙商"虽然首先是指浙商在天南海北世界各地创业经商，但更应该是指浙江企业家要有世界眼光。新时代的企业家应努力到全球去拼搏奋斗。浙商早已由农村走向城市，由浙江走向全国，由中国走向世界。随着中国经济的国际化、全球化水平的不断提高，浙商应该在搏击国际市场的风浪中有更大的突出表现和作为，为中国经济全球化和中国企业跨国发展作出新贡献。可以预见，在引进国际资本的同时，将会有越来越多的中国资本走出去，更多地参与全球企业并购重组，更多地参与国际经济合作，参与"一带一路"投资建设，更广泛、深刻地融入世界经济的全球化发展。浙商不能只满足于做出口产品的企业，而应该胸怀全球，更多地到海外投资经营，更广泛地利用海外资源来谋求新发展，不断提高应对国际市场的竞争能力，做驾驭国际市场的强者，努力培育出一批有国际声誉的浙江名品名牌名企，使自己成长为有世界影响力的优秀的企业家，打造出一批有全球知名度的跨国公司。

第三，义利并举的家国情怀。浙商作为经商者，自然要按市场经济规律办事，要讲利，要赚钱。但浙商绝不是赚钱机器的代名词，而更应该是仁怀天下的儒商、圣商，应成为"立功立业、立德立爱、立言立文、立家立后"的新时代浙商。新时代的浙商，讲利而不唯利是图，讲钱而不视钱如命，致富而不为富不仁，要义利并举，以利尚义，我中见人，钱中见仁，经商与做人相统一。浙商应成为有文化的浙商、有品位的浙商，成为利人利天下的浙商，也就是我们要倡导利而不俗，富而不奢，贵而不骄，强而不傲，上善若水，厚德载物，仁怀天下，人我合一。新时代浙商应有积极向上的财富观，坚持"得诸社会、还诸社会"，正确处理好赚钱与用钱的关系，尊严做事，仁爱做人，成为有仁义之心、道德情怀的浙商。富润屋，德润身。如果我们能用诚信、仁义、厚德等情怀来推进企业发展，来提升经营之道，来丰润自我品行，那我们就可以成为真正的儒商、圣商,也就是成为有时代担当情怀的浙商。

第四,"无问西东"的强大心灵。创业是艰辛的。创办企业,意味着从无到有,经营企业,也需要不断翻篇归零。企业家创业的艰辛远比表面看到的光鲜要多得多。在创业过程中,资金、市场、人才、技术、管理、人脉等各种各样的问题,会让创业者时时有举步维艰的感觉。这些都需要创业者持续付出超出常人的智慧和心血。但在家国情怀面前,企业家应该"无问西东",不管多大困难,都要有强大的内心世界,去执着地追求自己的理想和目标。企业家们也许经常会面对内心的孤独,会不断追问自身的价值和意义,哪怕企业做大了,企业家也往往还会追问自我,追问自己生命的价值,他们会不断追问自己到底从哪里来,到哪里去,为了谁。这就需要有人生哲思、人生智慧的营养泽润。随着我国经济进入高质量发展的新时代,企业将会有空前的机遇,也将面临空前的风险。新时代的企业家应具备无畏无惧的强大心灵。一个成功的企业家,必须在市场经济的大潮中摸爬滚打,在风雨的锤炼中长大。压力躲不掉,心灵难免时有拷问。企业家要耐得住寂寞,耐得住诱惑,还要耐得住压力,耐得住委屈,外练一层皮,内练一颗心。铸就新时代浙商无畏无惧的强大心灵,除了企业家自身的素质外,还需要传统文化来滋养、来启迪。比如,王阳明的心学理论,就是非常值得研究和探讨的。

总之,在新时代的发展征程中,浙商承担着重要使命。我们期待将新时代浙商精神的研究继续深化下去,形成一个好氛围,创造一个好环境,以凝练和传播浙商精神、强化浙商精神的优秀特质,助推浙商奋力前行,继续引领浙江发展,勇立时代发展前列。如此观之,探讨和弘扬新时代浙商精神是很有意义的。

七 浙商精神的内在本质

一般大家在讲浙商精神时,通常会提到"四千精神"及"四千精神"所体现出的创新精神、吃苦精神、冒险精神等。但是，这些精神所体现的是共性的企业家精神，并不是浙商所特有的，如果从普遍意义上来讲创新精神，那么，科研人员、政府官员也是有创新精神的；讲到吃苦精神，做任何事情也都是需要有吃苦精神的；社会分工不同，不同群体也都是在创造社会财富的，比如创造物质财富，企业员工也是实实在在创造物质财富的；军事家也许比企业家更具有冒险精神。

那么，浙商精神的内在本质到底是什么？我们可以从微观、宏观两个方面来把握。

（一）浙商精神与人的本性

人类社会的一切现象，都是人的活动或者说人的生命现象。从这种意义上讲，人的生命及本质就具有了社会现象的本体意义。人类的生命、生存本性是人类活动和发展的最为深层，也最为基础的动因，这就是唯物史观的生存需求论。人的生命进而构成社会生产力的本性冲动总是顽强的、生生不息的。而人类内在的生存和发展需要，总是要寻求释放、表现、张扬的，更是要寻找突破的。

商品交换的背后是人与人的关系，浙商的成长之路，从最深层的意义上讲，是人性的本质使然。因为人们总是要千方百计地去满足自己生存和发展的需要，总是要千方百计地让自己生活得更美好。尽管这种需求和人的本性在相当程度上是可以调整，甚至是可以压抑的，但终究是不可能长期地抑制的，除非人类本身不存在了。这就是人的生命的冲动，就是社会生产力的呼唤。

在计划经济时代，"资本主义尾巴"割了又长，长了又割，割了再长，"野火烧不尽，春风吹又生"。改革开放之初，在那个物质极度贫乏的年代，温州商人通过海上贸易将半导体收音机、阳伞、电动刮胡刀等稀罕的"洋玩意"流通到国内，获得收益。温州人获得"第一桶金"后逐步去做更多更大的生意，进而形成了温州的个体私营经济，后来还创造了"温州模式"。由于当时限制市场经济发展，政府多少次要禁掉温州人的海上交易，却总是禁而不止，"野火"反而越烧越旺。这也深深地体现了人的生命、生存、生活本质所驱使的，是有着顽强的生命力的，不是轻而易举就能禁掉的。浙商的崛起过程，同样经历了这种"割了又长"的艰难过程。但浙商身上的这种顽强的力量，是"割不完"的，总有一天要爆发出来，生长出来，这是人类本质的生命力量的释放。

历史进步总是有代价的，总是在付出代价后才获得教益，然后实行变革，打破桎梏，翻开新的一页，书写新的篇章。尽管历史不可能笔直前行，总会有曲折迂回，但也不会掉入"三十年河东，三十年河西"的宿命论漩涡之中，而是螺旋式向前发展的。中国改革开放，选择走市场经济之路，这是中国人民的必然选择，也可以说是符合人的本质力量的选择。有人想退回去搞计划经济、不要发展民营经济，是没有出路的，历史总归还是要往前走的。浙商要对中国未来充满信心，要遵循习近平总书记"让人民生活得更幸福更美好"的要求，大胆地往前走，不断开拓创业，去寻求新的发展。这就是人类生命的本性搏动，也是社会生产力的本质释放。

(二) 浙商精神与企业家特质

浙商成长之路，从来就不是顺风顺水的，而是充满坎坷的，是在克服艰难困苦的奋斗中成长起来的，他们经历了一次次的创新洗礼。毫无疑问，浙商在发展过程中，曾沐浴了改革开放的政策红利，中国以往劳动力充裕的人口红利，社会供给能力不足的市场红利。但是，他们同时也经历了适应产品的更新、企业制度的变革、科技进步的浪潮、产业结构的调整、国际市场的竞争的种种考验。只有在这种变革创新中，才能赢得生存和发展的机遇。浙商的发展过程，也是由创业求生存型创业再到更多地依靠变革创新求发展的过程。浙商的成长之路，始终面临着"成长的烦恼""发展的炼狱"的挑战。浙商们在磨难中前行，在过坎中登高，在"腾笼"中"换鸟"，在转型中升级，在"欲火"中"重生"。他们是"涅槃"

的"凤凰",是"突围"的"勇将"。现在的浙商们,更多依靠和追求的是创新红利、人才红利、科技红利。浙商既勇于创业,也敢于变革创新,是一个善于在创新中不断创业的优秀的企业家群体。浙商精神,深刻地彰显出这是一条永无休止符的创新发展之路。

浙商群体的内在核心,浙商精神的本质特征归根结底就是"千辛万苦创业,千方百计创新"。无论作为历史上的晋商、徽商或别的商帮,还是当今的浙商、粤商或别的商帮,肯定有共性的品质,同时也有个性的特点。商帮的个性化特点,主要是由区域、历史、教育、文化和时代实践的差异所导致的。"千方百计"作为浙商精神的个性化特质,就是由浙商所处的区域、历史文化和当年那个时代铸造出来的。就企业家共性讲,各个省市的企业家都在创业、创新,都在敬业、兴业,这是共同的。但是,浙商的创新创业有自己的个性特点,就是"千方百计"。浙商是特别能吃苦、特别能创业、特别能创新的群体,他们的创新创业是"千方百计"的。虽然不同群体,包括所有企业家都要不断创业创新,才能成就事业。但是,浙商这个群体与其他群体不同的是,他们往往更加吃苦耐劳,往往是别人吃七分苦,他们就吃十分的苦,付出十分的努力,而且是浙江整个区域企业家群体共同具有的"千辛万苦,千方百计"的品行。如果"千辛万苦"主要指吃苦精神的话,那么"千方百计"就是知识、智慧、"巧劲"文化了。浙商文化的内涵很丰富,但首先要记住艰苦奋斗,拼搏奋斗。浙商之所以能取得成功,能行稳致远,就在于浙商能够艰苦创业,能够勇于变革,能够坚韧创新,能够超越自我,能够奉献社会,但其中的核心是不断拼搏奋斗。只有不断地创业创新,浙商才能立足于世,才有根基,才能为社会创造更多财富。这也正是浙商飞得更远更高的根本。

总之,浙商生存和发展的一切"秘密基因",浙商精神的本质就是"千辛万苦创业、千方百计创新"。这是浙商最为可贵的品质,也是浙商区别于、优于其他商帮的"制胜之宝"。新时代浙商精神自然不能丧失而应该内在地包含着这个"千方百计",大家都应该去珍爱和弘扬这个精神,这是浙商的"特产"和"品牌"。

第四节　用阳明心学涵养浙商精神

时代见证伟大,浙商书写传奇,回顾过去,令人心潮澎湃;展望未来,更催人奋进。历史在进步,时代在发展。"浙商"作为当今中国第一大,乃至享誉全球的商人群体,唯有与时俱进,挑战自我,提升自我,超越自我,才能承担起不同时期的历史使命,不断做大做强自己,而不会昙花一现,被时代前行的激流所荡涤。

时代需要思想的力量,浙商需要精神的升华。浙商的超越离不开政府力量的支持、经济市场的稳健、投资环境的稳定,更离不开浙商强大的思想和心灵指引,因为唯有心灵的强大才是真正的强大,唯有思想的升华才是真正的升华。浙商群体内心与思想的修炼才是驱动浙商未来发展的根本之道。

阳明心学承儒释道精华,集心学之大成,蕴含着修身达人的真正智慧,正是浙商与时俱进甚至超越时代的思想力量与心灵养料。可以说,阳明心学是进一步提升浙商高度,沉淀浙商文化,涵养浙商精神的"营养剂",是使浙商在纷繁复杂、变化莫测的市场环境中行稳致远,百炼成钢,千磨不脆,万击不倒的"发动机"。

一　用"圣贤之道"提升浙商

阳明心学义广精深,历久弥新。如今,阳明心学研究已成为当代显学,不同的研究者从各个角度对阳明心学要旨提出了各自的理解。然而,对阳明心学也有过于"神话"的现象。对阳明心学体系作些逻辑结构分析,有助于我们从纷纭复杂的语境中得其要义。

我们认为,阳明心学的主旨,可用四个字概括,即"圣贤之道"。王阳明言："圣人之学，心学也，尧舜禹之相授受"①。中国儒学亦可谓是"修身、齐家、治国、平天下"的"圣贤"之学，有时也称之为"内圣外王"之道。阳明心学承袭这一传统，他的思想宗旨也是主要围绕怎么做一个圣贤之人而展开的。用今天的话来说，王阳明实际上提出了一个带有根本性意义的问题：什么是人？应该成为怎样的人？普通人如何达到圣贤境界？围绕这一"人之为人""人之为圣"的根本问题，王阳明构筑了一个完整的心学体系，这个体系坚持了世界观与方法论的统一。

阳明心学所蕴含的"圣贤之道"实质上提出了做人做事的终极追求。对浙商而言，要把企业做大做强，要承担起社会和国家的责任，同样需要深刻领悟王阳明"圣贤之道"之精义，用"圣贤之道"去引领心灵的修炼和净化，以"圣贤之道"升华企业的精神与文化，支撑企业行稳致远，成就企业家"内圣外王"的境界。具体而言，现代企业家要学习王阳明"圣贤之道"，继而成为立功立业、无畏无惧的"圣商"。

何为"圣商"？我们认为，"圣商"即"圣贤之商"。"圣商"便是将"圣贤之道"融入企业家心灵和活动行为之中，以强大的内心强固根基，知行合一，进而为社会与国家创造价值，成为一位义利兼顾、功德并行的现代企业家。我们过去常讲要成为"儒商"，大多指有文化、有智慧、举止文雅的商人、企业家。现实生活中，"圣人"常常被神圣化、神秘化，以至于人们认为中国几千年只出过两三个"圣人"。因而"圣人"是无人可及的。但阳明心学强调人人都可成"圣贤之人"，每个人天生就有一颗"圣贤本心"，只要感悟这颗"本心"，践行初心良知，并努力致良知及知行合一，行善去恶，人人都可成"圣贤之人"。这是阳明心学世俗化、通人心、接地气之所在。它把传统儒学从繁文缛节的"胡同"中解放了

---

① 吴光、钱明等编校：《王阳明全集新编本》，浙江古籍出版社2011年版，第260页。

出来，走向了活生生的人间天地。我们企业家也是人人都可以成为"圣商"的。真正的企业家是有脊梁、有美好心灵的。一个人内心强大，才是真正的强大，然后尽力去行动，就可成为活生生的"圣商"。"圣商"比"儒商"要求更高、意义更大，是对"儒商"的升华。

那么，浙商如何树立"圣商"理念，践行"圣商"精神呢？我们从中国传统文化和阳明心学中可以得到启示：要成为"圣商"，最核心的是要做到"立功立业""立德立仁""立言立行""立家立后"。

成为"圣商"的第一步是立功立业。立功立业就是要把企业做大做强做好，在企业经营事业上有所成就。办好企业是基础，只有基础打牢了，才能谋长远、办好事。其一，坚持以业立世。这个业，就是事业，就是功业，也指企业的产业产品。个人也好，企业也好，一定要有事业，一定要有一个立足的根基。做好工作、办好企业，可以说是个人的事业，而企业的"事业"，则是做好产业、产品。如果没有产业，企业就不成为企业了。当然，这个产业可以是服务业，也可以是制造业，也可以是其他的各行各业，但只要一个企业想有所作为、有所成就，就必须把实业作为实实在在的依托。也就是说，要立足于实业，立足于企业的自身发展。企业，归根到底都是要以自己的产业来立足世界的，并以此来实现自己的价值和意义的。其二，坚持以精立业。个人事业、企业产业要想有成就，立于不败之地，并不断发展进步，就必须下功夫做精做优。精者，就是要精益求精，就是要刻苦用功，就是要专业化，就是要把事业做优，就是要把产业做深，就是要把企业做强做精。为此，就必须舍得投入身心，必须埋头苦干，必须付出辛劳汗水，不断做精产业、做强企业、做好事业。浮躁、浮夸成不了业，做表面文章干不了事。踏踏实实做深做精自己的功业，才能成就大事业。

成为"圣商"的第二步是立德立仁。仁德为修身修行之本、治国治世之道。《孟子·离娄上》有言"天下有道,小德役大德,小贤役大贤;天下无道,小役大,弱役强"。(意即:政治清明的环境下,道德不高的人被道德高的人管理,不太贤的人被贤能的人管理;反之,则小的被大的管理,弱的被强的管理而已。说明天下伦理风气之"道"和道德治国的重要。)《淮南子·缪称训》有论"善之由我,与其由人,若仁德盛者也"。企业之成长如个人之成才,个人要达至"圣人"之境界,需要不断修炼内心,追求"内圣",企业要达至"圣商"之境界,亦需要不断强化内功,立天下之大德,行人间之至仁。如果说"立功立业"能扎稳企业业务根基,推动企业从小到大,赢得市场的话,那么,"立德立仁"则能扎深企业内化的价值根脉,促使企业从大到强,赢得社会尊敬。对有志成就恒久基业的浙商而言,要始终坚持以"仁""德"为本。一是要树立仁爱之心。一方面,企业要在主营业务、服务理念上关注社会需求,联系国计民生,体现大仁;另一方面,企业的发展离不开国家与社会的支持,企业做大做强后,要感恩社会、回报社会,体现大爱。二是要树立公德之心。一方面,要坚守社会公德。企业产品、企业服务、企业行为都要遵守社会法规,秉持公道正义,引领社会良好风尚,而不能弄虚造假、盗版侵权、损害社会形象;另一方面,要坚持国家公德。在中国,企业无论强弱大小,都是中国特色社会主义事业的参与者、建设者。企业要坚持与国家事业、民族事业同心、同向、同德。在参与各类市场活动中,特别是在参与全球竞争中,要宣扬与倡导中国风范,体现并维护中国立场。

成为"圣商"的第三步是立言立行。古往今来,留名史册的圣贤之辈,学问、事业达到一定高度后,都非常重视通过著书立说、开院讲学等方式,总结和传播自身的思想。王阳明便是"立言立行"的楷模。钱穆先生对此曾有评价:"阳明以不世出之天姿,演畅此愚夫愚妇与知与能的真理,其自身之道德、功业、文章均已冠绝当代,卓立千古,而所至又汲汲以聚徒讲学为性命,若饥渴之不能一刻耐,故其学风淹被之广,渐渍之深,在宋明学者中,乃莫与伦比。"① 浙江是一块集聚思想能量的厚土,浙商是有思想、有情怀的商帮。

从历史到现实,浙商从未停止过对企业、对社会、对人生的思考与探索。改革开放以来,我们看到,浙商越来越能"说话"、越来越会"说话",有越来越多的浙商或接受媒体采访或著书立说,互相分享交流企业经营的智慧与经验。但总体上看,系统地进行著书立说的浙商还不是很普遍。浙商应以王阳明为榜样,成为立言立行的"圣商",不仅要做到"知"与"行"合一,更要进一步做到"知""行""言"三者合一。一方面,要将企业之所知化为企业之所行,要在市场竞争中树立具有智慧、蕴含文化、独具风格的企业形象;另一方面,要善于从零散的企业行为、企业经营中总结出具有一般规律、普遍价值的企业之道,并通过著书立说的形式沉淀下来,共同将浙商的"千言万语"锤炼成"千卷万书",形成浙商立言立行的文化宝库。

成为"圣商"的第四步是立家立后。历史地看,古之"圣人",往往会广收门徒,培养后生,并通过门徒和后生不断丰富与传承自己的思想、学说。思想需要传承,企业也需要接班。浙商要想活得长久,要想基业长青,关键是要谋划好、建立好企业的传承体系,建立企业的接班体制。也就是我们说的"立家立后"。"立家立后"的核心是要不断培养"后代"。"后代"包括企业经营骨干和员工,还有社会年轻人,实际上就是"关心下一代"。要通过企业制度创新,培育选拔德才兼备、创新能力强的年轻人,为他们的成长和施展才干提供舞台。

总之,浙商要行稳致远,肯定要有自己的信念,有自己的思

---

① 钱穆:《钱宾四先生全集》第 21 册,联经出版社 1998 年版,第 199 页。

想，有自己内在的灵魂。而这个灵魂，这个精神支柱，这个内在的正念，就是企业的"良知"，企业家的"光明之心"。我们要用这颗心去引领事业，引领人生，引领企业以及员工，把自己的企业做成有灵魂、有温度、有善心的企业，尽力去立功立业、立德立仁，立言立行、立人（家）立后，成为现代的"圣商""圣企"。这样的企业家便与阳明先生的心相印相通了。

二 用"心即理"塑造浙商

在中国哲学史上，"理"指宇宙万物的普遍法则，以儒家为代表的众多思想家不断追问"理"之根源，不断思考"达理"之途径。如朱熹认为，"理"寓于外物，提出了"格物穷理"的观点。格物穷理当然也是人们获得对世界与自我认识的基本途径，但当时流行的理学已将朱子思想泛化为求取功名利禄的工具，失其本心。针对此弊和根据心物关系原理，阳明心学认为，"理"不存于物而存于心。强调"心外无物，心外无义，心外无善"，提出了"心即理"的命题。

阳明心学认为心与理是共生关系，心之所达，理随心至。通俗地讲，我们之所以看到"大海""大山"等万事万物，是因为"大海""大山"等万事万物本来就是我们心中有"大海""大山"的意念。当我们没有感知到"大海""大山"等万事万物的时候，万事万物和我们一样归于寂静。万事万物之所以能像我们所感知的样子呈现，是由我们的心所赋予的。王阳明先生一日与朋友"南镇观花"，回答朋友"心外无物"质疑时说，"你未看此花时，此花与汝心同归于寂。你来看此花时，则此花颜色一时明白起来。便知此花不在你的心外。"[①]"南镇观花"是典型的"天人一体""心物合一"的观点。当然，王阳明是从"主体人""心"的角度看世界万

---

① 《王阳明全集》，第 122 页。

物的。从世界对人的价值意义和心理学、视觉学角度讲是很有道理的。引申下去，就成了王阳明所说的"吾心便是宇宙，宇宙便是吾心"了。

"心即理"是阳明心学的逻辑起点，它充分肯定了人的主体性，用"心"统领世界，也是阳明心学体系的逻辑原点。人"成圣"的根源就在于自我的心体力量和自我成圣的潜在能力。人心即有"天理""良知"。

王阳明的"心"是本体、主体，是有巨大能量的"大心"，用这个"心"打通了人和世界的关系。阳明心学由"心即理"思想，进而深刻阐发了极为高明的人生哲学与处世哲学。"心即理"也是提升浙商气度的一大妙方与良途。

其一，释放心的能量，涵养浙商自信豪迈的气度。浙商凭借智慧和勇气，伴随着改革开放从乡村走到城市，从小变大，由弱变强。随着中国对外开放的大门越开越大，在国内站稳脚跟的一大批浙商正前赴后继地走向世界舞台。展望未来，浙商如何在"全球化"浪潮中站稳脚跟，如何唱响属于浙商的"国际歌"，如何擦亮属于浙商的"世界名片"，已成为浙商的"共同话题"，这需要浙商们的战略，更需要浙商们强大而自信的内心世界。王阳明"心即理"之说，充分肯定了认识主体和实践主体的能动作用，相信人自我的道德力量和自我成圣的潜在能力，反对迷信外在权威，主张依靠自我的"心"来主宰和支配一切行为，从而打通了主体世界与客体世界的障碍，生成了人的主体性，使人能够坦然面对风云变幻的外部环境。

一般地说，做人做事有三种境界：一是功利的境界，将利益视作唯一目的，做什么事都充满功利与算计。二是道德的境界，无论做什么事，都把精神上的收获看得更重要，做事只是道德圆满的手段，真正的目的是做人。三是"心即理"的境界，做事只追随自己的本心，这种境界即孔子所言"从心所欲不逾矩"，这种人往往容易成就大事业。走向全球的浙商应悟透"心即理"这层深义，不唯书，不唯上，只唯实，不被权威和教条禁锢身心，掌握核心技术，在全球化的浪潮中大胆实践，不断创新，释放心的能量，始终保持自信豪迈、勇往直前的气度。

其二，坚定心中信念，涵养浙商包容万象的气度。随着新一轮科技革命的到来，产品更迭的速度日新月异，市场环境瞬息万变，昨日叱咤风云的企业或企业家可能明日就会因失去市场而落败。在这样的背景下，让浙商止步不前的也许是浙商的自我迷失和自我怀疑。"心即理"之精髓在于认为"吾心便是天理"，"心"既是万物产生的根源，又是万物变化的归宿，天地间诸事万物，举凡纲常伦理、言行举止、成败荣辱等，无一不是以"吾心"为"根据"。正如王阳明在《传习录》中所论述的："身之主宰便是心，心之所发便是意，意之本体便是知，意之所在便是物。"万事万物统一于"吾心"，"吾心"可海纳百川，可包容万象。诚如是，众多市场变幻，看是支离破碎，实则可统一于企业"内心"，这颗"内心"便是企业的核心价值和企业文化。浙商可以从王阳明"心即理"这层精义得到启发，在瞬息万变的市场环境中树立一颗"包容万象"之心，不能让产品的价值被市场洪流冲淡冲散，不能让企业的信仰在市场风浪中随风飘荡，而应树立核心价值理念，建立稳固的企业文化，搭建稳健的成长平台，坚守内心的信仰，坚持内心的主体力量，在变幻的万千世界中找到"定海神针"。

三 用"致良知"润泽浙商

"良知"一词，最早出自《孟子·尽心上》。孟子曰："人之所不学而能者，其良能也，所不虑而知者，其良知也。"这里的"良"为"天生本然"之意，"知"可理解为"知识""智慧"，其实更多的是指"道德本体"，人之为人的"是非善恶"的本体意念。王阳明继承和发展了孟子的"良知"思想，将其作为心学的主旨，强调

"致吾心良知之天理于事事物物,则事事物物皆得其理"①。

通俗地讲,我们可以把阳明心学看作普通人如何成长为圣贤的学问。"致良知"就是王阳明对这一课题给出的答案。先前大儒诸家大都认为"天理"在心外,格物致知。阳明心学的重大贡献在于"心上求理"。王阳明龙场悟道,最终悟出了"始知圣人之道,吾性自足,向之求理于事物者误也"②。"天理""良知"在"心"上,"圣人之道"不在事外而在自己心上。由此,王阳明把天理、良知打通,又突出了"致"良知,彰显了阳明心学的人的主体性、实践性,开启了"内圣外王"的新阶段。这是阳明心学确立的重要标志和对儒学的重大贡献,甚至完全可以用"致良知"三字来概括阳明心学:"近来信得致良知三字,真圣门正法眼藏……某于此良知之说,从百死千难中得来,不得已与人一口说尽。"③ 正因为如此,我们把"致良知"看作阳明心学的整个大厦的主体框架,这个框架联结并支撑起整个心学体系的各大组成部分。王阳明认为,如果一个人的行为都能达到自己内心良知的要求,或者都能遵从内心良知去做事,那么这个人就是圣贤之人了。

王阳明"心即理"思想,阐述了人心(思想)之巨大能量。受其启发,未来的浙商应在全球化浪潮和市场风雨中自信豪迈,包容万象。"自信"非盲目之自信,"包容"亦非无理之包容,"心"之场虽广大,但并非无边无际。王阳明"致良知"思想便说明了"心"活动的应然方向。这个方向可用王阳明总结自身思想时所提炼的"良知四句教"来归纳,即:"无善无恶心之体,有善有恶意之动,知善知恶是良知,为善去恶是格物"。"'良知四句教'对《大学》中所论述的正心、诚意、致知、格物之间的逻辑关系进行了系统性梳理"。

---

① 吴光等编校:《王阳明全集》,上海古籍出版社2012年版,第39页。
② 吴光等编校:《王阳明全集》,上海古籍出版社2014年版,第1354页。
③ 吴光等编校:《王阳明全集》,上海古籍出版社2011年版,第1007页。

通俗地理解，人心本是"无善无恶"的本体存在，后天的习染使人不可避免地显现有"善"有"恶"的意念与行为。为人处世正确的原则应正确分辨"善"与"恶"，进而行"善"去"恶"。我们每个人原本就有一颗非常光明的心，但是由于被现实世界各种不当欲望所蒙蔽，往往被各种不好的事物所影响，所以总要出现违背"良知"的"假""恶""丑"等言行，从而违背了天理。心学修炼的目的是通过不断完善自身人格，把自己天生的善良之心发现出来、挖掘出来并知行合一，从而达到至善的"良知"状态。

王阳明"致良知"思想给浙商最大的启示，就是浙商们应正确处理"义"与"利"的关系，做大爱无疆的仁爱浙商。我们认为，仁爱浙商或者说浙商的仁爱之心，至少要在以下三个方面实现新的境界升华。

第一，在赚钱和花钱相统一的财富观上得到升华。企业当然要按市场规律办事，要善经营能赚钱。但赚钱后如何花？的确很有讲究，很有学问，也很能体现企业家的远见胸怀。企业赚来的钱当然首先要用于再投入，维系企业的生存和发展，也要用于自己和家庭的消费。此外，在力所能及的基础上，还应回报社会。花钱和用钱是个辩证法，钱花得好，可以增加更多社会财富，也包括增加自己的财富。当然，我们这里讲的花钱，主要是指用于维系社会公平、促进社会进步的钱。今天的浙商，早已不仅仅是会赚钱的浙商，也是会合理用钱的浙商。浙商群体在财富观上已经有了重大变革和进步，未来将会不断得到升华。

第二，在企业发展和服务社会相统一的人生观上得到升华。对企业家来说，如何看待和处理好企业与社会的关系问题，实际上是一个世界观、人生观问题。企业家自己的事业追求、企业发展，只是社会发展的一部分，社会发展是企业发展和个人事业进步的舞台或者说是基础。同一切个人一样，社会也不可能是完美无缺的，而总会有破缺、有问题。我们都知道，有这样一句非常经典的话：

"市场竞争不相信眼泪",这是对的,否则就没有市场竞争和市场效率了。也就是说,市场竞争过程中是不能有同情眼泪的道德判决的。但是,社会是一个有机整体,企业发展离不开社会,社会在任何时候都有需要帮助的弱者,社会发展和进步不可能只遵循市场竞争一个方面的规则。所以,在市场竞争规则之外,我们要从企业发展和社会发展相统一的角度去审视人生观,坚持处理好得诸社会和还诸社会、小我与大我、经济人与道德人的关系,把自己的人生轨迹融入社会进步的大道之中,在社会的文明进步中去延伸、扩展自己的生命和价值。

第三,在追求仁义和物利相统一的价值观上得到升华。人的言行是直接受自己的价值观支配的。因为人们在所言所行之前,总会想一想如此言如此行对自己、对企业、对社会是否有利或有害。所谓的名利得失、善恶好坏,实际上就涉及价值观问题。对企业家来说,价值观的焦点集中在物利和仁义关系的处理上。物利就是追求自己(企业)物质利益的最大化,仁义就是追求物利之外的,尤其是社会的公共利益。求物利而不失仁义、人品,利己而不损人、害人,是正确价值观的最低底线;价值观的中间层次是将物利与仁义、利己与利人相得益彰,相互促进;价值观的更高层次是为了仁义可以牺牲自己的利益;价值观的最高层次是为了公利、仁义而不惜牺牲自己的生命。

在现实生活中,当然是以前三个层次的价值观为基本准则的。我们的浙商作为一个先进的社会大群体,应努力践行积极向上向善的人生观、价值观。他们中的大多数也都在尽自己最大的可能去实现义利并重并行的价值观。正如有的浙商所说:人可以有自己私心私利,但绝不能损人,更不能缺公德害他人。

四 用"知行合一"磨砺浙商

王阳明认为,"天地无人的良知,亦不可为天地矣"①(《传习录》下)。这个"天地",是主客体相关律视域下的"天地",而不纯粹是与人无关的自在世界。这样,"良知"也就具有了先天性的"本体",良知与天地万物一体,心即天理。与正统理学化良知为天理不同,阳明心学的重点是化天理为良知,良知非"出于天"而"系于人"。"良知"作为先天本体的"良知",还不是主体"明觉"形态的"良知"。所以需要主体"致"良知。"致良知"就是从本然状态走向明觉状态。"致"主要是"行",这就涉及知与行的互动。致良知便与"知行合一"直接相关。一般地说,王阳明在龙场之时已提出了知行合一之说,同时也开始形成了"良知"和"致良知"思想。但明确用"致良知"来概括自己心学要义的,略晚于"知行合一"说。

从含义上讲,"致良知"包含了"知行合一"的主旨,因而学界研究发现,王阳明自提出"致良知"后便不再多用"知行合一"。从逻辑关系上讲,致良知说的展开,必然要涉及"何以致""如何致"问题,因而知行说是"致良知"的题中之义。如果说"良知"是本体的话,那么"致良知"则是工夫。"知行合一"就是"致良知"的工夫论、实践论,致良知的现实展开及达到明觉状况,也就是知行合一的过程。用知行合一来揭示知行关系,是王阳明知行学说的独到特点,使先知后行、先行后知以及知行难易之说相形见绌。王阳明的知行合一说,主要讲"行"的工夫。如何"行"、如何达到明觉的"良知",有着更为丰富的内容。但知行合一要解决的问题和重点,与"致良知"还是有所不同的。所以,"知行合一"并不能完全消融在"致良知"中,有其独特的价值和

---

① 吴光等编校:《王阳明全集》,上海古籍出版社2011年版,第139页。

意义。尽管王阳明"知行合一"本义与当今人们理解的"知行合一"有很大不同,但"知行合一"的思想学术价值和现代意义是不言而喻的。

王阳明认为,道不可坐论,德不能空谈,把"善念"付诸行动从而实现知行合一,需要把"立德"与"立功""立言"结合起来,这既是中国古人"修身齐家治国平天下"的人生理想,也是实现"内圣"与"外王"有机统一的必然要求。这些观点作为儒学思想的重要组成部分,直到今天还在一定程度上影响着中国人的内心世界,以正能量的因子提示着中国人在完善自我、改造社会的道路上求真务实,不尚空谈。

从这种意义上讲,"致良知""知行合一"都是王阳明心学的精髓,是普通人"成圣"的"秘钥"。对浙商而言,品悟与践行"致良知""知行合一"精神,至少可以从以下几个方面锤炼企业文化,引导企业方向。

其一,确立企业核心正念。"知行合一"即"真知"与"笃行"的统一,而通过研究王阳明心学之义理,我们可以得出结论:"知行合一"首先要明志、立志,继而才可获得"真知",践履"笃行"。王阳明孩提时候就立下"圣贤"之志,其一生都在探索、品悟、践行"圣贤之道",正是坚定的"圣贤"志向成就了王阳明"立功""立言""立德"的光明人生。王阳明在其著作中亦反复强调立志之重要:"夫志之不立,犹不种其根而徒事培拥灌溉,劳苦无成矣。世之所以因循苟且,随俗习非,而卒归于污下者,凡以志之弗立也。""诚以学不立志,如植木无根,生意将无从发端矣。自古及今,有志而无成者则有之,未有无志而能有成者也"等。通俗地讲,王阳明认为,立志是人成长的根基,不立志,就像还没有将植物的根种入土里就去寻求灌溉,这样只能徒劳而无功。世俗社会中,人之所以出现因循苟且、随俗流习恶事,最终走向污染低下的根本原因,也是因为缺少立志这一环节。志不坚,则所思所虑都是这个俗世里的六欲与七情,良知继而被淹没,进而所"知"非真知,"行"亦偏离正道。对企业家群体来说,王阳明的"立志"理念具有极富启示的价值。对企业来说,阳明心学所论述之"志",即为企业目标"正念",或称企业的"使命"。

其二,主动接受市场的磨砺。王阳明认为:"知是行的主意,行是知的功夫。""知是行之始,行是知之成。""知"与"行"是人的行为过程中互相渗透、互相结合、互相指引的两个维度。人作为"知"与"行"的主体,达到"知行合一"境界的过程,也是"知"与"行"不断精进的过程。那么,"知"与"行"如何才能不断地精进呢?王阳明提出了"事上磨炼"思想。"事上磨炼"意指人需要通过积极主动地参与具体的活动中,并在具体活动中不断磨炼思想与行为。王阳明说:"人须在事上磨炼做功夫乃有益。若只好静,遇事便乱,终无长进。那静时功夫亦差似收敛,而实放溺也。"也就是说,人只有通过经历各种事情磨炼自己,才能变得沉稳,才能达到"动亦定,静亦定"的境界。"事上磨炼"可以说是"知行合一"的基本途径。

在改革春风的滋润下,浙商努力拼搏,一大批浙商企业成长为行业巨头,无论是市场占有率还是社会影响力都大有成就。然而,不进则退,浙商不可能也不应该站在过去的辉煌上一劳永逸。从小到大难,从大到强更难,从强到久更是难上加难。浙商的未来如逆水行舟,不进则退。创业创新永远在路上。王阳明的"事上磨练"思想,可以给企业家许多有益的启迪:过去的浙商,不惧艰难险阻,沉淀了"四千精神",未来的浙商,不仅要继承"四千精神"所蕴含的无畏无惧的可贵品质,而且还要由"被动"转向"主动",要敢于直面风险挑战,敢于和善于开顶风船,逆势而上,主动探索新领域新市场,在更大的舞台上创造更大的价值。

五 用"心力"引领浙商

社会不断发展,市场变幻莫测。如今的浙商虽是"巨人",而对未来而言，现在的浙商也许还是"婴儿"。浙商需要不断地成长，不断地蜕变，需要继续远航。远航需扬帆，阳明心学便是驱动浙商远航之"帆"。面向未来，浙商要以"心力"作帆，掌舵未来的航向，引领前行之路。

（一）把企业"心力"融入党和国家发展大局

国家与企业是共生共荣的关系，有国才有家，有国才有企业。国家的改革和发展催生了浙商，浙商的成长应感恩这个时代，以自身的能量去回报社会。浙商群体应把企业之"心"自觉融入党和国家的发展大局，展现浙商风采，贡献浙商力量。

改革开放40多年来，我国在中国共产党领导下，保持战略定力，抢抓战略机遇，实现了经济社会的持续快速发展。当今的中国经济，已是全球第二大经济体。40多年来，浙商弦歌不断，打造出众多浙商品牌，崛起了众多浙商企业，覆盖制造业、农业、房地产、教育、互联网、金融等各个领域。当代中国进入了中国特色社会主义事业的新时代，但从现实性上讲，当今中国经济社会发展正处于爬坡过坎的历史性转型过程之中，经济发展开始步入新常态，由高速增长阶段向高质量发展阶段转变，发展动力、发展方式、发展结构、发展效能和发展环境都在转型的攻关期。"转型期"是结构的大调整期，矛盾的多发期，要素的重组期，代价的阵痛期。在这样的背景下，我们比以往任何时候都更加呼唤具有"家国情怀"的企业家精神。有情怀才会有担当、有责任、有追求和有敬畏。对于企业家来说，最大的"家国情怀"就是把企业的经营与党和人民同频共振，做到同呼吸共命运，心心相印，同德同心，把自身融入我们党和国家的发展大局中，融入实现中华民族伟大复兴和富民强国的大局之中，将责任与担当融入企业战略与企业文化中，成为企业的立身之本。

（二）把企业之"心力"融入时代大格局

经过改革开放的风雨锤炼，越来越多的浙商从中国走向世界，积聚了闪耀全球舞台的"势"与"能"。未来的浙商,更应是走向全球化的浙商。浙商是浙江的、中国的,也是世界的。到全国各地去发展,到世界各地去发展,亮出浙商的风采和气派。浙商应该更多地融入世界怀抱,参与更强劲的世界竞争,实现更精彩的发展。

商业无国界,但企业家有祖国。浙商的发展归根结底是为了中国的发展、为了中华民族的繁荣富强。所以,我们必须立足中国、发展中国。这就是我们安身立命的家国情怀。要把企业之"心"融入时代发展大格局。浙商应告别野蛮生长,依靠强烈的家国担当而走向世界。

当前,世界正处于百年未有之大变局。人类全球化正由第二波向第三波转型发展中,同时,"逆全球化"现象抬头,新的全球化尚未形成,目前正处在艰难的转型和变革时期。现在和未来的世界不会太安宁。浙商要有这个思想准备。但机遇与挑战并存,不稳定的世界也会有很多商机,因为世界发展秩序、发展要素、发展格局都会整合重组。

浙商要更加注重担当、责任,诚实守信、勇于创新,坚守心中的家国情怀,以敢为天下先的精神推动中国企业与全球的深度融合,努力成为中国经济、中国企业的代表,成为中国与全球经贸、文化交流的使者,让世界更多地了解中国;要向世界展示中国胸襟,中国意义,为人类创造新价值,贡献新力量。这既是成功企业的重要标志,也是企业应当遵循的基本路径。

家国情怀是成功企业应有的品质,也是企业取得成功的必然选择。从更高层次讲,浙商要努力成为中国新时代企业的代表,尤其要成为新时代中国民营企业的标杆,在国际舞台上展示中国风采。

(三)以博大的"心力"成就未来

企业家是企业的灵魂。从一定意义上讲,企业的发展就是企业家的发展,企业发展离不开企业家的智慧与能力。企业竞争拼钱更拼人,拼实力更拼智慧,拼产品更拼人品。企业家要有较高的素养、素质，要有良知良念、良能良行，并且要"知行合一"，要成为企业发展的压舱石、顶梁柱，带动企业成长为参天大树。

为此，浙商们要不断学习，充实自我、提高自我，注重修炼修行。尽管未来的经济形势可能并不乐观，但一定要坚定信念，踏浪远行。唯其如此，浙商才能迈向更加光辉灿烂的未来。在重大的挫折面前，要保持住一颗平常心，并能够把磨难当作提升心力、超越自我的好机会，不断提升自己的人生境界。

要想拥有美好的未来，浙商们要有一颗博大的心。这颗博大的心，就是浙商的事业之心、奋斗之心。人没有奋斗之心，就干不成好事业，做不了大事业。一个企业如果没有匠心、信心和博大的心胸，同样办不成一个大企业。企业家要善于用自己博大的心，把员工们的心带动起来、凝聚起来、搏动起来。王阳明心学的真正精义，归纳起来就是讲"心力"的学问。人的心可以大得无边无际，它可以看天看地看宇宙，看社会看国家看整个世界。在一定意义上，你这个心怎么样，你的行就怎么样，你的世界就怎么样。心行是一体的，知行是合一的。厚德能载物，厚"心"能世界。

企业发展本质上是"心之动"，是企业家和企业员工素质品行所创造出来的成果。"心力"能引领我们前行，"心力"能成就我们的事业。用"心力"塑造一支有思想、有情怀、有智慧、有担当、有品质、有能力的企业家队伍，就能打造出一批行稳致远、世界一流的企业群体。我们希望浙商能成为这样的群体。

第八章

用阳明心学培育企业家精神的基本路径

企业家是经济增长的"发动机",企业家精神是经济持续增长的源泉。"企业家精神"(Entrepreneurship)是企业家职业禀赋和内涵特质的抽象集成,是企业家组织建立和经营管理企业的综合性的人格人性支撑,是一种重要而特殊的无形生产要素。

企业家精神是一个内涵丰富的概念,而且不同国情、不同时代对企业家精神有着不同的定义,很难用几句话表述清楚,需要我们结合时代特征、地域文化和制度环境,从多个维度考察。一般而言,企业家精神的内涵包括创新精神、敬业精神、工匠精神、冒险精神、合作精神、诚信精神等。

企业家精神对于企业家的成长和成功非常重要。在社会的众多职业里,只有企业家特别强调"精神"(工人、农民、军人、教师、医生等各种职业的后缀,几乎看不到"精神"的表述)。2017年9月,中共中央、国务院还专门发出《关于营造企业家健康成长环境弘扬优秀企业家精神更好发挥企业家作用的意见》,这是中国最高规格的中央文件,也是第一个以"企业家精神"为主题的中央文件。该文件列举的企业家精神内涵包括"爱国敬业、遵纪守法、艰苦奋斗,创新发展、专注品质、追求卓越,履行责任、敢于担当、服务社会"等,展现了中国企业家精神的丰富内涵。

企业家精神的内涵特征及其形成过程，与所在国家、地区的政治、社会、历史、文化环境有着千丝万缕的关联。阳明心学作为中国传统文化中影响深远的思想体系和哲学方法，是培育涵养中国企业家精神包括浙商精神的重要资源。参照佛家"六度"和儒家"八条目"之法门，本章试图从"明心、立志、改过、赋能、实修"五个维度，探讨用阳明心学培育涵养企业家精神的主要路径。

第一节　明心——开启涵养企业家精神的心智总开关

圣人之道，吾性自足——即心即理。心即理，即人人与生俱来不用教都知道的知善知恶，知是知非。"身之主宰便是心"，每个人的心底深处都存在着与宇宙万物相同的本质。王阳明把人心的良知与万物贯通一气，通过"致吾心之良知之天理于事事物物，使事事物物皆得其理"，由此达至"此心光明"的境界。开启这个心智法门，意味着我们打开了宇宙人生的无限宝藏与真正力量，这也是培育涵养企业家精神的起点和总开关。

一　身之主宰便是心，人心的良知与宇宙万物相贯通

企业家要运用阳明心学，首先需要把知识上升到信仰的高度才能产生作用，如果企业家对阳明心学的知识理解得不透彻，对阳明心学将信将疑，没有上升到信仰的高度，那么后面就谈不上运用阳明心学了。阳明心学不仅是一门实践体认之学，更是一门开心智之学。心智即开，意味着我们开始打开宇宙人生的无限宝藏与真正力量，领悟宇宙人生的真正秘密，圣人之道即宇宙之道，感无不通。王阳明说："圣人之道，吾性自足。"[①] 人生的重大秘密在于心中拥

---

① 王守仁：《王阳明全集》，上海古籍出版社2014年版，第1354页。

有无尽的宝藏,这是圣贤告诉我们的宇宙人生重要法则。需要明白的是,这个圣贤告诉我们的秘密是需要不断体认的,每多一分实践,每多读一次经典,每多一点跨学科学习就会多一分体认,就会产生越来做持久强大的信仰,心中自有光明月,自有超越环境的力量,就会产生无比的影响他人的能量。这也是反复强调广泛阅历,阅读经典,实践体认的基础的重要性。王阳明说:"某于此良知之说,从百死千难中得来,不得已与人一口说尽。只恐学者得之容易,把作一种光景玩弄,不落实用功,负此知耳。"①

到底什么是心,心在哪里?王阳明说:"身之主宰便是心,心之所发便是意,意之本体便是知,意之所在便是物。"② 这里的"知"就是良知,是我们每一个人都具有的与宇宙相同的要素,这是我们人的本质,每个人的心底深处都存在着与宇宙森罗万象相同的本质。王阳明把人心的良知与万物贯通一气。所谓:见孺子掉井,生恻隐之心;见鸟兽哀鸣,生不忍之心;见草木摧折,生怜悯之心;见瓦石毁坏,生顾惜之心。王阳明之所以伟大,是因为他明确指出了良知是人的本质、心的本质。良知就是"天人合一"的那个"一";就是"万物一体之仁"的那个"仁";就是"山川草木,悉皆成佛"的那个"佛"。人生的目的就是致良知,就是通过"事上磨炼",去掉私欲和陋习,通过"致吾心之良知之天理于事事物物,使事事物物皆得其理",由此达至"此心光明"的境界③。

圣人之道,吾性自足——即心即理。而且,圣人之道是一脉相承的,尧舜禹三代圣人及老百姓都很单纯,他们就是简单遵循人人与生俱来的基本道德规范,如忠孝弟等五伦。儒家把圣人之道归纳为仁义礼智信。心即理,即人人与生俱来不用教都知道的知善知恶,知是知非,同情怜悯,懂得辞让或者说做人的仁义礼智信孝

---

① 王守仁:《王阳明全集》,上海古籍出版社2014年版,第1412页。
② 王守仁:《王阳明全集》,上海古籍出版社2014年版,第6页。
③ 曹岫云:《稻盛哲学与阳明心学》,东方出版社2019年版,第63—64页。

等,但是人们因为私欲遮蔽和坏的积习养成而看不见感觉不到,所以心即理的意思是说纯乎心,去掉人欲,即知天理,就能看到这些。我们的心中拥有无尽的宝藏,只要我们能够以一定的方法去开启。王阳明说:"都只在此心,心即理也,此心无私欲之蔽,即是天理,不须外面添一分。以此纯乎天理之心,发之事父便是孝,发之事君便是忠,发之交友治民便是信与仁,只在此心'去人欲,存天理'上用功便是。"①

宇宙中存在一种促使森罗万象发展进步的力量"宇宙的意志",我们的语言、思想和行为是否与这强大的宇宙意志吻合,决定了事情的结果。我们充满善意,尽力做好事,就是说我们所想所做,与"宇宙的意志相协调",那么我们必将成功。如果我们心存邪念,损人利己,就是违背天理,最终势必失败,招致悲惨的下场。天理即良知。儒教的"仁",道教的"道",佛教的"慈",基督教的"爱",就是阳明心学的"良知"②。

人与人之间行为的作用与反作用,能产生巨大的影响。创业者和企业家处在企业舞台的中央,你的能量将会影响员工、消费者和社会,通过行为作用与反作用,你就会与他们建立善恶交织、错综复杂的心与心的链接。有智慧的企业家,会和所有员工一起共同学习并提高心灵品质并且心中拥有无比的信仰和无比的能量。

阿里巴巴创始人马云被誉为互联网时代的王者,马云之所以成就了奇迹,既与他卓越的领导力有关,更与他超越商业的创业使命密切相关。大家耳熟能详的"让天下没有难做的生意",浓缩了马云的经营理念和商业价值观。

在 2019 年 9 月 10 日阿里巴巴创业 20 周年大会上,马云的告别演讲是这么说的:"阿里巴巴最了不起的 20 年,不是做出了淘宝、天猫、支付宝、阿里云……而是坚持了 20 年的价值观。阿里历史

---

① 王守仁:《王阳明全集》,上海古籍出版社 2014 年版,第 3 页。
② 曹岫云:《稻盛哲学与阳明心学》,东方出版社 2019 年版,第 67 页。

上所有重大决定，都跟钱无关，都跟使命、愿景、价值观有关。"

这段话不是对未来的宣誓，而是对过往 20 年的总结。因为有事实为证，所以有很强的说服力。我们相信这是马云的初心。如果马云是为了个人致富去创业，他不但不可能有这么杰出的成就，就是财富本身，也不可能有今天这么多。

所以稻盛和夫说，坚持美好信念，就可以取得美好的结果，把时间维度拉长来看非常准确。所以，我们不仅要知道关于心的知识，心的能量，还要把职业或者日常工作，上升到信仰的高度。

人生的另外一个重大真理是行为的作用与反作用。这是圣贤揭示的人生重大真理，是需要不断明白和体认的人生真相。

二 自净其心从心出发，方向正确才可能到达企业家精神的彼岸

挖掘使用心中之无尽宝藏，首先需要两大功夫，即明心和净心。明心，即明一切价值、意义，新的局面都是经由发心而已，由心创造，明圣贤之心在利天下，在时时去除小我成就大我。心灵品质建设越高，事业成就越大。

心是身之主宰。心体现在起心动念上，起心动念决定了意识、语言和行为，意识、语言和行为决定了事，所有的事汇集起来就是人生。我们身边发生的事情，不过是自己心中描绘的景象，在现实中的投影而已，把时间维度拉长非常地准确。

所谓净心，就是在起心动念处净化心灵。在念头已发和未发之间，观照它、引导它。念头是具有能量的。棋手在参加特别重大比赛的时候，由于超高温度的念头活动，一场比赛下来，身体的质量甚至会下降数千克。根据爱因斯坦的质能方程式 $E = MC^2$，即能量等于质量乘以光速的平方，光速为每秒 30 万公里，光速的平方为 900 亿数量级。因此，极小的质量乘以光速的平方，所得的能量将是一个巨大的数量级！在比赛中身体并没有运动，仅靠念头的剧烈

运动，就使身体的质量下降了数千克。这其中大部分质量通过汗液和尿液等排泄出去，少部分质量是通过起心动念消耗掉的。心光的速度远超光速，就算少部分质量乘以光速平方，都是巨大的能量。深刻明白念头具有能量，就会深刻明白好的念头就是利益自己、利益他人、利益社会，就会引导自己持续地产生更好的念头，千方百计避免产生不好的念头。[1]

事业止步不前，不仅有外在的因素，更有不明与贪欲遮蔽和障碍了心的宝藏。人生在每个阶段总会遇到"天花板"，企业经营也是如此。当企业发展遭遇瓶颈时，多数企业家会在事上下功夫，少数企业家会从心出发，再配合以德上的努力。事上下功夫，收效甚微，德或道上下功夫收效颇丰。在心上下功夫，就能领导企业突破瓶颈，进入崭新的、广阔的发展空间。婚姻、家庭、事业都是如此。

四合院企业家分享的很多故事，非常清晰地呈现了这个特点。无论是康恩贝的胡季强，还是奥康的王振滔，还是万事利的屠红燕，在他们身上，都能够找到"从心（再次）出发"带来的改变。

伟大的商业模式和至善本一体。至善的企业是自由的，市场和消费者自然会给企业带来巨大回报，同时使得企业可以跨越任何经济波动的影响。星巴克的创始人舒尔茨年轻的时候因为经历他父亲的工作朝不保夕，发愿他的企业的文化价值观：人人都能得到尊重、保险和股份，所以哪怕劳动力再紧缺，星巴克从来不用担心劳动力问题。诚品书店让每一个有华人的地方都有人文关怀。华为公司构建万物互联，让人人平等。这些企业我们都可以对标学习它们的企业管理制度，创新制度，但是它们各自的企业文化，我们不能也模仿不来，不过好在大道至简，我们有"致良知"这个法宝，我们可以从至善出发，为人类社会的意义，发出至善心，发展构建属

---

[1] 北京知行合一阳明教育研究院编：《文化自信与民族复兴》，机械工业出版社2018年版，第58页。

于我们自己的独特企业文化（使命和价值观），成就属于我们的全新事业。

三　不断提纯自己的初心，构建以至善为本体的商业模式

心是身的主宰，心同时又会受到外境的干扰和污染。所以不忘初心不容易做到。但对企业家（特别是第一代草根苦出身的创业者）来说，守住初心又多了一层含义，多了一份难度。

包括浙商在内，改革开放的第一代企业家，大都从一穷二白的草根起步。他们最早的初心很简单，就是为了赚钱，为了自己和家人的生活可以过得更好，这在最初是很原始也很有效的动力。可是在完成原始积累，物质生活得到极大改善之后，我们的动力又在哪里？

所以，对企业家来说，守住初心某种意义上是超越当初的局限。要从自家富到大家富，要从富家庭到强国家。

特别是进入新的时代，市场环境不确定性增加，经营风险也在提高，是继续艰苦奋斗？还是马放南山享受人生？这是我们企业家会面临的一个现实问题：我们做企业最终目的是什么，终极意义何在？怎样才能持续健康稳定，自由而又有价值地发展。我们需要一种能够超越时代环境变化的稳定方式来做人，来做企业。

正如王阳明当年读书有关于为什么读书的终极一问，作为企业家，我们也需要这样的终极一问——何为企业家第一等事？并且心里明白了，通透了，这样心才会有着落，才会有归宿，才能够在企业的持续发展中，有一个最高的道德和智慧的指引，剩下的一切行为都是围绕这个方向和目标。

21世纪是中国的世纪，真正的企业家精神也必将与中国哲学、中国文化的精髓融会贯通，我们每多一次实践，就多一分文化自信，直至发自内心的自豪。在21世纪，什么是真正的企业家精神？何为企业家第一等事？500多年前，当人们的普遍价值观认为人生

的第一等事是读书当官时，而王阳明却提出来了人生第一等事应当是成圣贤。今天，我们的企业家的第一等事，我们未来要到哪里去，应当是追求义利并举、以义为先，也就是至善。致良知就是至善，至善方能成就最大的价值，至善可以导出最伟大的商业模式，至善蕴含在任何的伟大的企业当中。至善是本体，商业模式是功夫，是本体的外化和呈现。

用阳明心学培育企业家精神的基本路径，首先在企业家精神方面至少包含两层内容，即以阳明心学为核心的中国儒家文化精华为指导，我们要成为一个什么样的企业家，要做一家什么样的企业，并且怎么去做。

本章的写作重点围绕这个问题展开，体现总结性、结论性、综合性，还有具体的路径方法，即"1+5"，1代表企业家精神中的使命和价值观，企业家精神在前面章节也做了非常详细的介绍，而企业家精神当中最重要的一条是关于企业的使命和价值观，是道的层面，没有这一条，企业存在的目的如果仅仅是为了赚钱和扩张，那么企业不仅会丧失其本真意义和动力，而且也不可能持续稳健发展，面对市场环境激烈变化时很容易被淘汰。也就是说，要最终做一个什么样的企业家和企业是在企业家精神当中很重要的"本体"。一个伟大的企业必定有一个符合自己企业特点的伟大的使命和价值观。5代表路径，即上文所述的"明心、立志、改过、赋能、实修"这样一个完整而又层层递进的方法论和路径渠道。

关于西方和现代企业家精神的描述前面章节中已经做了非常详细的介绍，本章不再单独介绍。有学者说，中国的文艺复兴是从王阳明时代开始的，它强调个性解放，心灵自由，从心出发，不受外界变化之影响。王阳明在当时那样的一个错综复杂的社会政治环境中，实现了"立功、立德、立言"三不朽成就，"我心光明，亦复何言"是他一生实现真我的真实写照。他给我们树立了具有跨越时代价值的榜样，无论对普通人还是企业家，都意义非凡。

我们身边就有很多这样的企业，无论外部环境怎么变化，对它影响都不大，它在市场上真正做到了自由、有价值且受人尊重。伟大的商业模式和至善是一体的，王阳明告诉我们说，要弃恶从善，因为为善去恶是格物，非常简单朴实的道理，以成就至善为目标的企业，在市场环境变化中是安全的，也是更自由的。

《大学》里面说，大学之道，在明明德，在亲民，在止于至善。具体对于企业和企业家来说，对内，追求全体员工的物质和精神两方面的幸福；对外，与客户建立真正心的连接，解决痛点，建立至善的商业模式，推动社会的进步；让企业成为弘扬中华传统文化的重要平台，让每个人的道德修养更高，开悟每个人的心灵智慧，让每一个人更幸福。做一个自由的、有价值的和受人尊重的，并且至善和商业模式完美结合的企业，这是阳明心学之于企业家精神的根本指引。

第二节　立志——矢志推进真正善的使命和价值观

王阳明说："立志用功如种树然，方其根芽，犹有未干，及其有干，尚未有枝，枝而后叶，叶而后花实。"立志是事业成功的第一基础，也是企业家精神之树常青的根须。松下幸之助曾说"企业是社会的公器"。所有最后取得大成就的企业家都有这样超越个人和本公司层面的宏大抱负——立志为人类更幸福，让世界更美好！高远立志，躬身前行。纯粹的动机＋强烈的愿望（志向）＋持续的不亚于任何人的努力，才会有真正精神的示现。

一　发心立志生大愿，才可能得到天地众生助缘

当我们懂得了心的道理时，即会再发心，再立志，即重新定义企业的使命和价值，开启全新的、更高格局和境界的，和客户心连

心的至善的事业目标。王阳明说："立志用功如种树然，方其根芽，尤有未干，及其有干，尚未有枝，枝而后叶，叶而后花实。"① 立志是新事业成功的第一基础。作为企业经营者，面对消费者可以有三种境界：第一种，通过物美价廉向消费者表达善意；第二种，通过卓越产品向消费者表达敬意；第三种，倾听消费者无声的呼唤，以超出消费者预期甚至颠覆消费者观念的产品，向消费者表达诚意。《中庸》："至诚如神。" 至诚成为创新的原动力，创新就是与消费者心心相印的自然结果。

阳明心学，也就是良知学、本体学、本源学，与传统的通过外在格物中寻找天理不同，良知学直接从内心良知出发，从演绎出发，先找到不变的本质，让我们直击事物的本质，再去指导实践，这也是我们创新创造的一个重要法门。王阳明告诉我们要从简单出发，即从第一性原理出发，而不要陷入支离破碎去找技巧。

苹果公司能够几十年持续引领消费电子潮流，亚马逊能从电商公司成为科技公司，特斯拉的创始人马斯克横跨各个领域创业都能成功，背后都是从商业的第一性原理出发，直指本质，可迁移运用到任何行业。21世纪也是西方学习东方的世纪，因为东方有整体的哲学思维。21世纪最需要的就是创新的力量，可以让企业不断实现转型升级。

所谓第一性原理，就是从本源上进行思考。好比，我们假如问几个日常生活的问题，我们想象一下自己会给出多少种答案，青蛙为什么小的时候有尾巴长大后没有尾巴、电灯为什么会发光，也许有成百上千种答案，但是本源性原因，青蛙长大后没有尾巴是用进废退原理，电灯之所以会发光是因为电能转换成光能。那么我们就可以从这些基本原理出发，创造无数种新的可能性。假如我们是医药企业要发展，我们就会考虑到医药的本质是健康，那么健康的产

---

① 王守仁：《王阳明全集》，上海古籍出版社2014年版，第16页。

品有多少种呢，药品稀释可以变成功能饮料，药品加酒可以变成药酒，药品加食品可以变成功能食品……这样至少有几十类几百种可能性。

物质文明的进步，主要来自科学技术；科学技术的进步，主要来自发明创造。发明创造来自人的灵感。人的灵感来自强烈的愿望和纯粹的心灵。强烈的愿望发生在纯粹的心灵里，灵感就会源源不断，创造发明也会源源不断。只要不遗余力"致良知"，排除杂念，净化心灵，抱着无论如何必须成功的强烈的使命感，持续付出不亚于任何人的努力，我们也能够有所发明，有所创造，有所创新。反过来讲，也只有在纯粹的动机、强烈的愿望（志向）、持续的不亚于任何人的努力的条件下，才会有真正的发明创造[①]。

松下幸之助曾说"企业是社会的公器"。所有最后取得大成就的企业家都有这样超越个人和本公司层面的宏大抱负——立志为人类更幸福，让世界更美好！建设心灵品质从而开发心灵宝藏主宰行为作用是成就心企业的基础，发现前所未有的商机是成就心企业的前提，建设企业核心竞争力就是成就心企业的关键，成就利益人心的使命是心企业的根本。心企业能够把握的四个商机：人群聚集的地方、问题集中的地方、信任缺失的地方、难度最高的地方，就是商机所在的地方。心企业的四大优势：能够切实突破企业发展瓶颈，数倍提升产品和服务性价比，显著提高对社会的实质性贡献，不断提升知行合一的层次。

二 立圣贤志，伟大企业家亦由普通人成长而来

王阳明本人的成长史，一步步从困惑到最终理解圣人之道。立定脚跟、矢志不渝，这一点非常重要。可以给企业家在成长、修身实践方面带来启发。从圣人的成长之路中可以看到，圣人也是从普

[①] 曹岫云：《稻盛哲学与阳明心学》，东方出版社 2019 年版，第 162—163 页。

通人成长起来的，圣人也是有困惑的，圣人也是走过弯路的，圣人理解大道也是经历一个循序致精过程的，而不是一蹴而就的。这样才能深层次地与自己成长、修身产生共鸣，后面才能落地生根，才能对阳明心学上升到信仰的高度。在这个过程中，志向的坚定程度，决定了最后修得的企业家精神是否究竟圆满。

稻盛和夫认为，企业家要真切体认员工的愿望和企业经营的真正目的。经营者必须为员工物质和精神两方面的幸福殚精竭虑、倾尽全力，激发员工的共鸣。同时，大义名分又给了经营者足够的底气，可以不受任何牵制。伟大企业家"在追求全体员工物质和精神两方面幸福的同时，为人类社会的进步发展做贡献"[1] 作为经营理念，立志成为社会文明进步的"公器"。因为企业作为社会的一员，必须承担相应的社会责任，所以这后一句话必不可少。

为经营的课题所困扰、苦闷、彷徨，是企业家的家常便饭。聚精会神于悬案，日日夜夜废寝忘食，持续将思维聚焦在一点，直至突破，能否做到这一点是事业胜负的分水岭。至诚敬业的企业家"要怀有渗透到潜意识的强烈而持久的愿望"[2]，因为一旦驱动了潜意识，就更能有效拓展经营。通过反复经验和体验的方法就可以运用潜意识。比如说销售额要达到多少，利润要达到多少，这样的目标从早到晚夜以继日反复思考这种强烈的持续的愿望，就可以进入潜意识。

企业家一到公司总是很忙，不可能 24 小时只考虑一个目标，但是销售额要达到多少这个目标已经进入了潜意识，即便是你思考别的问题，必要时它也会跑出来给你达成目标的启示。50 多年前，稻盛和夫赤手空拳创建京瓷时，面对仅有的 28 名员工，他总是重复这样的话"让我们拼命干吧，我们要创造一个卓越的公司，要创

---

[1] 稻盛和夫：《稻盛和夫经营学》，机械工业出版社 2018 年版，第 25 页。
[2] 稻盛和夫：《稻盛和夫经营学》，机械工业出版社 2018 年版，第 30 页。

造京都第一的公司，日本第一的公司"①。早也说、晚也说，一遍又一遍，反复倡导间，员工们、自己不知何时就信了，而且朝着那个目标众志成城，努力去实现。

关怀之心，即利他之心，不仅要考虑自己的利益，也要考虑对方的利益。必要时即使要自我牺牲也要为对方付出，这是最重要的。许多人认为关怀、利他这类说法，在弱肉强食的商业社会事实上很难推行。稻盛和夫举了一个例子，说明善有善报的商业法则在企业经营的领域内同样存在。京瓷公司在收购美国 AVX 公司时，通过让对方获得更多利益的诚心最终感染了公司的员工，最后 AVX 公司发展顺利，京瓷公司也得到了很好的回报。尊重对方，为对方着想，也就是利他行为，乍看会给自己带来损失，但从长远看，一定会给自己和别人带来良好的结果。

华为创始人任正非同样遵循非常简单的哲学，他说，人感知到自己的渺小，行为才开始伟大。任正非创业的时候已经是 44 岁，人类已进入电脑时代。他说刚来深圳时，还准备从事技术工作，或者搞点科研。如果他选择这条路，可能也会有所成就，但不太可能有现在这样对国家、民族、行业的巨大贡献。任正非后来明白，一个人不管如何努力，永远也赶不上时代的步伐，更何况是知识爆炸的时代。只有组织起数十人、数百人、数千人一同奋斗，才有可能摸得到时代的脚跟。任正非深刻地体会到，组织的力量、团队的力量，才是无穷的。他去创建华为时，不再是自己去做专家，而是做组织者。

任正非是从不懂管理，不懂技术，不懂财务起步的，但作为一个组织者，他明白最基本的道理。创建公司时任正非便设计了员工持股制度，通过利益分享把员工的才智粘合起来。那时他还不懂期权制度，更不知道西方在这方面很发达，有多种形式的激励机制。

---

① 稻盛和夫：《稻盛和夫经营学》，机械工业出版社 2018 年版，第 30 页。

仅凭他过去的人生挫折，感悟到需要与员工分担责任，分享利益。随后，为了解决发展过程中的危机，1997年以后，任正非请了人民大学的教授们，一起讨论制定了"华为基本法"，让公司思想得到了统一，开始形成了所谓华为的企业文化。大约2004年，任正非又请了美国顾问公司帮助设计公司组织结构，建立经营管理团队和实施轮值主席制度。

如今，华为已经是多年的中国最大民营企业，也是世界电信设备商第一名。在美国政府全面围剿打压下，华为2019年的销售额突破8000亿元，2018年是7200亿元，2020年上半年继续上升。它的营收、利润、研发等，前几年一直比互联网巨头BAT加起来的总额还要高。但是任正非个人始终上不了富豪榜。

因为他只有1.14%的股份，华为不是改制企业，是正宗的私营企业，没有国有股，甚至没有法人股，全部是员工持股。创始人只有1.14%的持股，一定是同类企业里面股份最少的。

此外，任正非一直极其低调。华为创业三十多年，地位贡献那么突出，但任正非个人始终没有人大代表、政协委员、劳动模范一类的荣誉。这些荣誉并不是得不到，而是他坚决婉拒。2018年之前，任正非从未接受过国内媒体的采访，也没有在公开场合亮相讲话（因为美国政府的围剿打压，任正非才偶尔无奈走到前台，接受媒体采访）。

个人只留了1.14%的股份，没有任何社会职务和荣誉。任正非把名和利统统都放弃了，那么他在追求什么呢？

我们从华为的名字里面，就可以看出端倪：为什么取名"华为"？"希望中华有作为"！这是任正非创业的初心使命。这样的创业使命，当初可能除了他自己，谁都不会相信。

一个已经44岁的退伍军人，什么都没有。却胸怀天下，说致力于"中华有作为"！听起来确实是在说大话。但今天，我相信是越来越多的人，几乎是所有中国人都相信任正非是为了这个初心使命，一辈子在奋斗。只有个人的奋斗目标和国家、民族的需要，和时代的召唤相结合，你创业最终的成果才可能会最大化。

个人荣辱置之度外，一无所有却立天下志。这样的志向，确实不是寻常人所能具备的格局和胸襟。也正是这样的立志，让华为取得了巨大的成功，也让任正非成为了商业社会的圣人（圣贤）。

第三节 改过——改过迁善是涵养企业家精神的根本功夫

人非圣贤，孰能无过。企业家不同于读书人，每天在事上磨练，而不仅仅是起心动念，因此犯错误的机会更多。企业家精神的养成，绝不在于不犯错误，而是能够认识到有错误（过）并改正错误做到更好（改过迁善）。所以，阳明心学强调的"审察克治"（反省改过）是在儒家"日三省乎己"基础上的升级。这是企业家精神涵养根本性的功夫，而且是最重要的功夫。

一 反观自省乃精进之道

尧舜禹的道是五伦，儒家之道是仁义礼智信，王阳明集大成，50岁的时候提出来是良知，良知范围更广，包含仁义礼智信，与生俱来的知善知恶，知是知非，知怜悯同情，知辞让，等等。而且格局更高，他说良知人人都有，激发我们自律去做的是道德本性而不是强制。王阳明一开始提出了心即理，晚年的时候思考得更加透彻，指出心的本体就是良知，一辈子按照人人与生俱来的良知作为一生为人处世最高的道德指南，加一个致字，是为了提醒，还是要练功夫，知行合一，知是指良知，先掌握知道良知本体这个根本性的概念，然后去落实功用，良知即功用，功用即良知。

知行问题由来甚早，《尚书》里面就有"知易行难"，王阳明之前的古人把知和行看作两件事，所以就会产生知行有先后或难易的问题。王阳明提出知行本一体，你中有我我中有你，即知行合一。王阳明还更高层次地拓展提出知是指良知，不懂圣学的人们是知良知难，一旦知道圣学懂得明心，即明良知，那么就会行易。

为了避免陷入和佛教道教一样唯心，陷入虚幻问题，王阳明提出审察克治①（反省改过），事上磨炼②来解决。

（一）审察克治

很多人包括王阳明很多得真传的弟子，一开始也碰到这个问题，以为知道了心即理这个道理就入门了，其实容易陷入虚幻和唯心的弊端——既不能真正改变自己，也不能影响度化他人。还有很多功用和具体的事理因为没有实践体验过而不知道，如果闭门造车不再去持续地读书、思考、实践、感悟、反省就不能取得更大的进步。

所以圣人之道都是通的。曾子只用一句话就成为圣贤——吾日三省吾身，反求诸己。这就是精进、成长的实际功夫，就是王阳明讲的审察克治的功夫。明朝有个袁了凡用功过簿记录反省自己。艺术大师毕加索，经营大师稻盛和夫都有记录笔记反思的习惯，这种功夫可以取得无量的效果。审察克治（反省改过）就是一种根本性的功夫，而且是最重要的功夫之一。对过去，我们要"从前总总譬如昨日死，今日总总譬如今日生"，再反省，再发展。

（二）事上磨炼

很多人包括王阳明的得道弟子一开始也会碰到这个问题，就是道理看起来都懂，但是毕竟没有经历过具体事情磨炼，不能算真的懂，遇到事情内心还会波动。所以王阳明又提出来这个理念，告诉我们要在遇事做事过程当中体认真理。王阳明多次和弟子说静坐很重要，通过静坐去自悟性体，但是他又说不是为了坐禅入定，他还主张在动的过程当中体认真理，避免把动静割裂开来。动中能静就

---

① ［日］冈田武彦：《王阳明大传（中卷）》，重庆出版社2018年版，第183页。
② ［日］冈田武彦：《王阳明大传（中卷）》，重庆出版社2018年版，第185页。

是静，静中不静就是动，只有随时就事情进行修养，才算是真功夫。只强调博闻强识，不修德行，或者对经世致用漠不关心，这些都违背了阳明心学的主旨。

二　改过并不是狭义的改正缺点，而是不断修正自我完善自我

创业是一种修行！对企业家来说，改过并不是狭义的纠正错误、改正缺点，而是不断地完善自我，提升自我——逐渐地缩小消灭诸恶，逐步扩大良善，最终接近至善。

1945年出生在萧山农村的鲁冠球，虽然他的父母给他取了一个顶天立地的名字。但在那个年代，初中毕业就回乡务农，鲁冠球当时的愿望也就是能够发家致富，过上好日子。

1969年，年仅24岁的鲁冠球得到萧山县宁围公社领导的允许，接手宁围公社农机修配厂，这个所谓的农机修配厂其实只是一个只有84平方米破厂房的烂摊子。鲁冠球变卖了全部家当和自己准备盖房的材料，把所有资金和热情都投到了厂里。因为这是在那个严酷的年代，鲁冠球所能获得的最大的而且安全的创业平台。虽然资产和利润都不属于自己，但鲁冠球还是全身心地投入。

工厂没有地方买原材料，他蹬着一辆破自行车每天过江到杭州城里，走街串巷地收废旧钢材，有时候就蜷在一些国营大工厂的门外一整天，有厂里不要的废钢管、旧铁线扔出来，就宝贝一样地拣回去。一开始做了一千把犁刀，跑去向农机公司推销，一进门就被赶了出来，因为他没有"经销指标"。那是一个铁桶般的计划经济年代，生产什么、购买什么、销售什么，都要国家下达指标，指标之外的物品流通便属"非法"。精明的鲁冠球东钻西闯，好不容易找到了一条活下来的缝隙，那就是为周边公社的农具提供配套生产，如碾米机上的挡板，拖拉机上的尾轮叉，柴油机上的油嘴，要什么做什么。

到1978年，雪球慢慢滚大，鲁冠球的工厂竟已有400号人，年产值300余万元，厂门口挂着"宁围农机厂""宁围轴承厂""宁围链条厂""宁围失蜡铸钢厂"四块牌子，到这一年的秋天，他又挂上了"宁围万向节厂"。这样的规模和产值，如果是国营企业，恐怕已经是县团级待遇了。可苦干十年的鲁冠球，依然只是公社农机厂的厂长，一个两脚不粘泥的农民。可是鲁冠球并不抱怨，他一直在等待时机而且在做准备。虽然依然一无所有，但这十年创业的历练，却是他成长过程中的至为重要的锤炼。因为在这个过程当中，鲁冠球的企业家人力资本逐渐形成、丰富。所以，虽然不是自主创业，也不是规范的企业，但无碍企业家素质的养成。

此时，企业家能力和企业家精神这样的概念，鲁冠球一无所知。但鲁冠球身上体现出来的创业精神及其外化表现，完全符合企业家精神的典型特征。

熊彼特、柯兹纳等人认为企业家能力全部来自先天禀赋。企业家与艺术家、科学家等一样，是一种特定的职业，"需要特定的自然禀赋"。马歇尔认为企业家是"具有特殊天才的人"，正是他们的作为，使企业与其他组织不一样。而舒尔茨则明确提出了"异质性"概念，指出"专业人力资本"和企业家的异质性对企业有决定性的意义。

企业家精神在企业家和非企业家身上有显著差异：从个体的个性、心理和行为因素、人口统计特征如性别和年龄等、教育程度、工作经验与专长、家庭背景和社会特征等方面，都可以观察到差别——如成功追求（成就动机）、风险偏好、行动力等，以及创业倾向、适应性调整能力、获取资源的能力。鲁冠球均表现出突出的企业家精神。

当年只有初一文化水平，从来没有接触过任何企业管理知识的鲁冠球并不明白这些道理。但他的行为却符合这些经典描述。鲁冠球早期的经营管理实践基本上属于无师自通，很早就尝试着摸索管理工厂的方法。在1969年建厂之初，他就实行了基本工资制，工人工资额固定，按月出勤结算发放。1971年，他提出了计件（时）工资制，根据工人的劳动量来分配他们的收入。直到七八年后，少数觉醒的国营工厂才小心翼翼地开始试验这种分配制度。在长期的经营管理实践中，鲁冠球逐渐成长为一位思想理论素养高，经营管理水平和业绩突出的浙商代表人物。

在完成原始积累之后，企业家精神的逐步形成及其对行为的影响，在鲁冠球身上表现得更为清晰，呈现出有目标、有规划、有步骤的特点。

2000年，万向集团从杭州市郊县、丽水地区开始开展"四个一百"工程（即资助100名孤儿成长、100名特困生读书、100名残疾儿童生活、100名孤老养老）。到2006年，扩展到"四个一千"工程，2008年开始在全国范围内开展"四个一万"工程，率先在四川、重庆等4个地震灾区启动。截至2010年，资助范围涵盖全国20个省188个县，受助人数超过20000人。向省慈善基金、省农技推广基金、农村青年基金、教育基金、残疾人基金、老年基金、见义勇为基金等捐款6000余万元，向春风行动捐款859万元，向汶川地震灾区捐款1525万元，还捐建了敬老院、医院，专项出资助医、助贫、助"老少边"区、助"光彩事业"、参加"送温暖工程""彩虹行动"；2010年捐资设立宁围镇慈善分会留本冠名基金1亿元，万向用于慈善事业的支出金额累计已超过4.6亿元。2012年，万向集团获得由国家民政部主办的2011年度"中华慈善奖"评选的"最具爱心捐赠企业"奖。

对企业家来说，正如王阳明理解圣人之道一样，我们对阳明心学的认识的层次，对阳明心学的运用水平，取决于我们的学习的水平，阅历实践的广度和深度，是一个持续的动态的过程，绝对不是静态的，我们需要有一种循序致精的学习精神。特别是需要一种谦卑空杯心态，不断修正自己的言行，改过迁善，不断完善自我，接近至善。

三　以仁德之行教化人心改造企业

圣人之道，既强调明心见性，又强调知行合一。心是本体，行是功夫。知行合一的核心在于行，行的重点在于由良知所发的体现德的事情上改过迁善，君子自强不息，厚德载物。这样才能推动企业变革。

企业要真正成为一家心企业，需以良知唤醒良知。企业家影响干部，干部影响员工。越是伟大的企业，它所拥有的商业哲学也越简单，大道至简！

不论是治国、治家、治企，治理任何组织都要让人心服。怎么样才能让人心服？除了自己有足够的实力、足够的底气之外，主要是自己的思想行为值得别人从内心认同尊敬，自己的真心诚意能让对方禁不住感动感激。换句话说就是"致良知"，把良知发挥到极致，哪怕是盗匪也能被说服。我们研究王阳明最大的感受之一，就是他的仁爱与德，始终坚持教化人心。

当我们要成就一家心企业，发展新目标的时候，需要系统之德，也就是基于心和企业特点，以融合产生的系列大家共鸣遵守的法则作为支撑，才能真正改造一个大企业。我们可以从被人们誉为哲商的日本著名企业家、思想家稻盛和夫改造日本航空公司的案例一窥端倪。稻盛和夫的经营哲学多年来被全世界的企业家所学习，他把"作为人，何为正确""利他"作为企业经营的最高哲学，这和王阳明的"致良知"是相通的。通过"致良知"可以产生巨大的力量，可以让一家濒临破产的企业起死回生，重新焕发生机。

娃哈哈是劳资关系比较和谐的企业，老板和员工之间没有互相对立的紧张关系。娃哈哈企业文化，注重兼顾股东、员工、经销商、供应商、国家等不同利益主体的平衡。

娃哈哈所在的食品饮料行业是一个准入门槛很低的充分竞争行业，但就是这样一个典型"红海"行业，娃哈哈坚持"不上市不贷款"，立足自我发展，在激烈的市场竞争中长期稳居行业龙头，而董事长宗庆后则三度问鼎"中国首富"。取得这样的业绩非常不容易，除了娃哈哈始终坚守实业主业不动摇，一贯注重产品质量和品牌战略，重视科技创新和销售体系建设等公司战略之外，娃哈哈一以贯之的"以人为本"也是其持续竞争力的重要来源，宗庆后倡导的"三家文化"——"小家、大家、国家"的有机统一，符合中国国情和公司实际，具有现实意义。

所谓娃哈哈的"三家文化"，即通过照顾好员工这个"小家"，依靠员工的全体努力发展企业这个"大家"，在发展"小家"和"大家"基础上，竭尽全力履行社会责任，报效国家。娃哈哈的"家"文化，把每个员工都当作自己的家庭成员一样看待，使员工的生活、工作等各个方面都得到关心。在用人和分配上，主要靠激励机制、竞争机制"两大机制"的建设，"收入凭贡献，岗位靠竞争"这是对两大机制的形象化表述。娃哈哈坚持以人为本，通过成果共享造就了一支拉得出、打得响、过得硬的干部员工队伍，干部员工忠诚度高，勤奋、敬业，为企业发展奠定了"人"这一最重要的因素。

对于发展"大家"，从1990年开始：娃哈哈集团职工持股会以公司"工会委员会"的名义存在。到1993年，娃哈哈就已采用全员持股策略，规定无论处于什么岗位只要你在娃哈哈的工龄满5年，你就有资格持有一定的股份。

每年的5月份，对娃哈哈员工来说是个开心的时候，因为到了这一月每个股东都可以得到数额不等的分红。能做到这样大比例的员工持股，每年能够稳定分红，这样的企业国内很少。

除了分红，娃哈哈还想办法给员工分房。住房是安居乐业的基础，在城市里拥有一套住房是很多人的奋斗目标。截止到2013年，娃哈哈在杭州市，就给员工分配了近1500套住房，其中很多是一线普通员工。

而作为老板的宗庆后自己，每年个人消费很少超过 5 万块钱。出差乘飞机经常是经济舱、坐火车二等座，总部办公楼至今还蜗居在一个破旧老小区里。

娃哈哈作为一个农民工占主体的民营企业，也是传统制造业企业，显然没有"义务"给员工分红或分房。让基层普通员工分享企业发展的红利，这也是宗庆后的经营理念和价值观决定的。

宗庆后把娃哈哈看作一个家，而员工就是家的一部分，他就是这个大家庭的"当家人"。大家共同艰苦奋斗，现在家境富裕了，就应该有福同享。这样既增加了员工的资产性收入，同时员工也才会有当上主人的感受。平时老板能够做到"有福同享"，形势困难时员工才有可能与老板"有难同当"。

四　敬终如始的奋斗和精进，护持企业基业长青

做成百年老店、基业长青是企业家的追求，也符合社会总福利原则。但在现实世界，能够长期稳健安全发展的企业并不多。其原因表面是产业衰退主业不振资金链断裂，其内在原因，往往可以追溯到企业家本人的心智——初心不再，贪心不足、自大傲慢、懈怠等。所以修正内心的态度，从而修正企业家外在的行为，是企业可持续发展的重要保障。

假如创业过程中失去了初心，失去了应有的最基本的品德会怎么样呢？吉姆·柯林斯曾写过一本书叫作《基业常青》，他在《基业常青》中分析了 18 家高瞻远瞩的企业是如何走向成功的，但等到 2009 年他着手写《再造卓越》时，发生了一件意外的事，就是在《基业常青》中的那 18 家案例公司有 11 家已经黯然失色了。也就是说，任何一家企业都不可能强者恒强，哪怕它是世界上最好的企业，是当今时代的庞然大物，它依然可能正在走向衰落，只是它自己完全没有意识到而已。《再造卓越》这本书对于公司的衰败提出了五个观点或者说五个阶段：狂妄自大，盲目扩张，漠视危机，

寻找救命稻草和无声无息。可以说，企业在高峰的时候最重要的品德是谦虚谨慎，失去了这一点，随时会有风险发生。

这么优秀的企业，也迟早逃不掉衰退的风险，那么有什么好的应对方法吗？企业经营的基本原理和物理学的原理之一热力学第二定理是相通的。一个系统，一个组织，一个星球，一个宇宙，再到一个人都符合熵增定律，会随着时间的推移变得混乱、无序、僵化，没有活力直至在这种混乱中走向消亡。值得庆幸的是，宇宙是平衡的，在熵增的大前提下，给了我们一条不同的路：反熵增，也即自组织，生命化。彼得·德鲁克说，管理要做的只有一件事，就是如何对抗熵增。在这个过程中，企业的生命力才会增加，而不是默默走向死亡。

一个企业，要让自己反熵增，就是让自己更有活力，要让自己开放，更多地适应外部的变化与环境，让其在环境中自我进化。同时，可以不断生出独立的新的业务，新的业务也可以不断进化。从本质上来讲，延续的发展就是一个熵增的过程，而要想突破非连续性，必须要"生"出新的曲线，这才是对抗熵增最好的办法。保罗妞·恩斯在《跨越S曲线》中重新定义了基业长青：一次又一次地跨越第二条曲线。就像阿里巴巴有了b2b，还有淘宝，还有天猫，还有支付宝，还有蚂蚁金服，菜鸟物流，盒马生鲜，云计算等。腾讯有了门户网站和qq，又生出了微信，王者荣耀，腾讯视频，等等。网易有了门户，又生出了邮箱，网易游戏，云音乐，网易严选，考拉海购，等等。苹果公司有了ipod，又生出itunes，iphone，苹果电脑，苹果商城，等等。

企业要长青，企业家要始终保持旺盛的斗志和不亚于任何人的精进。哲学和科学，是培育企业家精神的两种重要支撑。优秀的企业家必须是一个同时拥有哲学思维，以及拥有跨学科精神的人。

成功没有捷径，努力才是通往成功的光明大道。京瓷仅用了不到半个世纪的时间就成长发展到现在的规模，稻盛和夫说，除了努力以外，可以说别无它因。但是京瓷的努力不是普通的一般的努力，而是不亚于任何人的努力。"不亚于任何人"这几个字才是关键的，否则企业没有今天的繁荣。另外还有一点很重要，不亚于任何人的努力，必须每天不断持续，千万不要忘记任何伟大的事业都是一步一步、踏踏实实努力积累的结果。

企业家在履行使命的时候，要有强烈的使命感和意志力。为了保护广大员工，一旦面临危机，立即挺身而出，成为员工的保护神。没有这种气概，经营者就不可能获得员工们的由衷信赖，这种英勇气概，来自强烈的使命感，无论如何也要保护企业，保护员工，这种责任心使经营者勇敢而且坚定。

2020年新冠肺炎疫情期间，大多数行业都面临前所未有的严峻挑战，在生死存亡的生存考验面前，很多浙商挺身而出，明确宣布"不裁员、不减薪"，但高管需要减薪或"冻薪"。由股东和高管来承担压力，保护员工的利益。

再看代表我们中华传统商业文明的中华老字号品牌，像同仁堂、青岛啤酒、老凤祥、全聚德、锦江、张裕、茅台、中央商场、瑞蚨祥、张一元等等，它们的组织机构、产权结构、商业模式不断变化，但真正历久弥新的，是它们的"致良知"，是对员工，对客户，对产品，对社会，对国家，对文化的一致和谐，表现出来的是"诚信为本、顾客至上、以人为本、追求卓越、担当责任、善于创新"等简单的道理。

第四节　赋能——激活自身和组织的企业家精神潜能

企业家精神是企业家能力的本体，它是与生俱来的自然存在。企业家精神的培育，基本路径是激发，或者说激活本善潜能，而不是外在的置入、添加或附着。在创业过程中，企业家精神并不呈现简单的线性变化，也不是与财富多寡直接相关。总体趋势是：随着时间变化，企业家精神会逐渐淡化弱化。所以，企业家精神需要不断地赋能，其维度包括两个方向。其一是为自身赋能（充磁充电保持菩提心不退转）；其二是为组织（团队）赋能，将个人的企业家精神转化固化为企业文化。

一　心智潜能需要触发和激活

一个人身处逆境，特别是重大逆境的时候，往往会有特别的奇迹发生，思想上甚至到达开悟的境界，我们的企业经营所遇到的黑天鹅也往往是一次重新思考，明心见性的机会。王阳明因为敢于直言，而得罪宦官刘瑾，被贬到贵州龙场，在这个事件的催化之下，最终获得大悟。

王阳明所处的时代，正值明王朝由稳定开始进入危机、衰败的转变时期。当时国家朝政腐败，义军四起。英宗正统年间，英宗被蒙古瓦剌部所俘，朝廷赔款求和。王阳明对这个国家有着强烈的使命感，他发誓一定要学好兵法，为国效忠。其实，早在十五岁时就屡次上书皇帝，献策平定农民起义，只是当时皇帝并未采纳。

王阳明被谪贬至贵州龙场当驿丞时，龙场还是未开化的地区。王阳明没有气馁，他根据风俗开化教导当地人，受到民众爱戴。人在困境的时候思想上特别容易有感悟。在这个时期，王阳明对《大学》的中心思想有了新的领悟。

在龙场的这个艰难环境当中，37岁的时候，王阳明建"玩易窝石椁"，日夜端坐其中进行思考，最终超脱生死之念，顿悟"圣人之道，吾性自足"，即"心即理"——所以心无私欲之蔽，即知道天理，不用向外面找。吾心之良知，即所谓天理（包括但不限于仁义礼智信孝；自知善恶、怜悯、辞让和是非；以及其他良知）。以此纯乎天理之心，发之事父便是孝，发之事君便是忠，发之交友治民便是信与仁。普通人因为私欲遮蔽和积习影响，看不到本心。

王阳明认为从孔孟以后儒学卒，陷入支离破碎。朱熹的不足，是要穷万物之理，搞得很复杂。王阳明曾如此解释《大学》中的"格物"："所谓致知格物者，致吾心之良知于事事物物也。吾心之良知，即所谓天理也。致吾心之良知天理于事事物物，则事事物物皆得其理矣。"[1] 可以说，王阳明的龙场悟道其实是他三十多年积累的集中爆发，而龙场的艰辛生活正是促成这一爆发的触发器。

我们企业家，在市场经济过程中也是必会经历风云，所以一定会时间到了，触发器到了，也会有"龙场大悟"，重新定义生命的意义。生命的意义是自己创造的。

王阳明的良知说，指向的是正面的。所以，正面的思维方式就很重要，是致良知的一种功夫，比如，积极向上，具有建设性；擅于与人共事，有协调性；性格开朗，对事物持有肯定态度；充满善意；能同情他人，宽厚待人；诚实、正直；谦虚谨慎；勤奋努力；不自私，不贪婪；有感恩心；懂得知足；能克制自己的欲望；实事求是；等等。王阳明在贵州龙场逆境中的时候，他从良知出发，从此时此地应该发什么心，乐观心，表现出超乎常人的乐观，因此视逆境如无物，反而提升了他的修养。当良知告诉我们，在什么样的环境下，该发什么心时，那么就可以发什么心，从而就有什么行，只要是正面的都有积极意义，逆境中也有积极意义。

企业家不仅要理解共鸣王阳明的成长之路，更要通过全方位的，持续不断的学习，体认王阳明哲学的思想体系，开悟心学拥有的宝藏和开启宝藏的方法，最后才能更好地化用阳明哲学。这是给自己赋能的不二法门。

阿里巴巴创始人马云，以"让天下没有难做的生意"为创业使命，这是马云的初心。这个初心在企业成长过程中，会受到外界的干扰和影响，但马云坚守初心坚定不移。比如，阿里创业之初，给

---

[1] 王守仁：《王阳明全集》，上海古籍出版社 2014 年版，第 51 页。

客户回扣是流行的潜规则，马云力排众议，定下规矩，一律不给回扣。不止一位高管，因为执行诚信责任不力，被公司辞退，甚至送进监狱。

一直以来，马云把很多的时间精力资金资源用在公益事业上，他关心蓝天白云、关心乡村教师、关心年轻人的就业和创业机会。以实际行动助力减贫、环境、教育等公益事业。马云被称为最关注人类命运的中国企业家，他从民间的立场，市场的手法，企业的资源，致力于更温暖平等的世界。

马云始终坚持客户第一，员工第二，股东第三的商业理念，一直以来探索建立"利他"的生态系统，从商业企业到社会企业，成为中国的国家企业。所谓"利他"，就是为人民服务。弘扬价值观，传播正能量。相信市场尊重规律，坚持利润之上的追求，是阿里能够做大做强的根本。

不断地以更高的标准要求自己，使得自己更加坚定和强大。2020年席卷全球的新冠肺炎疫情，危急时刻再次凸显了马云和阿里巴巴以"利他"为宗旨的企业家精神。

新冠肺炎疫情期间，阿里巴巴在社会责任和业务拓展两翼均有重磅突破，充分展示了阿里强大的组织能力，让我们第一次比较清晰地看到了马云六年前所说的"国家企业"，到底是什么模样（2014年马云首次提出这一概念，所谓"国家企业"就是能够代表这个国家的文化价值观、技术生产力、责任形象和年轻人的这样一批企业）。

二 企业家个人的良知良能转化为团队和组织共有

良知是人心又是天理，能把心与物、知与行统一起来，泯合朱熹偏外，陆九渊偏内的片面性，解决了宋儒遗留下来的问题。在龙场中，王阳明在此间文章写道："圣贤为什么会左右逢源，因为他们以良知二字为自己的行为准则。所谓格物，就是格头脑中的良知。"

优秀的企业必定是有愿景、使命和价值观的,很多企业都把诸如客户导向,员工导向,执行力等当作企业的经营哲学、价值观,但是往往企业和企业之间最大的差别是,这种文化能否真正深入每一个员工的心里,一旦深入每一个员工的心里,那么就会形成真正强大的核心竞争优势。

企业家是文化和价值观的布道者。如果一个企业家,能够把阳明心学致良知,作为人生幸福和经营企业的最高哲学、道德准则,这是人生幸福的定海神针。自己必须对阳明心学有非常透彻的认识,不仅要有阳明心学的知识,还要有见识,特别是随时能和自己的实践阅历产生共鸣,最后能够真正上升到坚定信仰的高度,只有到达信仰的高度才能产生能量,才能给自己赋能,给所有干部员工赋能,给企业赋能。

坚定地相信,每多一分实践,每多读一次经典,每多一分体认,就会一次次上升到信仰的高度,落实到强大的行动执行力上,和我们周围的人产生心连心。即只为共同开悟,成就圆满的幸福,我们就能影响周围的人,影响社会。这是一种可穿透一切的伟大力量,这也是给员工讲哲学的大前提,对自己都不相信的东西,不可能满腔热情地传递,就算传递也不能说服别人。

企业家的阅历、学习的程度和水平高低都会影响他对人生幸福和企业经营认识的层次和格局,决定着企业能做多大能做多久,这和对王阳明心学的认识过程是一样的,是一个成长性的过程。企业家必须拥有成长型思维,所谓成长型思维,即认为人的能力、智力可拓展,与之相反的固定型思维模式则认为人的能力、智力是固定不变的。固定型思维的发展是不能持久的。企业家要强化做人基本的德之一,就是勇气,要勇于升级自己的认知,通过不断学习,把自己的认知提升到最高水平。

企业家要把自己关于人生幸福和企业经营的哲学告诉干部员

工，但有些企业家把哲学视为行为规范，让员工服从公司，或者说把哲学作为驱使员工工作的工具，这是本末倒置的。如果把哲学仅仅当作个人或公司提升业绩的手段，不可能获得员工的共鸣，哲学就无法渗透。即使在表面上为了员工的人生幸福，但只要心中还有自私和轻松念头，不知不觉就会传到员工心中。员工很快就会看透。作为公司领导人，心中所思所想，不说也会传递给员工，产生强大影响。所以，必须从心中发出强烈的愿望和爱，以发自内心的信念和真挚口吻告诉员工，只要有这样的态度，就一定能度过幸福美好的人生。

三 心性改变企业——超越国界和文化的力量

世界著名的企业家、思想家稻盛和夫在盛和塾的一次演讲中提到他创建京瓷和 KDDI 两家世界 500 强企业，重建日本航空，创造出超越想象之上的卓越成功。绝对不是因为运气，也不是赶上了时代的潮流。之所以获得如此的成功，是因为哲学具备的力量。

他深信这一点。为度过美好的人生，纯粹的思维方式具有强大的力量，从而带来美好的命运。他引用 20 世纪初，英国伟大的心灵导师詹姆斯·艾伦的话：不论是眼前的目标还是人生目的，心灵纯洁者更容易成功。为什么美好心灵的哲学能有这样的力量？稻盛和夫认为，因为这个世界上流淌着宇宙的意志，引导一切事物向着美好的方向前行。只要与宇宙潮流相一致，就能成长和发展。他还做了这样的比喻：人生在大海上航行，首先要依靠自己的力量拼命划船，同时还需要伙伴的帮助，但仅仅这些还是不够。只有靠"利他之风"，才能到彼岸。

稻盛和夫常常跟他的员工这样讲："我并不是毫无根据地强制大家接受哲学。我从年轻时就认为，人生虽然变化不定，但是人可以度过充实和美好的人生。怎么做才能实现这个愿望，我一直在不断思考：人生因思维方式的改变而改变。我把自己体悟的正确的方式归纳成哲学，公司得到发展，人生也得到拓展。由此可见，哲学一定不错。哲学已经被结果所证明。哲学不仅能对企业发展做贡献，还是让人生充实和幸福的真理。"[1]

稻盛和夫就是这样直言告诉员工的——企业的价值就是让员工幸福。稻盛和夫还给企业家建议，可以直接引用他的话，也能起到一半的效果，因为在一开始他也是直接用松下、安冈、中村的语录，到后来自己也能阐述哲学。还有最重要的是企业家要率先实践。员工看到榜样，就会产生共鸣，跟着实践哲学，为公司的发展尽心尽力。另外，企业家还要会指出员工的错误，能在工作以外轻松的场合了解员工的真实想法，最后能够和员工共同学习。

学习和分享是十分重要和必要的，直到员工自动自发地享受哲学带来的好处。作为经营者，稻盛和夫曾坦率地和员工说：

"我要大家学哲学，好像我自己很了不起。其实我自己也没有很好地实践哲学。直到现在，我也没有完全实践哲学，从这个意义上讲，我只是一个书生和小和尚，所以我要用我的一生去实践……但这不代表我没有资格讲哲学。做人做事本来就应该这样，我希望员工成长，让公司成长，让员工幸福。"[2] 稻盛和夫说，采用这种态度说话，是非常重要的。"你不留在公司也行，只要按照正确的人生观去生活和工作，就能拥有幸福人生。"[3] 稻盛和夫说，公司自然获得信任，员工离职率降低，员工积极性提升，获得长远的发展。

总之，我们向员工讲述阳明心学，是为了开悟员工的心灵智慧，最终成就每个人人生的圆满幸福。最后，是要形成明确的法则，真正让全体员工共享、共有优秀企业文化。

2010年1月19日，日本航空公司正式宣布破产重建，当时日本舆论清一色地悲观，认为日航已经病入膏肓，无药可救，媒体对

---

[1] 稻盛和夫：《企业家该如何向团队讲述哲学？》，《中外管理》2019年第8期。
[2] 稻盛和夫：《企业家该如何向团队讲述哲学？》，《中外管理》2019年第8期。
[3] 稻盛和夫：《企业家该如何向团队讲述哲学？》，《中外管理》2019年第8期。

日航口诛笔伐，同时认为日航重组一定会失败，甚至反对日航重组。在舆论一片批评指责中，日航的员工们士气十分低落。另外，原来的领导班子集体引咎辞职，新的经营班子还没有到位，公司处于一盘散沙的状态。

稻盛和夫知道重组日航的艰难，但他抓住事情的本质：只要日航的全体员工热爱日航，愿意为日航不遗余力，日航重建就一定能成功。热爱日航，成功重建日航，这符合日航员工的利益，本来就是日航员工的愿望，也是日航员工的所谓"良知"，问题是怎么把这种良知激发出来，变成他们直觉的行动。

2010年2月1日，稻盛和夫正式出任日本航空公司会长，当天便给日航全体员工一封公开信。信的要点如下①。

1. 因为日航进入申请破产重建的法律程序，有人担心日航形象损坏，甚至影响日航航班正式运行。但由于日航员工热爱日航，在严峻的状况下顽强努力，航班没有发生任何混乱。

2. 虽然自己初来乍到，对日航各方面情况不太了解，但正拼命学习，对日航重建计划的落实具备信心。

3. 根据自己长达50年的经营经验，成败取决于能否营造公司的氛围，使每位员工都热爱公司，愿意为公司发展不遗余力。

4. 企业的宝贝是员工，是员工的心。只要员工从内心愿意为公司发展做贡献，企业就能持续繁荣。

5. 自己来日航的目的是，让辛苦工作的全体员工获得物质和精神两方面的幸福。为此一定会深入现场，与大家一起促膝谈心，听取大家的意见建议，同时一定要把自己的想法告诉大家。

6. 日航有许多品格优秀、能力出色的人才。希望大家齐心协力，用更开朗的态度向客人提供更温暖的服务，让客人真正喜欢日航。

---

① 曹岫云：《稻盛哲学与阳明心学》，东方出版社2019年版，第98—99页。

7. 在安全上更要采取万全之策，获得客人的信任。

8. 坚信只要每位日航员工都抱有无论如何也要重建日航的强烈愿望，并付诸行动，日航一定会成为值得大家自豪的公司。

9. 自己一定站在前头，竭尽全力，与大家共同奋斗，让日航成为全世界最优秀的航空公司。

这封信就像及时雨，滋润了日航员工们的心田，让他们在黑暗中看到了一线曙光。在企业刚宣布破产时，就说不但要重建，而且要成为全世界最优秀的公司，这就是稻盛的风格。当时没有人真正相信，但出乎所有人的意料，仅仅10个月，梦想就成真了！

然而，道路绝不平坦。稻盛和夫踏进日航，召集日航干部开会，了解日航各方面的情况后才得知，日航糟糕的程度大大超出了他的预想。由于日航这个5万人的庞然大物的巨大惯性，开头几个月，日航依然每天大额亏损，流血不止。日航的干部虽然大都出身于名牌大学，但是，他们"连一个蔬菜铺子也不会经营"。把企业搞破产了，自尊心倒挺强的，开起会来只知道推卸责任。同时在部分干部中，失败主义情绪严重。他们认为，由于长期的不景气，日航一流的人才都离开了；与竞争对手全日空相比，日航的飞机设备老旧，IC系统落后；日航宣布破产重建，砸了牌子，形象损毁；要解雇三分之一即16000名员工，留职的干部要大幅削弱工资，人心浮动。[1] 更要命的是，他们不相信稻盛这位从制造业来的外行、已经78岁的老头。他们认为，稻盛那套讲给小学生听的、唯心主义的说教，根本不可能救得了日航。

稻盛和夫是一位高明的心理学家，除了在每天碰到的具体事情上言传身教之外，为了让日航干部尽早掌握经营企业的哲学和实学，他特地安排日航高层集中学习，并且还给日航干部写了一封信。经过3个月的共事，稻盛对日航的毛病已经了如指掌。这封信

---

[1] 曹岫云：《稻盛哲学与阳明心学》，东方出版社2019年版，第100页。

直击要害，同时鞭策鼓励的力度很大。

信的要点如下①。

首先是充分肯定大家3个月来的努力。告诉大家严峻的形势还将继续一段时间，希望大家硬着头皮顶住，继续努力。鼓励大家站在重建第一线发挥骨干作用，在这个过程中成长为真正的经营者。为此：

1. 首先要真诚反省。日航到底哪里不好？自己究竟哪里做得不好？把病根找出来。

2. 这时需要的是"谦虚"。人是脆弱的动物，当问题发生时，出于自我保护的本能，人们往往不是检查自己，而是责备别人。总是找理由推卸责任，为自己和自己的部门辩护。但是，如果大家都认为自己没错，自己没有责任，错都在别人，都把问题推向客观，都认为自己不需要改变，那么日本航空的重建是不可能的。

3. 经过认真反省之后，就会知道下面该怎么办，这时候需要的是"勇气"。其实，过去许多事情大家也明白该怎么办，但没能实行，就是因为缺乏勇气。顾虑别人对自己的评价，害怕得罪上司，害怕遭到部下的抵触。担心一旦失败了该怎么办，犹豫不决，患得患失，因为没有勇气去实行，让不好的现状维持不变。这一次，对过去的做法都要重新审视，需要改革改善的地方要拿出勇气坚决进行改革改善。

4. 在进行改革改善时，需要的是"坦诚"。所谓"坦诚"，就是要如实承认自己的不足，认真听取客人和部下的意见。对的就要坚持，错的就要改进。只有抱有坦诚的态度，善于向别人学习的人，才能不断成长。

5. 同时，领导者必须站在第一线，付出不亚于任何人的努力。部下看到自己的上司那么拼命地努力，受到感动，觉得"我也得努

---

① 曹岫云：《稻盛哲学与阳明心学》，东方出版社2019年版，第102—105页。

力"。领导者的努力程度必须不亚于任何人。

6. 领导者必须在各自的部门里向部下诉说"梦想"。我们现在确实局面被动,但只要克服这些困难,我们的部门就会有如此光明的前景,日航一定会成为最出色的公司。必须诉说这样的梦想,并与部下全体人员共同拥有这个梦想。只要有梦想,就会转变为能量,使部门里充满朝气。

最后,稻盛和夫斩钉截铁地说:"只要我们的每一位干部都有这种决心和气概,那么,毫无疑问,日航不但能重建,而且一定能够成为全世界有代表性的优秀的企业。为了员工,为了援助我们的国民,让我们共同点燃火一般的热情,发愤图强,拼死努力。我衷心期盼大家奋起战斗!"[1] 当然,要改变别人的观念谈何容易!特别是那些看起来头脑聪明的所谓精英,他们很难接受这个似乎三岁小孩都知道的常识。稻盛和夫在循循善诱的同时,又给予他们严厉的批评。

稻盛和夫说:"日航无论如何要重建,要成为一家正常的企业。为此,'应该正确地做人','应该以正确的方式将正确的事情贯彻到底'。这些最基本的道理必不可缺。确实是很简单、很质朴的道理。但如果对这种做人的原理原则不接受,或者不愿意遵循、不能实践的人,那么请你们尽快辞职。因为靠这样的人重建日航是根本不可能的。"[2]

经过反复的、坚持不懈的教育,终于有一位干部开窍了。他发表感想说:"正像稻盛先生所说,小时候老师、家长教我们的这些道理,几十年来,我不仅没有掌握,没有实行,而且根本不重视,如果我早早明白这些道理的重要性,那么日本航空就不会有今天破产的下场。确实是我们怠慢了,忽略了做人做事的原则。从今天起,我要革面洗心,彻底改变自己,天天给部下讲哲学,努力与他

---

[1] 曹岫云:《稻盛哲学与阳明心学》,东方出版社 2019 年版,第 105 页。
[2] 曹岫云:《稻盛哲学与阳明心学》,东方出版社 2019 年版,第 106 页。

们共同拥有正确的哲学。"① 一时激起千层浪。他的感悟很快引发日航干部的共鸣，他们决定认真学习并实践稻盛和夫的哲学。

稻盛和夫凭着这股子傻劲，执著地相信人的良知，相信"人皆可以为尧舜"，自己率先垂范，一心一意，不屈不挠，终于用自己的良知唤醒了日航 32000 名干部员工们的良知，大家齐心协力，改革改进，日航不但服务水平世界第一、准点率世界第一、利润和利润率世界第一，并且遥遥领先，让竞争对手望尘莫及。而做到这一点，仅仅用了一年时间！

稻盛和夫以一己之力，老迈之躯为濒临绝境的庞然大物赋能，成功地将日航拖出泥潭。阿里巴巴创始人马云，持之以恒地给员工和公司赋能，使得阿里巴巴及其十万名员工，成为照亮社会的光源和热源。

百年难遇的新冠肺炎疫情，阿里巴巴再次成为大赢家：付出的最多，得到的也最多！马云本人捐赠现金 1 亿元，公司捐 10 亿元。此外，马云带领阿里体系总计向全球 150 个国家和地区，捐赠各类抗疫物资超过 2 亿件。如此庞大的捐赠，都是阿里和马老师自己掏的腰包。此外，以健康码和钉钉为代表的抗疫基础设施，保障了经济社会秩序。关键在于，马云已经成功地把个人能力转化为组织能力，阿里巴巴体系准备充分，"操作系统"强大，具备了快速反应和全天候机动作战能力。

在上述整个过程中，我们没有看到马云发表公开讲话。这一切就这么静悄悄地自然而然地做完了，组织能力的强大比马云个人的伟大更重要也更难。有了这个强大的组织，得以在这样一个危急时刻，让我们看到了"国家企业"的样子。

除了阿里巴巴之外，吉利、传化、正泰、富通、万向、海亮、纳爱斯、均瑶、娃哈哈、中天、网易等知名浙商企业迅速行动，在

---

① 曹岫云：《稻盛哲学与阳明心学》，东方出版社 2019 年版，第 106 页。

此次新冠肺炎疫情阻击战中，海内外浙商自发地捐款、捐物、捐技术、捐资源。据不完全统计，浙商企业捐赠超万元的达7300多家，捐赠过百万元的400余家，捐赠过千万元的50多家。浙商企业设立基金和捐款捐物累计已超33亿元，其中设立基金14.57亿元，捐款捐物总额18.65亿元。2020年1月25日至2月7日，浙商每日捐赠额近亿元。成为企业赋能社会的一次集中行动。

第五节　实修——在学习实践中体认良知培育企业家精神

明心见性是本体，学习实践是功夫，缺一不可，缺明心见性则大道不明，缺学习实践则虚妄不实。通过学习改变过去一成不变的旧经验，避免刻舟求剑。企业家需要不断更新并提升自己的认知模式，不断颠覆重组自己的认知体系。

王阳明的学习成长之路，对于涵养企业家精神不仅具有心智上的启发意义，也具有方法论价值：企业家不仅需要孜孜不倦地读万卷书，更需要亲身躬行走万里路。注重在实践中学习，宽领域整体性学习，避免纸上功夫和支离破碎，循序致精，由浅入深。在实践中体认良知本体真义，培育涵养持久企业家精神。

一　修己经世，以内圣外王之道在知行中夯实本体

王阳明之所以能够取得伟大的成就，跟他的丰富的人生阅历和实践，以及广泛地涉猎不同领域的知识，不偏执一端有很大关系。读书、思考、反省、任侠、骑射、辞章，游历名山大川，拜访儒学大家，与僧道高人论道，最终成就了王阳明。

我们为什么会说学无止境？因为你的人生追求高远，顾及大多数人福祉，目标不可能轻易达到，所以需要持续不断地学习，终身在学习，在成长。

古人八岁入小学，学习"洒扫应对进退、礼乐射御书数"等文化基础知识和礼节；十五岁入大学，学习伦理、政治、哲学等更高深的学问，探究宇宙人生的问题。王阳明出生于诗书世家，祖父王伦以教书为生，父亲王华是成化辛丑科状元。身为状元之子，王阳明自小就接受了良好的儒学教育，所以他对人生的思考特别地早，而且他还有自己与众不同的见解。王阳明12岁的时候，就显示出高于一般成年人的眼界和格局。这样的人生目标，让王阳明终身保持了传习精进的状态。最终实现了儒家所追求的理想人格，即修己经世，成就内圣外王。

王阳明十几岁时跟随他父亲在北京，他先是遍寻朱熹的著作勤奋攻读，一日，他读到程颐的"众物必有表里精粗，一草一木，皆涵至理"①，便陷入沉思。认识万事万物的原理知识，从我们现代人的角度看，一种是科学的方法，一种是人文的方法。科学的方法就是通过实验来获得对事物知识的认识。人文的方法，主要是通过领悟抽象的概念的真谛，来获得对事物认识，特别是修己成人、为人处世等人文方面的认识。

王阳明那个年代，还没有科学知识、科学实验这样的概念。他家里有很多的竹子，于是王阳明就开始格竹子，他一直盯着竹子看，废寝忘食、目不转睛地看着、想着，一直坐得支撑不住，病倒了，整个过程，既没有了解竹子的详细的特性，也没有了解竹子背后的人文原理和知识。王阳明甚至对自己产生怀疑，他觉得自己可能没有天赋去成为圣人。然后王阳明转而关注佛教、道教，他从一开始着迷，到后来理性地批判，最后是吸收佛教、道教的功用，融合到儒家之道里面来。所以，佛教、道教特别关注一元论、本体论，包括王阳明落难到龙场的时候专注于读《易经》，也是一元论、本体论，这对于王阳明后来感悟抽象的圣人之道起了相当大的启发

---

① 王守仁：《王阳明全集》，上海古籍出版社2014年版，第1349页。

作用。当然，人文的知识，只有通过实践才能够获得感悟和真切体验，所以实践阅历也扮演极其重要的作用。但是佛教和道教的本体认为是无，而王阳明则认为本体是良知，这是儒教与佛教和道教根本的区别。

31岁的时候，王阳明还渐渐了悟佛道的局限之处。从而更清晰地看到了自己的人生道路，从此转向儒学。王阳明曾在家乡余姚四明山掘一洞穴称为阳明洞，修习导引之术，渴望超脱世俗，又牵挂祖母与父亲，踌躇不决之际，觉悟道："此孝弟一念，生于孩提。此念若可去，断灭种姓矣。此吾儒所以辟二氏。"① 王阳明感悟出来佛道轻视人伦和经世，自私、虚无的不足，说的是不着相，却实际着相，着相于君臣、父子和夫妇，所以逃避，不能经世致用。所以王阳明说，人生不能为了成为圣贤而成为圣贤，自古以来的圣贤都是为了天下苍生而祈望不休，从而成为圣贤。

儒学和禅学都是以心学为宗，是否追求"经世致用"，是二者的本质区别，儒学追求的是心物合一，并且人伦和事物之理都蕴含于其中，佛教则把心看作幻象，与世间没什么关系。人生是要在经世致用当中成就万物一体之仁。王阳明还批评佛教动静分离，厌动求静。王阳明认为道教追求长生，佛教追求解脱，都是自私的成分。王阳明认为长寿的秘诀在于求仁，他晚年时觉得如果修习自己创立的"良知之学"，那么佛教所追求的"解脱"和道教所追求的"长生"都可以一并获得。王阳明后来对弟子说，自己曾经痴迷于道教和佛教，后来见得圣人之学简易广大，叹悔错用了三十年力气。他还说，佛教和道教的妙处和圣人只差毫厘之间，但谬以千里。对于佛教和道教的功用，王阳明也没有否定，他说二者都是心之功用。这也就是以儒学为基础，三教合一的思想。

为了避免舍本求末，缘木求鱼，圣贤学习入门最简单的第一义

---

① ［日］冈田武彦：《王阳明大传（上卷）》，重庆出版社2018年版，第176页。

问题，王阳明提出了培根论，54岁的时候提出了非常有名的拔本塞源论，只有先掌握了良知的本体，那么才抓住了第一义，才不会一开始就陷入支离破碎。

为了让弟子明白圣人和古籍经典中的文字解释，王阳明42岁的时候，有一次和徐爱坐船返回故乡途中，讲述《大学》要旨，对圣人提出的几十个经典名词的理解问题，认为圣人的话许多都是不同词却意思相同。徐爱听后，"踊跃痛快，如狂醒者数日，胸中混沌复开。仰思尧、舜、三王、孔、孟千圣立言，人各不同，其旨则一"[1]。格物是诚意功夫，明善是诚身功夫，穷理是尽性功夫，道学问是尊德性功夫，博文是约礼功夫，惟精是唯一功夫[2]……天理是良知的别称、是仁义礼智信的别称、是诚意的别称、是至善的别称、是明明德到至精至一的别称、是立志的别称、是念念存天理的别称。王阳明对《大学》的解析特色，就在于把正心、诚意、格物、致知、明德、亲民、至善归为一件事[3]，让后人不再糊里糊涂地陷入名词解释的陷阱。这或许是王阳明的独创之处。凡修阳明学之人，首先必须留意这一点。圣人之道，王阳明此时完全领悟了，圣人之道一脉相承。

从以上王阳明的终身学习之路可以看出，没有跨领域的学习，没有对这个社会的各种各样现象保持好奇心，创新的灵感就会枯竭。很少会有新的想法平白无故地冒出来，创新不会自我推销，更常见的是，我们把不同的想法放在一起。企业家应该具有把自己看成一个思想家、哲学家、科学家、艺术家、发明家、工程师、旅行家、数学家、物理学家、脑科学家、心理学家、生物学家等的思维，至少也要会进行跨学科的学习，掌握每个学科少数几个关键的一般化的原理，利用多学科组合的思维去解决问题，创造新的东西

---

[1] ［日］高濑武次郎：《王阳明详传》，台海出版社2017年版，第54页。
[2] 王守仁：《王阳明全集》，上海古籍出版社2014年版，第16页。
[3] ［日］冈田武彦：《王阳明大传（中卷）》，重庆出版社2018年版，第355页。

出来。

陈爱莲是浙商女企业家群体中的杰出代表，也是同时当选全国人大代表和中共全国党代表的第一人。陈爱莲原始学历不高，但她现在从事的产业全是高大上的大交通装备制造业，是典型的技术密集型人才密集型行业。作为每天事务缠身的大公司老板，陈爱莲爱上学爱上了瘾，她创业"做老板"的过程就是她"读大学"的过程：从1995年开始，她每年都要到高等院校进修学习。从杭州商学院到浙江大学，从香港公开大学的MPA到复旦大学的EMBA，从清华大学到北京大学再到中央党校，如今在北师大经济学专业博士学习。一边创业一边学习，是陈爱莲不断成长进步的重要保证。

二　以实践体认检验企业家心性和精神

要想成为圣贤，首先必须了解圣人之道。关于儒学之道，如何做学问即了解何为圣人之道、如何为人处世、如何修己成人，《大学》这本书其实给出了很明确的方向和方法。即大学之道，在明明德，在亲民，在止于至善。通过"格物、致知、诚意、正心、修身、齐家、治国、平天下"八步，臻于至善之境。

不难发现，在上述"八大步"过程中，书斋里的皓首穷经，所占的比重并不大。学习的过程并不是书越读越多那么简单，而是认识世界、探究真理的过程。这个过程往往充满了艰难曲折，乃至是前功尽弃重新归零的过程。尤其对企业家来说，在实践中学习、磨炼、挫折，才有可能真正认知经济运行和企业管理的规律，在这个过程中涵养企业家心性和精神。

儒家圣贤之路的八大步，反过来就是由外而内、探幽入微的寻根过程。《大学》里说，古之欲明明德于天下者，先治其国；欲治其国者，先齐其家；欲齐其家者，先修其身；欲修其身者，先正其心；欲正其心者，先诚其意；欲诚其意者，先致其知，致知在格物。宋明儒学的思想史其实也是对"格物"的认识史。王阳明的儒学思想也是建立在他对"格物"的认识之上的。

这个纲领和条目的方向和路径,是高度概括和抽象的,普通人因为年龄不够、阅历实践不够、学习不深,也包括王阳明所说的,受私欲和习性的影响,不太容易在很年轻的时候就能够有大悟,达到理解圣人之道大道至简,以及一通百通的境界。而一旦通了之后,便会不觉欢呼雀跃、手舞足蹈,其美妙之处自会体验得到。也就是说,圣人之道,需要经历一个长期的读书、思考、体认、开悟、释疑的过程,才能被真正理解和掌握。后来,王阳明在一次偶然中读到朱熹给宋光宗的奏折,其中写道:"居敬持敬,读书之本;循序致精,为读书之法"①,他恍然明白要学习圣人之道,必须循序致精。王阳明后来还从孔子、孟子、周敦颐、程颢、陆九渊几位大儒经典中读到很多真正简单又提纲挈领共通意思的话,让他不断开悟,一通百通。

王阳明不仅仅孜孜不倦读万卷书,他还躬身车马行万里路。30岁左右,已经积累了很丰富的人生阅历。湛甘泉为他写了墓志铭,其中写道:"初溺于任侠之习,再溺于骑射之习,三溺于辞章之习,四溺于神仙之习,五溺于佛氏之习。正德丙寅,始归正于圣贤之学"。②任侠、骑射、辞章、拜访儒学大家钻研儒家经典和《易经》,与和尚道士论道,游历名山大川。这也是我们做学问之道、理解圣学精神之道的路径,是一个循序渐进,由浅向深的过程。这对于王阳明后来悟出圣人之道,大道至简,十分有益,而且缺一不可,缺一则陷入偏执不明。古人言三十而立,这个立,除了立志,指三十岁以后,通过广泛的阅历实践,理论和实践融为一体,已经能够逐渐确立起自己为人处世的一些基本准则。这样再去反证古人归纳出来的一些共通的人伦道德名词,就能够获得共鸣的体验。否则那些人伦道德名词,就只是名词而已。

---

① [日]冈田武彦:《王阳明大传(上卷)》,重庆出版社2018年版,第137页。
② 王守仁:《王阳明全集》,上海古籍出版社2014年版,第1538页。

传化集团是浙商群体具有典型代表性的企业——纯私营企业出身，注重社会责任建设和劳资关系和谐。在传化创业过程中，有三个"同步"非常突出：企业的成长壮大与企业主的成长进步同步；企业的资产积累与企业承担的社会责任同步；企业自身竞争力的提升与推动国家产业转型升级同步。这个"三同步"，体现了企业家对创业使命和财富责任的认知和履行的过程。

1998 年，传化组建了浙江省首家私营企业党委，传化在私营企业党建的探索，被视为中国新经济组织与党组织新结合方式的示范，其表现出来的成效和经验，引起中央和各级党委领导的关注和肯定。1999 年，胡锦涛同志对传化党建工作作出重要批示。

徐冠巨爱国守法，他杰出的经营才干、稳健的政治立场以及谦逊温和的行事风格，为他赢得了社会各界的广泛信任。2002 年，徐冠巨当选为浙江省工商联主席。这是浙江省工商联从 1952 年成立以来，首次由新一代非公有制企业代表人士担当"掌门人"。2003 年，徐冠巨当选为浙江省政协副主席，成为全国第一位担任副省级领导职务的私营企业主。2013 年，徐冠巨卸任浙江省工商联主席和省政协副主席职务，担任全国工商联副主席。

单论当年徐冠巨的资历或企业规模，传化都排不进第一。但徐冠巨当选，却是众望所归。因为他拥有的不仅仅是经营才能和市场业绩，他的一贯强调和实践的社会责任；他的一直在摸索的管理社会化和公司公众化；他的率先建立私营企业党委、团组织、工会等；以及他在为人称道的社会保障制度方面、在建立新型劳资关系方面所做的探索性工作，都使他超越了企业单纯追逐利润的境界，也使得传化的企业社会责任和公司伦理，以及徐冠巨董事长的企业家精神，得到了丰富和升华。

写到这里，本章"用阳明心学培育企业家精神的基本路径"就进入收尾了。阳明心学已经有五个世纪的传承和发展，中国企业家的大面积出现和成长，还是最近四五十年的事情。但圣人之道一脉相承，而且各行各业都兼容并包。随着中国在全球地位的提高和中国传统文化的复兴，越来越多的企业家意识到阳明心学所具有的伟大精神力量，以正心、诚意、格物、致知、明德、亲民、至善等心性的修炼，通过"1+5"的路径导引——1代表企业家精神中的初心使命和价值观，5代表具体路径，即本章基本结构的"明心、立志、改过、赋能、实修"，这样一个互相衔接而又层层递进的方法论。这是在全球化背景下，用阳明心学培养企业家精神的基本方法和路径。

对于企业和企业家来说，以阳明心学涵养企业家精神，有助于从根本上解决为何创业？何为创业成功？等这些企业家的终极问题。对内，追求全体员工的物质和精神两方面的幸福；对外，与客户建立真正心的连接，为社会创造福祉，建立至善的商业模式，推动社会的进步。

以阳明心学武装起来的企业家，他所拥有或管理的这个企业，就可能成为弘扬中华传统文化的一个平台。在这样的环境和氛围下，有助于激发良知让每个人的灵魂更高尚，让每个人的道德修养更高；同时开悟每个人的心灵智慧，成就每一个人圆满的幸福。让企业成为一个自由的、有价值的和受人尊重的，并且至善和商业模式完美结合的企业。这是阳明心学之于企业家精神的根本指引。

随着这样的企业家和企业越来越多，我们在参与全球化的过程中，会越来越有文化自信，越来越以德服人。我们的优秀文化会向世界更多的国家和地区传播，我们中华民族的伟大复兴，将在经济上、文化上全面实现，这是我们每一个中国人的自豪。

参考文献

专著

[德] 恩格斯：《路德维希·费尔巴哈和德国古典哲学的终结》，人民出版社2014年版。

[德] 黑格尔：《小逻辑》，贺麟译，商务印书馆1980年版。

《马克思恩格斯全集》（第9卷），人民出版社1961年版。

（明）董其昌：《画禅室随笔·卷之一》，华东师范大学出版社2012年版。

[法] 皮埃尔·阿多：《作为生活方式的哲学》，姜丹丹译，上海译文出版社2014年版。

[古希腊] 亚里士多德：《尼各马可伦理学》，廖申白译注，商务印书馆2010年版。

[美] Y. 巴泽尔：《产权的经济分析》，费方域、段毅才译，上海人民出版社1997年版。

[美] 彼得·德鲁克：《创新与企业家精神》，蔡文燕译，机械工业出版社2019年版。

[美] M. M. 波斯坦：《剑桥欧洲经济史》（第七卷上册），王春法译，经济科学出版社2004年版。

[美] 戴维·兰德斯、乔尔·莫克、威廉·鲍莫尔：《历史上的企业家精神：从古代美索不达米亚到现代》，姜井勇译，中信出版社

2015年版。

［美］丹尼尔·A. 雷恩、阿瑟·G. 贝德安：《管理思想史》（第六版），孙健敏、黄小勇、李原译，中国人民大学出版社2014年版。

［美］道格拉斯·C. 诺思：《经济史中的结构与变迁》，陈郁、罗华平等译，上海三联书店、上海人民出版社1994年版。

［美］德鲁克：《管理的实践》，齐若兰译，机械工业出版社2009年版。

［美］弗郎西斯·福山：《信任：社会美德与创造经济繁荣》，彭志华译，广西师范大学出版社2016年版。

［美］杰克·韦尔奇、苏茜·韦尔奇：《赢》，余江、玉书译，中信出版社2005年版。

［美］克莱顿·克里斯坦森：《颠覆性创新》，崔传刚译，中信出版社2019年版。

［美］小艾尔弗雷德·D. 钱德勒：《看得见的手：美国企业的管理革命》，商务印书馆1987年版。

［美］熊彼特：《经济发展理论》，中国社会科学出版社2009年版。

［美］伊斯雷尔·柯兹纳：《市场过程的含义》，冯兴元等译，中国社会科学出版社2012年版。

［日］柴田实：《石田梅岩全集》（下卷），清文觉出版社1956年版。

［日］稻盛和夫：《稻盛和夫经营学》，机械工业出版社2018年版。

［日］稻盛和夫：《干法》，华文出版社2010年版。

［日］稻盛和夫：《企业家精神》，机械工业出版社2018年版。

［日］冈田武彦：《王阳明大传（上）》，重庆出版社2015年版。

［日］冈田武彦：《王阳明大传（中卷）》，重庆出版社2018年版。

［日］冈田武彦：《王阳明与明末儒学》，上海古籍出版社2000年版。

［日］高濑武次郎：《王阳明详传》，台海出版社2017年版。

［日］石田梅岩：《俭约齐家论日本思想大系42 石门心学》，岩波书店1971年版。

［英］哈耶克：《致命的自负》，冯克利等译，中国社会科学出版社2000年版。

曹岫云：《稻盛哲学与阳明心学》，东方出版社2019年版。

陈来：《有无之境——王阳明哲学的精神》，生活·读书·新知三联书店2009年版。

程颢、程颐：《二程集·遗书卷第二上》，中华书局2004年版。

杜维明：《青年王阳明：行动中的儒家思想》，生活·读书·新知三联书店2017年版。

黄宗羲：《明儒学案》卷十《姚江学案》，中华书局1985年版。

孔颖达：《尚书正义》，北京大学出版社2000年版。

孔颖达：《周易正义》，北京大学出版社2000年版。

李安：《灵魂徒步：阳明心学的管理智慧》，北京大学出版社2018年版。

李光军编著：《历代状元》，河南大学出版社2005年版。

李明镜：《管理要学王阳明》，陕西人民出版社2014年版。

梁漱溟：《梁漱溟全集》，山东人民出版社2005年版。

林安梧：《人文学方法论：诠释的存有学探源》，上海人民出版社2016年版。

林安梧：《血源性纵贯轴——解开帝制·重建儒学》，台湾学生书局2016年版。

牟宗三：《牟宗三先生全集》32《五十自述》，台湾联经出版事业公司2003年版。

钱穆：《阳明学述要》，九州出版社2011年版。

史晋川等：《制度变迁与经济发展：温州模式研究》，浙江大学出版社2002年版。

束景南、查明昊辑编：《王阳明全集补编》，上海古籍出版社2016

年版。

陶希圣、沈任远:《明清政治制度(上编)明朝政治制度》,台湾商务印书馆股份有限公司 1967 年版。

王家骅:《儒家思想与日本文化》,浙江人民出版社 1990 年版。

王卡点校:《老子道德经河上公章句》,中华书局 1993 年版。

王守仁:《王阳明全集》,上海古籍出版社 2014 年版。

王先谦:《荀子集释》,中华书局 1988 年版。

王永昌:《华为:磨难与智慧》,中国社会科学出版社 2019 年版。

习近平:《习近平谈治国理政》(第二卷),外文出版社 2017 年版。

习近平:《习近平谈治国理政》(第一卷),外文出版社 2014 年版。

习近平:《习近平新时代中国特色社会主义思想三十讲》,学习出版社 2018 年版。

习近平:《习近平新时代中国特色社会主义思想学习纲要》,学习出版社、人民出版社 2019 年版。

习近平:《习近平总书记系列重要讲话读本》,人民出版社 2016 年版。

习近平:《之江新语》,浙江人民出版社 2007 年第 1 版。

许文编著:《南洲翁遗训》,新世界出版社 2011 年版。

杨轶清:《浙商简史》,浙江人民出版社 2013 年版。

余英时:《中国近世宗教伦理与商人精神》,九州出版社 2014 年版。

袁了凡:《了凡四训》,三秦出版社 2017 年版。

张伯行:《近思录专辑》第五册《续近思录 广近思录》,华东师范大学出版社 2015 年版。

张宏敏:《黄绾道学思想研究》,中国社会科学出版社 2017 年版。

张卫红:《敦于实行:邹东廓的讲学、教化与良知学思想》,上海古籍出版社 2020 年版。

张希清等:《中国科举制度通史》(明代卷),上海人民出版社 2015 年版。

北京知行合一阳明教育研究院编：《文化自信与民族复兴》，机械工业出版社 2018 年版。

安徽古籍丛书萃编：《歙事闲谭》，黄山书社 2014 年版。

朱熹：《四书章句集注》，中华书局 2016 年版。

论文

Baumol, W. J., "Entrepreneurship in Economic Theory", *American Economic Review*, 1968, 58 (2), pp. 64 – 71.

Daron Acemoglu, Simon Johnson, "Unbundling Institutions", *Journal of Political Economy*, 2005, 113 (5), pp. 949 – 995.

Greif A., "Commitment, Coercion, and Markets: The Nature and Dynamics of Institutions Supporting Exchange", *Handbook of New Institutional Economics*, ed. Menard C., Shirley M. M. Springer, Boston, MA, 2005.

陈凌：《超越钱德勒命题——重新评价〈看得见的手〉》，载于《管理世界》2005 年第 5 期。

稻盛和夫：《企业家该如何向团队讲述哲学?》，《中外管理》2019 年第 8 期。

福格特：《关于 1895 年以来德国手工业的最新统计成果总览》，载《施莫勒学术年刊》，1897 年，第 21 卷。

郭齐勇：《阳明心学的当代价值及其意义》，载《人文天下》2018 年 3 月。

兰建平：《从"老四千精神"到"新四千精神"》，《今日浙江》2009 年第 13 期。

李琳琦：《徽商与徽州的学术思想》，《历史档案》2005 年第 2 期。

刘金才：《阳明学在日本的传播和对民众道德培育的影响》，载《贵州文史丛刊》2016 年第一期。

沙靖宇：《"经济人"假设的方法论批判及启示》，载《领导科学》

2017 年第 8 期。

斯晓夫、王颂、傅颖：《创业机会从何而来：发现，构建还是发现＋构建？——创业机会的理论前沿研究》，载《管理世界》2016 年第 3 期。

习近平：《与时俱进的浙江精神》，《哲学研究》2006 年第 4 期。

夏宝龙：《在促进民营经济发展上继续走在前列》，《人民日报》2016 年 4 月 26 日第 7 版。

许晓光：《日本近世城市的兴起及其经济影响》，《四川大学学报》（哲学社会科学版）2008 年第 3 期。

许晓光：《维新政府成立前日本近代化国家观的发端》，《西南大学学报》（社会科学版）2007 年第 1 期。

张昭炜、钱明：《阳明后学文献的整理与研究》，载《光明日报》2016 年 6 月 27 日。

周晓光：《明代中后期心学在徽州的传播和影响》，载《徽学研究》2003 年第 5 期。

后　记

本课题（本书）是对阳明心学与企业家精神关联性的研究。这一课题既是一个跨时代问题，同时也是一个跨学科难题。

之所以说这是一个跨时代问题，因为阳明心学是中国传统哲学的一个重要思想流派，而企业家精神则是源于西方的现代工商业精神。将阳明心学与企业家精神结合起来，意味着传统与现代的融合。这正是中国走上现代化道路之后，始终需要面对的传统与现代相结合的问题。通过这种跨时代的融合，才能使得阳明心学进入现代，也才能使得企业家精神在中国土壤里有某种新的拓展。

之所以说这是一个跨学科难题，因为阳明心学是中国哲学、是人文科学，而企业家精神则更多地是经济学、管理学的研究对象。所以，将阳明心学与企业家精神结合起来，是哲学人文科学与诸多社会科学的交流对话。显然，人类各个学科发展至今，加强学科之间的对话与交流，正是各个学科在未来有新的突破和发展，所不得不走的道路。可是，在相关学科的对话中实现新的突破和创新，并不是很容易的。

正因为本课题（本书）的上述特点，决定了我们的研究团队，是一个多样化的、跨学科的团队。我本人早年研究哲学，后来更关注研究中国社会现实问题，对工商业文明有一定了解，对浙商发展和浙商精神也有自己的见解。但重要的是，我们的团队中有阳明心学专家何俊教授、浙商群体研究专家杨轶清教授、企业管理理论专家朱海就教授、中国文化与知识分子问题专家李梦云教授、企业转型与发展研究专家朱建安教授,还有正在现代企业发展实践中致力于践行阳明心学的康恩贝集团董事长胡季强先生。此外,令人高兴的是,多位中国哲学及管理学等学科的副教授、讲师和博士生,参与了本课题(本书)的研究,并交出了质量上乘的研究成果。

本课题(本书)得到了我国著名学者、清华大学国学研究院院长陈来先生的关心和指导。他不但欣然同意担任本课题(本书)的学术顾问,而且还赐其研究王阳明有关"万物同体"思想的大作作为本书第二章第四节予以收录。在此,我们对陈来先生深表谢意!

本课题(本书)由我担任总主编,何俊、李梦云、胡季强担任副主编,王磊担任秘书,具体写作分工如下:第一章由洪德取完成,第二章由申绪璐完成,第三章由朱建安完成,第四章由王磊完成,第五章由李梦云、侯佳完成,第六章由朱海就完成,第七章由王永昌、李佳威完成,第八章由杨轶清、林国瑜完成。毛奕峰、刘艳收集了我国企业界践行阳明心学案例的大量材料,其撰写的研究成果融入了相关章节之中。康恩贝集团办公室主任陈燕平女士参与了大量辅助工作。在整个研究与写作过程中,我们整个团队的凝聚力很强,能融洽地展开学科对话、专业交流以及分工协作,使本书得以高效率、高质量地完成。在此,我对所有为本书写作付出辛劳的同志们,表示衷心感谢!

本课题(本书)是宁波市社会科学院2018年招标的阳明心学研究重大课题之一,也是宁波文化研究工程中"王阳明诞辰550周年专项研究"的重要成果。本书出版得到了中共宁波市委宣传部、宁波市社会科学院、浙江工商大学人文社科部及社会科学精品文库的关心和支持。浙江省新型重点专业智库--浙江工商大学浙商研究院还将本课题列为重要项目予以关心和支持。对此,我们深表谢意!几年来,我们课题组的同志们严谨认真,多次组织研讨,反复交流,数易审读修改,力争高质量完成课题,以不负课题本身的价值和主管单位的期待。

通过本课题（本书）的研究及成果的运用，我们期望为中华优秀传统文化的创造性转化、创新性发展作些有益的探索，为阳明心学的现代传播应用和现代中国企业家精神的培育贡献一些力量。如是，我们所付出的心血，也就值得了！

王永昌

2020 年 9 月